中国特色职业教育理论研究丛书

庄西真 主编

应用导向

YINGYONG DAOXIANG

高职院校科研定位及其实践逻辑研究

江苏高校"青蓝工程"科技创新团队成果

郝天聪 著

苏州大学出版社
Soochow University Press

图书在版编目(CIP)数据

应用导向：高职院校科研定位及其实践逻辑研究／郝天聪著. —苏州：苏州大学出版社，2022.12
（中国特色职业教育理论研究丛书／庄西真主编）
ISBN 978-7-5672-4191-6

Ⅰ.①应… Ⅱ.①郝… Ⅲ.①高等职业教育-科学研究工作-研究-中国 Ⅳ.①G7418.5

中国版本图书馆 CIP 数据核字(2022)第 246533 号

书　　名	应用导向：高职院校科研定位及其实践逻辑研究 YINGYONG DAOXIANG：GAOZHI YUANXIAO KEYAN DINGWEI JI QI SHIJIAN LUOJI YANJIU
著　　者	郝天聪
责任编辑	刘　海
装帧设计	吴　钰
出版发行	苏州大学出版社（Soochow University Press）
出 品 人	盛惠良
社　　址	苏州市十梓街1号　邮编：215006
印　　刷	苏州工业园区美柯乐制版印务有限责任公司
网　　址	www.sudapress.com
E-mail	Liuwang@suda.edu.cn　　QQ：64826224
邮购热线	0512-67480030
销售热线	0512-67481020
开　　本	718 mm×1 000 mm　1/16　印张：24.75　字数：419 千
版　　次	2022年12月第1版
印　　次	2022年12月第1次印刷
书　　号	ISBN 978-7-5672-4191-6
定　　价	88.00 元

若有印装错误，本社负责调换
苏州大学出版社营销部　电话：0512-67481020
苏州大学出版社邮箱　sdcbs@suda.edu.cn

总 序

众所周知，德国和日本都是第二次世界大战的战败国，大家也都知道德国和日本在第二次世界大战后从战争的废墟上迅速崛起，成为经济发达国家。虽然也有这样那样关于产品的负面报道，但从总体上看，德国货和日本货的质量是有保证的。许多人想知道德国和日本经济发展的奥秘，仔细分析，促进德国和日本制造业发展的因素绝对不止一个，但是高素质的技术工人队伍肯定是重要的因素之一。换言之，数量充足的具有工匠精神的技术工人队伍造就了德国和日本产品的高品质。因职业之故，我更感兴趣的是，高素质的技术工人队伍是如何培养出来的。研究可知，在长期的经济社会发展过程中，德国和日本结合自己的国情探索形成了具有各自国家特色的技术工人培养模式。不同的培养路径，相同的结果———高素质的技术工人队伍，可谓"殊途同归"。

早在1969年，德国便用《联邦职业教育法》确定了"双元制"的法律地位，"双元制"的资格证书在行业内的认同度非常高，几乎一半的德国青少年会在完成义务教育后进入职业学校学习。"双元制"职业教育与培训体系要求学生每周有1~2天在职业学校进行专业理论学习，有

3~4天在企业接受实践教育，如此安排，目的是让学生能有效地将理论与实践相结合，较好地学以致用。该体系的培训时间一般为2~3.5年，需要企业的大力配合。在德国的职业教育与培训中，企业的参与程度很高，且具有较强的培养学徒的意愿。他们认为，学徒在企业实习3年的劳动贡献完全可以抵消培训所付出的费用，并且也有利于企业自身选拔人才和吸收新鲜血液。在欧洲，德国青年的失业率比其他国家低便得益于此；德国经济能够抵御金融风险，保持高质量发展也得益于此。

日本也探索形成了适合本国国情的、日趋完善的企业职业技能培训体系。日本企业普遍认为，企业内培训是提高企业核心竞争力的关键要素，企业需要对员工进行不断的培训与教育。第二次世界大战后初期，日本企业一方面通过技能培训提高普通工人的生产能力，另一方面通过吸收先进的经营管理经验来提升中高层职员的管理能力。20世纪80年代，日本大企业实现了员工全员再教育，近八成的中小企业实现了员工全员培训。虽然与德国"双元制"不同，但是日本也通过这样的企业职业教育与培训方式源源不断地提供了企业发展需要的技术工人。

德国和日本不同的技术工人培养模式给我们的启示就是，每个国家都要根据自己的国情、所处经济发展阶段、已有的条件和基础探索适合自己的职业教育模式，以此培养本国经济发展所需要的高素质的劳动者和技术工人。没有一个国家是照搬别国的教育模式而得到预期效果的，尤其是大国。中国有自己的国情，这突出表现在中国是一个大国，这个"大"最起码表现在三个方面：一是幅员辽阔，陆地面积约960万平方千米（日本约37.8万平方千米,德国约35.8万平方千米),各地区之间经济发展水平、自然地理条件、文化风俗传统差别比较大;二是人口众多,全国有约14.1亿人口(德国约8300万人,日本约1.27亿人),仅16~60岁的劳动年龄人口就相当于美国全部人口与欧洲全部人口、日本全部人口之和,但人均受教育程度较低、技能水平较低;三是经济总量排名世界第二,仅次于美国,但在经济发展的质量方面与排名第一的美国还有较大差距,也就是我们常说的"大而不强"。特殊的"大国"国情加上处于转型阶段(转变发展方式、优化经济结构、转换增长动力)的现状,决定了我们不可能照搬德国、日本或者其他任何国家的职业教育与培训模式,而要走自己的技术工人培养之路。

依靠先进的、科学的理论来合理地引领和提升实践,这是人类几乎所有活动领域长期以来奉为圭臬的经验模式,为中国经济的转型发展培养高素质的技术工人的实践活动也不例外。中国特色的技术工人培养实践,呼唤中国特色的职业教育理论。这就是我主编"中国特色职业教育理论研究丛书"的理由。本丛书的作者全部是江苏理工学院职业教育研究院的研究人员,也是江苏高校"青蓝工程"科技创新团队成员,他们在职业教育政策分析、职业教育治理、职业教育课程与教学、职业教育教师专业发展等领域做了深入的研究。

目 录

第一章　导论 ··· 001
第一节　研究背景 ·· 001
一、国家创新体系中的高职院校：被忽视的角色 ············ 001
二、新一轮高职院校改革难题：亟待突破的瓶颈 ············ 004
三、高职院校科研不可承受之痛：学术导向问题审视 ········ 006
第二节　研究意义 ·· 008
一、理论意义 ·· 008
二、实践意义 ·· 008
第三节　概念界定 ·· 009
一、高职院校 ·· 009
二、科研定位 ·· 010
三、科研实践逻辑 ·· 011
第四节　文献综述 ·· 011
一、关于高职院校科研的文献回顾 ·························· 012
二、关于非大学高等教育机构科研的文献回顾 ·············· 019
三、文献总结与评价 ······································ 025
第五节　研究设计 ·· 027
一、研究问题 ·· 027
二、研究目标 ·· 027
三、研究方法 ·· 027
四、技术路线 ·· 030

第二章　应用导向：高职院校科研的应然定位探析 ········ 031

第一节　关于科学研究分类方法的历史脉络梳理 ········ 031
一、科学研究线性分类方法的萌芽 ········ 031
二、实验开发研究对线性分类方法的挑战 ········ 032
三、二维象限科学研究分类方法的勃兴 ········ 033
四、对本研究的启示 ········ 034

第二节　关于知识生产模式转型的三种理论假说 ········ 034
一、从小科学到大科学 ········ 035
二、从学院科学到后学院科学 ········ 036
三、从知识生产模式Ⅰ到知识生产模式Ⅱ ········ 037
四、对本研究的启示 ········ 039

第三节　作为知识生产组织的高职院校科研定位探析 ········ 040
一、高职院校科研短板的判断依据：学术导向的评价标准
········ 040
二、高职院校远离"学术漂移"的前提：树立应用导向科研定位
········ 042
三、高职院校应用导向科研的内涵：基于独特知识生产使命的探讨
········ 046

本章小结 ········ 055

第三章　高职院校应用导向科研水平的评价标准开发 ········ 056

第一节　评价标准开发的思路 ········ 056
一、开发目标 ········ 056
二、开发程序 ········ 057

第二节　评价指标专家咨询与结构生成 ········ 057
一、德尔菲法及其在本研究中的应用 ········ 057
二、每一轮专家咨询问卷的参与情况 ········ 060
三、第一轮专家咨询问卷的结果分析 ········ 062
四、第二轮专家咨询问卷的结果分析 ········ 068
五、第三轮专家咨询问卷的结果分析 ········ 072

六、评价初始指标结构的生成 ………………………………… 075

第三节　评价指标数据采集与结构修正 ……………………………… 077

　　一、问卷调查法及其在本研究中的应用 ……………………… 077

　　二、评价预测问卷的题项开发 ………………………………… 078

　　三、评价预测问卷的质量分析 ………………………………… 086

　　四、评价初始指标结构的修正 ………………………………… 096

第四节　评价指标权重的确定与等级评估 …………………………… 096

　　一、层次分析法及其在本研究中的应用 ……………………… 097

　　二、基于层次分析法的评价指标权重确定 …………………… 100

　　三、应用导向科研水平的等级评估 …………………………… 103

本章小结 …………………………………………………………………… 104

第四章　高职院校应用导向科研水平的实然现状调查 …………… 105

第一节　高职院校应用导向科研水平调研设计 ……………………… 105

　　一、调研目的 …………………………………………………… 105

　　二、调研工具 …………………………………………………… 105

　　三、调研对象 …………………………………………………… 106

第二节　高职院校应用导向科研水平评估结果分析 ………………… 108

　　一、总体水平评估结果分析 …………………………………… 108

　　二、"科研行动选择"评估结果分析 ………………………… 109

　　三、"科研行动效益"评估结果分析 ………………………… 110

第三节　基于教师个体特征的应用导向科研水平差异分析 ………… 111

　　一、教师个体层面总体水平差异分析 ………………………… 111

　　二、教师个体层面"科研行动选择"差异分析 ……………… 123

　　三、教师个体层面"科研行动效益"差异分析 ……………… 134

第四节　基于学校组织特征的应用导向科研水平差异分析 ………… 144

　　一、学校组织层面总体水平差异分析 ………………………… 144

　　二、学校组织层面"科研行动选择"差异分析 ……………… 148

　　三、学校组织层面"科研行动效益"差异分析 ……………… 154

第五节　基于个体与组织交互特征的应用导向科研水平差异分析

　　　　……………………………………………………………… 160

一、"企业工作经历×学校所在城市"双因素方差分析 ………… 160
　　二、"岗位类型×学校办学属性"双因素方差分析 …………… 170
　　三、"行政职务×学校办学属性"双因素方差分析 …………… 176
第六节　研究发现与讨论 …………………………………………… 179
　　一、高职院校应用导向科研水平不高 …………………………… 180
　　二、高职院校应用导向科研水平在教师个体层面存在差异 …… 181
　　三、高职院校应用导向科研水平在学校组织层面存在差异 …… 185
　　四、高职院校应用导向科研水平在个体与组织层面存在交互效应
　　　　…………………………………………………………………… 187
本章小结 ……………………………………………………………… 190

第五章　高职院校应用导向科研实践困境的案例研究　191

第一节　研究设计与分析框架 ……………………………… 191
　　一、研究设计 ……………………………………………………… 191
　　二、分析框架 ……………………………………………………… 198
第二节　向本科院校看齐：一所国示范高职院校的案例 ………… 207
　　一、H 高职院校科研制度供给 …………………………………… 208
　　二、H 高职院校科研制度感知 …………………………………… 212
　　三、H 高职院校科研行动面相 …………………………………… 216
　　四、尾声 …………………………………………………………… 224
第三节　努力进入第一方阵：一所省示范高职院校的案例 ……… 227
　　一、N 高职院校科研制度供给 …………………………………… 228
　　二、N 高职院校科研制度感知 …………………………………… 231
　　三、N 高职院校科研行动面相 …………………………………… 236
　　四、尾声 …………………………………………………………… 242
第四节　合法的边缘性参与：一所新升格高职院校的案例 ……… 246
　　一、C 高职院校科研制度供给 …………………………………… 247
　　二、C 高职院校科研制度感知 …………………………………… 250
　　三、C 高职院校科研行动面相 …………………………………… 255
　　四、尾声 …………………………………………………………… 260
第五节　作为符号般的存在：一所公有民办高职院校的案例 …… 264

一、S 高职院校科研制度供给 ·············· 264
　　　二、S 高职院校科研制度感知 ·············· 267
　　　三、S 高职院校科研行动面相 ·············· 271
　　　四、尾声 ································ 277
　第六节　高职院校应用导向科研实践困境的形成逻辑 ······ 280
　　　一、不同类型高职院校科研制度供给的差异 ······ 280
　　　二、不同类型高职院校科研制度感知的差异 ······ 286
　　　三、单位体制对高职院校科研实践的约束及其限度 ··· 291
　本章小结 ·································· 297

第六章　结论、建议与反思 ························ 299

　第一节　主要结论 ······························ 299
　　　一、高职院校科研的应然定位是应用导向，并具备独特的知识生产
　　　　　功能 ································ 299
　　　二、高职院校应用导向科研水平不高，在个体、组织层面存在
　　　　　差异 ································ 300
　　　三、高职院校科研实践受到单位体制的束缚，但存在一定的
　　　　　限度 ································ 303
　第二节　对策建议 ······························ 304
　　　一、以提质增效为目标，优化学校科研评价标准 ····· 305
　　　二、以分岗分类为前提，改革学校科研评价制度 ····· 306
　　　三、以纵向课题为抓手，加强应用技术学科建设 ····· 307
　　　四、以放权赋能为主题，改变学术权力弱势地位 ····· 308
　　　五、以项目合作为载体，创新教师企业实践机制 ····· 310
　　　六、以团队打造为核心，组建异质性科研共同体 ····· 311
　　　七、以市场需求为导向，畅通科研成果转化渠道 ····· 312
　　　八、以平台搭建为依托，完善科研基础设施设备 ····· 313
　第三节　研究反思 ······························ 314
　　　一、研究不足 ···························· 314
　　　二、研究展望 ···························· 315

参考文献 ··· 318
　　中文文献 ·· 318
　　英文文献 ·· 326

附录 ··· 330
　　《高职院校应用导向科研水平评价指标体系》专家咨询表
　　（第一轮） ·· 330
　　《高职院校应用导向科研水平评价指标体系》专家咨询表
　　（第二轮） ·· 339
　　《高职院校应用导向科研水平评价指标体系》专家咨询表
　　（第三轮） ·· 347
　　高职院校应用导向科研水平评价量表开发阶段访谈提纲
　　 ··· 352
　　高职院校应用导向科研水平实然现状调查问卷咨询版
　　 ··· 354
　　高职院校应用导向科研水平实然现状调查问卷预测版
　　 ··· 359
　　高职院校应用导向科研水平实然现状调查问卷正式版
　　 ··· 366
　　高职院校应用导向科研水平综合评价调查表 ············· 372
　　高职院校应用导向科研实践困境案例研究阶段访谈提纲
　　 ··· 375

后记 ··· 377

第一章 导 论

我国的高职院校诞生于 20 世纪 80 年代，经过 40 余年的探索与实践，在办学规模上获得了飞速扩张，俨然占据了高等教育的"半壁江山"。然而，规模上的扩张并不意味着地位上的提高，尤其是它作为高等教育组成部分的"合法性"时常受到质疑。与其职业性相比，高职院校的高等性并未得到广泛认可。对此，有学者认为，高等性是无法与研究分离的，离开了对相应知识的探索、表达和传递，就不会有真正的高等教育，而阻碍高职院校高等性的重要因素是研究的缺乏。① 然而，仅仅将科研作为常规活动纳入高职院校显然不够。在研究型大学的"阴影"之下，高职院校的科研始终未能找到自身的明确定位，导致其科研长期在低水平重复的边缘徘徊，与真正意义上的科研功能的发挥相距甚远。毫不夸张地说，高职院校科研改革已经"箭在弦上，不得不发"。如何进一步明确高职院校科研改革的方向，让研究之花真正绽放在高职院校这片充满希望的田野上，正是本研究想要探索完成的核心任务。

第一节 研究背景

一、国家创新体系中的高职院校：被忽视的角色

随着全球化进程的推进，"创新"在国际市场竞争中成为一个日益重要的概念，而国家创新体系的构建则是一个国家保持竞争力的关键。"国家创新体系"概念最初是由英国经济学家克里斯托弗·弗里曼于 1982 年在为经济合作与发展组织所做的报告中提出的，直到 20 余年后该报告才正式发表。弗里曼认为，技术领先是绝对优势而非比较优势，技术领先反

---

① 徐国庆. 高职教育高等性的内涵及其文化分析 [J]. 中国高教研究，2011 (10): 68-70.

映的是支持技术耦合、创造、集群理解和应对的制度；德国、日本的经验表明，技术基础设施和智力资本的公共投资对经济的成功发展至关重要，要建立竞争力，就必须把教育、科学、贸易和工业政策结合起来。按照弗里曼的观点，我们切不可忽视教育在国家创新体系中的作用，而应将教育与经济发展政策纳入国家创新体系全局来考量。

经合组织将"国家创新体系"定义为建立、存储和转让新技术的独特机构，由参与新技术发展和传播的企业、大学、研究机构及中介等组成，由政府提供框架并实施政策，以对创新过程产生影响。由此，我们需要思考的是：与技术、产业、区域发展密切联系的高职院校，应该在国家创新体系中扮演何种角色？从国内文献来看，尚缺乏对这一问题的深入研究，尤其是未能明确高职院校在国家创新体系中的具体位置。从国外文献来看，斯图尔特·A. 罗森菲尔德曾经在 2006 年以社区学院（相当于我国的高职院校）在国家创新体系中的位置为例做出了系统分析（表1-1）。

表1-1　社区学院在国家创新体系中的位置

活　动	特　征
教育项目：劳动力培养	➤ 与高等教育相衔接的学术标准 ➤ 综合性项目 ➤ 与工业的紧密联系 ➤ 以特殊项目为目标的产业集群 ➤ 为弱势群体服务 ➤ 有效招生
技能提升与再培训：适应技术	➤ 定制和合同教育 ➤ 形成培训网络 ➤ 实施灵活学习 ➤ 教授"软"技术和技能 ➤ 管理者深造 ➤ 失业工人再培训
技术中介：加速扩散	➤ 技术中心 ➤ 技术帮助和建议 ➤ 工业部门枢纽 ➤ 主机技术服务 ➤ 经营新的企业孵化器

续表

活　动	特　征
建立联盟：学习型公司和学习型社区	➢ 加入工业联盟 ➢ 与其他学院形成联盟 ➢ 与发展机构合作 ➢ 促进企业内部学习和技术传播

按照罗森菲尔德的分析框架，社区学院不只是一个承担着人才培养任务的高等教育机构，而且是知识生产与传播的重要场所，并在区域技术创新中发挥着关键作用。对于此种类型高等教育机构在区域创新中的作用，实际上已经在国际社会达成广泛共识。在美国，社区学院尤其关注中小型企业的发展，因为它们比研究型大学、顾问和服务机构更适合接触这些企业，后几者中的许多人不愿意为"技术诀窍"的需求而烦恼，这些需求可能在技术上不具有挑战性，或者规模不足以有利可图。创新是一种本地活动，由于一个国家通常希望更广泛地促进创新，而不是维持研究密集型机构，因此，更广泛分散的机构可能在知识的生产或再生产方面发挥作用，职业教育机构就处于承担这一角色的理想位置。由此可见，与研究型大学相比，高职院校等在融入区域创新体系方面的优势更为明显。

迄今为止，作为创新领域的潜在贡献者，高职院校在很大程度上仍旧是国家创新体系中被忽视的角色。科研作为创新链中的重要一环，担负着将教育链、人才链与产业链有机连接起来的重要使命。2017年年底，国务院办公厅印发《关于深化产教融合的若干意见》，要求支持和引导企业深度参与职业学校、高等学校教育教学改革，围绕产业关键技术、核心工艺和共性问题开展协同创新，解决企业生产一线的实际需求。2019年年初，《国家职业教育改革实施方案》也明确提出，高职院校要培养服务区域发展的高素质技术技能人才，重点服务企业特别是中小微企业的技术研发和产品升级。上述政策文件不仅对高职院校科研应发挥的作用提出了明确要求，也为推动高职院校科研制度改革指明了方向。然而，现在高职院校仍旧存在的突出问题是产教融合深度不够，校企合作多停留在人才培养层面，缺乏科研层面的实质性合作，尤其是缺乏应用研究方面的合作，企业在产品创新、工艺创新等方面对学校的依赖程度并不高。

如果职业教育与培训想在创新经济中占有一席之地，应用研究就不应仅仅被视为教育工作者的事务,它必须成为组织战略方向和能力规划的一部分——通过建设技术技能创新服务平台,高职院校参与国家整体创新,参与创新驱动发展业态,不单是产业发展推动职业教育发展,高职院校通过技术创新也可以反哺产业发展,二者交互融合。① 然而,目前来看,高职院校作为区域创新参与者的概念是"陌生的",不仅职业教育系统本身如此,在其决策环节亦是如此。高职院校融入区域创新能力不足,固然与其本身科研基础薄弱、教师能力不足有关,但也与国家层面缺乏统筹规划有一定的关系。目前,高职院校所开展的应用研究以自发研究、应企业要求研究为主,有学者将其总结为6种类型:教师自发研究、教师应企业要求进行研究、学校自发研究、学校应企业要求进行研究、多方自发研究、多方应企业要求进行研究。② 相比研究型大学,高职院校仍然缺乏国家级科研平台、政策等方面的有力支持。

二、新一轮高职院校改革难题:亟待突破的瓶颈

我国高职院校在创办之初,在无成功办学经验可供借鉴的背景之下,办学长期处于"在摸索中前进"的阶段。及至21世纪,国家层面开始以重点项目支持的方式推动高职院校提高办学水平。

2006年,教育部、财政部启动了"国家示范性高等职业院校建设计划";2010年,又在原100所国家示范性高等职业院校的基础上新增了100所骨干高职院校,以此来深入推进"国家示范性高等职业院校建设计划";2015年,随着《高等职业教育创新发展行动计划(2015—2018年)》的发布,优质高等职业院校建设计划逐步提上日程。③ 如今,在经历了示范校、骨干校、优质校建设周期之后,我国高等职业院校的发展正式进入"双高计划"建设周期。2019年年初,《国家职业教育改革实施方案》提出,到2022年,建设50所高水平高等职业学校和150个骨干专业

---

① 潘海生,周柯,王佳昕. "双高计划"背景下高职院校战略定位与建设逻辑[J]. 高等工程教育研究,2020(01):142-147.
② 周瑛仪. 应用研究驱动的高水平高职学校建设[J]. 高等工程教育研究,2020(01):160-164.
③ 郝天聪,石伟平. 从示范到优质:我国高职院校发展模式的反思与前瞻[J]. 高校教育管理,2017,11(04):25-30.

(群);启动实施中国特色高水平高等职业学校和专业建设计划,建设一批引领改革、支撑发展、中国特色、世界水平的高等职业学校和骨干专业(群)。2019年4月,教育部、财政部印发《关于实施中国特色高水平高职学校和专业建设计划的意见》及《中国特色高水平高职学校和专业建设计划项目遴选管理办法(试行)》。由此一来,中国特色高水平高职学校和专业建设计划得到正式部署,并在随后确定了"双高计划"的入选名单。

回顾21世纪以来的改革历程,从规模式发展转向内涵式发展,是我国高等职业教育改革的重要逻辑主线。经过几个建设周期以后,高职院校在内涵建设水平上迅速提高,但也逐渐进入发展的"高原期",尤其是面临一些亟待突破的瓶颈。比如,课程建设只是完成了人才培养方案、课程标准、教材等课程要素的初步建设,即相关课程的基本要素已经有了,其建设质量水平却远远不够,极少有高职院校的人才培养方案是建立在深入、科学的人才培养路径研究基础上的,极少有课程标准是建立在课程研究与知识开发基础上的,极少有教材具有经典意义,至于教师的教学资源,也远没有达到丰富、有效的建设水平。① 再比如,长期以来,传统高职院校主要强调教师的知识传递者角色,职业教育教师作为知识生产者的角色并未得到有效发挥,即便是教师下企业实践政策也未能从根本上解决这一问题。教师无法深入企业生产、研发、管理一线,导致其专业实践能力和实践教学能力无法得到质的提升。此外,也有学者指出,围绕产业关键技术、核心工艺和共性问题开展协同创新,加快研究成果向产业技术转化,是高职院校内涵式发展面临的瓶颈。②

以上种种问题实际上可以归结为一个根本问题,即科研作为一种制度化活动虽然早已在大部分高职院校推广开来,但其研究功能并未得到真正意义上的开发。实际上,高职院校研究功能薄弱有一定的历史原因。我国高职院校发展历史较短,大多数高职院校是由中等专业学校升格而成的。在发展初期,为了求得自身生存,规模式发展成为大多数高职院校的现实

---

① 徐国庆. 高水平高职院校的范型及其建设路径[J]. 中国高教研究,2018(12):93-97.
② 王向红. 立地式研发:高职院校产教深度融合的新途径[J]. 中国高教研究,2018(12):98-101.

选择。在这一目标导向之下，高职院校始终将人才培养作为重中之重。相应地，教学被提到无比重要的地位，而科研则处于可有可无的地位。在规模式发展阶段，这种办学方式确实起到一定的作用，它大大提升了高职院校办学的职业性，人才培养效果的彰显也间接提升了高职院校的社会地位。然而，进入内涵式发展阶段之后，这种重教学、轻科研办学方式的局限性日益凸显。在大多数高职院校中，科研只是"锦上添花"的事情，尚未达到与其他功能并列的地位。

为了突破高职院校内涵式发展面临的诸多瓶颈，我们不得不重新审视高职院校的科研定位问题。对此，有学者指出，高职院校要走出目前内涵建设的迷惘状态，就应该将研究作为高水平高职院校建设的突破口，从"建设"到"研究"，是高职院校内涵式发展范式的转变，只有围绕这一思路才能发展出真正具有标杆意义的高职院校；当然，高职院校研究应区别于本科院校研究，不应当追求在纯科学杂志上发表论文，或者追求基础研究课题的获批，而应当以应用型研究为主，如产品与技术的开发，如果把研究定位于这一层面，高职院校就会有广阔的发展空间。① 进一步说，高职院校研究功能发挥的关键在于找准方向，着力开展具有应用性特征的研究，并努力发挥研究对企业生产与管理实践、学校教育教学实践的反馈作用。

三、高职院校科研不可承受之痛：学术导向问题审视

研究性是高职院校高等性的重要组成部分，高职院校如果缺乏研究性就不可能具有真正的高等性。② 对于高职院校的高等性而言，科研是不可忽视的一个重要环节。没有扎实的科研做基础，将很难支撑起高职院校的高等性。面对国家创新体系融入及新一轮高职院校改革的时代背景，迫切需要高职院校科研发挥出应有的作用，尤其是开展具有应用价值与实践意义的研究。但需要澄清的是，以研究功能发挥为指向的高职院校科研理应是什么形态。

按照常规思维，相比普通本科院校，高职院校普遍与产业、行业、企

---

① 徐国庆．"研究型"是建设高水平高职的突破口［N］．中国青年报，2019-01-14.
② 徐国庆．高职高等性体现的关键路径是管理模式改革［J］．江苏高教，2015（04）：131-135.

业有着更为密切的联系，其科研应该体现出较为明显的应用性特征。然而，这一朴素的想法在实践中无法得到证明，甚至出现了匪夷所思的一面。如有学者认为，高职院校科研应该以应用性研究为依归，走产学研道路，但是目前我国高职院校科研范式普遍存在着无法摆脱普通高校模式的"梦魇"，而忽视了自身的特色和实际，由此导致了产、学、研的分离，现有的科研成果也多是为了评聘职称的应景之作，因为论文、课题是评上职称的关键所在。①

究其根源，高职院校同样受到学术导向②科研的重要影响。过分强调学术导向，容易带来唯论文、唯帽子、唯职称、唯学历、唯奖项的"五唯问题"。其中，最为典型的莫过于"唯论文"问题。高职院校无论是论文发表还是课题申请，都很难与普通本科院校相提并论。但深入探究可以发现，论文发表主要体现出的是学术导向的纯科学研究特点，这也是我国科研评价的重要特征。高职院校长期处于传统科学研究的文化背景之下，逐步形成了对传统科学研究的依赖，在学问化评价指标体系之下，高职院校为了排名对"唯论文"研究"明知不可为而为之"。③ 与传统科学研究相比，应用研究成果很难形成高水平论文，国家层面也缺乏专门针对高职院校应用研究课题的遴选制度。在这样的情况下，学术导向科研已经成为高职院校科研发展的重要障碍，为了扭转这一导向，亟须寻找相关的解决方案。

如今，教育部层面已经意识到这一问题的严重性。2018 年 11 月，教育部办公厅印发《关于开展清理"唯论文、唯帽子、唯职称、唯学历、唯奖项"专项行动的通知》，就"破'五唯'"问题做出了相关部署。对高职院校而言，更为重要的问题是在"破"的同时"立"起来，这也是破解当前阶段高职院校学术导向科研问题的关键所在。其基本前提是，在理论层面厘清高职院校科研的应然定位，了解清楚当前阶段影响高职院校研究功能发挥的关键症结，建立起具有类型教育特色的高职院校科研制度体系。以上就是本研究的基本背景，本研究也正是以此为基点拓展开来的。

---

① 孔金. 高职院校科研范式建构研究 [J]. 教育与职业，2012 (11)：171-173.
② 此处所讲的学术主要是指以追求高深学问为目的所做的研究。
③ 宾恩林. 加强应用性研究："双高计划"背景下高职院校专业建设之路 [J]. 华东师范大学学报（教育科学版），2020, 38 (01)：33-42.

第二节 研究意义

无论是从理论层面来看，还是从实践层面来看，高职院校科研改革都是当前阶段高等职业教育内涵式发展不可忽视的重大课题。如果不能明确高职院校科研的应然定位，高职院校科研改革将很难找到方向。如果不能理解高职院校科研实践可能遇到的困境，高职院校科研改革将很难落到实处。

一、理论意义

作为制度化活动存在的科研，在高职院校发展初期并未得到普遍重视。而在经历了示范校、骨干校建设周期之后，越来越多的高职院校开始给予科研更多的重视，并将其作为常规活动来开展。然而，与本科院校相比，高职院校的科研水平长期受到诟病，不仅难以与本科院校的科研水平相提并论，而且并未随着投入的增加而得到有效改观。现有对于高职院校科研弱势表现的解释，多是从经验层面陈述高职院校科研所存在的种种问题，比如教师缺乏科研能力、学校没有提供良好的科研条件等。经验层面的探讨也许能够为事实的挖掘提供线索，但未必能够切中问题的本质。在非正式交流中，有高职院校教师曾做出如下形象描述："高职院校发展无非是面多了加水，水多了加面，不断循环，体积越来越大，问题越来越多，其实只需要一碗地道的'面条'。"看似朴素的话语，其实可以归结为一个问题：高职院校在发展中到底怎样才能真正找到自身特色？而高职院校科研改革本身也需要搞清楚高职院校科研的"地道"究竟表现在哪里，即应该做什么样的科研；而后，需要搞清楚，为了达到这种"地道"应该在实践中为高职院校科研发展提供什么样的条件。对于上述问题的关注，也正是本研究的理论意义所在，即为高职院校科研的良性发展提供更多理论层面的证据支撑。

二、实践意义

高职院校科研改革不仅是一个在理论层面需要探讨的问题，而且是一个在实践层面亟须解决的问题。诚然，近年来高职院校科研的受重视程度在不断提高，但是科研低水平重复、成果转化路径缺乏、管理与评价方式不合理等问题仍旧突出。而且，对不少高职院校教师而言，科研非但没有成为教师专业发展的助推器，反而成为制约教师专业发展的瓶颈。以上种种造成了高职院校科研实践的乱象，进而也就很难带来高水平、高质量的科研产出。即便不少高职院校开展了一系列改革，也未能从根本上解决这一问题。这也正是本研究尝试突破的关键所在，即深入分析高职院校的科研定位及其实践逻辑问题，针对高职院校科研可能存在的顽疾，提出高职院校科研改革的理想蓝图。

第三节　概念界定

对研究者而言，研究任何一个问题都应该首先界定与该研究问题相关的一系列核心概念，因为对于任何问题的每一个系统阐发都应该从下定义开始，这样每个人才能了解讨论的究竟是什么。①

一、高职院校

在我国，高职院校的前身包括各种类型的中等专业学校、职业大学等。"'高职'，系'高等职业技术教育'之全称也，它极可能是我们国家的一种创造。"② 在本研究之中，高职院校是指承担高等职业技术教育任务的学校。从类型上看，高职院校实施的是区别于普通本科院校的一种独立类型的教育；从层次上看，高职院校实施的是相对于中职学校而言具有更高人才培养目标的教育；从学制上看，高职院校实施的主要是三年制或五年一贯制的教育。在英语场域中，综合性高等教育机构之外的高等学校可以统称为"非大学高等教育机构"，包括应用科技大学、社区学院、技术学院或理工学院等；从教育类型和层次来看，非大学高等教育机构相当于我国的高职院校。

---

① 西塞罗. 西塞罗三论：论友谊·论老年·论责任 [M]. 徐奕春, 译. 北京：团结出版社，2007：114.
② 石伟平. 比较职业技术教育 [M]. 上海：华东师范大学出版社，2001：336.

二、科研定位

为了更为深入地界定"科研定位",必须首先明确何为"科学"。总体而言,"科学"概念有广义和狭义之分。广义的"科学"是人们关于自然、社会和思维的现象及其客观规律的分科理论体系,包括自然科学、技术科学、人文科学和社会科学;狭义的"科学"仅指自然科学,是人们关于自然现象及其客观规律的分科理论体系。① 相应地,"科研"概念也有广义和狭义之分。基于上述对"科学"概念的理解,广义的"科研"可理解为对自然、社会和思维的现象及其客观规律的研究,包括自然科学研究、技术科学研究、人文科学研究和社会科学研究;狭义的"科研"可理解为对自然现象及其客观规律的研究,即自然科学研究。考虑到不同类型科学研究之间的差异,本研究所指的科研主要是以技术科学为基础的工科科研(不包括理科、农科、医科科研),也包括教科研。

"定位"这一概念最早被应用于生物学领域,指微生物在宿主体内一定生态环境或解剖位置落脚或存活的状态。② 后来,"定位"一词又被应用到航海学、航空学等领域,如将定位与电子地图技术融合,开发出了可以提供无人操纵技术的巡航导航系统。如今,"定位"一词的外延进一步拓宽,已经广泛应用于经济学、社会学、教育学等领域。《现代汉语词典(第7版)》对"定位"做出了比较权威的解释:一是用仪器对物体所在的位置进行测量,体现的是一种行为;二是经测量后确定的位置,体现的是测量的结果;三是把事物放在适当的地位并做出某种评价。③ 在第一种解释中,"定位"是动词,表示的是寻找、确定位置的过程;在第二种解释中,"定位"是名词,表示的是找到确定位置的结果;在第三种解释中,"定位"是形容词,表示的是对定位准确与否的评价。

基于上述分析,本研究将"科研定位"界定为研究者在对科研潜在服务对象需求了解的基础上集中科研力量,沿着正确的科研方向,寻找并确定应然科研领域的过程。相应地,"高职院校科研定位"就是高职院校教师在了解产业与教育需求的基础上,集中科研力量,沿着正确的科研方

---

① 张茂林. 创新背景下的高校科研团队建设研究 [D]. 武汉: 华中师范大学, 2011: 29-30.
② 王莹. 应用技术大学定位研究 [D]. 上海: 华东师范大学, 2016: 5.
③ 中国社会科学院语言研究所词典编辑室. 现代汉语词典 [Z]. 7版. 北京: 商务印书馆, 2016: 309.

向，寻找并确定高职院校应然科研领域的过程。对高职院校科研进行定位的实质是回答"高职院校科研的应然定位是什么"这一根本性问题，进而奠定高职院校科研改革的理论基础，明确高职院校科研改革的基本方向。

三、科研实践逻辑

在高职院校，科研是一项实践性极强的活动，实践中能否开展与定位一致的科研活动具有诸多不确定性，会受到主客观因素的影响。就科研实践主体而言，在本研究中，可以将它分为两类，一类是作为组织存在的高职院校科研实践主体，另一类则是作为个体存在的教师科研实践主体。作为实践主体的高职院校与教师，在开展科研实践活动的过程中必然遵循一定的行为逻辑。对实践主体而言，其行为往往受到外部结构性因素的制约，并发挥特定的功能，同时也会受到自身条件、信念等能动性因素的制约，甚至有可能起到对结构性约束的反制约作用。关于高职院校科研实然现状与应然定位之间的差距，就具体表现而言，一类是与其科研定位相符合的科研实践活动，另一类则是与其科研定位不相符合的科研实践活动。基于上述认识，"科研实践逻辑"的主要意涵是，影响高职院校开展与其定位相一致的科研实践活动的结构性因素与能动性因素。

第四节　文献综述

人文社会科学研究即便不是经常"踩在别人脸上"[①] 走过，也不可能甚至没有必要事无巨细地检索每一项既往的相关研究。正是在此意义上，罗伯特·金·默顿主张要在"博学"与"独创"之间保持必要的平衡，提倡孔德所说的"大脑卫生"原则，不能耽溺于故纸堆而不能自拔，首先要在既有研究中阅读与我们手头问题相关的资料，也就是说弄明白既有研究与自己当下研究之间到底是什么关系，最后才有可能得出自己的创见。[②] 基于这一研究立场，本研究展开文献资料的搜集、整理和筛选工

---

① 程天君. "接班人"的诞生：学校中的政治仪式考察 [M]. 南京：南京师范大学出版社，2008：5.
② 程天君. "接班人"的诞生：学校中的政治仪式考察 [M]. 南京：南京师范大学出版社，2008：5.

作,并以此作为文献综述的行文依据。在行文逻辑上,本研究将紧紧围绕研究问题进行文献综述。需要提及的是,由于各国高等教育体系的复杂性与差异性,国外并不存在中国意义上的"高职院校"概念。从国际教育标准分类法出发,可以将其统一归结为"非大学高等教育机构",在教育层次与类型上与我国的高职院校颇为相似。

一、关于高职院校科研的文献回顾

(一)科研定位之关注:从"要不要做科研"到"要做什么样的科研"

搜索中国知网可以发现,最早关于高职院校科研相关主题的讨论始于21世纪初。教育部职教司原司长杨金土曾撰文指出,高职院校不属于研究型高校,但决不能没有科研,关键是要把握好科研方向——以应用研究为主;要从企事业单位的生产与服务实践中发现和选择课题,并以解决一线疑难问题为目标;重视科研过程与技改、革新过程的结合及科研成果的应用转化,重视技术推广的成果评价。① 此后10年中,对高职院校科研主题的关注逐渐呈增长趋势。但总体来看,学界对这一主题的关注度仍然不够高,每年仅有几十篇文献。

及至2009年,对这一主题的关注达到一个阶段性高潮,相关研究文献达到百篇以上。此阶段关注的核心问题是,高职院校到底要不要做科研。当时,学界对该问题的关注源起于《中国青年报》先后发表的两篇文章,即《谁说高职院校不能搞科研:依托行业企业,高职院校科研一样能做出特色》②、《勿让科研成高职院校"短板"》③。双方各执一词。一种观点认为,高职院校应该做科研;另一种观点则认为,高职院校不应过多关注科研。这两种观点引发了学界关于该问题的激烈讨论,其中不乏职教圈外学者的参与,反对者有之,支持者亦有之,以《中国青年报》后续发

---

① 杨金土. 教育部原职教司杨金土司长关于加强高职院校科研及学报工作的意见 [J]. 徐州建筑职业技术学院学报, 2003 (01): 36.
② 林洁, 杨晓燕. 谁说高职院校不能搞科研:依托行业企业, 高职院校科研一样能做出特色 [N]. 中国青年报, 2009-11-16.
③ 王寿斌. 勿让科研成高职院校"短板" [N]. 中国青年报, 2009-11-23.

表的一系列文章最具代表性。反对者如《高职还是少提搞科研为好》[1]、《高职的真正"短板"不是科研是教研》[2]。支持者如《不要把高职科研神秘化》[3]、《科研是高职院校可持续发展的"动力源"》[4]、《科研既要有"阳春白雪"也欢迎"下里巴人"》[5]。

深入探究可以发现,争议的焦点主要围绕在以下三个方面:教师能否成为研究者?如何理解科研?教学与科研的关系是什么?支持者的主要观点是,高职院校做科研具有合法性与可行性;高职院校也是高等教育体系的重要组成部分,自然具有科研功能;并非高、精、尖的基础研究才算科研,技术研发、技术改造等也属于科研范畴;科研能够发挥对教学的促进作用。反对者的主要观点是,高职院校做科研不具有合法性与可行性;科研是研究型大学教师的使命,高职院校教师不需要做科研,做好教学工作才是本分,而且高职院校并不具备做好科研的物质基础和人才储备。从研究者的身份来看,支持者多是职教圈内的理论和实践工作者,而反对者则是职教圈外人士,这也反映出职教圈内外人士对高职院校"要不要做科研"存在分歧(表1-2)。

表1-2 关于高职院校"要不要做科研"的正反方观点对比

正反方	研究者	教师能否成为研究者	如何理解科研	教学与科研的关系
正方	林洁,杨晓燕	建立教师入驻企业长效机制,为教授级专家量身订制科研方案	高职院校可以从应用型研发入手,一线生产、技术管理方面项目研发更适合	教师到企业去,既能带动校企合作,也能为学校培养技能型教师
	王寿斌	高职院校既然是我国高等教育的一个重要组成部分,就应该承担高校的社会职责,搞好教科研工作	高职着眼于"立地"研究,解决生产和生活中的工艺改造、新品研发、新科技成果转化等实际问题	校企合作要想深入就必须在科研上下功夫,为企业解决实际问题,通过科研实现持久合作

---

[1] 王旭明. 高职还是少提搞科研为好 [N]. 中国青年报, 2009-12-14.
[2] 熊丙奇. 高职的真正"短板"不是科研是教研 [N]. 中国青年报, 2009-12-14.
[3] 徐士萍. 不要把高职科研神秘化 [N]. 中国青年报, 2009-12-21.
[4] 任君庆. 科研是高职院校可持续发展的"动力源" [N]. 中国青年报, 2010-01-02.
[5] 解水青. 科研既要有"阳春白雪"也欢迎"下里巴人" [N]. 中国青年报, 2010-02-01.

续表

正反方	研究者	教师能否成为研究者	如何理解科研	教学与科研的关系
正方	徐士萍	科研并非科学家、大学教授的"专利",现实生活中出自平民百姓之手的科研成果并不鲜见	为企业技改发力,为企业研发助阵,以科研为纽带,培养学生的创新思维习惯和工程化思维方式	用创新实践对狭义的"技能教育"进行全新的诠释,科研贯穿人才培养过程,渗透教育教学环节
	任君庆	高职教育是我国高等教育发展中的一个重要类型,高职院校是高等院校的组成部分,自然需要科研	高职院校的科研重点应在应用技术的研究与开发上,技术发明、技术革新、技术改造等属于高职院校的科研范畴	重视教学并不意味着可以忽视科研,甚至不搞科研,教学和科研是相互依存、相互促进的关系
	解水青	科研既有"阳春白雪",又有"下里巴人",不独研究型大学需要科研,专门的研究机构需要科研,高职教育同样需要科研	科研分为理论科学研究、技术科学研究和应用科学研究,基础理论研究是科研,技术研发和教学研究也是科研	高职教育加强科研与加强技能型人才的培养是并行不悖、相互促进的关系
反方	王旭明	职业教育的本质就是技能教育,科学研究是以研究为主的综合型大学的职责;高职院校不应承担科学研究工作	科学研究是人们对自然和社会中某种事物的规律、本质、原理及基本属性进行探索、论证的过程及结论	技术发明、革新与改造才是高职院校办学的主要目标和育人的主要模式
	熊丙奇	高职院校的唯一功能是培养人才,通过培养优秀人才为社会做贡献,而不是再在人才培养之外去开展科研	高职教育的核心关注点应聚焦在教学上,教师进行教育教学研究和创新就是开展科研	科研几乎从来不为人才培养服务,倒是一直与教学抢时间、抢精力,以至于教学在科研的挤占下没有地位

这场辩论虽然最后并没有胜负之分,但至少明确了两个问题:一是职教内部人士对于高职院校做科研的必要性是认可的;二是高职院校要做的科研应该与研究型大学要做的科研有所区别,要明确自身的科研定位。随着 2011 年全国首届职业教育科研工作会议的召开,学界基本明确了高职

院校的科研使命。此后相关研究的主要话语逐渐从高职院校"要不要做科研"转向高职院校"要做什么样的科研"。

关于高职院校"要做什么样的科研",综合来看主要有三种观点,即"教研论""应用型科研论""教研和应用型科研并重论"。

第一种观点认为,高职院校应该将着力点放在教研上。有学者撰文指出,高职科研是以高等职业教育为对象的科学研究活动,主要研究高等职业教育在发展过程中不断涌现的各种理论和实践问题。① 当然,也有学者针对高职院校教科研工作定位指出,要以行动研究提升高职院校教科研品质,高职院校科研的主体内容并非纯粹的书斋式理论研究,而是高职教育工作者在教育教学行动中进行的现实反思性探索。②

第二种观点认为,高职院校应该将着力点放在应用型科研上,包括应用技术的研究和开发。如邢运凯、陶永诚认为,高职院校的科研重点应该放在应用技术的研究与开发上,形成应用技术的开发、科技成果的推广和转化、生产技术的服务、科学技术的咨询、技术人员的培训等科研优势。③ 许艾珍认为,高职院校科研应以应用性研究和开发性研究为主,解决生产实际中的具体问题,注重与企业特别是中小企业联合开展横向课题研究,充分体现高职教育为生产服务的特点。④

第三种观点认为,教研也是高职院校科研体系不可或缺的组成部分,应该做到应用型科研与教研相结合。如孙毅颖认为,从目前高职院校科研的基础条件出发,依据高职院校人才培养的特点,其科研应定位在两个基本方面:一是教育教学研究;二是应用技术开发研究。⑤ 张小军也认为,高职院校科研应与研究型大学科研错位发展,走产、学、研结合的发展道路,一方面要深入开展教育教学研究,另一方面要重点进行技术应用研究和技术开发研究。⑥

从发展脉络来看,持第一种观点"教研论"的相关文献主要出现在

---

① 雷正光. 高职院校科研必须以教研为主 [J]. 职教论坛, 2005 (21): 26-28.
② 杨林生, 牟惠康. 以行动研究提升高职院校的教育科研品质 [J]. 教育与职业, 2008 (09): 13-15.
③ 邢运凯, 陶永诚. 高职院校科研导向的误区及对策 [J]. 中国高教研究, 2010 (12): 79-80.
④ 许艾珍. 高职院校科研定位的理性思考 [J]. 中国成人教育, 2012 (07): 64-66.
⑤ 孙毅颖. 对高职院校科研问题争论引发的思考 [J]. 中国高教研究, 2012 (12): 92-95.
⑥ 张小军. 高职院校科研工作的方向与途径 [J]. 江苏社会科学, 2012 (01): 35-39.

2009 年以前，第二种观点"应用型科研论"和第三种观点"教研和应用型科研并重论"近年来在学界占据主流。后两种观点的区别主要在于是否将教研纳入高职院校科研范畴，即教科研是否属于科研体系的一部分。本研究主要采用第三种观点，即承认教科研在高职院校科研体系中的"合法性"地位。关于高职院校"要做什么样的科研"，目前虽然存在一定争议，但基本达成的共识是，高职院校科研应该服务于教育教学、服务于企业生产管理实践，即具有明显的应用属性与特点。从概念界定来看，对此种类型科研的命名包括"应用型科研""应用性科研""应用科研""应用型研究""应用性研究""应用研究"等，其意思实际上并无本质区别，为了行文方便，本文暂且统称为"应用科研"（包含以应用为目的的教研）。①

（二）科研实践之迷思：从"科研做得怎么样"到"如何做好应用科研"

由上文可知，从应然角度出发，学界基本明确了高职院校应该做具有应用属性和特点的科研。近年来，学界关于高职院校科研主题的相关文献主要围绕"科研做得怎么样"和"如何做好应用科研"这两个方面展开。

所谓科研做得怎么样，主要探讨高职院校是否做出了与其应然定位相符的科研实践。从相关研究来看，高职院校科研的实然现状与应然定位之间仍然有不小的距离，并反映出一系列突出问题。

其一，应用科研总体比例不高。一方面，高职院校科研仍然具有一定的学术导向特点，尤其是论文在教师科研考核中所占比重较高。正如林娜所言，不少高职院校并没有从自身实际出发，而是盲目照搬普通本科院校的科研管理模式与科研评价体系，研究成果的考核仍旧以论文、专著、纵向科研项目为主，"立地式"科研服务能力不足。② 另一方面，应用科研相关课题很难获得上级部门批准，与企业的横向科研合作也存在诸多困难。曹青认为，无论来自哪个渠道的课题，在实际的科研课题申报中，选择申报并被立项的应用型研究课题总是很少；虽然高职院校与企业联系较

---

① 需要注意的是，引用文献中"应用科研"概念表达方式可能存在差异，引用时尊重原文概念的使用方式，不做改动。
② 林娜. 提升高职院校"立地式"科研服务能力的研究：以福建省为例 [J]. 西安航空学院学报，2015（04）：92-96.

为密切，但真正开展横向课题合作的很少，主要原因是教师能力不足、学校科研管理程序复杂等。①

其二，应用科研成果转化不佳。如果科研成果既无法转化到企业生产管理实践中，也无法转化到学校教育教学实践中，应用科研效果就会大打折扣。一方面，应用科研成果很难转化到企业生产管理实践中。徐丽认为，高职院校研究成果与企业生产实际严重脱节，科研成果技术含量不高、创新性匮乏，不仅导致科研成果签约转化率低，而且转化后产生经济效益的比例也小。② 另一方面，应用科研成果很难转化到学校教育教学实践中。朱小峰认为，目前我国高职院校科研成果转化率普遍较低，尤其是科研成果没有及时转化成教学资源，没有应用于教学实践，造成了学校科研经费投入的巨大浪费。③

其三，应用科研形式大于实质。应用科研的开展需要教师层面、学校层面在真正意义上予以重视并投入科研资源。但从目前来看，无论是教师层面还是学校层面，在开展应用科研方面的功利主义思想还比较严重，这也导致即便是应用科研也容易流于形式。闫宁认为，高职院校横向课题中以培训为内容的课题占比很大，有技术含量的不多；在项目结题中，发现有教师用其硕士毕业论文作为课题成果，教师的发明专利真正推向市场和企业应用的几乎为零。④ 王建、全晓燕认为，由于高职院校没有健全的科研成果转化制度和科学的考核评价体系，高职院校教师的科研成果虽然在递增，但可以转化应用的科研成果十分有限。⑤

所谓"如何做好应用科研"，主要是探讨如何通过多个层面的保障与支持，为应用科研的开展提供良好的条件。综合来看，学者主要从教师层面、学校层面和国家层面提出相关对策与建议。

---

① 曹青. 高职应用型科研对比研究与分析 [J]. 天津职业院校联合学报，2017，19（01）：115-119.
② 徐丽. 高职院校科研成果转化困境及对策 [J]. 中国高校科技，2017（10）：66-67.
③ 朱小峰. 高职院校科研成果教学转化机制与评价体系研究 [J]. 职业技术教育，2013（23）：78-81.
④ 闫宁. 高等职业院校教师科研工作的实证研究：以宁夏某高职院校为例 [J]. 中国职业技术教育，2016（08）：35-40.
⑤ 王建，全晓燕. 从思想的混乱到成果的转化：高职院校教师科研问题研究 [J]. 辽宁高职学报，2018，20（02）：82-84.

在教师层面，学者提出的主要建议是培育教师的科研意识，尤其是提高教师参与应用科研的积极性，并通过多种手段提高教师的应用科研能力。杨月琴认为，科研的发展与教师是分不开的，教师如果想要更好地开展应用型科研工作，就必须树立自觉的科研意识，明确自身的科研责任。① 陈雅静等认为，教师科研能力的提升对高职院校开展应用型科研具有至关重要的作用，要通过"请进来"与"走出去"相结合的方式提高教师的科研能力，即在引进企业优秀技术技能人才的同时，鼓励教师通过下企业实践提高自身科研能力。②

在学校层面，学者提出的主要建议是为应用科研的开展提供良好的平台、设备等，并且建立激励教师从事应用科研的考核制度体系与研究文化等。封家福等通过调查研究发现，影响高职院校横向科研能力的因素包括教师缺少科研时间、缺少科研氛围、缺少科研平台及社会资源，应该通过组建科研团队、校企合作搭建科研平台等措施来提升高职教师科研团队的横向科研能力。③ 徐国庆认为，高职院校要基于研究的发展思路要求拓展项目建设周期、搭建研究所需要的硬件平台、系统规划重要研究领域，并构建促进研究的文化与制度。④

在国家层面，学者提出的主要建议是重视高职院校应用科研的战略地位，将高职院校应用科研纳入国家创新议程，努力引导高职院校应用科研融入区域创新体系。宾恩林认为，要为高职院校开展应用性研究提供制度平台，制定服务于高职类型的产学研制度，提高企业与高职院校共同解决问题的积极性；专门设立针对高职院校应用性研究的纵向课题申请和评审制度，服务国家发展所需要的应用性研究。⑤ 周瑛仪认为，一方面可通过政府机构代理区域内企业，与高职院校建立合作关系，使高职院校能参与区域内产业规划，为企业转型提供研究助力；另一方面则要扶持中西部地

---

① 杨月琴. 浅议高职院校应用型科研人才的培养 [J]. 教育教学论坛，2016 (49)：97-98.
② 陈雅静，王二丽，郭素华. 推进应用科研能力建设 提高高职院校办学质量 [J]. 成都中医药大学学报（教育科学版），2015 (02)：27-30.
③ 封家福，张知贵，肖隆祥，康慕云. 高职教师横向科研能力提升研究 [J]. 中国高校科技，2015 (02)：34-36.
④ 徐国庆. 高水平高职院校的范型及其建设路径 [J]. 中国高教研究，2018 (12)：93-97.
⑤ 宾恩林. 加强应用性研究："双高计划"背景下高职院校专业建设之路 [J]. 华东师范大学学报（教育科学版），2020，38 (01)：33-42.

区的高水平高职院校,增加纵向研究经费支持,激励学校和教师自主研发。①

二、关于非大学高等教育机构科研的文献回顾

(一)非大学高等教育机构科研定位分析

从现有文献看,由于教育体系和发展阶段的差异,不同国家非大学高等教育机构的科研呈现出不同样态。但从科研定位来看,非大学高等教育机构基本明确了区别于研究型大学的科研定位,即将着力点放在应用科研上。张春梅认为,欧洲应用科技大学的科研定位是促进区域经济社会发展,提升教学与专业实践水平等。② 井美莹、杨钋认为,欧洲应用科技大学以应用研究为基础的发展经验值得借鉴,其研究类型是应用激发的基础研究和纯粹应用研究,有别于研究型大学的纯粹基础研究。③ 荷兰高等教育政策研究中心的一项报告对欧洲部分国家应用科技大学的科研使命与定位进行了系统研究(表1-3)。由报告可知,欧洲大部分国家都确定了应用科技大学的科研使命,并明确了其区别于研究型大学的应用科研定位。

表1-3 欧洲部分国家关于应用科技大学科研使命与定位的政策观点

国家	应用科技大学的科研使命与定位
奥地利	应用科技大学应当通过与其他课程提供者开展广泛合作,开发创新与创业课程;应用科技大学具有开展研发工作的合法权利,并有权将其融入人才培养课程
丹麦	应用科技大学的科研使命没有获得官方授权,却被要求与研究型大学、研究中心等合作开展开发活动
爱沙尼亚	研究角色没有得到明确,应用科技大学的主要使命是教学
芬兰	应用科技大学被赋予开展研发工作的职能,从而适应商业和产业界的需求,并且通常与地区经济的结构和发展联系在一起

---

① 周瑛仪. 应用研究驱动的高水平高职学校建设[J]. 高等工程教育研究, 2020(01):160-164.
② 张春梅. 欧洲应用科技大学科研发展研究:基于国家高等教育政策的分析[D]. 武汉:华中科技大学, 2015:31-34.
③ 井美莹, 杨钋. 以应用研究指导地方本科院校科研的转型:来自欧洲应用科技大学的经验和启示[J]. 教育学术月刊, 2016(10):30-36.

续表

国家	应用科技大学的科研使命与定位
法国	应用科技大学是大学系统的一部分，因此具有与普通大学相同的使命，科研也同样包括在内
德国	从1985年起，研究就被法律明确列为应用科技大学的任务；在此后的修正案中，研发正式成为应用科技大学的使命
爱尔兰	根据1992年的《区域技术学院法》，研究被严格认定为一项合适的活动
立陶宛	根据《高等教育法》，高等教育体系中的学院必须开展与区域需求紧密相关的研发活动
荷兰	应用科技大学"知识职能"的发展包含有助于专业实践的"实践导向研究及设计活动"，以及在教师队伍中强化专业文化建设
葡萄牙	根据法律规定，应用科技大学的研究主要指向"通过研究与实验开发、创造、传递与扩散文化和专业知识"
瑞士	应用科技大学被授权开展应用导向的研究，以及促进知识和技术转移

（二）非大学高等教育机构科研典型模式

从世界范围来看，非大学高等教育机构科研典型模式包括整合研究连续体模式、应用导向研究模式、基础研究拓展模式、实践导向研究模式。

爱尔兰的技术学院是整合研究连续体模式（图1-1）的代表。该模式的主要含义是将产业导向的应用研究与学术导向的基础研究整合，这种模式可以保证研究能力与经验的多样性。为了实现这一目标，爱尔兰的技术学院制定了具体的研究课题立项比例，要求15%的研究应该是与产业相关的研究，55%的研究应该是与前沿应用和战略产业发展相关的研究，30%的研究应该是基础研究（可以增进对前沿应用研究和战略研究的理解）。爱尔兰的技术学院形成了创新驱动发展的文化，并且在创造利用新知识以促进经济社会进步方面走在世界前列。[1]

---

[1] HAZELKORN E, MOYNIHAN A. Ireland: The Challenges of Building Research in a Binary Higher Education Culture [M] // KYVIK S, LEPORI B (eds). *The Research Mission of Higher Education Institutions outside the University Sector: Higher Education Dynamics* 31. Berlin: Springer, 2010: 175-197.

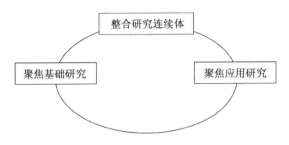

图 1-1　整合研究连续体模式

德国的应用科技大学是应用导向研究模式的代表。该模式的主要含义是通过基础研究成果的转化实现实践性问题的解决，从而实现知识和技术向产品的转化，这种模式有利于促进创新和开拓新的市场——它致力于将知识整合和转化到实践环节，结合市场最新形势，将研究结果应用到创新之中，并为经济和社会发展提供现实的解决策略。德国的应用科技大学一般面向中小企业提供科研服务，致力帮助企业解决实际问题和进行创新性研究，因为这些中小企业没有独立的科研部门，如此一来，就可以架起学校与行业沟通的桥梁。①

瑞士的应用科技大学是基础研究拓展模式（图 1-2）的代表。该模式的主要含义是基于应用目标开展必要的基础研究，强调基础研究与应用研究的交互作用，但很难在基础研究与应用研究之间划分严格的界线，研究范围不仅局限在传统科学领域，而且包括新兴科学领域；该模式以新的方式生产新知识和整合已有知识，研究问题的形成与实践有着密切联系，所生产的知识可以很快被反馈到教育与实践中。瑞士的应用科技大学系统旨在满足中小企业的技术需求，事实证明，这一选择取得了很大成功：瑞士的应用科技大学系统成功地建立了与传统大学截然不同的特定形象，并在与中小企业的合作中（通过合同融资和补贴）找到了自身的市场定位。②

---

① 贺艳芳，徐国庆. 德国应用科技大学的兴起、特征及其启示［J］. 外国教育研究，2016，43（02）：17-26.
② LEPORI B. Striving for Differentiation：Ambiguities of the Applied Research Mandate in Swiss Universities of Applied Sciences［M］∥ KYVIK S，LEPORI B（eds）. *The Research Mission of Higher Education Institutions outside the University Sector：Higher Education Dynamics 31*. Berlin：Springer，2010：237-255.

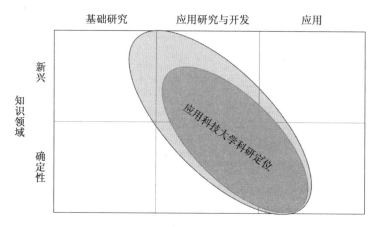

图 1-2 基础研究拓展模式

荷兰的应用科技大学是实践导向研究模式（图 1-3）的代表。该模式的主要含义是应用科技大学主要聚焦于实践性研究及新产品和服务的实验发展，所做研究区别于传统大学的基础研究，致力于社会中专业化实践的改善与发展，既可以生产知识，也可以开发可用产品，还可以提供针对实际问题的解决方案。① 通过引入更广泛的研究任务及开展实践导向的研究，荷兰的应用科技大学有效拉近了与商业部门的距离，尤其是通过与产业界建立起系统的联系网络，可以更便利地跟踪产业发展趋势，使培养的毕业生更能适应产业的最新发展要求。

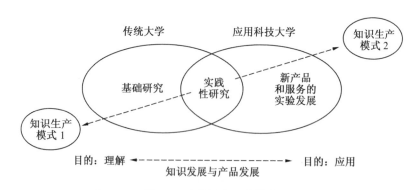

图 1-3 实践导向研究模式

---

① WEERT ED, SOO M. Research at Universities of Applied Science in Europe: Conditions, Achievements and Perspectives [R]. Center for High Education Studies of the Netherlands, 2009: 19.

（三）非大学高等教育机构科研实践困境

从传统上看，科研并不是非大学高等教育机构的优势领域，它们尤其无法与综合性大学进行竞争。近年来，尽管非大学高等教育机构科研得到更多重视，但仍然面临一系列实践困境，如科研资源短缺、优秀科研人员不足、教学与科研时间冲突等。

科研资源是保证应用科研顺利开展的重要条件，没有充足的科研资源保障，就无法提供科研平台、设备等方面的支持。在大多数国家，应用科技大学最初是在没有研究授权的情况下创建的，因此，它们的资助机制并不自动包括用于研究的资源，这与假定教授将大部分时间应用于自己研究的大学不同；获得科研资源一直是应用科技大学发展中的一个重大问题，至少当研究范围超过某个门槛时，资源可能很快成为一个限制因素。[1] 对此，有学者针对欧洲部分国家非大学高等教育机构的科研资源情况进行了系统总结（表1-4）。[2] 由此可见，与综合性大学相比，大部分非大学高等教育机构的科研资源相当有限。

表 1-4　欧洲部分国家非大学高等教育机构科研资源

国家	研究设施	研究经费	教师发展
比利时	没有办公场所，大多数学者在家工作；可与大学实验室相媲美的研究单位太少；图书馆规模小	与单位成本等挂钩的资金包，其他竞争性资金来源	大学协会提供的教育/研究项目、大学提供的博士生项目
捷克共和国	通过发展办学成本低的学科减少投入；图书馆不以研究为中心	没有专门的研究经费，向所有高等教育机构开放竞争性项目资金	在国家工作人员发展框架下，几乎没有给应用科技大学的教师留有发展余地

---

[1] LEPORI B. Funding for Which Mission? Changes and Ambiguities in the Funding of Universities of Applied Sciences and Their Research Activities [M] // KYVIK S, LEPORI B (eds). *The Research Mission of Higher Education Institutions outside the University Sector*：*Higher Education Dynamics 31*. Berlin：Springer，2010：61-76.

[2] HAZELKORN E, MOYNIHAN A. Transforming Academic Practice：Human Resource Challenges [M] // KYVIK S, LEPORI B (eds). *The Research Mission of Higher Education Institutions outside the University Sector*：*Higher Education Dynamics 31*. Berlin：Springer，2010：77-93.

续表

国家	研究设施	研究经费	教师发展
芬兰	由于科学领域不多，图书馆服务是主要需求，但资源不足	理工学院接受项目资助，用于研发活动的开展	取决于不同的机构
德国	更少的资金，设施比大学差	公共资金通常是一次性的。大多数州都有2%~3%基于产出的公共预算	应用科技大学系统中没有特定设施
爱尔兰	相对较差的设施和图书馆	基于教学时数的核心补助金，加上小型专用启动补助金；与大学公开竞争科研经费	在职培训是学校的事，支持博士课程、研究和导师培训
荷兰	研究基础设施非常有限	以公式为基础的一次性总付方式资助，但也有专门的研究资助计划	国家集体劳动协议中的机构责任，学习设施和员工发展条例
挪威	图书馆和行政部门支持良好，但实验室设备较差	在核心年度预算内进行研究，通过合同研究以保持运营水平	博士、高级讲师计划，大学提供博士课程
瑞士	相当好的实验室设备、设施及行政支持	通过与公司和公共机构合作获得外部资金支持	主要是现场研究培训，课程提供有限

科研人员是应用科研的直接参与主体，如果科研人员水平不高，将很难带来高质量的科研成果产出，也很难实现科研成果向教育教学、生产管理一线的转化。有研究表明，应用科技大学学术人员被聘用时，其主要角色是教师，他们的工作重点是职业/专业实践，这些人基本是本科学历，很少有研究生以上学历，也没有实践经验。[①] 在个人和集体层面，这种转变的巨大挑战性不可低估，原因在于，获得和发展研究能力是一个复杂的"学徒"过程，需要时间和资源。也有学者指出，培养一种研究文化的过程——将一个机构从教学模式转变为以研究为中心的模式——是一个复杂、困难且可能漫长的过程，相当于"学术人员的代际更替"，这可能需

---

① PRATT J. *The Polytechnic Experiment 1965—1992* [M]. Buckingham: The Society for Research into Higher Education and Open University Press, 1997: 3.

要 20 年的时间。①

教学与科研时间的冲突也是不可忽视的现象，如果没有充足的科研时间保障，将很难保证科研工作的持续开展。然而，由于高职院校在传统上与综合性大学定位的差异，教学往往被看作非大学高等教育机构教师的主业，这些教师的教学工作量通常较大，这也导致他们没有充足的时间投入科研。有学者以德国为例指出，综合性大学教授的额定教学工作量是每周 8 个课时，应用科技大学教授的额定工作量为每周 10~12 课时，但应用科技大学教授的教学工作量实际上远超这个范围，每周原则上要完成 18 个课时的教学任务，其教学工作量是综合性大学教授的一倍以上。② 也有学者以欧洲部分国家为例，对综合性大学与应用科技大学教师的教学时间做了对比分析。③ 由表 1-5 中的数据可见，应用科技大学教师用于教学的工作时间比例要远高于综合性大学教师。

表 1-5　欧洲部分国家综合性大学与应用科技大学教师教学时间占比

国家	综合性大学	应用科技大学
比利时	40%	90%
芬兰	43%	74%
德国	40%	90%
爱尔兰	40%	80%~90%
荷兰	40%	60%~80%
挪威	42%	58%
瑞士	40%	51%

三、文献总结与评价

通过对高职院校科研的文献回顾，可以发现，不同时期高职院校科研

---

① HAZELKORN E. Motivating Individuals: Growing Research from a 'Fragile Base' [J]. Tertiary Education and Management, 2008, 14 (02): 151-171.
② 来汉瑞, 陈颖. 浅谈. 德国应用科学大学教授的教学工作量: 现状及必要的改革措施 [J]. 应用型高等教育研究, 2018, 3 (02): 67-72.
③ HAZELKORN E, MOYNIHAN A. Transforming Academic Practice: Human Resource Challenges [M] // KYVIK S, LEPORI B (eds). The Research Mission of Higher Education Institutions outside the University Sector: Higher Education Dynamics 31. Berlin: Springer, 2010: 77-93.

相关主题的关注重点不同。起初，关于高职院校"要不要做科研"曾引起学界的广泛争论。这场争论虽然在学理层面很难得出定论，但在事实层面进一步明确了高职院校的科研使命。随后，研究焦点逐渐转移到高职院校"要做什么样的科研"，即高职院校的科研定位问题上。通过讨论，基本达成的共识是高职院校的科研定位应该与研究型大学的科研定位有所区别，要将应用科研作为其应然定位。当然，关于应用科研的内涵也存在较大分歧，本研究倾向于将教研纳入高职院校科研范畴，即高职院校应用科研应该同时涵盖以应用为目的的专业科研与教研。就学理层面而言，虽然基本明确了高职院校的科研定位，但是实践层面高职院校科研的真实状态与之相差较远。相关文献对"科研做得怎么样"的探讨，反映出高职院校应用科研比例不高、成果转化不佳、形式大于实质等问题。近年来相关文献进一步推进了对这一问题的研究，且更为聚焦"如何做好应用科研"这一焦点话题，并从教师层面、学校层面和国家层面提出了相关对策与建议。

通过对非大学高等教育机构科研的文献回顾，可以发现，作为教育层次与类型和我国高职院校相似的高等学校组织，其与我国高职院校在科研议题上存在诸多相似之处。对大部分非大学高等教育机构而言，其科研同样经历了"从无到有"的艰难发展历程，并逐渐明确了其区别于综合性大学的应用科研定位。与我国高职院校稍有不同的是，不少非大学高等教育机构已经形成了较为成熟的科研模式，如整合研究连续体模式、应用导向研究模式、基础研究拓展模式、实践导向研究模式等，并在实践中发挥了不错的作用。此外，与我国高职院校相似，非大学高等教育机构科研也面临一系列的实践困境，如科研资源短缺、优秀科研人员不足、教学与科研时间冲突等。

通过对国内外相关文献的回顾，可以发现，高职院校这种层次和类型的学校组织已经基本明确了其应用科研的定位。但现有文献存在的不足是未能对应用科研定位内涵进行深入的学理分析，导致对其内涵的理解停留于一般意义上的应用科研定义，缺乏对高职院校这样一种独特知识生产组织科研定位的深刻剖析。更为重要的是，仍然有不少理论问题有待进一步回答，如同样是应用科研，高职院校与研究型大学有何区别？同样是教研，教育学专家与高职院校教师研究的侧重点是否有所不同？针对上述问题，本研究拟深入到知识论层面做出系统回答。再者，从研究方法来看，无论是关于高职院校科研实践困境的解释，还是关于非大学高等教育机构科研实践困境的解释，多是基于经验层面进行的总结。经验层面的描述虽有助于增进对高职院校科研实践的了解，却未必能触及问题的本质。基于此，需要在系统的理论探讨基础上开展科学规范的实证研究，而这也正是本研究的意图所在。只有探明上述问题，方能在学理层面深化对高职院校科研定位及其实践逻辑的理解，并在实践层面提出可能的解决方案。

第五节 研究设计

以实证研究为基础的研究成果，需要清楚说明实证资料的来龙去脉，并向读者详细交待研究的问题、研究的目标、研究的方法、研究的技术路线等核心内容。

一、研究问题

问题是一项研究的灵魂，从问题开始研究能使我们的思路保持开放，避免偏颇。① 任何研究目标的提出都应当以研究的问题为前提和基础。本研究主要有三大研究问题：高职院校科研的应然定位是什么？高职院校科研的实然现状与应然定位之间有多大差距？高职院校科研实践背后的逻辑是什么？

二、研究目标

本研究旨在达成以下三个研究目标：

其一，厘清高职院校科研的应然定位，尤其是区分高职院校与研究型大学在科研定位上的差异。

其二，借助德尔菲法与问卷调查法等，测量当前阶段高职院校科研实然现状与应然定位之间的差距，并对其做出系统描述和评价。

其三，通过深度访谈与典型案例研究，描述不同类型高职院校科研的实践逻辑，从而为推动高职院校科研改革提供实证资料的支撑。

三、研究方法

基于研究问题解决的需要，本研究采用混合方法研究。在混合方法研

---

① 彭玉生. "洋八股"与社会科学规范[J]. 社会学研究, 2010 (02): 180-210.

究领域的众多学者中，约翰·W. 克雷斯维尔是比较有代表性的专家，其与薇姬·L. 查克所著的《混合方法研究：设计与实施》也是最早系统介绍混合研究方法的专著之一。克雷斯维尔认为："混合方法研究是一种包含了哲学假设和调查方法的研究设计。作为方法论，它包含一些哲学前提假设，这些前提假设在多个研究阶段引导着数据收集和分析、定性定量方法整合。"① 按照克雷斯维尔的建议，在采用混合方法研究时，研究者要依次思考以下几个基本问题：使用前提、哲学假设与世界观、研究策略、研究步骤。

（一）使用前提

使用混合方法研究的核心前提是，与单独使用定性或定量研究方法相比，混合使用两种研究方法能够更好地解答研究问题。也就是说，使用混合方法研究时，研究者应该给出正当理由。实际上，并非所有的研究都适合采用混合方法。如果研究的目标是探索某个问题，尊重参与者的观点，描绘情境的复杂性，传达参与者的多元视角，适合采用定性研究方法；如果研究者试图理解变量间关系，或是分析一组因素是否比另一组因素更影响结果，则适合采用定量研究方法。在本研究中，定量研究可以从整体上解释变量间关系，即通过问卷调查了解高职院校的科研现状。但定量研究无法说明统计检验或者效应规模到底意味着什么，而定性研究则可以协助解释为什么会造成这种情况，即高职院校科研背后的实践逻辑究竟是什么。

（二）哲学前提假设与世界观

对混合方法研究者而言，不仅要了解自己的哲学前提假设，而且要在混合方法项目中对这些前提假设进行清晰的表达。为此，必须提出作为研究基础的世界观，描述世界观的核心要素，并将这些要素与混合方法研究中的特定步骤结合在一起。

在混合方法研究中，哲学前提假设是围绕混合方法项目，在宽泛且抽象的层次上运作的，包括一系列指引研究者的基本信念和假设。研究者会在研究中注入某种世界观，这种世界观关乎知识的信念和前提假设，并对研究产生重要影响。对混合方法研究者而言，主要有四种世界观对其有深

---

① 约翰·W. 克雷斯维尔，薇姬·L. 查克. 混合方法研究：设计与实施 [M]. 原书第2版. 游宇，陈福平，译. 重庆：重庆大学出版社，2017：4.

刻的影响，这四种世界观包括后实证主义世界观、建构主义世界观、参与式世界观和实用主义世界观。

上述四种世界观具有一样的构成部分（包括本体论、认识论、价值论、方法论和修辞学），但是持有不同的立场。它们之间的差异主要表现在五个方面：一是对现实本质有不同认识（本体论），二是看待已有知识的方式存在差异（认识论），三是认为研究中价值观起到的作用并不相同（价值论），四是采取的研究程序相异（方法论），五是使用的研究语言有别（修辞学）。基于对世界观的理解和研究问题的需要，本研究采用的是实用主义世界观。在本体论（现实的本质是什么）方面，本研究探讨单一且多元的现实，在检验研究假设的基础上分析其背后的影响因素；在认识论（研究者与研究对象的关系是什么）方面，本研究根据"什么有用"来收集数据，进而回答提出的研究问题；在价值论（价值观起什么作用）方面，本研究采用多元的研究立场，对研究视角并无任何偏见；在方法论（研究的过程是什么）方面，本研究主要是先搜集定量数据，再搜集定性数据，进而实现一定程度的混合；在修辞学（研究使用什么语言）方面，本研究采用正式风格与非正式风格相结合的写作风格。

（三）研究策略

基于实用主义世界观，为了深入揭示高职院校科研的实然现状及其背后的实践逻辑，本研究采用定量和定性相结合的混合研究设计，遵循"解释性时序"的设计思路。混合方法研究的目的不在于通过混合边界模糊的定量和定性方法以连接不可逾越的"鸿沟"，而是混合数据的收集方法和分析方法，以丰富研究对象、改进研究工具和提升研究意义。事实上，在某一个研究设计中，研究方法比研究者通常认为的要更有"流动性"。① 混合方法研究不在于完全打通定量研究和定性研究之间的区隔，其重点在于将定量方法和定性方法真正结合，并证实能够有效地达到研究的连贯性。

（四）研究步骤

本研究基于对高职院校科研已有研究文献的启发，以及研究问题展开的需要，将主要遵循以下几个研究步骤。第一步，通过对科学研究分类方

---

① 朱迪．品味与物质欲望：当代中产阶层的消费模式［M］．北京：社会科学文献出版社，2013：18.

法、知识生产模式转型等相关文献的梳理，以思辨的方式，厘清高职院校科研的应然定位。第二步，通过文献研究、深度访谈、德尔菲法、问卷调查法、层次分析法等，设计高职院校科研现状调查问卷，并基于这一问卷测量高职院校科研实然现状与应然定位之间的差距。第三步，通过深度访谈，选择几所典型高职院校展开案例研究，探寻高职院校科研背后的实践逻辑。第四步，基于前述实证资料，提出推进我国高职院校科研改革的针对性建议。

四、技术路线

基于上述研究的问题、研究的目标、研究的方法等内容，本研究遵循"提出问题—分析问题—解决问题"的基本思路，制定出如图1-4所示的技术路线。

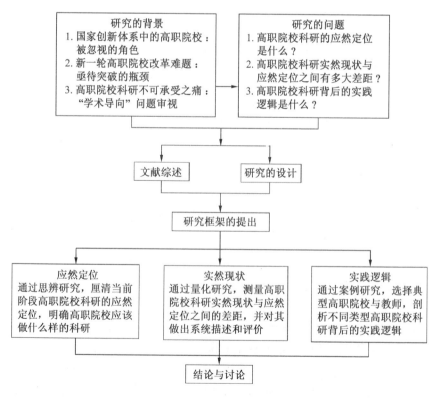

图1-4 研究的技术路线

第二章 应用导向：
高职院校科研的应然定位探析

对于高职院校科研应然定位的判断，关乎本研究的逻辑起点。为此，需要进一步追本溯源，深刻揭示高职院校科研定位的本质及其对研究功能的发挥可能带来的影响。

第一节 关于科学研究分类方法的历史脉络梳理

现代意义上的科学起源于西方，对于科学研究分类方法的探索也在西方较早出现，尤其是在第二次世界大战以后，关于科学研究分类方法的研究逐渐趋于成熟。总体来看，科学研究分类方法的研究历史可以划分为三个发展阶段。从形而上的视角来看，对科学研究分类方法的探讨多是基于科学哲学。科学哲学能够完善关于知识生产的不同方式，并且这些方式能够促进跨越不同根基的组织探索。[1]

一、科学研究线性分类方法的萌芽

第一阶段以美国人万尼瓦尔·布什提出的科学研究线性分类方法为代表。第二次世界大战期间，作为美国科学研究发展局局长，布什主导了大量的科学研究工作，为美国科技强国政策的制定做出了重大贡献。1945年7月，布什向杜鲁门总统递交研究报告《科学——没有止境的前沿》，提出了科学研究的一维线性分类方法。[2] 布什等认为：在静态形式下，基础研究的实施不考虑实际后果，同时，应用研究也总是排斥纯研究；在动

---

[1] 徐淑英，任兵，吕力. 管理理论构建论文集 [M]. 北京：北京大学出版社，2016：100.
[2] V. 布什，等. 科学：没有止境的前沿 [M]. 范岱年，解道华，等译. 北京：商务印书馆，2004：63.

态形式下，基础研究是技术进步的先驱。在短时间内，基础研究可能不会带来技术进步，但在随后的某个阶段，基础研究可能会对应用研究与开发带来促进作用，技术进步由此出现。而后再依托产品创新、工艺创新等不同形式，达到生产经营的目的。亦即，通过技术转化过程将科学成果转化为技术创新，进而在技术方面得到回报。在线性模型下，基础科学进步是技术创新的主要源泉，即技术创新的每个后续阶段都要依赖前一个阶段。

二、实验开发研究对线性分类方法的挑战

第二阶段以经合组织提出的科学研究扩展分类方法为代表。在美国独特的社会环境下，布什对于科学研究分类方法的影响根深蒂固。第二次世界大战后，拥有不同经历国家的学者却在思考认识和应用之间更为复杂的关系。在这些国家的学者看来，布什那种将基础研究与应用研究严格分离的做法是有待商榷的。在经合组织其他成员国学者将认识和应用融合在一起的共同努力之下，经合组织最终修改了科学研究分类方法。1963年，经合组织在意大利的弗拉斯卡蒂发布了第一版《弗拉斯卡蒂手册》，该手册在基础研究与应用研究之外增加了实验开发研究，但并未对布什的线性分类方法提出实质性挑战，它仍然遵循布什的信条，即技术创新来源于科学发现。在1970年修订的《弗拉斯卡蒂手册》中，经合组织指出，虽然追求实际应用效果并非基础研究的目的，但是它仍然顾及了资助机构的兴趣，并朝着这个方向努力。尤其是在定向研究中，它会引导研究人员的工作朝着某一个领域发展，这个领域通常具有潜在的经济或社会效益。[①]

然而，这种修改无力使基础研究划分为"纯研究"和"定向研究"，也无力假设"定向研究"类型中研究目标的混合只是研究机构所为，而不是科学家们所进行的融合。这一思想体系的光彩，逐渐从随后的一系列战略性研究中消失。在1980年修订的《弗拉斯卡蒂手册》中，"定向研究"一词为"战略研究"一词所取代。

2015年，经合组织发布的最新版本《弗拉斯卡蒂手册》进一步明确了基础研究、应用研究与开发研究的区别：基础研究是实验性的或理论性的工作，其主要目的是获得关于现象和可观察事实本质的新知识，而没有

---

① 经济合作与发展组织（OECD）．弗拉斯卡蒂手册［R］．北京：新华出版社，1970：75．

任何应用或使用目的；应用研究是一种为获得新知识而进行的原始调查，它主要导向特定的、实践的目标或物体；开发研究是一项系统性的工作，它借鉴来自研究和实践的经验，生产额外的知识，直接目的是创造新的产品或工艺，或改善现有的产品或工艺。

三、二维象限科学研究分类方法的勃兴

第三阶段以美国人唐纳德·E. 司托克斯提出的象限科学研究分类方法为代表。司托克斯认为，认识目标与应用目标在本质上相矛盾、两种研究必然分离的观点与科学本身的经历不符，研究过程中不断进行的选择活动往往同时受到两个目标的影响。按照是否考虑应用和是否追求基础认识的标准，司托克斯提出了二维象限模型。① 第二象限为"纯应用研究"，该象限考虑应用但不追求基础认识。第四象限为"纯基础研究"，该象限追求基础认识但不考虑应用。第一象限为"应用引起的基础研究"，该象限既考虑应用又追求基础认识。19世纪微生物学的崛起很好地说明了这种可能，其代表人物是巴斯德。为了解决现实问题，巴斯德基于这一起点开展了相关基础性研究，并创立了病理学，随后他选择的问题和领域变得更具应用性。如果应用目标能直接影响基础性研究，那就不能再把基础研究仅仅看作为了科学发现而进行的长远的、由好奇心驱动的研究。而且，也不能再把应用研究与开发仅仅看作基于科学发现而进行的新产品和新工艺转化工作。也就是说，用单一的线性模型描述科学向技术的流动可能过于简单，许多技术创新并不需要科学进步的刺激而产生。在某些情况下，科学"只能存在于"技术当中，越来越多的科学已然成为"派生"技术，技术对基础科学的影响在工艺和产品创新中清晰可见。日本在第二次世界大战以后快速发展的经验证明，在基础科学方面相对落后的国家也可以在生产技术方面取得巨大的成功。需要注意的是，司托克斯并未命名第三象限，这是一种既不以认识为目标，又不以应用为目标的研究。与"纯基础研究"相比，它更多的是一种经验整理，没有上升到科学认识的境界；与"纯应用研究"相比，它更多的是一种技能训练，并不一定追求成果、项

---

① D. E. 司托克斯. 基础科学与技术创新：巴斯德象限 [M]. 周春彦，谷春立，译. 北京：科学出版社，1999：63.

目或者产品的完成。

四、对本研究的启示

目前，学界关于科学研究分类方法的研究基本形成了以下三点共识：一是随着科学世界的不断变化，科学研究的分类方法也在不断发生改变，不能拘泥于某一种科学研究分类方法而停滞不前；二是上述科学研究分类方法不仅在自然科学研究中，而且在社会科学研究、人文科学研究及技术科学研究中具有广泛的应用空间；三是对于应用研究本质的探索不断向前推进，其内涵得到极大丰富。尤其是司托克斯提出的二维象限分类方法颠覆了传统上对科学与技术关系的认识，即技术不再是科学的附属品，彰显了技术相对于科学的独立性地位。应用研究既有可能是对已有科学的应用，也有可能是基于以往经验所进行的试验、开发等。

从现有研究来看，对科学研究分类方法的研究存在以下两个问题：一是科学研究分类方法的适用性问题，在不少研究中，研究者并未对这一问题进行讨论就将科学研究分类模型套用到研究框架之中，有生搬硬套之嫌；二是从应用范围来看，科学研究分类模型在教育学研究中的应用并不广泛，仍然有待进一步探索。

对科学研究进行分类是实现科研定位的基本前提，前人关于科学研究分类方法的探索，可以为本研究提供借鉴与参考。科学研究分类方法的不断发展、完善和推广，也影响了高等学校领域的科研分类。作为高等学校组成部分的高职院校，应该在系统把握科学研究分类方法历史脉络的基础上，探索适合自身发展需要的科研定位。

第二节 关于知识生产模式转型的三种理论假说

前文关于科学研究分类方法历史脉络的梳理，更多是从科学哲学视角出发来分析的。接下来，本研究将尝试从科学社会学视角出发，进一步探讨关于知识生产模式转型的相关理论。这种研究视角的切换，也反映出学界关于科学研究关注旨趣的变化。20世纪中后期，西方学者将研究视角分散化的科学知识生产融入科学技术社会学的范畴，集中关注知识生产模式的转型研究。① 而在众多西方学者中,比较有代表性的学者是德莱克·普赖斯、约翰·齐曼和迈克尔·吉本斯等人,他们分别提出了"大科学""后学院科学""知识生产模式Ⅱ"等概念。

一、从小科学到大科学

20世纪下半叶以来,随着科学技术的不断进步,科学研究所承担的使命也在悄然发生变化。其中一个突出的变化特征就是,科学研究逐渐从小科学时代迈入大科学时代。在小科学时代,研究者本身拥有绝对的主动权,主张开展价值无涉的纯科学研究,不强调任何功利主义的目的。正如有的学者所言,小科学知识生产模式主要是科学家根据个人兴趣和好奇心,在为科学而科学的学术氛围中,以追求科学真理为导向,以分散的个体或小规模的集体为组织,集中了单一学科内的自由式知识生产模式。② 因此,在小科学时代,科学研究的概念范畴相对较窄,科学研究活动更接近一种"无政府主义"的状态。

"大科学"概念最早是由美国科学家阿尔文·温伯格在1961年提出的,在他看来,科学正在由"小科学"变成"大科学"。③ 随后,美国科学家德莱克·普赖斯在其著作《小科学,大科学》中,对小科学与大科学之间的辩证关系进行了系统论证。在该书中,普赖斯虽然并未明确提出知识生产模式的转型问题,但是他通过描述一系列与知识生产模式转型密切相关的知识图景,如科学文献数量的增长、科学家角色的转变、跨国合作研究与交流等,间接折射出了知识生产模式的变迁轨迹。普赖斯认为,小科学时代科学家知识生产的最初目的源于个人的"社会义务",为的是了解"别人在做什么,是谁在做",新知识的发表局限于专业性的刊物,知识传播较为单一,知识受益面相对局限,甚至还会遇到来自"科学界内部相当大的阻力",对知识生产成果造成某种浪费。④ 而到了大科学时代,

---

① 蒋平. 再论知识生产模式转型理论的三种假说 [J]. 民族高等教育研究,2018,6(05):1-14.
② 蒋平. 再论知识生产模式转型理论的三种假说 [J]. 民族高等教育研究,2018,6(05):1-14.
③ 武天欣. 对大科学的认知与伦理的思考 [D]. 南京:南京大学,2017:1.
④ 刘文洋. 大科学时代科学家的行为模式浅析 [J]. 科学学研究,1987,5(03):34-40.

则形成了一个隐形的"无形学院"。普赖斯把某一研究领域非正式的学术交流群体称为"无形学院",意指那些从正式的学术组织派生出来的非正式学术群体;这些小群体的成员彼此之间保持不间断的接触,彼此传阅手稿,相互到对方的机构进行短期的合作研究。① 无形学院的存在使集体科学研究范式成为可能,进而形成跨学科、跨领域,甚至跨区域、跨国别的大科学知识生产模式。

二、从学院科学到后学院科学

在起步阶段,伴随着科学的神秘性与专业性,科学研究的任务主要由学识深厚的学院派人士承担。然而,随着技术的进步与社会的变迁,"学院科学"开始面临无法回避的社会性变化。在罗伯特·金·默顿看来,科学家及科学研究离不开社会,科学界的社会关系结构不是指科学家个体,而是指科学共同体。② 自20世纪70年代开始,科学研究出现了新的特征,开始由"学院科学"向"后学院科学"转型。③ 如果说默顿对科学研究及其与社会的关系所做的相关讨论仍然囿于学院科学范畴,那么齐曼则明确提出了"后学院科学"的概念。在《真科学:它是什么,它指什么》一书中,齐曼特意对学院科学与后学院科学的显著差异做了对比,取学院科学五个特征的首字母,将它命名为"CUDOS",这五个特征包括公有主义(communalism)、普遍主义(universalism)、祛私利性(disinterested)、独创性(originality)和怀疑主义(skepticism);与此对应,齐曼提出了后学院科学的五个典型特征,并同样取这五个典型特征的首字母,将它命名为"PLACE",这五个特征包括归属性(proprietary)、局域性(local)、权威性(authoritarian)、定向性(commissioned)和专门性(expert)。④

具体而言,学院科学与后学院科学的差异主要如下:在知识产权归属

---

① 王克君. 从科学史看无形学院对科学发展的作用[J]. 东北大学学报(社会科学版),2001(02):122-124.
② 罗伯特·金·默顿. 十七世纪英国的科学、技术与社会[M]. 北京:商务印书馆,2000:361.
③ 马西米安诺·布奇. 科学,谁说了算[M]. 诸葛蔚东,李锐,译. 北京:北京大学出版社,2016:3.
④ 约翰·齐曼. 真科学:它是什么,它指什么[M]. 曾国屏,匡辉,张成岗,译. 上海:上海科技教育出版社,2008.

上，学院科学认为，科学研究成果应该属于公共知识，并得到广泛公开与传播；后学院科学则认为，科学研究成果应该归投资者所有，并得到有效保密，未经许可不得公开与传播。在适用情境上，学院科学认为，科学研究成果应该超越宗教、种族、信仰或特定环境的制约，强调科学真理的普遍适用性；后学院科学则认为，科学研究成果不可能完全脱离文化环境的制约，它本身就是特定文化规则孕育的产物，并服务于局部问题解决的需要。在价值取向上，学院科学所主张的祛私利性强调应该遵循"为知识而知识"的科学研究行为，不能掺杂任何个人偏见与功利性动机；后学院科学则认为，科学知识的生产越来越具有定向性特征，基于外部资助而开展的某种特定问题的研究不可能摆脱功利主义色彩。在知识边界上，学院科学主张科学研究应注重其独创性，生产新知识、新理论、新命题，而后形成具有其独特风格的科学研究领域；后学院科学则主张科学研究具有专门性特点，应该由专门性人才解决专门的问题，知识的发现并不总是原创性的，它必然包括知识重新建构与整合的成分，因此，跨学科研究、团队研究将成为科学研究的新趋势。在评价标准上，学院科学倡导怀疑主义精神，主张科学研究成果必须经过"同行评议"这一环节，而后才能通过传播成为公共资源；后学院科学则认为科学研究必须遵循契约精神，强调对管理权威的尊重，对研究成果的评价应该注意看其是否有利于特定问题的解决，对于公共知识的追求并没有实质意义。

三、从知识生产模式Ⅰ到知识生产模式Ⅱ

后现代社会是一种资讯社会，也就是大众传播社会，当社会进入后工业时代，许多文化进入后现代化时，知识的地位就会发生变迁，许多知识论专家认为至少在20世纪50年代这种改变就已经形成了。随着后现代社会的来临，人类社会进入"知识爆炸"时代，随后关于知识生产模式转型的研究逐渐成为重要的国际议题。在知识生产模式转型相关理论著作中，以英国学者迈克尔·吉本斯等人所著的《知识生产的新模式：当代社会科学与研究的动力学》最具代表性，其核心观点在当时为经合组织所采纳。在吉本斯等人看来，20世纪下半叶涌现出了一种不同于传统知识生产模式的新知识生产模式。为了以示区别，可以将传统知识生产模式命名为"知识生产模式Ⅰ"，将新知识生产模式命名为"知识生产模式Ⅱ"。这种新的知识生产模式影响非常广泛，不仅影响生产什么知识，还影响知识如何生产、知识探索所置身的情境、知识组织的方式、知识的奖励机制、知识的质量监控机制等。① 从知识生产模式Ⅰ到知识生产模式Ⅱ的转型，实际上折射出的是科学研究范式的变迁轨迹，即从以学术兴趣为驱动的学术导向研究向以问题解决为驱动的应用导向研究转变。

对于知识生产模式Ⅱ与知识生产模式Ⅰ的区别，吉本斯等人从五个方面进行了论述。其一，应用情境的知识生产。在知识生产模式Ⅱ中，科学研究多处于应用情境之中，涉及研究者、政府、企业等多方利益相关者，并具有向社会弥散与传播的特点；而在知识生产模式Ⅰ中，科学研究则更多处于认知语境之中，强调"为研究而研究"的科学目的，并不强调研究的实用价值。其二，跨学科。在知识生产模式Ⅱ中，科学研究不会局限在单一的学科，而是更多以跨学科或者超学科的方式进行，知识生产的边界由此得到大大拓宽；而在知识生产模式Ⅰ中，科学研究往往是在单一学科范畴之内，与其他学科之间的交流十分少。其三，异质性与组织多样性。在知识生产模式Ⅱ中，科学研究会根据问题解决的需要，构建具有异质性特点的工作团队，这种组织形式具有临时性、非制度化等特点；而在知识生产模式Ⅰ中，科学研究团队成员的组成往往具有较强的同质性，并以某个学科方向为中心组建团队，其组织形式具有较强的稳定性与制度化色彩。其四，社会问责与反思性。在知识生产模式Ⅱ中，科学研究的整个过程会充分地渗透社会问责机制，必须向特定的社会对象服务，强调研究团队的所有成员都应该具有社会反思意识；而在知识生产模式Ⅰ中，科学研究往往是单纯的知识生产过程，只需要为科学本身负责，而无需向社会相关成员负责。其五，质量控制。在知识生产模式Ⅱ中，质量控制的标准具有较大的灵活性，同行评议体系之外的更广泛的社会主体（包括政府部门、企业、社会公众等）有权对科学研究成果进行评议；而在知识生产模式Ⅰ中，质量控制的标准主要由同行专家进行把控，并通过同行评议的方式对科学研究成果进行评价。

---

① 迈克尔·吉本斯，卡米耶·利摩日，黑尔佳·诺沃提尼，等.知识生产的新模式：当代社会科学与研究的动力学 [M]. 陈洪捷，沈文钦，等译. 北京：北京大学出版社，2011：1.

四、对本研究的启示

无论是从小科学到大科学,还是从学院科学到后学院科学,或是从知识生产模式Ⅰ到知识生产模式Ⅱ,它们都描绘出了20世纪下半叶以来世界范围内知识生产模式转型的社会图景。

综合来看,三种理论假说即便从不同角度对知识生产模式的转型做出解读,也还是可以发现其中所蕴含的共同规律。第一,都通过对比的方式描绘出两种不同的知识生产模式,而且指出向新知识生产模式的转型是一股不可逆转的趋势。传统知识生产模式的典型特征是注重基础研究,倡导"为科学而科学""为研究而研究"的价值观念,以及不掺杂任何功利色彩的"纯科学研究"。第二,都指出两种不同知识生产模式的内在逻辑关系,从传统知识生产模式向新知识生产模式的转型不是一蹴而就的过程,两种知识生产模式并不是非此即彼的关系。在很长的时期内,两种知识生产模式将处于并存状态,在某些情况下,二者之间的界限甚至会变得愈发模糊。第三,知识生产模式转型并非是一个完全自然的过程,甚至在很大程度上依赖于与其相配套的科学研究制度体系变革。如托马斯·库恩认为,在科学发展的过程中会出现不符合常规科学传统的反常。这种反常一开始或者不受到重视,或者遭到排斥;但是一旦这种反例频繁出现,就会引起科学家们的关注,从而产生一种原有范式的"危机意识"。[①] 科学研究的进步在很大程度上取决于对反常的宽容与尊重,而不是一味地压制,甚至排斥。

以上研究带给本研究的启示主要有三点:一是随着时代的变迁,高职院校作为知识生产组织,其所承担的科研使命也在不断发生变化,高职院校应该探索符合其自身特点的科研新定位;二是对于高职院校科研定位的探索,是一个涉及诸多因素的复杂过程,切勿走向极端,要尊重知识生产模式转型的基本规律;三是高职院校研究功能的发挥,需要一个漫长的培育过程,要努力构建与之相匹配的科研制度体系。

---

① 托马斯·库恩. 科学革命的结构 [M]. 金吾伦,胡新和,译. 北京:北京大学出版社,2017:45,66.

第三节　作为知识生产组织的高职院校科研定位探析

长期以来，高职院校受关注较多的是其知识传播功能。相比之下，高职院校的知识生产功能尚未受到广泛关注。既然高职院校是高等教育系统的重要组成部分，那就不能忽视其知识生产功能。知识转型带来的必然是社会知识状况的根本变化，必然会对教育改革产生深刻的影响，这应该引起所有教育改革者的注意。① 尤其是在当下职业教育"类型教育"改革背景之下，迫切需要重新审视科研在高职院校这样一种知识生产组织中的定位。同时，需要厘清高职院校科研与研究型大学科研的区别。否则，将很难从根本上改变高职院校对研究型大学科研的依附关系。

一、高职院校科研短板的判断依据：学术导向评价标准

人才培养、科学研究、社会服务、文化传承与创新，被看作高等教育的四大功能。② 与其他功能相比，科学研究往往被看作高职院校的短板。但是，需要注意的是，我们谈论高职院校的科研短板，到底是基于什么标准做出的评价？依照此标准，高职院校科研究弱在何处？

（一）教师层面传统科研评价标准

从对教师层面的科研能力评价来看，现有研究对高职院校教师科研能力弱的评价多是基于学术导向科研评价标准。比如，有学者针对高职院校教师应该具备的科研能力设计出了评价指标体系。③ 从评价指标的具体内容来看，对高职院校教师科研能力的要求与对研究型大学教师科研能力的要求并没有实质性区别，主要考察的是其学术研究能力。诸如论文发表或出版专著能力、项目研究能力、获奖能力等，多是学术导向科研要求的能力条目，而无法有效地体现高职院校的科研特色。

---

① 石中英. 知识转型与教育改革 [M]. 北京：教育科学出版社，2001：34.
② 赵沁平. 发挥大学第四功能作用，引领社会创新文化发展 [J]. 中国高等教育，2006（Z3）：9-11.
③ 欧阳旻，韩先满. 高职院校教师科研能力评价指标体系的构建 [J]. 职业技术教育，2010（32）：84-86.

（二）学校层面传统科研评价标准

从学校层面的科研水平评价来看，对高职院校科研水平较弱的评价也多是基于学术导向科研评价标准。比如，《高等学校科技统计资料汇编》是用来评价高职院校科研水平的重要资料，不少关于高职院校的科研排行榜都是以此为基础。从评价指标的内容来看，以《高等学校科技统计资料汇编》为参考设计的评价指标体系仍然以人员数量、经费、课题、专著、论文等为主。

而且，从现有的相关研究来看，评价高职院校科研水平的主要依据仍旧是论文。单从论文数量来看，近年来高职院校论文发表量呈现出不断攀升的趋势。数据显示，2019 年，高职院校在中国知网收录期刊发表论文数量为 120828 篇，校均发表论文数为 85 篇。① 但高职院校发表论文的质量不高也是不争的事实，2018 年 307 所公办高职高专院校在中文核心期刊发表论文 890 篇，占有效统计论文总量的 43.39%，校均发表论文 2.90 篇；与 2017 年相比，发表论文院校数量、发表论文规模和校均发表论文数量都有一定程度的下降。② 就此而言，高职院校教师的科研水平无疑要弱于研究型大学教师的科研水平。

（三）传统科研评价标准的本质

无论是教师层面的科研评价标准，还是学校层面的科研评价标准，多是基于传统科学研究范式做出的评价。高职院校科研评价所依据的仍然主要是学术导向研究的标准，且占据较大比重。以此为标准去进行评价，所反映的将主要是高职院校学术导向研究的能力水平。这套标准基本上遵循的是默顿的科学研究范式，即学院科学研究范式，强调普遍主义、公有主义、祛私利性、有组织的怀疑主义；在制度层面则强调成果的发表及同行评议。基于上述评价标准，高职院校科研无疑处于绝对劣势。倘若按照这种方式来评价，则很难保证其科研的低水平不是由其先天劣势所造成的，依据此标准所开发的高职院校科研评价指标体系将很难保证其效度。

在这套标准体系之下，由于科学共同体内部等级分层的存在，整个科研体系以研究型大学为中心，并根据学校级别的高低依次往外扩展，而高

---

① 刘红，匡惠华.2019 年全国高职院校科研成果数据分析：基于中国知网的数据［J］.中国职业技术教育，2019（36）：17-26.
② 王小梅，周详，刘植萌，李璐.2018 年全国高校高职教育科研论文统计分析：基于 20 家教育类中文核心期刊的发文统计［J］.中国高教研究，2019（12）：91-98.

职院校则处于整个"同心圆"科研体系的最外围。从学科知识生产看，高职院校的这些研究者只能处在学科"场域"的边缘，一方面他们在生产着具有实践特征的知识，另一方面他们也在消费着其他本科院校或学术机构生产的更为专业、更具普遍意义的理论知识；他们对于学科共同体充满热爱和憧憬，是因为渴望得到共同体的认可，但同时这种情绪又是复杂的，有一种"恨铁不成钢"的痛，时隐时现。① 对高职院校而言，由于其科研基础有限，想要往"同心圆"中心靠拢是极其不容易的。但更重要的问题是，高职院校是否有必要往"同心圆"中心靠拢？由此需要进一步明确高职院校科研的应然定位问题。

二、高职院校远离"学术漂移"的前提：树立应用导向科研定位

科学研究是伴随着科学事业的不断发展而兴起的，起初大学并不具备科学研究的职能，直到德国教育家威廉·冯·洪堡创立柏林大学，大学的科学研究职能才逐渐取得了合法性。洪堡指出，对科学的探求和个性道德的修养是大学肩负的双重职能，由"科学而至修养"反映了大学的根本目标是促进学生乃至民族的精神与道德修养，而探索科学的活动天然适合学生的修养塑造和性格陶冶。② 自此以后，教学与科研相结合在综合性大学逐渐被奉为圭臬，并赋予大学教师教学与科研的双重使命。

（一）高职院校教师的生涯发展路径差异

高职院校教师的生涯发展路径与普通本科院校教师的不同。当谈到普通本科院校教师的科研身份时，有一个概念被广泛认可，即"学术职业"。最早关于学术职业的相关定义来自马克斯·韦伯。在"学术作为一种志业"的演讲中，韦伯将学术职业定义为以"学术作为物质意义下的职业"，强调学术职业具有物质性和精神性的双重属性。③ 近年来，在普通本科院校中，随着对科研重视程度的不断提高，科研与教学的分离现象日益严重，拥有科研优势的教师往往可以在生涯发展上取得更高的成就，这也进一步拓宽了学术职业的发展空间。需要注意的是，学术职业之所以存在，还有一个重要原

---

① 唐林伟. 高职科研的"爱"与"恨"[J]. 职教论坛, 2015 (23): 1.
② 陈洪捷. 德国古典大学观及其对中国的影响[M]. 3 版. 北京: 北京大学出版社, 2015: 36.
③ 韦伯. 学术与政治[M]. 钱永祥, 等译. 桂林: 广西师范大学出版社, 2004: 155.

因——学科在普通本科院校的实质性主导地位。正如伯顿·克拉克所言，学术职业是一个奇特的职业，它包括从人类学和天文学到西方文化学和动物学，甚至所有的自然科学、社会科学和人文科学在内。①

与普通本科院校不同的是，高职院校多是按照专业逻辑运行的。高职院校教师队伍多是围绕专业需要而组建，某专业教学工作的开展可能会涉及不同学科方向，而来自不同学科的教师很难组成以学科为基础的科研团队，只能根据专业发展的需要调整科研方向。在缺乏学科基础的情况下，高职院校教师的职业生涯不可能沿着传统的学术职业路径发展。因此，对高职院校教师而言，科研可能更多是促进其专业发展的手段，而非最终的目的。由此即可以理解高职院校科研培训常常陷入"无效"状态的原因，很大程度上就在于我们弄错了目的与手段的关系，混淆了高职院校教科研培训的逻辑起点，将本不属于也不应该由其承担的研究使命强加在高职院校教师身上。高职院校教师更需要的是有利于促进其教师专业发展的科研培训，而非"为了科研而去科研"，否则，只会浪费大量的人力、物力与财力，培训也很少能够对高职院校科研生态的改善产生实质性影响。

（二）高职院校组织发展使命的变迁轨迹

20世纪下半叶以来，高等教育开始沿着两个方向发生变化。一方面，由于经济价值观在当代社会和政策中的主导地位，高等教育及其附属机构作为微观经济政策的工具正变得更加功利和专门化、职业化，另一方面，"知识社会"的修辞似乎削弱了"高等"教育及其机构的独特性。② 从世界范围来看，非大学高等教育机构（如英国的多科技术学院、德国的应用科技大学、中国的高职院校）逐渐成为高等教育体系的重要组成部分。其意在表明，高等教育至少应该包括两种教育类型，普通高等教育与职业高等教育。克拉克认为，在现代高等教育中，最为基本的问题是厘清教学与科研的关系，没有什么比这个问题更能引发学术界内外的误解和诟病。③

---

① 伯顿·克拉克.高等教育新论：多学科的研究[M].王承绪，等译.杭州：浙江教育出版社，2001：106-113.
② WHEELAHAN L. Babies and Bathwater: Revaluing the Role of the Academy in Knowledge[M]// GIBBS P, BARNETT R(eds). *Thinking about Higher Education*. Berlin: Springer, 2014: 125-137.
③ CLARK BR. The Modern Integration of Research Activities with Teaching and Learning[J]. *The Journal of Higher Education*, 1997, 68 (03): 241-255.

随着这批非大学高等教育机构的出现,关于这一问题的讨论也被置于台前。起初,教学是非大学高等教育机构的主要职能,而研究则被看作可有可无的职能。而后,越来越多的非大学高等教育机构开始将研究作为其重要职能。

对于非大学高等教育机构开展研究的必要性,也有学者从知识传授的角度指出了中小学与高等学校的区别,高校的教学需要研究,否则在高校搞的就不是高等教育中的教学,而是中小学式的教学;教学只有通过科学研究——无论是基础研究、应用研究,还是科学成果转化型的研究——来丰富,才能使在高校的教学成为高校教学。① 既然如此,作为非大学高等教育机构的高职院校,理应承担必要的研究任务。

(三)高职院校发展科研并不必然走向"学术漂移"

针对非大学高等教育机构研究功能的引入,亦有学者认为这是高等教育的一种"学术漂移"现象,那些以职业与技术培训为主的学院之所以开展研究,是因为他们渴望成为真正的大学,而这并不符合它们的定位。② 然而,也有研究指出,非大学高等教育机构开展研究被看作"学术漂移"并不合适,更为关键的问题是如何对研究进行细化和分类,因此,关键在于如何实施,研究使命的承担既可以导致两种类型机构的趋同,也可以导致更大的差异化,并使两种类型机构具有更大的区分度。③ 实际上,关于"学术漂移"现象的争议,从本质上源于对学术、研究等概念的理解,以及对科学研究分类的理解,唯有那种模仿研究型大学开展具有学术性、基础性等特征的研究行为方可称得上"学术漂移"。

研究同样可以成为非大学高等教育机构的重要职能,问题的关键在于,这些非大学高等教育机构应该做什么样的研究,才能让研究在非大学高等教育机构发挥出相应的作用,激发其应有的活力,而不至于产生所谓的"学术漂移"现象。诚然,已经有更多的非大学高等教育机构将研究作为教学之外日常活动的一部分,但是这种对研究的重视并不一定会带来与

---

① HANS-HENNIG VON GRÜNBERG,陈颖. "德国转化与创新机构"之必要性研究:以应用科学大学为例[J]. 应用型高等教育研究,2018,3(01):5-10.
② BURGESS T. *The Shape of Higher Education* [M]. London: Cornmarket Press, 1972: 7-49.
③ LEPORI B. Research in Non-university Higher Education Institutions: The Case of the Swiss Universities of Applied Sciences [J]. *Higher Education*, 2008, 56 (01): 45-58.

传统大学的趋同化发展。① 另外，芬兰和德国的一些应用科技大学也强调重视加强与私营企业的合作研究。在欧洲，大多数大学还履行地方知识提供者的职能，以满足中小企业和当地社区的需要，因此，研究任务的差异化将是一个更为适当的战略。②

通过对世界范围内与我国高职院校类似的非大学高等教育机构的分析，我们可以发现，高职院校从事科研活动并不一定会带来"学术漂移"，其关键在于明确高职院校应该从事哪种类型的研究活动。高职院校作为职业高等学校的重要组成部分，其科研与普通本科院校的科研应该有不同的定位。普通本科院校所存在的"重科研、轻教学"现象，在高职院校很难见到。不可否认的一个事实是，几乎所有的高职院校都是教学为主型的。这意味着，至少在高职院校，科研很难作为独立的实体而存在。对高职院校而言，开展科研实际上面临两条路径：一条是模仿研究型大学的科研发展道路，另一条则是探索具有职业教育特色的科研发展道路。如果从事学术导向的科研活动，高职院校科研由于基础较差，很有可能变成研究型大学科研的"压缩饼干"。而如果将高职院校的科研定位在应用导向③，则更有利于其发挥自身的科研特色。如教育部、财政部《关于实施中国特色高水平高职学校和专业建设计划的意见》就指出，要对接科技发展趋势，

---

① KYVIK S, LEPORI B. Research in Higher Education Institutions outside the University Sector[M]// KYVIK S, LEPORI B (eds). *The Research Mission of Higher Education Institutions outside the University Sector: Higher Education Dynamics 31*. Berlin: Springer, 2010: 3-21.

② LARÉDO Ph. University Research Activities: On-going Transformations and new Challenges[J]. *Higher Education Management and Policy*, 2003, 15(01): 105-123.

③ 需要说明的是，在文献综述部分，考虑到以往相关文献对高职院校科研的应然定位并未达成一致意见，且在概念使用上存在多样性特征，为了行文上的方便，本研究曾将其暂且统称为"应用科研"。在经过进一步的思辨研究之后，本研究将高职院校科研的应然定位正式定义为"应用导向"。这主要有两个方面的考虑：一方面，从理论层面来看，按照司托克斯的定义，应用研究既包括应用引起的基础研究，也包括纯应用研究，而且在具体研究中，基础与应用并非一分为二的关系，很难将其割裂，采用应用导向的定义则可以有效避免这一问题。对于基础研究与应用研究之间的关系，亦有相关研究做出类似分析。[参见：徐国庆. 技术应用类本科教育的内涵[J]. 江苏高教, 2014(06): 11-14; 郝天聪, 贺艳芳. 德国应用科学大学获独立博士学位授予权争议与反思[J]. 比较教育研究, 2018(01): 105-112.] 另一方面，从实践层面来看，应用研究又可以分为实质应用与形式应用两种。所谓形式应用，仅仅是"披着应用的外衣"，表面具有某方面的应用特征，但实际可能并不必然带来实质性应用效果。而本研究所指的应用导向科研不仅局限于研究的应用特征，更重要的是强调其实质性应用效果。

建设人才培养与技术创新平台，促进创新成果与核心技术产业化，重点服务企业特别是中小微企业的技术研发和产品升级。

三、高职院校应用导向科研的内涵：基于独特知识生产使命的探讨

笼统地谈论高职院校要有研究功能及从事何种类型的研究，皆难以理解其深层内涵。[①] 为此，有必要进一步打开高职院校应用导向科研的"黑箱"。有学者建议深入到知识论层面探讨这一问题。知识传递与知识生产是所有高等教育机构不可分割的两大功能，不同类型高等教育机构的差别主要是两种功能所占比重不同，所生产知识的类型存在差异。[②] 接下来，笔者将从知识生产的角度出发，分别回答"为谁生产""生产什么""如何生产"这三个基本问题。

（一）为谁生产：企业、教师、学生和学校

与学术导向科研相比，高职院校应用导向科研更加强调知识生产服务对象的"广度"，即与纯粹的科学研究相比，更强调其应用属性。综合来看，高职院校知识生产的服务对象主要有四个：企业、教师、学生和学校。

为了能够融入区域创新体系，高职院校应用导向科研应该发挥助力企业转型升级的作用，这种作用主要体现在两个方面。一方面，高职院校通过为企业提供直接的技术指导、服务、咨询等，重点服务企业特别是中小企业的技术研发和产品升级，解决企业当前阶段所面临的技术难题，参与企业技术改造与更新。另一方面，高职院校可以通过应用导向科研培养更有研究素养的毕业生，而这些高职院校的毕业生又是企业员工的重要来源。具有职业教育经历的学生如果能够参与企业创新，将大大提升企业的人力资源素质，并有助于提高企业的核心竞争力。无论是经济绩效指标还是定性创新研究的结果都表明，创新并不止于研发部门，它产生于产品生命周期中广泛的学科和部门之间的相互作用。

作为应用导向科研的重要参与主体，教师可以通过科研实践活动获得

[①] 孙毅颖. 对高职院校科研问题争论引发的思考 [J]. 中国高教研究，2012（12）：92-95.

[②] 徐国庆. 基于知识关系的高职学校专业群建设策略探究 [J]. 现代教育管理，2019（07）：92-96.

专业化成长，提升自身的能力与水平。一方面，通过应用导向科研的参与，高职院校教师可以积累企业工作经历，弥补自身短板。长期以来，高职院校教师的主要来源是普通本科院校，真正具有企业工作经历的教师少之又少。而且，近年来，高职院校在招聘教师时主要看重的是学历，进一步凸显了教师企业工作经历不足的短板。因此，在职后阶段，鼓励教师参与应用导向科研，有利于弥补这一短板。另一方面，通过应用导向科研的参与，高职院校教师可以更新自身知识体系，尤其是提高其专业化实践的能力。上述要求被不少国家纳入其职业教育教师能力标准框架。关于"证据本位的实践与研究"的具体内涵，一份报告做出了详细解释，即获取使用信息和研究资源，寻求并批判性地分析信息和研究，并对自己的实践和环境进行研究，以确定需要进一步调查的问题，并与其他人合作开展超出自身环境的研究。

在高职院校应用导向科研知识生产的服务对象中，学生同样至关重要。一方面，学生可以通过教师组织的应用导向科研项目直接参与知识的生产过程。在参与应用导向科研的过程中，学生可以感受到更为真实的工作环境，积累工作环境所需要的经验，并在提高自身硬技能的同时增强自身的软技能。相比之下，经过科研项目训练的学生，不仅能够快速适应从学校到工作岗位的过渡，而且能够在工作环境中保持主动的学习意识，从而有助于其职业生涯的可持续发展。另一方面，教师可以将应用导向科研的相关成果转化到教学中，从而实现知识的教学转化。学生的教学需要由本身从事研究的教师来完成，教师要不断跟踪自身专业领域的最新研究，而不只是"照本宣科"。亦即，要成为一名合格的教师，仅仅阅读文献是不够的，必须扎实地开展必要的研究工作。

从长远来看，学校也能从高职院校应用导向科研中获利，包括直接获利与间接获利。一方面，应用导向科研的开展，有利于激发学校的办学活力，推动办学要素的系统创新。比如，应用导向科研的开展，有利于加强学校与企业的深度合作，引导企业积极参与学校职业教育课程的开发，加强课程与工作世界的联系，从而提高职业教育课程开发的质量。再比如，应用导向科研的开展，有利于帮助学校营造真实的教学环境，加强职业教育教师与企业员工的互动交流，并建立起有效的沟通机制，进而大大提高教学效果。另一方面，应用导向科研的开展，有利于提高教师和学生的核心竞争力，帮助学校打造特色的科研品牌，进而有利于学校办学知名度与综合办学实力的提升。有学者认为，科研工作可以解决问题，提升学校品位，促进学校内涵式发展；从学校自身发展来看，"摸着石头过河"的经验管理已经不能适应内涵式发展期我国高等职业教育的发展，要实现从经验管理向科学管理的跨越，离不开对学校办学定位、发展路径等方面问题的科学回答。①

（二）生产什么：技术知识和教师实践性知识

关于高职院校应该生产什么知识的研究，既是高职院校应用导向科研的逻辑起点，也是破解高职院校科研"学术导向"问题的关键所在。如果无法厘清这一关键问题，将很难抓住问题的本质。总体而言，关于高职院校应用导向科研应该生产什么知识，学界目前主要有两种呼声：一种呼声认为，高职院校应该重点生产技术知识，并开展技术应用研究②；另一种呼声则认为，高职院校应该重点生产教学知识，并开展教育教学研究③。在笔者看来，正如前文所言，高职院校应用导向科研的服务对象具有多元化的特点，这就意味着其知识生产必然具有多样性、复杂性的特点，单一取向的观点存在一定的局限性，且很难有足够的说服力。主要原因在于，高职院校应用导向科研不仅涉及帮助企业解决技术难题、工艺问题等，而且涉及对专业实践的转化、学生研究素养的提高等。如果从单一取向的观点出发，很有可能无法从整体上涵盖应用导向科研。职业教育应用研究必须既涵盖弗拉斯卡蒂模型所反映的研发精神，又涵盖欧内斯特·L. 博耶关于学问四个要素组成的解释④，倘若没有这种结合，将失去聚焦职业教

---

① 唐林伟. 高职科研的"爱"与"恨"[J]. 职教论坛，2015（23）：1.
② 宾恩林. 加强应用性研究："双高计划"背景下高职院校专业建设之路[J]. 华东师范大学学报（教育科学版），2020，38（01）：33-42.
③ 王晓红，严颖. 关于高职院校科研定位的几点思考[J]. 职教论坛，2016（23）：45-47.
④ 20世纪90年代，作为卡耐基教学促进会主席的博耶最早提出"教学学问"的概念。在他看来，学问包括四种类型：一是发现的学问，包括增进知识的原始研究；二是整合的学问，即跨学科、学科内部跨主题或跨时间的信息集成；三是应用或参与的学问，即为了服务社会而进行的理论与实践的积极互动；四是教与学的学问。另外，需要注意的是，"scholarship of teaching and learning"主要有两种译法：一种译为"教学学术"，另一种译为"教学学问"。从概念的本源来看，"scholarship"更多带有追求学理与知识旨趣的学识、学问之义，故为尽可能符合其本义，本研究采用后一种译法。[参见：王建华. 大学教师发展："教学学术"的维度[J]. 现代大学教育，2007（02）：1-5；胡文龙，包能胜. 教学学术：概念辨析及其可操作化[J]. 高等工程教育研究，2015（05）：31-39；阎光才. 大学教学成为学问的可能及其现实局限[J]. 北京大学教育评论，2017，15（04）：155-166，189.]

育行业"情境"的机会。因此,高职院校的知识生产不仅要有技术关怀,还要有教学关怀。就应用导向科研而言,高职院校既要关注技术知识的生产,又要关注教师实践性知识的生产。

就研究功能而言,与研究型大学主要生产科学知识不同的是,高职院校的使命是生产技术知识。技术知识是与科学知识相对的一个概念。在西方文化中,"科学"和"知识"这两个术语经常被互换或混用来说明科学的知识。在科学革命的最初阶段,将科学知识和非科学知识分开是十分必要的,17 世纪以来的知识生产史可以被书写为一部先前的非科学知识拥护者努力为其知识生产获得"科学"之名的历史。在西方文化中,涉足一种非科学的知识生产就是将自己置于边界之外,所以今天参与非科学活动依然会让人联想到一种社会隔离。① 在此背景下,很长一段时间,技术被看作科学的附属品,对于技术与科学关系的这一认知,也间接导致了技术知识相对于科学知识的附属地位。但越来越多的研究表明,技术与科学的关系并非简单的线性关系。对此,布莱恩·阿瑟就技术的本质专门撰文指出,"科学"和"技术"是两个不同的概念,科学建构于技术,而技术是从科学和自身经验两个方面建立起来的;新技术既可以根据某个目的或需要发现一个可以实现的原理,也可以从某一新现象出发,找到使用这种现象的方法。② 按照阿瑟的观点,技术并非科学的"副产品",我们虽然一直以为技术是科学的应用,但实际上是技术引领科学的发展。技术相对于科学的独立性,也就意味着,技术知识拥有与科学知识截然不同的性质。

总体而言,科学知识的生产具有典型的"学术导向"特点,而技术知识的生产更加强调其应用属性与情境。但这种差别并非理论与实践的差别,实际上,技术知识不全是实践知识,也有理论性的一面。技术理论知识与纯粹科学中的知识有所区别,纯粹科学中的知识仅仅是一个符号体系,其功能在于理解;而技术理论知识是获得了行动意义的知识,其功能

---

① 迈克尔·吉本斯,卡米耶·利摩日,黑尔佳·诺沃提尼,等. 知识生产的新模式:当代社会科学与研究的动力学 [M]. 陈洪捷,沈文钦,等译. 北京:北京大学出版社,2011:3.
② 布莱恩·阿瑟. 技术的本质:技术是什么,它是如何进化的 [M]. 曹东溟,王健,译. 杭州:浙江人民出版社,2014:68、117.

在于行动。① 关于技术理论知识与技术实践知识的区别，也有学者将其看作编码知识与默会知识的区别。技术作为知识的一种形式也体现了学科科学范式结构的一些特征，技术知识同样也是编码知识与默会知识的混合；编码知识不一定是纯理论的知识，但是必须足够系统，以至于被书写和储存，对于每一个知道其存放处的人来说，编码知识是可以获得的；而默会知识则不像一个文本那样容易获得，它可能存在于从事某种转化工作的人的头脑之中，或者内嵌于一个特定的组织环境中，通过职业训练和经验积累而在工作中获得。②

关于"教学学问"的概念，学界一直存有争议，争议的焦点是教学能否成为一门真正意义上的学问。在博耶之后，李·S. 舒尔曼成为卡耐基教学促进会主席的继任者。拥有心理学与教育学双重学科背景的舒尔曼进一步将教学学问推向"学理化"，即将教学从"术"的层面拔高到"学"的层面。高校"教学学问"要求教师开展与学生学习相关的系统研究，但它不仅仅是指向课堂实践的改善，而且还是超越于实践的"元研究"。按照舒尔曼等人的观点，教学学问应该往学理化方向发展，其生产的知识应该经得住学术共同体的检验，如此一来，大学教师将与专业的教育学研究者无甚区别。即便是教学学问的倡导者玛莉·泰勒·胡贝尔等人也不得不承认，高校教学长期以来属于私人领地和私人行为，是对他人甚至同事"秘而不宣"的活动。对此，阎光才也认为，教学即使成为学问，其基础还在于其学科的理论逻辑与话语体系，它与发现、应用、综合的学问难以剥离，既是带有实践而非理论取向的学问，也是一种把其他学问纳入实践中应用的学问。③

之所以对教学学问产生争议，是因为两个关键问题：一是在教学研究方面，教师生产的知识究竟是谁的知识？二是教师生产的知识与专业教育学研究者生产的知识应该有何不同？在教学维度上，高职院校知识生产的重点应该是教师的实践性知识。长期以来存在的一个误解是，教师被认为

---

① 徐国庆. 实践导向职业教育课程研究 [D]. 上海：华东师范大学，2004：94.
② 迈克尔·吉本斯，卡米耶·利摩日，黑尔佳·诺沃提尼，等. 知识生产的新模式：当代社会科学与研究的动力学 [M]. 陈洪捷，沈文钦，等译. 北京：北京大学出版社，2011：25.
③ 阎光才. 大学教学成为学问的可能及其现实局限 [J]. 北京大学教育评论，2017，15（04）：155-166，189.

处于知识生产和消费的流水线末端,知识由"专家"来生产,而教师的任务只是"消费"知识而已。① 实际上,教师应该具有自己的知识体系,其本身是知识生产的主体,其生产的知识也应该能够为自身教学服务。② 与专业教育学研究者理论性知识生产旨趣不同的是,实践性知识生产是一线教师知识生产的重点。关于教师的实践性知识,陈向明等给出了比较经典的定义:教师的实践性知识是"教师对自己的教育教学经验进行反思和提炼后形成的,并通过自己的行动做出来的(enacted)对教育教学的认识"③。

对于高职院校教师而言,这种实践性知识的生产尤为重要。如陈洪捷认为,大众化时代的高等教育存在一个普遍性问题,即对实践性知识的忽视;应当重新关注实践性知识的作用与功能,并在此基础上思考现有的课程体系、培养过程乃至整个培养模式;特别是应用型高等学校,不应简单模仿传统高等教育的套路,应当关注应用型人才培养的独特性。④ 当然,职业教育领域的实践性知识既有其共性,也有其独特性,必须予以一定的关注。如茶文琼、徐国庆认为,职业教育教师的实践性知识对提高教师的教学能力至关重要,具体可以划分为操作、案例、自主行动、自我信念等四个层面的实践性知识。⑤

(三)如何生产:遵循实践范式

不同类型的知识在性质上存在差异,这就意味着高职院校应用导向科研的知识生产方式也存在重要差别。尤其是与传统的科学范式知识生产方式相比,高职院校应用导向科研的知识生产更多地遵循实践范式。

要搞清楚高职院校应用导向科研应该怎么做,即技术知识与教师实践

---

① 陈向明,等. 搭建实践与理论之桥:教师实践性知识研究 [M]. 北京:教育科学出版社,2011:前言 2.
② 对此,石中英从知识转型角度也曾提出过类似观点。在现代知识型(科学知识型)下,科学家或研究人员是"知识分子",享有认识特权;而在后现代知识型下,"普遍的知识分子"消失和"具体的知识分子"出现,认识特权被废除(参见:石中英. 知识转型与教育改革 [M]. 北京:教育科学出版社,2001:84.)
③ 陈向明等. 搭建实践与理论之桥:教师实践性知识研究 [M]. 北京:教育科学出版社,2011:12.
④ 陈洪捷. 实践性知识与大众高等教育 [J]. 高等职业教育探索,2018,17 (05):1.
⑤ 茶文琼,徐国庆. 职业教育教师教学能力的构建:基于实践性知识的视角 [J]. 职教论坛,2016 (21):23-27.

性知识的生产方式，至少应该在研究选题、研究组织、研究方法、研究成果、研究评价等方面做出分析。由此，本研究对技术知识与教师实践性知识的生产方式做了系统梳理（表2-1）。

表 2-1 技术知识生产方式与教师实践性知识生产方式的内涵比较

维度	技术知识生产方式	教师实践性知识生产方式
研究选题	企业生产、管理、服务实践	教师教育教学实践
研究组织	跨学科技术团队：企业技术人员、高职院校教师、职业教育专家	异质性实践共同体：高职院校教师、职业教育专家
研究方法	➤ 入门级调查、评估与反思 ➤ 经验积累与反思 ➤ 产品或技术开发、调试与设计等	➤ 定量与定性研究基本方法 ➤ 行动中反思
研究成果	➤ 技术成果：新技术、新产品、新工艺、新设计、新设备、技术咨询与服务等 ➤ 教学成果：工作任务与职业能力分析表、教学项目、校本教材等	➤ 实物类成果：教学媒体、教学工具等 ➤ 行动类成果：创新性教学互动、学生指导等 ➤ 语言类成果：教育叙事、教育反思等
研究评价	社会问责与反思性	教育问责与反思性

就技术知识生产方式而言：在研究选题方面，与科学知识生产基于特定学科逻辑、致力发现科学真理不同的是，技术知识生产强调应用情境中的知识生产，选题直接来源于企业生产、管理、服务实践一线，致力于解决企业所面临的产品创新、工艺创新难题等；在研究组织方面，与科学知识生产线性有序的学术等级系统不同的是，技术知识生产更强调跨学科的技术团队合作①，团队成员包括企业技术人员、高职院校教师、职业教育

---

① 与传统意义上的技术转让不同，这种由企业和学校共同组成的技术团队将更有利于技术交换的实现。比如，在合作开展应用导向科研过程中，以技术理论知识为内核的技术产品、服务等可以为企业所用，而教师在这一过程中看似没有直接获得技术理论知识的所有权，但从中可以积累宝贵的技术实践性知识。教师如果能够将技术实践性知识转化到教学中，将大大增强课堂教学的真实性与效果。

专家，成员之间是平等合作的关系，且团队具有临时性、项目化的特点；在研究方法方面，与科学知识生产强调严谨定量或定性研究方法不同的是，技术知识生产具有更多行动色彩①，强调在实践过程中获得技术理论知识与技术实践知识，包括入门级调查、评估与反思，经验积累与反思，产品或技术开发、调试与设计等具体研究方法；在研究成果方面，与科学知识生产以论文为主要研究成果不同的是，技术知识生产成果更加多样，既包括新技术、新产品、新工艺、新设计、新设备、技术咨询与服务等技术成果，又包括工作任务与职业能力分析表、教学项目、校本教材等教学成果；在研究评价方面，与科学知识生产由学术共同体进行同行评议不同的是，技术知识生产更强调社会问责与反思性，"社会问责"是指研究成果要经得起社会利益相关者的检验，要具有一定的实际应用效益，而"反思性"是指作为技术知识生产主体的研究者应该对技术生产过程本身进行反思，这也是推动技术本身不断进化②的重要力量。

就教师实践性知识生产而言，在研究选题方面，与教育学专家知识生产基于教育学科逻辑，致力发现教育原理与规律不同的是，教师实践性知识生产更加强调教育应用情境，选题来自教师教育教学实践，并致力通过研究改善实践中迫切需要解决的重点问题、难点问题；在研究组织方面，

---

① 技术知识生产之所以更加强调行动，是由技术理论知识与技术实践知识的关系决定的，技术实践知识并非以技术理论知识为基础，相反，在技术活动中，技术实践知识处于中心，技术理论知识由此变成实践化的技术理论知识。亦即，技术知识是以这样一种结构而存在的，处于意识的焦点的是技术实践知识，它与技术任务直接相连接；技术理论知识则作为技术实践知识的背景而默会地存在着，它对技术实践知识起着理解和解释的作用，促进技术实践知识从一个情境迁移到另一个情境（参见：徐国庆. 实践导向职业教育课程研究 [D]. 上海：华东师范大学，2004：112.）。应用性研究属于行动体系，受实践结果的经济效力反馈驱动，能够带来生产或服务实际效益的研究才会被持续开展；实践是极为复杂的动态行为和模糊结构，因此，应用性研究方法具有行动的复杂性和研究方法的灵活性。[参见：宾恩林. 加强应用性研究："双高计划"背景下高职院校专业建设之路 [J]. 华东师范大学学报（教育科学版），2020，38（01）：33-42.]
② 与达尔文所谈到的物种进化类似，技术发展本身也同样拥有进化的过程。对于这一观点，阿瑟曾做出精辟解释，技术在某种程度上一定是此前已有技术的新组合，最初简单的技术发展出越多越多的技术形式，而很复杂的技术往往用很简单的技术作为其组成部分；所有技术的集合自力更生地从无到有，从简单到复杂地成长起来（参见：布莱恩·阿瑟. 技术的本质：技术是什么，它是如何进化的 [M]. 曹东溟，王健，译. 杭州：浙江人民出版社，2014：14，17.）。

与教育学专家知识生产中研究者与被研究者的关系不同,教师实践性知识生产强调打造异质性的实践共同体,在以实践为核心的共同体中,外部专家与教师共同参与教师实践性知识生产过程;在研究方法方面,与教育学专家知识生产相比,教师实践性知识生产虽然也会用到定量与定性研究方法,但是对于方法深度的要求不高,更注重方法与问题解决的匹配性程度,而在行动中反思则是更为常见的研究方法①;在研究成果方面,与教育学专家知识生产以论文为主要成果不同的是,教师实践性知识生产成果形式更为多样,包括教学媒体、教学工具等实物类成果,创新性教学互动、学生指导等行动类成果,以及教育叙事、教育反思等语言类成果;在研究评价方面,与教育学专家知识生产由学术共同体进行同行评议不同的是,教师实践性知识生产更加强调教育问责与反思性,"教育问责"是指教师的实践性知识生产应该更加注重对教育教学本身的反馈效果,而不应该只是为了生产知识而生产知识,"反思性"是指教师作为具有行动意志的主体,应该不断反思自身的教学实践,并在这种自我评价过程中实现专业化成长。

---

① 之所以采用"行动中反思"的方法,本质上取决于对教育理论与教育实践关系的理解,教育实践不一定是教育理论的应用,尤其是在实践性知识生产过程中,实践更可能处于中心地位,由此生成实践化理论。对此,日本学者佐藤学曾做出精辟论述。他认为,教师实践话语相对于专家理论话语具有相对独立性,倘若承认教师的实践领域存在教师固有的"实践性知识"与"实践性思考方式",那么教学研究中教育理论与实践的关系就会显示出基于"教学研究"的"科学技术的合理应用"的原理难以解决的复杂情景;承认"实践话语"与"理论话语"的相对独立性,意味着与其说教学研究中不完全是"理论的实践化",毋宁说处于轴心地位的是"实践的理论化"或"实践性理论"(参见:佐藤学.课程与教师[M].钟启泉,译.北京:教育科学出版社,2003:229、230.)。对于教育理论与教育实践的关系,吴康宁进一步强调,并非所有的教育理论都需要联系教育实践,需要联系教育实践的只是作为实践性理论的真正意义上的"教育理论",而不是并不属于教育理论范畴的"非教育理论"。[参见:吴康宁.何种教育理论?如何联系教育实践?:"教育理论联系教育实践"问题再审思[J].南京师大学报(社会科学版),2019(01):5-15.]由此带来的启示是,需要将专家教育学研究者所生产的教育理论与教师所生产的实践化教育理论做进一步区分。此外,法国社会学家布迪厄著有《实践感》一书,专门探讨了实践逻辑、实践感等问题,认为"实践有一种逻辑,一种不是逻辑的逻辑"。(参见:皮埃尔·布迪厄.实践感[M].蒋梓骅,译.南京:译林出版社,2003:133.)其意在表明,实践并非理论的依附,而是具有相对独立性地位,此观点亦可对理解教育理论与教育实践关系提供启示。

本章小结

以往关于高职院校科研定位存在的争议，在很大程度上源于对科学研究类型认识的不清晰。鉴于此，本研究首先从科学哲学视角出发，系统分析了科学研究从线性分类到线性分类拓展，再到二维象限分类的脉络发展历程。而后，本研究从科学社会学视角出发，系统梳理了20世纪下半叶以来世界范围内关于知识生产模式转型的三种代表性理论假说，包括从小科学到大科学、从学院科学到后学院科学、从知识生产模式Ⅰ到知识生产模式Ⅱ。基于上述分析，本研究提出，现有对高职院校科研短板的判定多是基于"学术导向"知识生产标准做出的评价。高职院校教师的"非学术职业"生涯发展路径，以及高职院校组织的职业高等学校类型属性，都要求将应用导向作为其应然科研定位。否则，很有可能带来"学术漂移"现象，高职院校科研也很有可能变成研究型大学科研的"压缩饼干"。在应用导向之下，高职院校知识生产服务对象包括企业、教师、学生和学校，知识生产的主要类型是技术知识和教师实践性知识，知识生产方式主要遵循实践范式。

第三章　高职院校应用导向科研水平的评价标准开发

第二章基本明确了高职院校应用导向的科研定位。但是，高职院校科研实然现状与应然定位之间究竟有多大差距仍未可知。对此，已有相关研究并未提供足够的实证支撑，尤其是未能根据应用导向科研的特点制定高职院校科研水平评价标准。鉴于此，本阶段研究将着力于高职院校应用导向科研水平评价标准的开发工作，从而为接下来的实然现状调查奠定基础。

第一节　评价标准开发的思路

高职院校应用导向科研水平评价标准的开发，是本阶段研究的重点工作。评价标准的科学性程度，直接关乎对高职院校应用导向科研实然现状评价的客观性。因此，有必要对整个评价标准体系开发的思路予以详细说明。

一、开发目标

目标的确定涉及评价标准开发的逻辑起点问题。前文已经基本明确了当前阶段高职院校科研的应然定位问题，即高职院校理应开展应用导向科研。然而，在实际过程中，高职院校是否进行了与其定位相一致的科研实践活动，仍然是一个未解谜题。为了解开这一谜题，必然需要开发出有助于回答这一问题的高职院校科研评价标准。接下来面临的首要任务就是，将概念进一步操作化，以测量出高职院校科研实然现状与应然定位之间的差距。从技术层面来看，无论是开发步骤的设计，还是开发方法的使用，都是围绕这一开发目标展开的。

二、开发程序

整体来看，评价标准的开发可以分为三个程序。第一，高职院校应用导向科研水平评价指标专家咨询与结构生成。借助德尔菲法，利用多轮专家咨询，初步确定高职院校科研评价指标体系，厘清高职院校科研评价的基本结构维度。第二，高职院校应用导向科研水平评价指标数据采集与结构修正。对于高职院校科研现状的测量，必然离不开数据采集工具的开发。在初步确定三级指标体系框架之后，结合进一步的文献分析和深度访谈，设计出预测问卷的题目。在发放与回收预测问卷之后，对问卷进行项目分析和探索性因素分析，进而调整部分题目，并对指标体系的结构维度进行进一步修正。第三，高职院校应用导向科研水平评价指标权重确定与等级评估。为了提高本指标体系的权威性和客观性，在这一步，本研究结合专家意见，利用层次分析法划分出三级指标权重，并划分出应用导向科研水平等级，从而为后续高职院校应用导向科研水平等级评估奠定基础。

第二节 评价指标专家咨询与结构生成

构建高职院校应用导向科研水平评价指标体系的目的是确定高职院校科研评价的基本结构维度。本阶段研究将采用德尔菲法，利用多轮的专家咨询来逐步完善高职院校科研评价指标体系。

一、德尔菲法及其在本研究中的应用

（一）方法简介

德尔菲法出现于 20 世纪 50 年代末，是美国为预测"遭受原子弹爆炸后可能出现的结果"而发明的一种方法。1964 年，美国兰德公司的赫尔默和戈登发表了长远预测研究报告，首次将德尔菲法用于技术预测。① 随着德尔菲法的不断推广，政府决策效率、企业决策效率大大提高。德尔菲法的主要特点是通过"背对背"的方式征询专家意见，"针对特定问题采用多轮专家调查，专家之间不得互相讨论，不发生横向联系，只能与调查人员发生关系，通过多轮次调查专家对问卷所提问题的看法，经过反复征

---

① 卢泰宏. 信息分析 [M]. 广州：中山大学出版社，1998：188.

询、反馈、修改和归纳,最后汇总成专家基本一致的看法,作为专家调查的结果"[1]。其主要优势在于既可以集思广益,又可以有效避免专家当面讨论可能出现的"话语霸权"或者"话语沉默"问题。

(二) 实施步骤

德尔菲法运用的关键在于专家的选择,专家所具有的理论知识与实践经验应与本研究相关且专家对本研究感兴趣,专家人数也需要视研究规模而定。基于上述规则,本研究初步遴选了 26 位专家。在确定专家组名单之后,根据研究需要,以及专家咨询的反馈情况,至少要进行两轮的专家咨询。基于上述原则,本研究进行了三轮专家咨询。考虑到专家咨询问卷的复杂性与可反馈性,本研究主要通过微信、电子邮件等通信方式向专家发送电子版问卷。在进行第一轮专家咨询之前,本研究向专家详细说明了德尔菲法的主要工作方式,以及本次调查的主要目的。在得到专家许可之后,开始进行第一轮专家咨询。在对各种客观数据与开放性建议进行梳理之后,本研究对咨询问卷相关问题进行了修订,并将第一轮咨询结果反馈给专家,从而形成第二轮专家咨询问卷。经过两轮专家咨询,专家意见趋于集中,但仍未达到理想效果。因此,本研究在对第二轮专家意见进行梳理之后,将咨询结果继续反馈给专家,而后进行了第三轮专家咨询。经过三轮专家咨询,数据显示,专家意见逐渐趋于一致,并得出了初步的高职院校应用导向科研水平评价三级指标体系。

(三) 问卷设计

在前期预访谈、文献回顾、高职院校科研相关政策文本分析的基础上,本研究设计了以专家基本信息、专家咨询表内容、专家咨询表反馈等三个部分为主体的专家咨询问卷。

专家基本信息包括性别、最高学历、职称、现单位工作年限、单位类型、企业工作经历等。之所以设计这些基本信息,主要是为了保证专家的权威性与代表性。第一轮专家咨询表的内容来源主要有文献资料、访谈资料、学校科研相关文本资料、政策文件、其他调查问卷等。基于此,本研究开发出三级指标打分表,按照合理性程度将其分为五个等级:非常合理、比较合理、一般、比较不合理、非常不合理,分别赋值为 5、4、3、

---

[1] 陈敬全. 科研评价方法与实证研究 [D]. 武汉:武汉大学,2004:32.

2、1，请专家在评分时选择相应分值。此外，还要求专家对指标提出分类、删除或修改建议等。专家咨询表主要设计了三个问题：专家对咨询内容的熟悉程度、专家选择指标合理性程度的判断依据和其他建议。在随后的第二轮、第三轮专家咨询中，因为已经掌握了专家的基本信息，所以在咨询问卷中不再呈现。但为了帮助专家了解前一轮专家咨询的情况，在第二轮和第三轮专家咨询中都设计了详细的专家意见反馈。

（四）数据处理

通过专家咨询获取的数据包括两类：一类是定量数据，一类是定性数据。定量数据主要包括专家权威系数、肯德尔和谐系数、均值、标准差和变异系数。

专家权威系数可以反映专家对指标体系做出评价的权威性。一般而言，专家权威系数至少要在 0.6 以上，在 0.8 以上则表示较为良好。但由于权威系数是由专家个人评价所得，具有较强的主观性和偶然性，因此不作为筛选无效问卷的依据。权威系数受到专家对指标的熟悉程度和合理性程度两个因素的影响，其计算公式为 $Cr = (Cs+Ca)/2$，其中，"Cs" 为专家对指标的熟悉程度，"Ca" 为专家对指标合理性程度的判断系数。而专家对指标的熟悉程度又可分为非常熟悉、比较熟悉、一般、比较不熟悉、非常不熟悉等五种，分别赋值为 1.0、0.8、0.6、0.4、0.2。专家对指标合理性程度的判断依据赋值方式则如表 3-1 所示。

表 3-1 专家对指标合理性程度的判断系数

判断依据	大	中	小
实践经验	0.5	0.4	0.3
理论分析	0.3	0.2	0.1
查阅文献	0.1	0.1	0.05
直觉判断	0.1	0.1	0.05
合计	1	0.8	0.5

如果指标均值小于 3.5，则考虑将其删除。指标标准差表示专家意见的协调程度，指标标准差越小说明指标的协调性越高。如果指标标准差大于 1，则考虑将其删除。变异系数又称为"离散系数"，表示数据的离散

程度，变异系数越小说明数据的收敛性越好，专家意见较为集中。变异系数计算公式为：$CV=$（标准差/平均值）$\times 100\%$。在本研究中，如果指标变异系数大于 0.25，则考虑将其删除。

定性数据主要是指专家对指标名称提出的修改意见，以及对指标的修改、分类和删除意见等。对于这类数据的处理方式是，结合定量数据及研究者本人对问题的理解做出取舍或修改。

二、每一轮专家咨询问卷的参与情况

专家咨询问卷的参与情况，可以反映专家参与问卷咨询的积极性。表 3-2 呈现了每一轮参与问卷咨询专家的基本信息，包括性别、最高学历、职称、现单位工作年限、单位类型、企业工作经历等。第一轮发放专家咨询问卷 26 份，回收有效问卷 23 份，专家积极系数为 0.8846。第二轮发放专家咨询问卷 23 份，回收有效问卷 19 份，专家积极系数为 0.8261。与第一轮相比，专家 Z3、Z12、Z15、Z20 未在第二轮继续参与。第三轮发放专家咨询问卷 19 份，回收有效问卷 16 份，专家积极系数为 0.8421。与第二轮相比，专家 Z1、Z6、Z8 未在第三轮继续参与。整体来看，专家参与问卷咨询的积极性较高。

表 3-2 每一轮专家咨询问卷的参与情况

编号	性别	最高学历	职称	现单位工作年限	单位类型	企业工作经历	第一轮	第二轮	第三轮
Z1	男	博士研究生	正高	21~30 年	本科院校	无	参与	参与	未参与
Z2	男	博士研究生	正高	11~20 年	本科院校	1 年以内	参与	参与	参与
Z3	男	本科	正高	1~10 年	本科院校	1 年以内	参与	未参与	未参与
Z4	男	博士研究生	副高	1~10 年	本科院校	无	参与	参与	参与

续表

编号	性别	最高学历	职称	现单位工作年限	单位类型	企业工作经历	第一轮	第二轮	第三轮
Z5	男	博士研究生	副高	1~10 年	本科院校	无	参与	参与	参与
Z6	男	博士研究生	副高	1~10 年	本科院校	1 年以内	参与	参与	未参与
Z7	女	博士研究生	副高	1~10 年	本科院校	无	参与	参与	参与
Z8	男	博士研究生	副高	1~10 年	本科院校	无	参与	参与	未参与
Z9	女	硕士研究生	副高	1~10 年	本科院校	无	参与	参与	参与
Z10	男	博士研究生	中级	1~10 年	科研院所	1 年以内	参与	参与	参与
Z11	男	博士研究生	中级	1~10 年	科研院所	无	参与	参与	参与
Z12	男	硕士研究生	中级	1~10 年	科研院所	无	参与	未参与	未参与
Z13	男	博士研究生	副高	1~10 年	高职院校	无	参与	参与	参与
Z14	男	本科	中级	1~10 年	高职院校	1-5 年	参与	参与	参与
Z15	男	博士研究生	正高	11~20 年	高职院校	无	参与	未参与	未参与
Z16	女	博士研究生	副高	1~10 年	高职院校	无	参与	参与	参与

续表

编号	性别	最高学历	职称	现单位工作年限	单位类型	企业工作经历	第一轮	第二轮	第三轮
Z17	男	博士研究生	副高	1~10年	高职院校	无	参与	参与	参与
Z18	男	博士研究生	正高	11~20年	高职院校	6~10年	参与	参与	参与
Z19	男	博士研究生	中级	1~10年	高职院校	无	参与	参与	参与
Z20	男	博士研究生	中级	11~20年	高职院校	无	参与	未参与	未参与
Z21	男	博士研究生	副高	1~10年	高职院校	1年以内	参与	参与	参与
Z22	女	博士研究生	中级	1~10年	高职院校	1年以内	参与	参与	参与
Z23	女	硕士研究生	中级	1~10年	高职院校	1年以内	参与	参与	参与

三、第一轮专家咨询问卷的结果分析

（一）定量数据分析

1. 专家权威系数

如表3-3所示，23位专家的权威系数均在0.6以上。其中，15位专家的权威系数在0.8以上，占总数的65%，从而有效保证了专家咨询结果的权威性。

表3-3 第一轮专家权威系数

编号	熟悉程度	判断系数	权威系数
Z1	0.60	0.75	0.68
Z2	1.00	1.00	1.00
Z3	1.00	0.70	0.85

续表

编号	熟悉程度	判断系数	权威系数
Z4	0.80	0.70	0.75
Z5	0.80	0.85	0.83
Z6	0.40	0.85	0.63
Z7	0.80	0.85	0.83
Z8	0.80	0.75	0.78
Z9	0.60	0.80	0.70
Z10	0.80	0.90	0.85
Z11	0.80	0.85	0.83
Z12	0.60	0.75	0.68
Z13	0.80	0.85	0.83
Z14	0.80	0.85	0.83
Z15	0.80	0.9	0.85
Z16	0.80	0.75	0.78
Z17	0.80	0.85	0.83
Z18	1.00	1.00	1.00
Z19	0.80	0.95	0.88
Z20	0.60	0.90	0.75
Z21	0.80	0.90	0.85
Z22	0.80	0.85	0.83
Z23	0.80	0.90	0.85

2. 均值、标准差与变异系数

经过对第一轮专家咨询数据的统计，本研究得出了关于平均值、标准差与变异系数的第一轮咨询结果。表3-4呈现了一级指标、二级指标和三级指标的专家咨询结果，一级指标和二级指标平均值、标准差和变异系数均在正常范围以内，而三级指标"教学讲义""技术报告""新系统""改善行业发展前景""提高行业市场竞争力"等的标准差均大于1，变异系数均大于0.25，因此，需要做进一步的修改。但由于第一轮专家咨询还处于确定指标内容阶段，定量数据仅供辅助，因此，还需结合定性数据做进一步的分析判断。

表 3-4　第一轮专家咨询指标得分结果

指标层次	指标内容	平均值	标准差	变异系数
一级指标	成果形态	4.39	0.58	0.13
一级指标	成果价值	4.52	0.73	0.16
一级指标	成果效益	4.78	0.52	0.11
二级指标	教学资源	4.39	0.78	0.18
二级指标	知识产权	4.35	0.71	0.16
二级指标	技术合同	4.26	0.89	0.21
二级指标	成果转化	4.39	0.84	0.19
二级指标	教学价值	4.48	0.81	0.18
二级指标	技术价值	4.42	0.62	0.14
二级指标	行业价值	4.03	0.98	0.24
二级指标	学生受益	4.43	0.84	0.19
二级指标	企业受益	4.48	0.73	0.16
二级指标	社会受益	4.16	0.86	0.21
三级指标	精品课程	4.52	0.67	0.15
三级指标	专业教学资源库	4.48	0.79	0.18
三级指标	校本教材	4.39	0.84	0.19
三级指标	实训设备	3.91	0.90	0.23
三级指标	教学用具	3.83	0.89	0.23
三级指标	教学讲义	3.51	1.20	0.34
三级指标	授权专利	4.57	0.66	0.14
三级指标	技术标准	4.87	0.34	0.07
三级指标	技术报告	4.04	1.10	0.27
三级指标	软件著作权	4.52	0.59	0.13
三级指标	鉴定成果	4.19	0.83	0.20
三级指标	技术开发	4.57	0.66	0.14
三级指标	促进企业技术改造	4.52	0.60	0.13

续表

指标层次	指标内容	平均值	标准差	变异系数
三级指标	技术转让	4.52	0.59	0.13
三级指标	技术咨询	4.48	0.67	0.15
三级指标	技术服务	4.32	0.79	0.18
三级指标	新产品	4.57	0.66	0.14
三级指标	新工艺	4.65	0.65	0.14
三级指标	新材料	4.30	0.88	0.20
三级指标	新设备	4.22	1.00	0.24
三级指标	新系统	4.17	1.07	0.26
三级指标	破解教学难题	4.48	0.79	0.18
三级指标	提高教学效率	4.48	0.67	0.15
三级指标	改善教学质量	4.35	0.84	0.19
三级指标	创新教学方式	4.52	0.85	0.19
三级指标	丰富教学素材	4.39	0.89	0.20
三级指标	技术创新性大	4.42	0.89	0.20
三级指标	技术先进性强	4.23	0.96	0.23
三级指标	技术难度高	3.61	0.92	0.25
三级指标	技术成熟度高	4.06	0.93	0.23
三级指标	技术复杂度高	3.61	0.92	0.25
三级指标	技术实用性强	4.39	0.95	0.22
三级指标	攻克行业技术难题	4.19	1.01	0.24
三级指标	推动行业技术进步	4.13	0.96	0.23
三级指标	改善行业发展前景	3.74	1.06	0.28
三级指标	提高行业市场竞争力	3.97	1.01	0.25
三级指标	吸引学生参与科研项目	4.23	0.92	0.22
三级指标	指导学生获得专利	4.29	0.82	0.19
三级指标	指导学生毕业设计获奖	4.35	0.80	0.18

续表

指标层次	指标内容	平均值	标准差	变异系数
三级指标	指导学生科技类竞赛获奖	4.39	0.80	0.18
三级指标	指导学生科技类社团活动	4.19	0.90	0.22
三级指标	增加企业利润	4.45	0.72	0.16
三级指标	解决企业技术难题	4.52	0.73	0.16
三级指标	提高企业技术研发水平	4.26	0.69	0.16
三级指标	降低企业生产成本	4.26	0.62	0.15
三级指标	推动企业产品升级	4.14	0.72	0.17
三级指标	提高生活便利程度	4.04	0.86	0.21
三级指标	改善生态环境	4.14	0.85	0.21
三级指标	降低社会失业率	3.67	1.01	0.28
三级指标	助力文化传承创新	3.62	0.97	0.27
三级指标	改善生存质量	3.58	0.98	0.27
三级指标	助力扶贫攻坚	3.80	0.81	0.21

（二）定性数据分析

1. 修改的指标

一级指标修改情况如下："成果形态"修改为"应用形态"；"成果价值"修改为"应用领域"；"成果效益"修改为"应用效益"。

二级指标修改情况如下："教学资源"修改为"丰富教学资源"；"知识产权"修改为"获得知识产权"；"技术合同"修改为"提供技术服务"；"教学价值"修改为"教学质量改进"；"成果转化"修改为"科技成果转化"；"学生受益"修改为"学生素质提升"；"企业受益"修改为"企业转型升级"。

三级指标修改情况如下："精品课程"修改为"科研成果可以转化为课程资源"；"专业教学资源库"修改为"专业教学资源库使用率高"；"校本教材"修改为"会根据教学需要编写新教材"；"实训设备"修改为"会根据教学需要改造实训设备"；"教学用具"修改为"参与研制教学工

具"；"授权专利"修改为"获得专利授权"；"技术标准"修改为"参与编制技术标准"；"技术报告"修改为"参与撰写技术报告"；"软件著作权"修改为"获得软件著作权"；"技术开发"修改为"参与企业技术开发"；"促进企业技术改造"修改为"参与企业技术改造"；"技术咨询"修改为"向企业提供技术咨询"；"新产品"修改为"可以转化为新产品"；"新工艺"修改为"可以转化为新工艺"；"新材料"修改为"可以转化为新材料"；"新设备"修改为"可以转化为新设备"；"新系统"修改为"可以转化为新系统"；"提高教学效率"修改为"提高教学效果"；"丰富教学素材"修改为"创新教学素材"。

2. 删除的指标

具体而言，删除的二级指标包括"技术价值""行业价值"和"社会受益"。删除的三级指标包括"教学讲义""鉴定成果""技术转让""改善教学质量""技术创新性大""技术先进性强""技术难度高""技术成熟度高""技术复杂度高""技术实用性强""攻克行业技术难题""推动行业技术进步""改善行业发展前景""提高行业市场竞争力""吸引学生参与科研项目""指导学生获得专利""指导学生毕业设计获奖""指导学生科技类竞赛获奖""指导学生科技类社团活动""增加企业利润""提高生活便利程度""改善生态环境""降低社会失业率""助力文化传承创新""改善生存质量""助力扶贫攻坚"。

3. 增加的指标

具体而言，增加的二级指标包括"政府决策咨询""教师生涯发展""学校内涵建设"。增加的三级指标则主要包括"会根据教学需要开发仿真教学软件""参与编制行业标准""向企业提供技术培训""创新教学理念""提高政府决策科学性""提高政府决策合理性""提高政府公共服务水平""优化政府公共资源配置""提高学生综合职业素养""提高学生学习积极性""提高学生就业竞争力""提高学生技能水平""促进自身专业成长""提高自身职称水平""获得可观经济收益""完成规定科研考核""提高学校在同类院校中的排名""帮助学校完成上级评估""帮助学校申报财政支持项目""提高学校综合竞争力""增加企业市场份额""改善企业社会形象""提高企业管理效率"。

四、第二轮专家咨询问卷的结果分析

(一) 定量数据分析

1. 专家权威系数

如表 3-5 所示,19 位专家中,有 18 位专家的权威系数在 0.6 以上,1 位专家的权威系数在 0.6 以下,12 位专家的权威系数在 0.8 及以上,占总数的 63%,从而有效保证了专家咨询结果的权威性。对于两轮之后权威系数始终较低的专家,在第三轮专家咨询时,可考虑不再向其发放咨询问卷。

表 3-5 第二轮专家权威系数

编号	熟悉程度	判断系数	权威系数
Z1	0.60	0.75	0.68
Z2	0.80	0.90	0.85
Z4	0.80	0.90	0.85
Z5	0.80	0.85	0.83
Z6	0.40	0.70	0.55
Z7	1.00	0.80	0.90
Z8	0.60	0.70	0.65
Z9	0.80	0.80	0.80
Z10	0.80	0.90	0.85
Z11	0.80	1.00	0.90
Z13	0.60	0.90	0.75
Z14	0.60	0.65	0.73
Z16	0.80	0.80	0.80
Z17	0.80	0.85	0.83
Z18	1.00	1.00	1.00
Z19	0.80	0.95	0.88
Z21	0.80	0.90	0.85
Z22	0.60	0.90	0.75
Z23	1.00	0.90	0.95

2. 均值、标准差与变异系数

经过对第二轮专家咨询数据的统计，本研究得出了关于平均值、标准差与变异系数的第二轮咨询结果。表3-6呈现了一级指标、二级指标和三级指标的专家咨询结果，一级指标、二级指标、三级指标的平均值、标准差和变异系数均在正常范围以内。尤其是变异系数在0.20及以上的指标只有三个，即"提供技术服务""提高学校在同类院校中的排名""帮助学校完成上级评估"。大部分指标的变异系数在0.15以下，说明指标变异系数得到很大收敛。因此，在第二轮专家咨询中，主要参考定性数据进行相应的修改。

表3-6 第二轮专家咨询指标得分结果

指标层次	指标内容	平均值	标准差	变异系数
一级指标	应用形态	4.58	0.51	0.11
一级指标	应用领域	4.83	0.39	0.08
一级指标	应用效益	4.67	0.49	0.10
二级指标	丰富教学资源	4.83	0.39	0.08
二级指标	获得知识产权	4.50	0.52	0.12
二级指标	提供技术服务	4.67	0.49	0.10
二级指标	教学质量改进	4.88	0.34	0.07
二级指标	科技成果转化	4.75	0.45	0.09
二级指标	政府决策咨询	4.25	0.68	0.16
二级指标	学生素质提升	4.93	0.25	0.05
二级指标	教师生涯发展	4.58	0.51	0.11
二级指标	学校内涵建设	4.75	0.45	0.09
二级指标	企业转型升级	4.43	0.51	0.12
三级指标	科研成果可以转化为课程资源	4.83	0.39	0.08
三级指标	专业教学资源库使用率高	4.44	0.73	0.16
三级指标	会根据教学需要编写新教材	4.50	0.52	0.12
三级指标	会根据教学需要改造实训设备	4.13	0.72	0.17

续表

指标层次	指标内容	平均值	标准差	变异系数
三级指标	参与研制教学工具	3.92	0.67	0.17
三级指标	会根据教学需要开发仿真教学软件	4.19	0.66	0.16
三级指标	获得专利授权	4.58	0.51	0.11
三级指标	参与编制技术标准	4.67	0.49	0.10
三级指标	参与撰写技术报告	4.44	0.63	0.14
三级指标	获得软件著作权	4.50	0.52	0.12
三级指标	参与编制行业标准	4.63	0.50	0.11
三级指标	参与企业技术开发	4.83	0.39	0.08
三级指标	参与企业技术改造	4.67	0.49	0.10
三级指标	向企业提供技术咨询	4.67	0.65	0.14
三级指标	向企业提供技术培训	4.75	0.45	0.09
三级指标	破解教学难题	4.50	0.73	0.16
三级指标	提高教学效果	4.69	0.48	0.10
三级指标	创新教学理念	4.56	0.63	0.14
三级指标	创新教学方式	4.81	0.40	0.08
三级指标	创新教学素材	4.75	0.45	0.09
三级指标	可以转化为新产品	4.69	0.48	0.10
三级指标	可以转化为新工艺	4.81	0.40	0.08
三级指标	可以转化为新材料	4.63	0.50	0.11
三级指标	可以转化为新设备	4.38	0.62	0.14
三级指标	可以转化为新系统	4.38	0.62	0.14
三级指标	提高政府决策科学性	4.31	0.70	0.16
三级指标	提高政府决策合理性	4.19	0.66	0.16
三级指标	提高政府公共服务水平	4.31	0.60	0.14
三级指标	优化政府公共资源配置	4.19	0.66	0.16
三级指标	提高学生综合职业素养	4.75	0.45	0.09

续表

指标层次	指标内容	平均值	标准差	变异系数
三级指标	提高学生学习积极性	4.63	0.62	0.13
三级指标	提高学生就业竞争力	4.63	0.62	0.13
三级指标	提高学生技能水平	4.88	0.34	0.07
三级指标	促进自身专业成长	4.63	0.50	0.11
三级指标	提高自身职称水平	4.50	0.63	0.14
三级指标	获得可观经济收益	4.44	0.63	0.14
三级指标	完成规定科研考核	4.56	0.73	0.16
三级指标	提高学校在同类院校中的排名	4.17	0.83	0.20
三级指标	帮助学校完成上级评估	4.19	0.83	0.20
三级指标	帮助学校申报财政支持项目	4.31	0.79	0.18
三级指标	提高学校综合竞争力	4.69	0.48	0.10
三级指标	推动企业产品升级	4.50	0.52	0.12
三级指标	解决企业技术难题	4.83	0.39	0.08
三级指标	增加企业市场份额	4.50	0.52	0.12
三级指标	降低企业生产成本	4.56	0.51	0.11
三级指标	改善企业社会形象	4.31	0.60	0.14
三级指标	提高企业管理效率	4.44	0.51	0.11

（二）定性数据分析

1. 修改的指标

二级指标"丰富教学资源"修改为"教学资源"；"获得知识产权"修改为"知识产权"；"教师生涯发展"修改为"教师专业发展"；"学校内涵建设"修改为"学校内涵提升"；"企业转型升级"修改为"企业创新发展"。三级指标"科研成果可以转化为课程资源"修改为"教学讲义"；"会根据教学需要编写新教材"修改为"校本教材"；"参与研制教学工具"修改为"教学工具"；"参与编制技术标准"修改为"企业标准"；"获得软件著作权"修改为"计算机软件著作权"；"向企业提供技术咨询"修改为"提供技术咨询"；"向企业提供技术培训"修改为"提供技术培训"；"提高学校在同类院校中的排名"修改为"提高学校科研竞争力"；"解决企业技术难题"修改为"促进行业技术进步"；"降低企业生产成本"修改为"提高企业经济效益"。

2. 删除的指标

具体而言，删除的二级指标包括"教学质量改进""科技成果转化""政府决策咨询"。删除的三级指标包括"专业教学资源库使用率高""会根据教学需要改造实训设备""会根据教学需要开发仿真教学软件""参与编制行业标准""破解教学难题""提高教学效果""创新教学理念""创新教学方式""创新教学素材""可以转化为新产品""可以转化为新工艺""可以转化为新材料""可以转化为新设备""可以转化为新系统"。

3. 增加的指标

具体而言，增加的二级指标是"创新教学行为"。增加的三级指标是"改进实践教学""注重教学互动""强化课后指导""适应职业角色""提高工作胜任力""奠定生涯发展基础""提高专业建设能力""提高课程开发能力""提高课堂教学能力""提高生涯发展能力""深化校企合作力度""获得政府政策支持"。

五、第三轮专家咨询问卷的结果分析

（一）定量数据分析

1. 专家权威系数

如表 3-7 所示，所有 16 位专家的权威系数在 0.7 以上，其中，3 位专家的权威系数在 0.8 以下，其余 13 位专家的权威系数均在 0.8 以上，占总数的 81%，从而有效保证了专家咨询结果的权威性。

表 3-7 第三轮专家权威系数

编号	熟悉程度	判断系数	权威系数
Z2	0.80	0.90	0.85
Z4	1.00	0.80	0.90
Z5	0.80	0.90	0.85
Z7	0.80	0.90	0.85

续表

编号	熟悉程度	判断系数	权威系数
Z9	0.60	0.80	0.75
Z10	1.00	0.80	0.90
Z11	0.80	0.85	0.83
Z13	1.00	0.90	0.95
Z14	0.80	0.85	0.83
Z16	0.60	0.90	0.75
Z17	0.80	0.85	0.83
Z18	0.80	0.85	0.83
Z19	0.80	0.65	0.73
Z21	0.80	0.90	0.85
Z22	0.80	0.90	0.85
Z23	1.00	0.90	0.95

2. 平均值、标准差与变异系数

经过对第三轮专家咨询数据的统计，本研究得出了关于平均值、标准差与变异系数的第三轮咨询结果。表3-8分别呈现了一级指标、二级指标和三级指标的专家咨询结果。除了三级指标"获得政府政策支持"的变异系数大于0.25之外，其他所有一级指标、二级指标、三级指标的平均值、标准差和变异系数均在正常范围以内。尤其是变异系数大部分在0.16及以下，说明指标变异系数得到很大收敛。

表3-8 第三轮专家咨询指标得分结果

指标层次	指标内容	平均值	标准差	变异系数
一级指标	应用形态	4.81	0.40	0.08
一级指标	应用领域	4.63	0.50	0.11
一级指标	应用效益	4.81	0.40	0.08
二级指标	教学资源	4.88	0.34	0.07
二级指标	知识产权	4.44	0.63	0.14

续表

指标层次	指标内容	平均值	标准差	变异系数
二级指标	创新教学行为	4.50	0.52	0.12
二级指标	提供技术服务	4.75	0.45	0.09
二级指标	学生素质提升	4.75	0.45	0.09
二级指标	教师专业发展	4.69	0.48	0.10
二级指标	学校内涵提升	4.63	0.50	0.11
二级指标	企业创新发展	4.31	0.70	0.16
三级指标	教学讲义	4.69	0.48	0.10
三级指标	校本教材	4.56	0.63	0.14
三级指标	教学工具	4.31	0.60	0.14
三级指标	专利授权	4.68	0.60	0.13
三级指标	企业标准	4.63	0.50	0.11
三级指标	计算机软件著作权	4.38	0.72	0.16
三级指标	改进实践教学	4.88	0.34	0.07
三级指标	注重教学互动	4.31	0.70	0.16
三级指标	强化课后指导	4.37	0.50	0.11
三级指标	参与技术研发	4.63	0.62	0.13
三级指标	参与技术改造	4.63	0.62	0.13
三级指标	提供技术咨询	4.63	0.50	0.11
三级指标	提供技术培训	4.75	0.45	0.09
三级指标	适应职业角色	4.38	0.62	0.14
三级指标	提高工作胜任力	4.56	0.63	0.09
三级指标	奠定生涯发展基础	4.44	0.63	0.14
三级指标	提高专业建设能力	4.75	0.45	0.09
三级指标	提高课程开发能力	4.63	0.50	0.11
三级指标	提高课堂教学能力	4.81	0.40	0.08
三级指标	提高生涯发展能力	4.69	0.48	0.10
三级指标	提高学校科研竞争力	4.38	0.72	0.16
三级指标	深化校企合作力度	4.94	0.25	0.05

续表

指标层次	指标内容	平均值	标准差	变异系数
三级指标	促进行业技术进步	4.50	0.73	0.16
三级指标	提高企业经济效益	4.69	0.60	0.13
三级指标	获得政府政策支持	3.94	0.77	0.20

（二）定性数据分析

结合第三轮专家咨询的定量数据分析，以及专家咨询的定性意见，本研究对指标体系做了进一步调整。需要指出的是，经过前两轮的专家咨询，专家对一级指标基本达成一致。因此，修改意见主要集中在部分二级指标和三级指标上，且修改内容主要为指标的表达方式，并继续删除了部分专家认为不合理的指标。

1. 修改的指标

二级指标"知识产权"修改为"技术资源"。三级指标"教学讲义"修改为"教学素材"；"校本教材"修改为"课程开发"；"教学工具"修改为"教学媒体与工具"；"专利授权"修改为"知识产权"；"注重教学互动"修改为"增强教学互动"；"强化课后指导"修改为"强化学生指导"；"参与技术研发"修改为"技术研发"。

2. 删除的指标

删除的指标均为三级指标，包括"企业标准""计算机软件著作权"和"获得政府政策支持"。

六、评价初始指标结构的生成

通过德尔菲法，在经过三轮专家咨询之后，本研究初步得出了高职院校应用导向科研水平评价的三级指标体系，具体如表3-9所示。在该指标体系中，一级指标包括3个，分别为"应用形态""应用领域""应用效益"。二级指标包括8个，分别为"教学资源""技术资源""创新教学行为""提供技术服务""学生素质提升""教师专业发展""学校内涵提升""企业创新发展"。三级指标包括22个，分别为"课程开发""教学素材""教学媒体与工具""知识产权""技术研发""改进实践教学""增强教学互动""强化学生指导""参与技术改造""提供技术咨询"

"提供技术培训""适应职业角色""提高工作胜任力""奠定生涯发展基础""提高专业建设能力""提高课程开发能力""提高课堂教学能力""提高生涯发展能力""提高学校科研竞争力""深化校企合作力度""促进行业技术进步""提高企业经济效益"。

表 3-9 高职院校应用导向科研水平评价三级指标体系（初始）

一级指标	二级指标	三级指标
U1 应用形态	U11 教学资源	U111 课程开发
		U112 教学素材
		U113 教学媒体与工具
	U12 技术资源	U121 知识产权
		U122 技术研发
U2 应用领域	U21 创新教学行为	U211 改进实践教学
		U212 增强教学互动
		U213 强化学生指导
	U22 提供技术服务	U221 参与技术改造
		U222 提供技术咨询
		U223 提供技术培训
U3 应用效益	U31 学生素质提升	U311 适应职业角色
		U312 提高工作胜任力
		U313 奠定生涯发展基础
	U32 教师专业发展	U321 提高专业建设能力
		U322 提高课程开发能力
		U323 提高课堂教学能力
		U324 提高生涯发展能力
	U33 学校内涵提升	U331 提高学校科研竞争力
		U332 深化校企合作力度
	U34 企业创新发展	U341 促进行业技术进步
		U342 提高企业经济效益

第三节　评价指标数据采集与结构修正

回顾德尔菲法在以往不同研究中的应用可以发现，数据采集环节以可采集到的客观数据为主。但是，这种数据采集方法并不适用于本研究。为此，本研究倾向于通过自编问卷的方式来收集所需要的数据，并为下一阶段的高职院校科研实然现状调查奠定基础。

一、问卷调查法及其在本研究中的应用

（一）方法简介

问卷调查法是一种通过问卷向调查对象了解真实情况的研究方法。向调查者发放相关问卷，可以帮助研究者通过这种间接的数据收集方法，了解关于研究问题的现实状况。在本研究中，使用问卷调查法的目的主要有两个：在问卷预测阶段，通过收集相关数据，结合项目分析、探索性因素分析结果，对指标结构进行修正；在问卷正式发放阶段，通过收集相关数据，对高职院校的应用导向科研做出评价。

（二）调查对象

在问卷调查中，调查对象的选择至关重要，它直接关乎能否收集到所需要的研究数据。如前文所述，科学研究可以分为不同类型，高职院校科研的应然定位是应用导向科研。由于不同学科（如文科、工科、理科、医科等）研究内容的差异性，我们不可能也没有必要设计一个通用的调查问卷。有鉴于此，考虑到高职院校的办学特点和专业设置特点，本研究对高职院校专业大类做了全面分析，最终选择以高职院校工程技术相关专业[①]为例，旨在通过对高职院校工程技术相关专业教师的问卷调查，进一步了

[①] 需要注意的是，之所以选择工程技术相关专业，主要有三方面的原因：其一，相比以文科、理科、医科等为基础的专业，工程技术相关专业可以涵盖高职院校专业大类目录中的大部分专业，更具有代表性；其二，相比以文科、理科、医科等为基础的专业，工程技术相关专业与产业发展、技术革新的关系更为密切，受到的冲击更大，在这样一个技术发展日新月异的时代，考察工程技术相关专业教师的应用导向科研水平更具有时代意义；其三，通过对全国高职院校专业设置的分析可以发现，工程技术相关专业在高职院校专业布局中占据相当大的比例，高职院校普遍开设工程技术相关专业，而这可以为后续抽样与数据收集提供更多便利。

解高职院校的科研现状。

（三）实施步骤

通常而言，调查研究包括六个阶段，即文献整理分析、确定研究问题、设计测评问卷、开展问卷调查、整理分析数据、形成调研报告，具体如图3-1所示。在前文相关研究中，我们已经完成了前两个阶段的研究任务。现阶段的主要研究任务是通过预测问卷的开发、发放、质量检验等，设计出所需要的测评问卷。而在下一章中，本研究将开展正式的问卷调查，并通过整理分析数据，形成关于高职院校科研现状的调研报告。

图3-1 问卷调查法实施步骤

二、评价预测问卷的题项开发

评价预测问卷主要包括指导语、基本信息、量表题项、开放题等四个部分。指导语的作用是告知被调查对象本研究的目的及问卷填写说明等。基本信息主要包括性别、最高学历、职称、教龄、企业工作经历、岗位类型、专业大类、学校所在城市、学校所在区域、学校属性、学校举办性质、学校是否曾入选"高职院校服务贡献50强"名单等。开放题部分设计的问题是："关于本次调查，如您有任何疑惑可填写在此处，也欢迎与课题组联系。"本研究采用李克特五级量表进行评分，"非常不符合""比较不符合""一般""比较符合""非常符合"分别赋值为1、2、3、4、5。接下来，本研究将主要就量表题项的开发做具体说明。

（一）量表初始题项的生成

量表题项开发是一个系统性工作，由于缺乏可以直接借鉴的量表，本研究倾向于自行开发高职院校应用导向科研水平评价量表，量表开发的主要维度依据是前期通过德尔菲法初步设计出的评价指标体系。为了使量表的题项更加接近实际，更容易被调查对象理解，本研究访谈了9位高职院校工程技术相关专业教师、3位高职院校科研处处长。而且，本研究搜集了大量与高职院校科研评价相关的政策文本，包括职称评审文件、绩效考核文件、岗位评聘文件等，以及大量实证研究文献资料。最终，在深度访谈、文献资料分析、政策文本分析的基础上形成了初始量表（表3-10）。

表3-10 高职院校应用导向科研水平评价量表初始题项生成

三级指标	问题陈述	问题来源
课程开发	1. 我会参与人才需求调研报告的撰写工作	深度访谈
	2. 我会参与人才培养方案的制订工作	深度访谈
	3. 我会参与课程标准的开发工作	深度访谈
	4. 我会参与专业教学资源库的开发工作	深度访谈
	5. 我会参与校本教材的编写工作	深度访谈
教学素材	6. 我会参考已发表论文更新教学素材	深度访谈
	7. 我会参考已出版著作更新教学素材	深度访谈
	8. 我会参考横向课题更新教学素材	深度访谈
	9. 我会参考纵向课题更新教学素材	深度访谈
	10. 我会参考校内课题更新教学素材	深度访谈
教学媒体与工具	11. 我会根据教学需要改造实训设备	深度访谈
	12. 我会根据教学需要制作教学视频	深度访谈
	13. 我会根据教学需要改造教学仪器	深度访谈
	14. 我会根据教学需要改造仿真教学软件	深度访谈
知识产权	15. 我能通过研究获得发明专利授权	政策文本
	16. 我能通过研究获得实用新型专利授权	政策文本
	17. 我能通过研究获得外观设计专利授权	政策文本
	18. 我能通过研究获得计算机软件著作权	政策文本

续表

三级指标	问题陈述	问题来源
技术研发	19. 我会参与新技术的研发工作	深度访谈
	20. 我会参与新产品的研发工作	深度访谈
	21. 我会参与新材料的研发工作	深度访谈
	22. 我会参与新工艺的研发工作	深度访谈
改进实践教学	23. 我会在实践教学中参考企业标准和规范	文献资料
	24. 我会在实践教学中鼓励学生综合不同知识和经验解决问题	文献资料
	25. 我会合理规划实践教学环境，保障实践教学质量	文献资料
增强教学互动	26. 我会主动研究翻转课堂的有效教学方式	文献资料
	27. 我会在课堂教学中倡导小组合作学习方式	文献资料
	28. 我会在课堂教学中引入研究性学习活动	文献资料
强化学生指导	29. 我会指导学生参与科研项目	深度访谈
	30. 我会指导学生参与科技创新类竞赛	深度访谈
	31. 我会指导学生参与科技创新类社团活动	深度访谈
	32. 我会指导学生毕业设计项目	深度访谈
参与技术改造	33. 我会参与企业生产工作流程优化	深度访谈
	34. 我会参与企业生产加工设备改进	深度访谈
	35. 我会参与企业生产模块创新	深度访谈
	36. 我会参与企业生产集成创新	深度访谈
提供技术咨询	37. 我会向企事业单位提供科技政策咨询	深度访谈
	38. 我会向企事业单位提供技术解决方案咨询	深度访谈
	39. 我会向企事业单位提供管理决策咨询	深度访谈
提供技术培训	40. 我会向企业员工提供技术培训	深度访谈
	41. 我会向行业部门人员提供技术培训	深度访谈
	42. 我会向社会再就业人员提供技术培训	深度访谈

续表

三级指标	问题陈述	问题来源
适应职业角色	43. 我能通过科技类项目帮助学生明确工作价值	文献资料
	44. 我能通过科技类项目提高学生创新创业能力	文献资料
	45. 我能通过科技类项目提高学生团队合作意识	文献资料
提高工作胜任力	46. 我能通过科技类项目提高学生科学知识应用能力	文献资料
	47. 我能通过科技类项目提高学生工作执行能力	文献资料
	48. 我能通过科技类项目提高学生资源统筹能力	文献资料
奠定生涯发展基础	49. 我能通过科技类项目提高学生生涯规划能力	文献资料
	50. 我能通过科技类项目提高学生自我管理能力	文献资料
	51. 我能通过科技类项目提高学生终身学习意识	文献资料
提高专业建设能力	52. 我能通过做科研更好地把握产业发展态势与人力资源需求	文献资料
	53. 我能通过做科研更好地理解人才能力要求与课程内容体系	文献资料
	54. 我能通过做科研更准确地判断专业发展水平与描绘未来发展路径	文献资料
提高课程开发能力	55. 通过做科研，我的课程标准制定能力得到了提高	文献资料
	56. 通过做科研，我的教材开发能力得到了提高	文献资料
	57. 通过做科研，我的教学资源建设能力得到了提高	文献资料
提高课堂教学能力	58. 通过做科研，我能进行更有价值的学情分析	文献资料
	59. 通过做科研，我能设计更清晰的教学目标	文献资料
	60. 通过做科研，我能更好地厘清教学内容结构	文献资料
	61. 通过做科研，我能设计更清晰的学习结果评价方案	文献资料
提高生涯发展能力	62. 我做的科研能帮我实现职称晋升	深度访谈
	63. 我做的科研能帮我在绩效考核中获得奖励	深度访谈
	64. 我做的科研能帮我获得工资之外的收入	深度访谈

续表

三级指标	问题陈述	问题来源
提高学校科研竞争力	65. 我做的科研能提高学校横向技术服务到款额	政策文本
	66. 我做的科研能提高学校技术交易到款额	政策文本
	67. 我做的科研能提高学校非学历培训到款额	政策文本
深化校企合作力度	68. 我做的科研能帮助学校减少校企合作阻力	深度访谈
	69. 我做的科研能帮助学校与企业建立互利双赢的合作关系	深度访谈
	70. 我做的科研能为学生提供更多企业实践机会	深度访谈
促进行业技术进步	71. 我做的科研有利于解决行业技术难题	深度访谈
	72. 我做的科研推动行业产品更新换代	深度访谈
	73. 我做的科研帮助行业储备技术技能人才	深度访谈
提高企业经济效益	74. 我做的科研有利于提高企业生产利润	深度访谈
	75. 我做的科研有利于降低企业生产成本	深度访谈
	76. 我做的科研有利于减少企业能源消耗	深度访谈

（二）量表初始题项的修订

在完成量表初始题项的生成工作以后，还不能正式发放问卷。为了进一步保证初始题项的效度，需要继续邀请专家对题项做进一步的修订。基于上述原则，本研究采用专家效度评定方法，进一步邀请6位高职院校专业教师、2位高职院校科研处处长，对高职院校科研评价量表初始题项进行咨询反馈。经过反馈，专家一致认可现阶段量表开发所依据的维度。在专家的建议之下，本研究对初始题项做了适当的调整（表3-11）。具体修改之处如下：将题项5修改为"我会参与教材的编写工作"，将题项8~10整合为"我会参考科研项目更新教学素材"，将题项11修改为"我会根据教学需要升级实训设备"，将题项12删除，将题项14修改为"我会根据教学需要升级仿真教学软件"，将题项25修改为"我会按照企业真实工作环境进行实训室设计"，将题项35、题项36整合为"我会参与企业生产工艺优化"，将题项52修改为"我能通过做科研更好地把握人力资源需求"，将题项53修改为"我能通过做科研更好地理解人才能力要求"，将题项54修改为"我能通过做科研更准确地判断专业发展水平"，将题项

55 修改为"通过做科研,我的课程体系设计能力得到了提高",将题项 58 修改为"通过做科研,我能有效地把控教学过程",将题项 64 修改为"我做的科研能帮我提高在同行之中的影响力",将题项 68 修改为"我做的科研能增加学校在校企合作中的话语权"。

表 3-11　高职院校应用导向科研水平评价量表初始题项修订

三级指标	问题陈述
课程开发	1. 我会参与人才需求调研报告的撰写工作
	2. 我会参与人才培养方案的制订工作
	3. 我会参与课程标准的开发工作
课程开发	4. 我会参与专业教学资源库的开发工作
	5. 我会参与教材的编写工作
教学素材	6. 我会参考已发表论文更新教学素材
	7. 我会参考已出版著作更新教学素材
	8. 我会参考科研项目更新教学素材
教学媒体与工具	9. 我会根据教学需要升级实训设备
	10. 我会根据教学需要改造教学仪器
	11. 我会根据教学需要升级仿真教学软件
知识产权	12. 我能通过研究获得发明专利授权
	13. 我能通过研究获得实用新型专利授权
	14. 我能通过研究获得外观设计专利授权
	15. 我能通过研究获得计算机软件著作权
技术研发	16. 我会参与新技术的研发工作
	17. 我会参与新产品的研发工作
	18. 我会参与新材料的研发工作
	19. 我会参与新工艺的研发工作
改进实践教学	20. 我会在实践教学中参考企业标准和规范
	21. 我会在实践教学中鼓励学生综合不同知识和经验解决问题
	22. 我会按照企业真实工作环境进行实训室设计

续表

三级指标	问题陈述
增强教学互动	23. 我会主动研究翻转课堂的有效教学方式
	24. 我会在课堂教学中倡导小组合作学习方式
	25. 我会在课堂教学中引入研究性学习活动
强化学生指导	26. 我会指导学生参与科研项目
	27. 我会指导学生参与科技创新类竞赛
	28. 我会指导学生参与科技创新类社团活动
	29. 我会指导学生毕业设计项目
参与技术改造	30. 我会参与企业生产流程优化
	31. 我会参与企业生产工艺优化
	32. 我会参与企业生产加工设备改进
提供技术咨询	33. 我会向企事业单位提供科技政策咨询
	34. 我会向企事业单位提供技术解决方案咨询
	35. 我会向企事业单位提供管理决策咨询
提供技术培训	36. 我会向企业员工提供技术培训
	37. 我会向行业部门人员提供技术培训
	38. 我会向社会再就业人员提供技术培训
适应职业角色	39. 我能通过科技类项目帮助学生明确工作价值
	40. 我能通过科技类项目提高学生创新创业能力
	41. 我能通过科技类项目提高学生团队合作意识
提高工作胜任力	42. 我能通过科技类项目提高学生科学知识应用能力
	43. 我能通过科技类项目提高学生工作执行能力
	44. 我能通过科技类项目提高学生资源统筹能力
奠定生涯发展基础	45. 我能通过科技类项目提高学生生涯规划能力
	46. 我能通过科技类项目提高学生自我管理能力
	47. 我能通过科技类项目增强学生终身学习意识

续表

三级指标	问题陈述
提高专业建设能力	48. 我能通过做科研更好地把握人力资源需求
	49. 我能通过做科研更好地理解人才能力要求
	50. 我能通过做科研更准确地判断专业发展水平
提高课程开发能力	51. 通过做科研，我的课程体系设计能力得到了提高
	52. 通过做科研，我的教材开发能力得到了提高
	53. 通过做科研，我的教学资源建设能力得到了提高
提高课堂教学能力	54. 通过做科研，我能设计更清晰的教学目标
	55. 通过做科研，我能更好地厘清教学内容结构
提高课堂教学能力	56. 通过做科研，我能有效地把控教学过程
	57. 通过做科研，我能设计更清晰的学习结果评价方案
提高生涯发展能力	58. 我做的科研能帮我实现职称晋升
	59. 我做的科研能帮我在绩效考核中获得奖励
	60. 我做的科研能帮我提高在同行之中的影响力
提高学校科研竞争力	61. 我做的科研能提高学校横向技术服务到款额
	62. 我做的科研能提高学校技术交易到款额
	63. 我做的科研能提高学校非学历培训到款额
深化校企合作力度	64. 我做的科研能增加学校在校企合作中的话语权
	65. 我做的科研能帮助学校与企业建立互利双赢的合作关系
	66. 我做的科研能为学生提供更多企业实践机会
促进行业技术进步	67. 我做的科研有利于解决行业技术难题
	68. 我做的科研推动行业产品更新换代
	69. 我做的科研帮助行业储备技术技能人才
提高企业经济效益	70. 我做的科研有利于提高企业生产利润
	71. 我做的科研有利于降低企业生产成本
	72. 我做的科研有利于减少企业能源消耗

三、评价预测问卷的质量分析

在开发出高职院校科研评价问卷之后，本研究初步进行了问卷预测，并收集了相关数据。本研究对预测问卷质量做了进一步的分析，主要包括问卷的项目分析与因素分析。而后，基于分析结果，对高职院校科研评价指标结构做了进一步的修正。

（一）基本信息

通过随机抽样方法，本研究以高职院校工程技术相关专业教师为调查对象，在上海、山东、江苏、浙江、安徽、河北、湖北、甘肃、四川、广西等地发放了 176 份调查问卷，最终回收有效调查问卷 151 份，调查问卷有效回收率为 85.80%。问卷回收之后，本研究对所有问卷进行了筛选。筛选的主要标准是，将具有规律性作答、前后矛盾、非工程技术相关专业教师等特征的样本做无效样本处理。样本基本信息如下表 3-12 所示。

表 3-12　预测问卷有效样本基本信息一览表（$N=151$）

控制变量	类别	人数/人	百分比/%
性别	男	79	52.3
	女	72	47.7
最高学历	专科	1	0.7
	本科	61	40.4
	硕士研究生	76	50.3
	博士研究生	13	8.6
职称	未定级	8	5.3
	初级	12	7.9
	中级	74	49.0
	副高	51	33.8
	正高	6	4.0
教龄	5 年及以下	38	25.2
	6~10 年	33	21.9
	11~20 年	53	35.1
	20 年以上	27	17.9

续表

控制变量	类别	人数/人	百分比/%
企业工作经历	无	61	40.4
	5年及以下	62	41.1
	6~10年	11	7.3
	10年以上	17	11.3
岗位类型	教学型	60	39.8
	教学—科研型	79	52.3
	科研—社会服务型	2	1.3
	其他	10	6.6
任教专业大类	能源动力与材料大类	7	4.6
	土木建筑大类	38	25.2
	装备制造大类	55	36.4
	生物与化工大类	4	2.6
	轻工纺织大类	1	0.7
	交通运输大类	11	7.3
	电子信息大类	35	23.2
学校所在城市	直辖市/特区	24	15.9
	省会城市	18	11.9
	地级市	107	70.9
	县/县级市	2	1.3
学校所在区域	东部地区	127	84.1
	中部地区	19	12.6
	西部地区	5	3.3
学校属性	国示范①/骨干	10	6.6
	省示范②/骨干	87	57.6
	普通高职	54	35.8

① "国示范"系"国家示范性高职院校"的简称。
② "省示范"系"省示范性高职院校"的简称。

续表

控制变量	类别	人数/人	百分比/%
学校办学性质	教育部门	112	74.2
	行业	2	1.3
	企业	2	1.3
	民办	31	20.5
	其他部门	4	2.6
学校是否曾入选"高职院校服务贡献 50 强"名单	是	19	12.6
	否	86	57.0
	不清楚	46	30.5

（二）项目分析

项目分析的主要目的在于检验编制的量表及测验个别题项的适切或可靠程度，项目分析结果可作为个别题项筛选或修改的依据。[①] 本研究主要采用临界比值法、同质性检验、信度检验等来辨别题项的适切性。

所谓临界比值法，就是先将所有题项得分进行加总，然后以前 27% 和后 27% 为界进行高低分组，再检测所有题目在高低分组上是否存在显著差异。如果不存在显著差异，则题项被视为不具有鉴别度，可以考虑删除。临界比值 t 统计量标准设置为 3.0，若 t 值小于 3.0，表明鉴别度交叉，应删除相应题项。将 0.05 的显著水平作为判断标准，若 P 值大于或等于 0.05，CR 值达不到显著水平，则应删除相应题项。预测问卷的临界比值分析结果如表 3-13 所示，在 95% 的置信区间内，所有题项均达到显著性差异水平，且 t 值均大于 3.0，故不考虑删除。

在项目分析中，也较常采用同质性检验方法来对题项进行筛选，即求出个别题项与总分的积差相关系数。题项与总分的相关度愈高，表示其与整体量表的同质性愈高，所要测量的心理特质或潜在行为也就愈接近。[②] 一般而言，如果二者相关系数小于 0.4，就意味着题项与量表的同质性不高，可以考虑删除。由表 3-13 可知，题项 5、题项 6、题项 21、题项 29

[①] 吴明隆．问卷统计分析实务：SPSS 操作与应用［M］．重庆：重庆大学出版社，2018：158.
[②] 吴明隆．问卷统计分析实务：SPSS 操作与应用［M］．重庆：重庆大学出版社，2018：181.

与总分的相关系数分别为 0.320、0.385、0.362、0.342，均小于 0.4。这表明，上述四个题项与整体量表的同质性不高，可以考虑删除。

信度代表量表的一致性或者稳定性，在项目分析中，信度系数也可以作为同质性检验的指标之一。在社会科学领域，多采用克隆巴赫 α 系数（Cronbach's alpha），即内部一致性系数来进行检验。如果题项删除后，量表整体信度系数提高许多，就意味着这一题项与其他题项的同质性不高，可以考虑删除。而且，修正的项目总相关系数如果小于 0.4，也可以考虑删除。由表 3-13 可知，剩余所有题型删除后并不会使克隆巴赫系数 0.978 增加，但是，题项 2、题项 3、题项 5、题项 6、题项 20、题项 21、题项 29 校正的项总相关系数分别为 0.398、0.390、0.300、0.367、0.391、0.347、0.324，均小于 0.4，因此，可考虑删除上述题项。

此外，共同性与因素负荷量检验也可以为题项适切性分析提供参考，如果共同性小于 0.2，因素负荷量小于 0.45，则可以考虑删除。如表 3-13 所示，题项 1、题项 2、题项 3、题项 5、题项 6、题项 7、题项 15、题项 20、题项 21、题项 29 的共同性分别为 0.165、0.134、0.112、0.057、0.148、0.171、0.197、0.143、0.138、0.078，且因素负荷量分别为 0.406、0.366、0.335、0.240、0.385、0.413、0.444、0.379、0.372、0.279，因此，可以考虑删除上述题项。

综合上述项目分析结果，本研究考虑删除题项 1、题项 2、题项 3、题项 5、题项 6、题项 7、题项 15、题项 20、题项 21、题项 29。

表 3-13　高职院校应用导向科研水平评价量表项目分析摘要表

题项	极端组比较	题项与总分相关		同质性检验			未达标指数
	决断值	题项与总分相关	校正题项与总分相关	题项删除后的 α 值	共同性	因素负荷量	
1	5.409***	0.428**	0.408	0.978	0.165	0.406	2
2	5.414***	0.419**	0.398	0.978	0.134	0.366	3
3	5.108***	0.410**	0.390	0.978	0.112	0.335	3
4	5.282***	0.479**	0.462	0.978	0.206	0.454	0
5	3.817***	0.320**	0.300	0.978	0.057	0.240	4

续表

题项	极端组比较 决断值	题项与总分相关 题项与总分相关	题项与总分相关 校正题项与总分相关	同质性检验 题项删除后的α值	同质性检验 共同性	同质性检验 因素负荷量	未达标指数
6	4.596***	0.385**	0.367	0.978	0.148	0.385	4
7	5.601***	0.422**	0.404	0.978	0.171	0.413	2
8	7.412***	0.561**	0.547	0.978	0.327	0.572	0
9	6.263***	0.567**	0.550	0.978	0.272	0.522	0
10	6.110***	0.586**	0.570	0.978	0.312	0.559	0
11	6.385***	0.521**	0.503	0.978	0.253	0.503	0
12	7.883***	0.648**	0.634	0.978	0.407	0.638	0
13	6.694***	0.575**	0.557	0.978	0.292	0.540	0
14	7.572***	0.500**	0.482	0.978	0.247	0.497	0
15	6.364***	0.480**	0.460	0.978	0.197	0.444	2
16	8.585***	0.608**	0.592	0.978	0.345	0.588	0
17	7.361***	0.576**	0.559	0.978	0.305	0.552	0
18	6.887***	0.484**	0.464	0.978	0.251	0.501	0
19	7.231***	0.578**	0.560	0.978	0.330	0.575	0
20	4.525***	0.408**	0.391	0.978	0.143	0.379	3
21	4.568***	0.362**	0.347	0.978	0.138	0.372	4
22	7.279***	0.575**	0.561	0.978	0.273	0.523	0
23	6.062***	0.509**	0.494	0.978	0.248	0.498	0
24	6.397***	0.508**	0.494	0.978	0.260	0.510	0
25	7.300***	0.544**	0.531	0.978	0.354	0.595	0
26	7.785***	0.651**	0.639	0.978	0.431	0.656	0
27	6.749***	0.569**	0.555	0.978	0.286	0.535	0
28	9.073***	0.626**	0.613	0.978	0.350	0.591	0
29	4.415***	0.342**	0.324	0.978	0.078	0.279	4

续表

题项	极端组比较	题项与总分相关		同质性检验			未达标指数
	决断值	题项与总分相关	校正题项与总分相关	题项删除后的 α 值	共同性	因素负荷量	
30	9.780***	0.660**	0.646	0.978	0.396	0.629	0
31	9.852***	0.677**	0.664	0.978	0.427	0.653	0
32	9.639***	0.699**	0.686	0.978	0.457	0.676	0
33	10.742***	0.684**	0.672	0.978	0.424	0.651	0
34	11.469***	0.720**	0.708	0.978	0.462	0.679	0
35	9.249***	0.658**	0.645	0.978	0.385	0.621	0
36	5.688***	0.502**	0.485	0.978	0.204	0.452	0
37	6.515***	0.593**	0.579	0.978	0.311	0.558	0
38	5.945***	0.560**	0.545	0.978	0.270	0.520	0
39	10.687***	0.732**	0.722	0.978	0.544	0.737	0
40	9.746***	0.756**	0.746	0.978	0.586	0.766	0
41	12.170***	0.768**	0.760	0.978	0.598	0.773	0
42	10.791***	0.732**	0.722	0.978	0.547	0.739	0
43	9.600***	0.753**	0.743	0.978	0.571	0.756	0
44	10.791***	0.754**	0.745	0.978	0.554	0.745	0
45	10.552***	0.741**	0.731	0.978	0.536	0.732	0
46	11.008***	0.775**	0.767	0.978	0.584	0.764	0
47	11.028***	0.713**	0.702	0.978	0.476	0.690	0
48	11.168***	0.739**	0.729	0.978	0.564	0.751	0
49	10.755***	0.771**	0.762	0.978	0.611	0.782	0
50	11.616***	0.789**	0.781	0.978	0.615	0.784	0
51	9.502***	0.725**	0.715	0.978	0.542	0.736	0
52	10.817***	0.728**	0.718	0.978	0.540	0.735	0
53	8.927***	0.709**	0.699	0.978	0.550	0.742	0

续表

题项	极端组比较	题项与总分相关		同质性检验			未达标指数
	决断值	题项与总分相关	校正题项与总分相关	题项删除后的α值	共同性	因素负荷量	
54	10.068***	0.717**	0.707	0.978	0.522	0.722	0
55	10.930***	0.744**	0.734	0.978	0.582	0.763	0
56	10.471***	0.728**	0.717	0.978	0.541	0.735	0
57	10.350***	0.728**	0.717	0.978	0.546	0.739	0
58	7.426***	0.613**	0.600	0.978	0.283	0.532	0
59	8.465***	0.639**	0.626	0.978	0.304	0.551	0
60	9.752***	0.696**	0.685	0.978	0.383	0.619	0
61	7.721***	0.625**	0.611	0.978	0.301	0.549	0
62	7.886***	0.642**	0.630	0.978	0.340	0.583	0
63	10.188***	0.692**	0.680	0.978	0.400	0.632	0
64	11.205***	0.749**	0.739	0.978	0.485	0.697	0
65	10.200***	0.741**	0.731	0.978	0.464	0.681	0
66	9.790***	0.780**	0.771	0.978	0.594	0.771	0
67	12.106***	0.783**	0.774	0.978	0.647	0.805	0
68	12.039***	0.760**	0.750	0.978	0.585	0.765	0
69	10.693***	0.780**	0.771	0.978	0.631	0.795	0
70	11.912***	0.778**	0.768	0.978	0.636	0.798	0
71	11.503***	0.755**	0.744	0.978	0.592	0.769	0
72	11.803***	0.753**	0.743	0.978	0.574	0.758	0
判标	≥3.000	≥0.400	≥0.400	≤0.978	≥0.200	≥0.450	

注:"***"表示在0.001水平（双侧）上显著,"**"表示在0.01水平（双侧）上显著。

（三）因素分析

在进行项目分析并删除不符合统计学判断准则的题项后,为检验量表的建构效度,应采取因素分析,旨在于众多变量中提取共同因素,以数量较少却关联更大的"构念"来代表原先更复杂的数据结构。①

样本数据是否适合做因素分析主要通过两个指标来判断：KMO（Kaiser-Meyer-Olkin）值和 Bartlett's 球状检验的卡方值。一般来说，KMO 值越接近 1，表明越适合做因素分析，变量之间的偏相关性越强。Bartlett's 球状检验的卡方值主要表明各个变量之间的独立性，如果卡方值显著，则表明适合做因素分析。如表 3-14 所示，KMO 值为 0.907，卡方值在 0.001 水平上达到极其显著，表明适合对量表进行因素分析。

对 151 份问卷进行第一次探索性因素分析，用主成分分析法和方差极大正交旋转求出因子负荷矩阵，结合陡坡检验提取共同因素，本研究抽取特征值大于 1 的因素 9 个，累计解释总变异量的 82.59%。接下来，对部分题项进行调整或删除。删除原则主要有：因素负荷小于 0.5、题项在多个维度上存在高负荷、题项存在明显的归类不当。从中可以看出，题项 8、题项 30、题项 32 因素负荷小于 0.5，予以删除；题项 17、题项 50、题项 65、题项 66 在多个维度存在高负荷，予以删除；题项 4、题项 16、题项 22、题项 25、题项 31、题项 48、题项 49、题项 63、题项 64 存在明显的归类不当，予以删除。

而后，本研究进行了第二次探索性因素分析。由表 3-14 可知，高职院校应用导向科研水平评价量表呈现出清晰的 9 因素结构。第一个因素为"开发教学媒体与工具"，包括 3 个题项（题项 9、题项 10、题项 11）；第二个因素为"教学互动与学生指导"，包括 5 个题项（题项 23、题项 24、题项 26、题项 27、题项 28）；第三个因素为"获得知识产权"，包括 3 个题项（题项 12、题项 13、题项 14）；第四个因素为"参与技术研发"，包括 2 个题项（题项 18、题项 19）；第五个因素为"提供技术咨询与培训"，包括 6 个题项（题项 33、题项 34、题项 35、题项 36、题项 37、题项 38）；第六个因素为"学生生涯发展能力提升"，包括 9 个题项（题项 39、题项 40、题项 41、题项 42、题项 43、题项 44、题项 45、题项 46、题项 47）；第七个因素为"教师专业发展能力提升"，包括 7 个题项（题项 51、题项 52、题项 53、题项 54、题项 55、题项 56、题项 57）；第八个因素为"学校同行竞争力提升"，包括 5 个题项（题项 58、题项 59、题项 60、题项

---

① 吴明隆. 问卷统计分析实务：SPSS 操作与应用 [M]. 重庆：重庆大学出版社，2018：194.

61、题项 62）；第九个因素为"企业发展环境优化"，包括 6 个题项（题项 67、题项 68、题项 69、题项 70、题项 71、题项 72）。

表 3-14　高职院校应用导向科研水平评价量表探索性因素分析

成分	因素 1	因素 2	因素 3	因素 4	因素 5	因素 6	因素 7	因素 8	因素 9
9	0.828								
10	0.798								
11	0.708								
23		0.630							
24		0.559							
26		0.591							
27		0.819							
28		0.706							
12			0.696						
13			0.747						
14			0.628						
18				0.831					
19				0.699					
33					0.709				
34					0.670				
35					0.686				
36					0.835				
37					0.801				
38					0.839				
39						0.776			
40						0.805			
41						0.797			
42						0.812			
43						0.835			

续表

成分	因素1	因素2	因素3	因素4	因素5	因素6	因素7	因素8	因素9
44						0.843			
45						0.821			
46						0.840			
47						0.808			
51							0.791		
52							0.819		
53							0.843		
54							0.824		
55							0.816		
56							0.800		
57							0.777		
58								0.820	
59								0.843	
60								0.750	
61								0.781	
62								0.709	
67									0.738
68									0.760
69									0.766
70									0.801
71									0.806
72									0.792
特征值	2.619	3.053	2.272	2.233	4.380	7.865	6.374	3.915	5.285
解释率	5.695	6.637	4.938	4.854	9.521	17.099	13.856	8.510	11.488

注：因子负荷小于0.5的不予显示。

四、评价初始指标结构的修正

根据探索性因素分析结果，本研究对高职院校应用导向科研水平评价初始指标结构做了进一步修正。如表 3-15 所示，修正后的指标体系包括 2 个一级指标，即"科研行动选择""科研行动效益"；4 个二级指标，即"教育教学研究""应用技术研究""师生素质提升""校企创新发展"；9 个三级指标，即"开发教学媒体与工具""教学互动与学生指导""获得知识产权""参与技术研发""提供技术咨询与培训""学生生涯发展能力提升""教师专业发展能力提升""学校同行竞争力提升""企业发展环境优化"。

表 3-15　高职院校应用导向科研水平评价三级指标体系（修正后）

一级指标	二级指标	三级指标
U1 科研行动选择	U11 教育教学研究	U111 开发教学媒体与工具
		U112 教学互动与学生指导
	U12 应用技术研究	U121 获得知识产权
		U122 参与技术研发
		U123 提供技术咨询与培训
U2 科研行动效益	U21 师生素质提升	U211 学生生涯发展能力提升
		U212 教师专业发展能力提升
	U22 校企创新发展	U221 学校同行竞争力提升
		U222 企业发展环境优化

第四节　评价指标权重的确定与等级评估

通过德尔菲法的使用，本研究初步开发出了高职院校应用导向科研水平评价指标体系。随后，利用自行开发的预测问卷，通过探索性因素分析，对指标体系做了进一步修正。至此，基本明确了高职院校应用导向科研水平评价指标的内容。但是，各个指标对于评价高职院校应用导向科研水平的重要性存在差异，为了准确地反映其重要程度，还需要结合专家意见对各级评价指标赋予不同权重系数，并做进一步的等级评估。

一、层次分析法及其在本研究中的应用

（一）方法简介

层次分析法是美国运筹学专家、匹兹堡大学教授托马斯·L. 萨蒂提出的一种层次权重决策分析方法，是确定评价指标权重最常用的有效方法之一，其核心思想是通过对复杂的评价对象进行分层分析，把评价对象按照目标层、准则层、子准则层、指标层的顺序逐步进行分解，然后通过计算矩阵的特征向量，看是否通过一致性检验，求出最底层（评价指标）之于最高层（评价总指标）的相对重要性，从而对最底层元素进行优劣等级的排序。[①] 但是，由于传统层次分析法是建立在判断矩阵基础之上的，而判断矩阵具有很强的主观性，为了减少这种主观性带来的缺陷，可以引入群组决策概念，即群组层次分析，通过模拟人思维中的分解、判断和综合，将一位专家扩大到多位专家，将一组判断矩阵扩大到多组判断矩阵，通过对比较判断结果的综合计算处理，得到关于指标重要性的排序，从而为决策者提供定量形式的决策依据。[②]

（二）实施步骤

层次分析法首先将所要进行的决策问题置于一个大系统中，这个系统中存在互相影响的多种因素，要将这些问题层次化，形成一个多层的分析结构模型，然后将数学方法与定性分析相结合，通过层层排序，根据各方案计算出的权重来辅助决策。层次分析法确定权重的具体步骤如下。

1. 建立层次结构模型

在确立指标权重之前，首先需要构建一个多层次的结构模型，上层元素可以支配下层元素，下层元素可以为上层元素提供解释空间。一般而言，该结构模型包括顶层目标、中间层规则和底层元素等三个层次。其中，顶层目标也被称为"目标层"，通常只有一个，即评价所要达成的目标或者结果；中间层规则是实现顶层目标的中间环节，可以根据研究需要做进一步分解，如准则层、子准则层；底层元素也被称为"指标层"，是实现评价目标可供选择的各种具体评价指标。

[①] 郭亚军. 综合评价理论、方法及应用 [M]. 北京：科学出版社，2007：28.
[②] 熊小刚. 国家科技奖励制度运行绩效评价研究 [D]. 武汉：华中科技大学，2011：92-93.

2. 构建两两比较判断矩阵

以"A"表示目标,"u_i""u_j"(i, j = 1, 2, ⋯, n)表示因素。"u_{ij}"表示"u_i"对"u_j"的相对重要性数值,并由"u_{ij}"组成 A-U 判断矩阵 P。

$$P = \begin{bmatrix} u_{11} & u_{12} & \cdots & u_{1n} \\ u_{21} & u_{22} & \cdots & u_{2n} \\ \vdots & \vdots & \vdots & \vdots \\ u_{n1} & u_{n2} & \cdots & u_{nn} \end{bmatrix}$$

判断矩阵元素值可以反映专家对各指标相对重要性程度的认识,一般可用 1~9 及其倒数的标度法来表示(表 3-16)。

表 3-16 各级标度的含义

标度	各级标度的含义
1	i 比 j 同样重要
3	i 比 j 稍微重要
5	i 比 j 比较重要
7	i 比 j 非常重要
9	i 比 j 绝对重要
1/3	i 比 j 稍微不重要
1/5	i 比 j 比较不重要
1/7	i 比 j 非常不重要
1/9	i 比 j 绝对不重要
2, 4, 6, 8, 1/2, 1/4, 1/6, 1/8	重要程度在 1~3, 3~5, ⋯⋯

3. 计算重要性排序

根据判断矩阵,求出其最大特征根 λ_{max} 所对应的特征向量 w。方程如下:

$$P_w = \lambda_{max} \cdot w$$

所求特征向量 w 经归一化,即为各评价因素的重要性排序,也就是权重分配。

4. 一致性检验

要判断以上得到的权重分配是否合理，还需要对判断矩阵进行一致性检验。检验使用公式：

$$CR = \frac{CI}{RI}$$

式中的"CR"为判断矩阵的随机一致性比率，"CI"为判断矩阵的一致性指标，它由下式给出：

$$CI = \frac{\lambda_{max} - n}{n - 1}$$

"RI"为判断矩阵的平均随机一致性指标，1~9阶判断矩阵的RI值参见表3-17。

表3-17　矩阵阶数 n 与随机一致性指标 RI 对照表

n	1	2	3	4	5	6	7	8	9
RI	0	0	0.52	0.89	1.12	1.26	1.36	1.41	1.46

当判断矩阵 P 的 $CR<0.1$ 时或 $\lambda_{max}=n$，$CI=0$ 时，认为 P 具有满意的一致性，否则须调整 P 中的元素以使其具有满意的一致性。

5. 确定指标权重

利用 CR 求得专家的相对权重，计算公式为：

$$P_k = \frac{1}{1 + a\,CR^k} \quad (a>0, \ k=1, \ 2, \ 3, \ \cdots, \ m)$$

式中"a"是调节参数，当 a 的取值过大或过小的时候，专家权重难以衡量，此时的 a 可以确定为10。[①] 将专家相对权重归一化处理，则有：

$$P_k^\# = \frac{P_k}{\sum_{k=1}^{m} P_k}$$

在求得每一位专家的权重 $P_k^\#$ 和单个维度的权重 W_i^k 后，可以确定多位专家的相对权重：

$$W'_i = \sum_{k=1}^{m} W_i^k P_k^\#$$

[①] 熊小刚. 国家科技奖励制度运行绩效评价研究 [D]. 武汉：华中科技大学，2011：92-93.

而后，对 W'_i 进行归一化处理，得到多位专家的指标权重：

$$W_k^\# = \frac{W}{\sum_{k=1}^{m} W_k}$$

二、基于层次分析法的评价指标权重确定

在本研究中，主要借助迈实 AHP 层次分析法软件进行高职院校科研评价指标权重的确定。在专家选择上，本研究从前文通过德尔菲法专家咨询所建立的专家库中遴选了 6 位有丰富高职院校科研评价经验的专家，并在征求专家同意的基础上，向他们发放了高职院校应用导向科研水平综合评价调查表。

（一）层次结构模型的搭建

在本研究中，层次结构模型搭建的主要依据是前文开发的三级指标体系。详细的层次结构模型如图 3-2 所示。

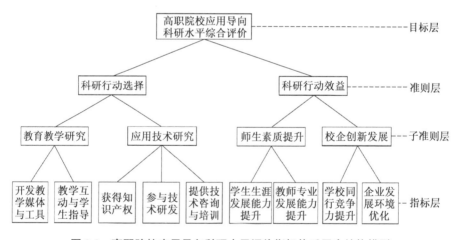

图 3-2　高职院校应用导向科研水平评价指标体系层次结构模型

（二）两两比较判断矩阵的构建

根据高职院校应用导向科研水平评价指标体系层次结构模型，判断矩阵包括 1 个一阶矩阵，2 个二阶矩阵，4 个三阶矩阵。具体如表 3-18—表 3-24 所示。

表 3-18 总体水平一阶矩阵

	科研行动选择	科研行动效益
科研行动选择	1	
科研行动效益		1

表 3-19 科研行动选择二阶矩阵

	教育教学研究	应用技术研究
教育教学研究	1	
应用技术研究		1

表 3-20 科研行动效益二阶矩阵

	师生素质提升	校企创新发展
师生素质提升	1	
校企创新发展		1

表 3-21 教育教学研究三阶矩阵

	开发教学媒体与工具	教学互动与学生指导
开发教学媒体与工具	1	
教学互动与学生指导		1

表 3-22 应用技术研究三阶矩阵

	获得知识产权	参与技术研发	提供技术咨询与培训
获得知识产权	1		
参与技术研发		1	
提供技术咨询与培训			1

表 3-23 师生素质提升三阶矩阵

	学生生涯发展能力提升	教师专业发展能力提升
学生生涯发展能力提升	1	
教师专业发展能力提升		1

表 3-24 校企创新发展三阶矩阵

	学校同行竞争力提升	企业发展环境优化
学校同行竞争力提升	1	
企业发展环境优化		1

(三) 重要性排序与一致性检验

以专家 A 对矩阵的判断结果为例。专家 A 总体水平一阶矩阵判断结果为: "科研行动选择" 权重系数 0.1667、"科研行动效益" 权重系数 0.8333; 一致性检验结果为 $\lambda_{max} = 2$、$CR = 0$、$CI = 0$, 表明通过一致性检验。专家 A 科研行动选择二阶矩阵判断结果为: "教育教学研究" 权重系数 0.1250, "应用技术研究" 权重系数 0.8750; 一致性检验结果为 $\lambda_{max} = 2$、$CR = 0$、$CI = 0$, 表明通过一致性检验。专家 A 科研行动效益二阶矩阵判断结果为: "师生素质提升" 权重系数 0.5000, "校企创新发展" 权重系数 0.5000; 一致性检验结果为 $\lambda_{max} = 2$、$CR = 0$、$CI = 0$, 表明通过一致性检验。专家 A 教育教学研究三阶矩阵判断结果为: "开发教学媒体与工具" 权重系数 0.5000, "教学互动与学生指导" 权重系数 0.5000; 一致性检验结果为 $\lambda_{max} = 2$、$CR = 0$、$CI = 0$, 表明通过一致性检验。专家 A 应用技术研究三阶矩阵判断结果为: "获得知识产权" 权重系数 0.1140、"参与技术研发" 权重系数 0.4054、"提供技术咨询与培训" 权重系数 0.4806; 一致性检验结果为 $\lambda_{max} = 3.0291$、$CR = 0.0280$、$CI = 0.0145$, 表明通过一致性检验。专家 A 师生素质提升三阶矩阵判断结果为: "学生生涯发展能力提升" 权重系数 0.8333, "教师专业发展能力提升" 权重系数 0.1667; 一致性检验结果为 $\lambda_{max} = 2$、$CR = 0$、$CI = 0$, 表明通过一致性检验。专家 A 校企创新发展三阶矩阵判断结果为: "学校同行竞争力提升" 权重系数 0.2500, "企业发展环境优化" 权重系数 0.7500; 一致性检验结果为 $\lambda_{max} = 2$、$CR = 0$、$CI = 0$, 表明通过一致性检验。需要说明的是, 专家 A 除应用技术研究三阶矩阵一致性检验结果不同外, 其他矩阵均相同, 原因在于, 其他矩阵都只有两个指标之间的比较, 所以其可能出现的最大特征值只能为 2, 因此, 会出现 CR、CI 同时为 0 的情况。

(四) 指标体系权重的确定

通过上述计算方法与步骤, 可以得到所有专家指标的相对权重, 而后通过归一化处理, 最终, 本研究确定了整个高职院校应用导向科研水平评价指标体系的权重系数, 如表 3-25 所示。

其中, 一级指标 "科研行动选择" 权重系数 0.4025, "科研行动效益" 权重系数 0.5975。二级指标 "教育教学研究" 权重系数 0.1871, "应用技术研究" 权重系数 0.2154, "师生素质提升" 权重系数 0.3303, "校企创新发展"权重系数 0.2672。三级指标"开发教学媒体与工具"权重系数 0.0728,"教学互动与学生指导"权重系数 0.1143,"获得知识产权"权重系数 0.0365、"参与技术研发"权重系数 0.0821,"提供技术咨询与培训"权重系数 0.0968,"学生生涯发展能力提升"权重系数 0.1985,"教师专业发展能力提升"权重系数 0.1318,"学校同行竞争力提升"权重系数 0.1797,"企业发展环境优化"权重系数 0.0875。

表 3-25 高职院校应用导向科研水平评价指标体系权重系数

一级指标	权重系数	二级指标	权重系数	三级指标	权重系数
科研行动选择	0.4025	教育教学研究	0.1871	开发教学媒体与工具	0.0728
				教学互动与学生指导	0.1143
		应用技术研究	0.2154	获得知识产权	0.0365
				参与技术研发	0.0821
				提供技术咨询与培训	0.0968
科研行动效益	0.5975	师生素质提升	0.3303	学生生涯发展能力提升	0.1985
				教师专业发展能力提升	0.1318
		校企创新发展	0.2672	学校同行竞争力提升	0.1797
				企业发展环境优化	0.0875

三、应用导向科研水平的等级评估

借助上述指标体系,可以计算出加权之后的高职院校应用导向科研水平,但是这种水平究竟如何,即高职院校科研的应用导向程度究竟如何,有待做进一步的等级评估。具体而言,高职院校应用导向科研水平评价量表主要采用李克特五级评分机制收集原始数据,而后将原始得分乘以相应的权重系数,求得其真实得分。结合五级评分及专家建议,高职院校应用导向科研水平评估结果等级拟通过加权后的真实得分与应得得分的比值来最终确定。计算公式如下:

$$X_i = \frac{\sum_{i=1}^{n} W_i P_i}{\sum_{i=1}^{n} 5n P_i}$$

因此,高职院校应用导向科研水平等级评估如下:

第Ⅰ级：$X \geqslant 80\%$

第Ⅱ级：$60\% \leqslant X < 80\%$

第Ⅲ级：$40\% \leqslant X < 60\%$

第Ⅳ级：$20\% \leqslant X < 40\%$

第Ⅴ级：$X < 20\%$

其中，第Ⅰ级代表高职院校应用导向科研水平的最高等级，第Ⅴ级代表高职院校应用导向科研水平的最低等级。如果评估结果为第Ⅰ级，则表明该高职院校具有极强的应用导向科研特征；如果评估结果为第Ⅱ级，则表明该高职院校的应用导向科研特征不强；如果评估结果为第Ⅲ级，则表明该高职院校的应用导向科研特征十分不突出；如果评估结果为第Ⅳ级，则表明该高职院校的应用导向科研特征非常不突出；如果评估结果为第Ⅴ级，则表明该高职院校的科研几乎不具有应用导向特征。

本章小结

在第二章中，本研究明确了高职院校应用导向的科研定位。在现实中，高职院校是否进行了与其定位相一致的科研实践活动，仍然是一个未解谜题。由此，对高职院校科研实然现状与应然定位之间差距的测量，就成为后续研究的重点任务。但是已有相关研究并未提供足够的实证资料支撑，尤其是未能根据应用导向科研的特点对高职院校的科研水平进行客观评价。鉴于此，本研究展开了系统的高职院校应用导向科研水平评价标准开发工作。首先，借助德尔菲法，利用多轮专家咨询，初步确定了高职院校应用导向科研水平评价指标体系，厘清了基本结构维度。其次，为采集指标数据，进一步结合文献分析和深度访谈，设计出预测问卷题目，并对问卷进行了项目分析和探索性因素分析，进而对指标体系的结构维度进行了修正。最后，结合专家意见，利用层次分析法划分出三级指标权重，并划分出应用导向科研水平等级，从而为后续的等级评估奠定基础。

第四章 高职院校应用导向科研水平的实然现状调查

借助前期开发的调查问卷，本研究通过问卷发放、回收与分析，得到关于高职院校应用导向科研水平的现状调查结果。借助所收集到的数据，本研究将结合指标体系权重系数和等级评估，对高职院校应用导向科研的总体水平、不同指标层次水平进行评价，并结合控制变量做进一步的差异检验。

第一节 高职院校应用导向科研水平调研设计

为系统了解高职院校应用导向科研水平，需要对现状调研进行科学的设计。接下来，本研究将对高职院校应用导向科研水平现状调研的目的、工具与对象进行详细说明。

一、调研目的

本调研旨在通过收集相关数据，对高职院校应用导向科研水平做出客观评价。调研目的主要有两个：一是测量当前阶段高职院校应用导向科研总体水平及各指标层次水平，并对其水平做出评价；二是考察高职院校应用导向科研水平在性别、最高学历、职称、教龄、教学工作量、企业工作经历、岗位类型、任教专业大类、是否拥有行政职务、学校所在城市、学校所在区域、学校办学属性、学校办学性质、学校是否拥有行业办学背景、学校是否曾入选"高职院校服务贡献50强"名单等人口统计学特征方面是否存在显著差异、交互效应等。

二、调研工具

本阶段调研所采用的工具是前期开发的调查问卷，主要包括两大部分:一部分是调研对象的背景信息,另一部分则是高职院校应用导向科研水平评价量表。量表题目采用李克特五级评分法,从"非常不符合"到"非常符合"分别给予 1~5 分的评定。该量表克隆巴赫 α 系数为 0.907,具有较好的内部一致性信度。此外,本研究还将结合修正后的高职院校应用导向科研水平评价指标体系及其权重系数,对高职院校应用导向科研水平的等级做出评估。

三、调研对象

本研究的主要调研对象是高职院校工程技术相关专业教师,在全国发放问卷 503 份,有效回收问卷 412 份,有效回收率为 81.91%。本研究严格限制了调研对象的范围,将非工程技术相关专业教师作答的问卷记为无效问卷。此外,作答时间较短或具有明显规律性作答特征的问卷也被记为无效问卷。本次调研对象的基本信息如表 4-1 所示。

表 4-1　正式问卷有效样本基本信息一览表 ($N=412$)

控制变量	类别	人数/人	百分比/%
性别	男	223	54.1
	女	189	45.9
最高学历	专科	3	0.7
	本科	160	38.8
	硕士研究生	218	52.9
	博士研究生	31	7.5
职称	未定级	10	2.4
	初级	70	17.0
	中级	206	50.0
	副高	106	25.7
	正高	20	4.9
教龄	5 年及以下	97	23.5
	6~10 年	71	17.2
	11~20 年	162	39.3
	20 年以上	82	19.9

续表

控制变量	类别	人数/人	百分比/%
教学工作量	200 学时以下	71	17.2
	200~300 学时	95	23.1
	301~400 学时	102	24.8
	401~500 学时	71	17.2
	500 学时以上	73	17.7
企业工作经历	无	154	37.4
	5 年及以下	200	48.5
	6~10 年	31	7.5
	10 年以上	27	6.6
岗位类型	教学型	243	59.0
	教学—科研型	133	32.3
	科研—社会服务型	10	2.4
	其他	26	6.3
任教专业大类	农林牧渔大类	4	1.0
	资源环境与安全大类	8	1.9
	能源动力与材料大类	5	1.2
	土木建筑大类	81	19.7
	水利大类	8	1.9
	装备制造大类	142	34.5
	生物与化工大类	8	1.9
	食品药品与粮食大类	13	3.2
	交通运输大类	37	9.0
	电子信息大类	106	25.7
是否拥有行政职务	是	91	22.1
	否	321	77.9

续表

控制变量	类别	人数/人	百分比/%
学校所在城市	直辖市/特区	26	6.3
	省会城市	88	21.4
	地级市	277	67.2
	县/县级市	21	5.1
学校所在区域	东部地区	266	64.6
	中部地区	102	24.8
	西部地区	44	10.7
学校办学属性	国示范/骨干	186	45.1
	省示范/骨干	136	33.0
	其他	90	21.8
学校举办性质	公办	403	97.8
	民办	9	2.2
学校是否拥有行业办学背景	是	259	62.9
	否	153	37.1
学校是否曾入选"高职院校服务贡献50强"名单	是	138	33.5
	否	109	26.5
	不清楚	165	40.0

第二节 高职院校应用导向科研水平评估结果分析

在对相关数据进行描述性统计之后，本研究将结合前期开发的高职院校科研评价三级指标体系权重及评估等级，分别对总体水平、"科研行动选择"和"科研行动效益"进行评估。

一、总体水平评估结果分析

本研究首先对高职院校总体水平和"科研行动选择""科研行动效益"进行了描述性统计。从表4-2可以看出，就均值而言，高职院校应用导向科研总体水平（$M=3.30$，$SD=0.56$）、"科研行动选择"（$M=3.16$，$SD=0.60$）和"科研行动效益"（$M=3.39$，$SD=0.61$）都在 3.5 分以下。

表 4-2　总体水平描述性统计（$N=412$）

水平层次	M	SD
ZTSP	3.30	0.56
XDXZ	3.16	0.60
XDXY	3.39	0.61

注：ZTSP 为总体水平，XDXZ 为科研行动选择，XDXY 为科研行动效益。

在结合权重系数的基础上，本研究对总体水平的真实情况做了进一步评估。从总体水平来看，加权后实际得分 12403.46，加权后应得总分 17953.9，真实得分率为 69.09%，达到了评估结果等级的第Ⅱ级；从"科研行动选择"来看，加权后实际得分 1953.57，加权后应得总分 2918.98，真实得分率为 66.93%，达到了评估结果等级的第Ⅱ级；从"科研行动效益"来看，加权后实际得分 4356.29，加权后应得总分 6209.12，真实得分率为 70.16%，达到了评估结果等级的第Ⅱ级。这表明，高职院校应用导向科研特征不强。

二、"科研行动选择"评估结果分析

本研究首先对高职院校的"科研行动选择"进行了描述性统计。从表 4-3 可以看出，就均值而言，二级指标"教育教学研究"（$M=3.50$，$SD=0.64$）要高于"应用技术研究"（$M=2.87$，$SD=0.74$），且总体呈现中等偏下水平；三级指标"开发教学媒体与工具"（$M=3.36$，$SD=0.84$）、"教学互动与学生指导"（$M=3.59$，$SD=0.69$）要高于"获得知识产权"（$M=2.86$，$SD=0.95$）、"参与技术研发"（$M=2.62$，$SD=0.91$）和"提供技术咨询与培训"（$M=3.08$，$SD=0.86$）。

表 4-3　科研行动选择描述性统计（$N=412$）

水平层次	M	SD
JYJX	3.50	0.64
MTGJ	3.36	0.84

续表

水平层次	M	SD
HDZD	3.59	0.69
YYJS	2.87	0.74
ZSCQ	2.86	0.95
JSYF	2.62	0.91
ZXPX	3.08	0.86

注：JYJX 为教育教学研究，MTGJ 为开发教学媒体与工具，HDZD 为教学互动与学生指导，YYJS 为应用技术研究，ZSCQ 为获得知识产权，JSYF 为参与技术研发，ZXPX 为提供技术咨询与培训。

在结合权重系数的基础上，本研究对"科研行动选择"的真实情况做了进一步评估。从"教育教学研究"来看，加权后实际得分 311.43，加权后应得总分 596.37，真实得分率为 52.22%，达到了评估结果等级的第Ⅲ级；从"应用技术研究"来看，加权后实际得分 413.12，加权后应得总分 645.15，真实得分率为 64.03%，达到了评估结果等级的第Ⅱ级。这表明，高职院校专业教师在"科研行动选择"方面整体处于中等水平，应用导向科研特征不强。

三、"科研行动效益"评估结果分析

本研究首先对高职院校的"科研行动效益"进行了描述性统计。从表 4-4 可以看出，就均值而言，二级指标"师生素质提升"（$M=3.53$，$SD=0.73$）要高于"校企创新发展"（$M=3.21$，$SD=0.67$），且总体呈现中等偏下水平；三级指标"学生生涯发展能力提升"（$M=3.44$，$SD=0.81$）、"教师专业发展能力提升"（$M=3.68$，$SD=0.77$）要高于"学校同行竞争力提升"（$M=3.35$，$SD=0.73$）、"企业发展环境优化"（$M=2.93$，$SD=0.79$）。

表 4-4 科研行动效益描述性统计（$N=412$）

水平层次	M	SD
SSTS	3.53	0.73

续表

水平层次	M	SD
SYFZ	3.44	0.81
ZYFZ	3.68	0.77
XQFZ	3.21	0.67
THJZ	3.35	0.73
JYYH	2.93	0.79

注：SSTS 为师生素质提升，SYFZ 为学生生涯发展能力提升，ZYFZ 为教师专业发展能力提升，XQFZ 为校企创新发展，THJZ 为学校同行竞争力提升，HJYH 为企业发展环境优化。

在结合权重系数的基础上，本研究对"科研行动效益"的真实情况做了进一步评估。从"师生素质提升"来看，加权后实际得分 1363.58，加权后应得总分 2045.37，真实得分率为 66.67%，达到了评估结果等级的第Ⅱ级；从"校企创新发展"来看，加权后实际得分 740.91，加权后应得总分 1074.74，真实得分率为 68.94%，达到了评估结果等级的第Ⅱ级。这表明，高职院校专业教师在"科研行动效益"方面同样整体处于中等水平，应用导向科研特征不强。

第三节 基于教师个体特征的应用导向科研水平差异分析

前期预调研发现，教师个体特征差异有可能是影响高职院校应用导向科研水平的重要因素。接下来，本研究将结合教师个体特征，分别从总体水平、"科研行动选择""科研行动效益"等方面进行单因素方差分析。

一、教师个体层面总体水平差异分析

（一）不同职称教师总体水平差异分析

根据职称的不同，可以将调研对象分为未定级、初级、中级、副高、正高等 5 组群体。以总体水平、"科研行动选择""科研行动效益"为因变量进行单因素方差分析，考察不同职称高职院校专业教师在这些方面的具体特点。如表 4-5 所示，从 F 值结果来看，不同职称教师在总体水平

($F=3.706$,$P=0.006^{**}<0.01$)、"科研行动选择"($F=3.820$,$P=0.005^{**}<0.01$)上存在极其显著差异,在"科研行动效益"($F=2.955$,$P=0.020^{*}<0.05$)上存在显著差异。笔者通过 HSD（honestly significant difference）法做进一步的事后分析,以每一组为"参照组"分别与各组进行平均数的差异比较,结果表明,就高职院校应用导向科研的总体水平而言,正高职称组群体显著高于中级职称组群体；就"科研行动选择"而言,副高职称组群体显著高于中级职称组群体；就"科研行动效益"而言,正高职称组群体显著高于中级职称组群体。

表 4-5　不同职称教师总体水平差异分析

水平层次	职称	M	SD	F	P	事后比较
ZTSP	未定级	3.49	0.61	3.706	0.006**	正高>中级
	初级	3.29	0.48			
	中级	3.21	0.56			
	副高	3.39	0.59			
	正高	3.61	0.55			
XDXZ	未定级	3.44	0.70	3.820	0.005**	副高>中级
	初级	3.14	0.51			
	中级	3.07	0.59			
	副高	3.28	0.63			
	正高	3.43	0.61			
XDXY	未定级	3.52	0.62	2.955	0.020*	正高>中级
	初级	3.40	0.53			
	中级	3.31	0.62			
	副高	3.46	0.63			
	正高	3.74	0.60			

注:*$P<0.05$,**$P<0.01$。ZTSP 为总体水平,XDXZ 为科研行动选择,XDXY 为科研行动效益。

从图 4-1 可以看出,就均值大小而言,在不同职称组群体中,无论是在高职院校应用导向科研总体水平上,还是在"科研行动选择""科研行动效益"方面,均呈现出较为相似的数据排序特征,即位于最低处的都是中级职称组群体，而中级职称组群体明显低于其他职称组群体。

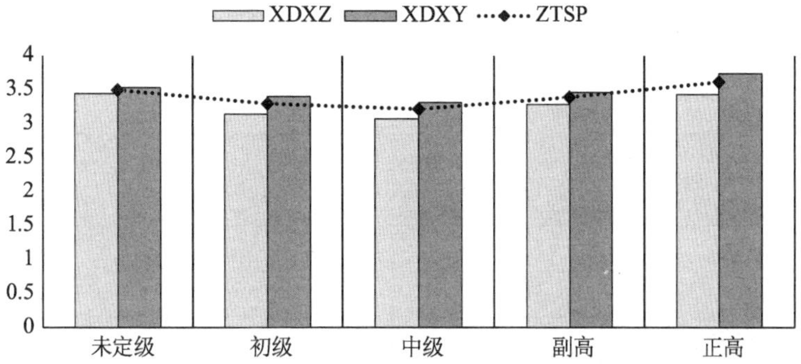

图 4-1　总体水平在职称层面的均值差异

为了进一步寻找可能存在的原因，本研究继续对不同职称组群体所负荷的教学工作量进行交叉比较分析，结果如表 4-6 所示。就承担 400 学时以上教学工作量的比例而言，未定级职称组群体占到 10.0%，初级职称组群体占到 30.0%，中级职称组群体占到 40.8%，副高职称组群体占到 34.0%，正高职称组群体占到 10.0%。可见，与其他职称组群体相比，高职院校中级职称组群体所承担的教学工作量负荷明显更高。

表 4-6　不同职称教师教学工作量比较分析

教学工作量	未定级		初级		中级		副高		正高	
	人数/人	百分比/%	人数/人	百分比/%	人数/人	百分比/%	人数/人	百分比/%	人数/人	百分比/%
200 学时以下	0	0.0	14	20.0	22	10.7	21	19.8	14	70.0
200~300 学时	5	50.0	16	22.9	46	22.3	26	24.5	2	10.0
301~400 学时	4	40.0	19	27.1	54	26.2	23	21.7	2	10.0
401~500 学时	0	0.0	8	11.4	41	19.9	22	20.8	0	0.0
500 学时以上	1	10.0	13	18.6	43	20.9	14	13.2	2	10.0
总数	10	100	70	100	206	100	106	100	20	100

而后，本研究结合职称与教学工作量做了百分比同质性检验[①]。从表

[①] 百分比同质性检验是卡方检验的一种功能，可对两个类别变量所构成的列联表进行单元格次数或者百分比的差异检验。

4-7 所示检验结果可知，卡方值为 59.668，自由度为 16，P 值为 0.000，达到 0.001 显著水平，表示不同职称教师在教学工作量上至少有一个类别次数百分比间存在显著差异。

表 4-7 "职称 & 教学工作量"卡方检验

	值	df	P
Pearson 卡方	59.668（a）	16	0.000
似然比	53.491	16	0.000
线性和线性组合	5.058	1	0.025
有效观察值个数	412		

依据表 4-8 中的校正后标准化残差值（AR 值），本研究得以发现其具体差异。在 200 学时以下的教学工作量类别上，中级职称组群体与正高职称组群体有显著差异，中级职称组群体勾选此项的百分比（AR=-3.5）显著低于正高职称组群体勾选此项的百分比（AR=6.4）。这表明，相对于正高职称组群体，中级职称组群体承担的低教学工作量负荷显著较少，教学工作的高负荷可能是导致中级职称组群体无暇顾及科研的重要因素。

表 4-8 "职称 & 教学工作量"交叉表分析

教学工作量	类别	未定级	初级	中级	副高	正高	合计
200 学时以下	计数/人	0	14	22	21	14	71
	占总数的百分比	0.0%	3.4%	5.3%	5.1%	3.4%	17.2%
	校正后标准化残差值	-1.5	0.7	-3.5	0.8	6.4	
200~300 学时	计数/人	5	16	46	26	2	95
	占总数的百分比	1.2%	3.9%	11.2%	6.3%	0.5%	23.1%
	校正后标准化残差值	2.0	0	-0.4	0.4	-1.4	
301~400 学时	计数/人	4	19	54	23	2	102
	占总数的百分比	1.0%	4.6%	13.1%	5.6%	0.5%	24.8%
	校正后标准化残差值	1.1	0.5	0.7	-0.8	-1.6	
401~500 学时	计数/人	0	8	41	22	0	71
	占总数的百分比	0.0%	1.9%	10.0%	5.3%	0.0%	17.2%
	校正后标准化残差值	-1.5	-1.4	1.4	1.1	-2.1	

续表

教学工作量	类别	未定级	初级	中级	副高	正高	合计
500学时以上	计数/人	1	13	43	14	2	73
	占总数的百分比	0.2%	3.2%	10.4%	3.4%	0.5%	17.7%
	校正后标准化残差值	-0.6	0.2	1.7	-1.4	-0.9	
合计	计数/人	10	70	206	106	20	412
	占总数的百分比	2.4%	17.0%	50.0%	25.7%	4.9%	100.0%

（二）不同时长企业工作经历教师总体水平差异分析

本研究以总体水平、"科研行动选择""科研行动效益"为因变量进行单因素方差分析，考察不同时长企业工作经历的高职院校专业教师在这些方面的具体特点。如表4-9所示，从 F 值结果来看，不同时长企业工作经历教师在总体水平（$F=4.837$，$P=0.003^{**}<0.01$）、"科研行动选择"（$F=8.210$，$P=0.000^{***}<0.001$）上存在极其显著差异，而在"科研行动效益"上则不存在显著差异。笔者通过雪费法进行事后分析，并以每一组为参照组分别与各组进行平均数的差异比较，结果表明，就总体水平而言，具备10年以上企业工作经历组群体要高于没有企业工作经历组群体。就"科研行动选择"而言，在10年以上、6~10年、5年及以下、无企业工作经历组群体中，前者依次高于后者。

表4-9 不同时长企业工作经历教师总体水平差异分析

水平层次	企业工作经历时长	M	SD	F	P	事后比较
ZTSP	无	3.20	0.52	4.387	0.003**	10年以上>无
	5年及以下	3.33	0.58			
	6~10年	3.32	0.50			
	10年以上	3.62	0.63			
XDXZ	无	3.04	0.58	8.210	0.000***	10年以上>6~10年>5年及以下>无
	5年及以下	3.19	0.58			
	6~10年	3.20	0.54			
	10年以上	3.64	0.70			

续表

水平层次	企业工作经历时长	M	SD	F	P	事后比较
XDXY	无	3.31	0.54	2.336	0.073	n.s.
	5年及以下	3.42	0.65			
	6~10年	3.40	0.58			
	10年以上	3.61	0.67			

注：**$P<0.01$，***$P<0.001$。ZTSP 为总体水平，XDXZ 为科研行动选择，XDXY 为科研行动效益。

从图 4-2 可以看出，就均值大小而言，在不同企业工作经历组群体中，无论是在总体水平上，还是在"科研行动选择""科研行动效益"方面，均呈现出较为相似的数据排序特征。总体趋势是，随着企业工作经历时长的递增，应用导向科研水平整体呈上升趋势。也就是说，企业工作经历在保证高职院校应用导向科研水平上具有重要意义。

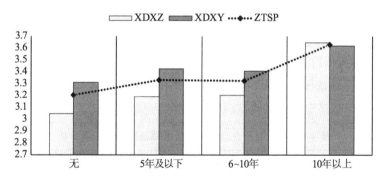

图 4-2 总体水平在企业工作经历层面的均值差异

（三）不同岗位类型教师总体水平差异分析

根据岗位类型的不同，可以将调研对象分为教学型、教学—科研型、科研—社会服务型、其他等 4 组群体。以总体水平、"科研行动选择""科研行动效益"为因变量进行单因素方差分析，考察不同岗位类型高职院校专业教师在这些方面的具体特点。如表 4-10 所示，从 F 值结果来看，不同岗位类型教师在总体水平（$F=5.068$，$P=0.002**<0.01$）、"科研行动选择"（$F=4.110$，$P=0.007**<0.01$）、"科研行动效益"（$F=4.508$，$P=0.004**<0.01$）上均存在极其显著差异。结合最小显著差异法进行事

后分析会发现，在总体水平上，科研—社会服务型>其他>教学型；在"科研行动选择"上，科研—社会服务型>教学—科研型>教学型；在"科研行动效益"上，科研—社会服务型>教学—科研型>其他>教学型。

表 4-10　不同岗位类型教师总体水平差异分析

水平层次	岗位类型	M	SD	F	P	事后比较
ZTSP	教学型	3.22	0.56	5.068	0.002**	科研—社会服务型>其他>教学型
	教学—科研型	3.41	0.54			
	科研—社会服务型	3.70	0.71			
	其他	3.27	0.53			
XDXZ	教学型	3.09	0.59	4.110	0.007**	科研—社会服务型>教学—科研型>教学型
	教学—科研型	3.27	0.58			
	科研—社会服务型	3.55	0.83			
	其他	3.16	0.57			
XDXY	教学型	3.31	0.62	4.508	0.004**	科研—社会服务型>教学—科研型>其他>教学型
	教学—科研型	3.51	0.58			
	科研—社会服务型	3.81	0.68			
	其他	3.35	0.58			

注：**$P<0.01$。ZTSP 为总体水平，XDXZ 为科研行动选择，XDXY 为科研行动效益。

从图 4-3 可以看出，就均值大小而言，在不同岗位类型组群体中，无论是在总体水平上，还是在"科研行动选择""科研行动效益"方面，均呈现出相似的数据排序特征。总体特征是，在科研—社会服务型、教学—科研型、其他、教学型组群体中，前者依次高于后者；相比之下，科研—社会服务型教师组群体尤为突出。

为了寻找原因，本研究对不同岗位类型组群体所负荷的教学工作量做了比较分析，如表 4-11 所示。就承担 400 学时以上教学工作量的比例而言，教学型组群体占到 40.4%，教学—科研型组群体占到 30.1%，科研—社会服务型组群体占到 20%，其他组群体占到 15.4%。可见，科研—社会服务型组群体承担的教学工作量负荷相对较低，而教学型组群体所承担的教学工作量负荷明显更高。

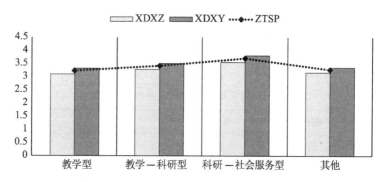

图 4-3 总体水平在岗位类型层面的均值差异

表 4-11 不同岗位类型教师教学工作量比较分析

教学工作量	教学型		教学—科研型		科研—社会服务型		其他	
	人数/人	百分比	人数/人	百分比	人数/人	百分比	人数/人	百分比
200 学时以下	29	11.9%	22	16.5%	6	60.0%	14	53.8%
200~300 学时	54	22.2%	35	26.3%	2	20.0%	4	15.4%
301~400 学时	62	25.5%	36	27.1%	0	0%	4	15.4%
401~500 学时	49	20.2%	19	14.3%	1	10.0%	2	7.7%
500 学时以上	49	20.2%	21	15.8%	1	10.0%	2	7.7%
总数	243	100%	133	100%	10	100%	26	100%

而后，本研究结合职称与教学工作量做了进一步的百分比同质性检验。从表 4-12 可知，卡方值为 46.436，自由度为 12，P 值为 0.000，达到 0.001 显著水平。这表明，不同岗位类型教师在教学工作量上至少有一个类别次数百分比间有显著差异。

表 4-12 "岗位类型 & 教学工作量"卡方检验

	值	df	P
Pearson 卡方	46.436（a）	12	0.000
似然比	38.871	12	0.000
线性和线性组合	22.793	1	0.000
有效观察值个数	412		

依据表 4-13 中的校正后标准化残差值（AR 值），本研究得以发现其具体差异。在 200 学时以下教学工作量类别上，教学型与科研—社会服务型、其他组群体有显著不同，教学型组群体勾选此项的百分比（$AR = -3.5$）显著低于科研—社会服务型、其他组群体勾选此项的百分比（$AR = 6.2$）。这表明，相对于科研—社会服务型、其他组群体，教学型组群体承担的低教学工作量负荷显著较少，教学工作的高负荷可能是导致教学型组群体无暇顾及科研的重要因素。

表 4-13　"岗位类型 & 教学工作量"交叉表分析

教学工作量	类别	教学型	教学—科研型	科研—社会服务型	其他	合计
200 学时以下	计数/人	29	22	6	14	71
	占总数的百分比	7.0%	5.3%	1.5%	3.4%	17.2%
	校正后标准化残差值	-3.4	-0.3	3.6	5.1	
200~300 学时	计数/人	54	35	2	4	95
	占总数的百分比	13.1%	8.5%	0.5%	1.0%	23.1%
	校正后标准化残差值	-0.5	1.1	-0.2	-1.0	
301~400 学时	计数/人	62	36	0	4	102
	占总数的百分比	15.0%	8.7%	0.0%	1.0%	24.7%
	校正后标准化残差值	0.4	0.8	-1.8	-1.1	
401~500 学时	计数/人	49	19	1	2	71
	占总数的百分比	11.9%	4.6%	0.2%	0.5%	17.2%
	校正后标准化残差值	1.9	-1.1	-0.6	-1.3	
500 学时以上	计数/人	49	21	1	2	73
	期望的计数	43.1	23.6	1.8	4.6	73.0
	校正后标准化残差值	1.6	-0.7	-0.6	-1.4	
合计	计数/人	243	133	10	26	412
	占总数的百分比	59.0%	32.3%	2.4%	6.3%	100.0%

（四）不同任教专业大类教师总体水平差异分析

根据教育部颁布的《普通高等学校高等职业教育（专科）专业目录

(2015年)》，高职院校的专业目录包含19个专业大类，其中，与工程技术相关专业联系比较密切的有10个。以此为依据，本研究将调研对象分为农林牧渔大类、资源环境与安全大类、能源动力与材料大类、土木建筑大类、水利大类、装备制造大类、生物与化工大类、食品药品与粮食大类、交通运输大类、电子信息大类等10组群体。以总体水平、"科研行动选择""科研行动效益"为因变量进行单因素方差分析，考察高职院校不同任教专业大类专业教师在这些方面的具体特点。如表4-14所示，从 F 值结果来看，不同任教专业大类教师在"科研行动效益"（$F=1.983$，$P=0.040^* <0.05$）上均存在显著差异，而在总体水平和"科研行动选择"上不存在显著差异。通过最小显著差异法事后比较分析可以发现，在"科研行动效益"上，生物与化工大类>能源动力与材料大类>电子信息大类>土木建筑大类>装备制造大类>食品药品与粮食大类>资源环境与安全大类。

表4-14 不同任教专业大类教师总体水平差异分析

水平层次	任教专业大类	M	SD	F	P	事后比较
ZTSP	农林牧渔大类	3.43	0.57	1.829	0.061	n.s.
	资源环境与安全大类	2.78	0.93			
	能源动力与材料大类	3.38	0.35			
	土木建筑大类	3.33	0.53			
	水利大类	3.11	0.61			
	装备制造大类	3.34	0.54			
	生物与化工大类	3.59	0.71			
	食品药品与粮食大类	2.96	0.55			
	交通运输大类	3.24	0.66			
	电子信息大类	3.30	0.52			
XDXZ	农林牧渔大类	3.37	0.60	1.490	0.149	n.s.
	资源环境与安全大类	2.79	0.88			
	能源动力与材料大类	3.17	0.15			
	土木建筑大类	3.20	0.58			
	水利大类	2.90	0.48			

续表

水平层次	任教专业大类	M	SD	F	P	事后比较
XDXZ	装备制造大类	3.24	0.56	1.490	0.149	n.s.
	生物与化工大类	3.49	0.73			
	食品药品与粮食大类	2.94	0.59			
	交通运输大类	3.10	0.74			
	电子信息大类	3.10	0.59			
XDXY	农林牧渔大类	3.48	0.61	1.983	0.040*	生物与化工大类>能源动力与材料大类>电子信息大类>土木建筑大类>装备制造大类>食品药品与粮食大类>资源环境与安全大类
	资源环境与安全大类	2.78	0.99			
	能源动力与材料大类	3.52	0.58			
	土木建筑大类	3.42	0.58			
	水利大类	3.25	0.70			
	装备制造大类	3.41	0.60			
	生物与化工大类	3.66	0.71			
	食品药品与粮食大类	2.97	0.57			
	交通运输大类	3.33	0.70			
	电子信息大类	3.43	0.55			

注：* $P<0.05$。ZTSP 为总体水平，XDXZ 为科研行动选择，XDXY 为科研行动效益。

从图 4-4 可以看出，就均值大小而言，在不同任教专业大类组群体中，无论是在总体水平上，还是在"科研行动选择""科研行动效益"方面，均呈现出相似的数据排序特征。总体特征是，生物与化工大类组群体要明显高于其他群体，而资源环境与安全大类组群体、食品药品与粮食大类组群体要明显低于其他组群体。

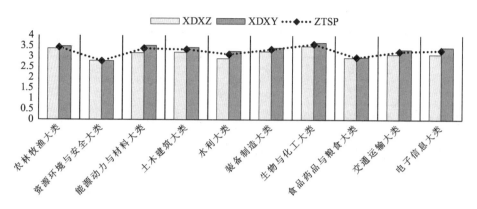

图 4-4　总体水平在任教专业大类层面的均值差异

(五) 是否拥有行政职务教师总体水平差异分析

根据行政职务的不同，本研究将调研对象分为有行政职务和无行政职务两组。以总体水平、"科研行动选择""科研行动效益"为检验变量，以行政职务为分组变量，进行独立样本 T 检验，结果如表 4-15 和图 4-5 所示。从均值来看，具有行政职务的教师在总体水平、"科研行动选择""科研行动效益"上要稍高于不具有行政职务的教师。从 P 值来看，在总体水平和"科研行动选择"上，不同行政职务的教师不具有显著差异，而在"科研行动效益"上具有显著差异。在独立样本 T 检验中，若是分组变量在检验变量的平均数差异达到显著后，可进一步求出效果值（Eta 平方）。效果值代表的是实际显著性，表示总变异中有多少变异可以由分组变量来解释；若效果值小于 0.06，表示分组变量与检验变量之间为低度关联强度；若效果值大于或等于 0.14，表示分组变量与检验变量之间为高度关联强度；若效果值在以上二者之间，则表示分组变量与检验变量之间为中度关联强度。通过进一步的检验分析，从效果值来看，Eta 平方为 0.022，即是否拥有行政职务变量可以解释"科研行动效益"变量总方差中 2.2% 的变异量，二者之间是低度关联强度。

表 4-15　不同行政职务教师总体水平差异分析

水平层次	行政职务	M	SD	T	P
ZTSP	是	3.45	0.51	2.843	0.111
	否	3.26	0.57		

续表

水平层次	行政职务	M	SD	T	P
XDXZ	是	3.28	0.59	2.084	0.606
	否	3.13	0.60		
XDXY	是	3.56	0.52	3.335	0.030*
	否	3.34	0.63		

注：*P<0.05。ZTSP 为总体水平，XDXZ 为科研行动选择，XDXY 为科研行动效益。

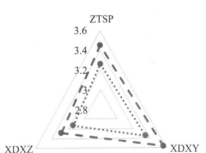

图 4-5　总体水平在行政职务层面的均值差异

二、教师个体层面"科研行动选择"差异分析

（一）不同职称教师"科研行动选择"差异分析

根据职称的不同，可以将调研对象分为未定级、初级、中级、副高、正高等 5 组群体。以"教育教学研究""开发教学媒体与工具""教学互动与学生指导""应用技术研究""获得知识产权""参与技术研发""提供技术咨询与培训"为因变量进行单因素方差分析，考察不同职称高职院校专业教师在这些方面的具体特点。如表 4-16 所示，从 F 值结果来看，不同职称教师在"应用技术研究"（$F=4.286$，$P=0.002^{**}<0.01$）、"提供技术咨询与培训"（$F=6.784$，$P=0.000^{***}<0.001$）上均存在极其显著差异。通过雪费法进行事后分析，以每一组为参照组分别与各组进行平均数的差异比较。结果表明，就"应用技术研究"而言，正高职称组群体显著高于中级职称组群体；就"提供技术咨询与培训"而言，正高职称组群体、中级职称组群体、初级职称组群体，前者依次大于后者。

表 4-16 不同职称教师"科研行动选择"差异分析

水平层次	最高学历	M	SD	F	P	事后比较
JYJX	未定级	3.78	0.67	1.867	0.115	n.s.
	初级	3.55	0.57			
	中级	3.42	0.65			
	副高	3.56	0.65			
	正高	3.67	0.71			
MTGJ	未定级	3.46	0.67	1.581	0.178	n.s.
	初级	3.40	0.77			
	中级	3.26	0.86			
	副高	3.48	0.84			
	正高	3.58	0.87			
HDZD	未定级	3.98	0.75	1.592	0.176	n.s.
	初级	3.65	0.60			
	中级	3.52	0.69			
	副高	3.61	0.70			
	正高	3.73	0.79			
YYJS	未定级	3.15	0.90	4.286	0.002**	正高>中级
	初级	2.78	0.69			
	中级	2.77	0.73			
	副高	3.04	0.74			
	正高	3.22	0.66			
ZSCQ	未定级	3.26	0.89	1.307	0.267	n.s.
	初级	2.85	0.90			
	中级	2.77	0.96			
	副高	2.95	0.95			
	正高	3.05	0.95			

续表

水平层次	最高学历	M	SD	F	P	事后比较
JSYF	未定级	3.05	1.11	1.955	0.101	n.s.
	初级	2.60	0.81			
	中级	2.53	0.92			
	副高	2.79	0.90			
	正高	2.67	0.96			
ZXPX	未定级	3.20	0.80	6.784	0.000***	正高>中级>初级
	初级	2.90	0.86			
	中级	2.96	0.84			
	副高	3.29	0.84			
	正高	3.75	0.61			

注：**$P<0.01$，***$P<0.001$。JYJX 为教育教学研究，MTGJ 为开发教学媒体与工具，HDZD 为教学互动与学生指导，YYJS 为应用技术研究，ZSCQ 为获得知识产权，JSYF 为参与技术研发，ZXPX 为提供技术咨询与培训。

从图 4-6 可以看出，就均值大小而言，"教育教学研究"水平要总体高于"应用技术研究"水平。从数据趋势来看，"教育教学研究"和"应用技术研究"表现出较为相似的特征。除了"提供技术咨询与培训"之外，中级职称组群体在其他维度上均值相对最低。

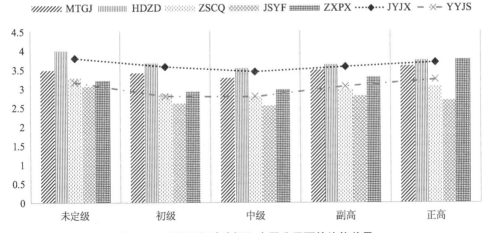

图 4-6 "科研行动选择"在职称层面的均值差异

（二）不同时长企业工作经历教师"科研行动选择"差异分析

根据企业工作经历时长的不同，可以将调研对象分为无、5年及以下、6~10年、10年以上等4组群体。以"教育教学研究""开发教学媒体与工具""教学互动与学生指导""应用技术研究""获得知识产权""参与技术研发""提供技术咨询与培训"为因变量进行单因素方差分析，考察高职院校不同时长企业工作经历的专业教师在这些方面的具体特点。如表4-17所示，从 F 值结果来看，不同时长企业工作经历教师在"教育教学研究"（$F=2.793$，$P=0.040^* <0.05$）、"教学互动与学生指导"（$F=3.531$，$P=0.015^* <0.05$）上存在显著差异；在"应用技术研究"（$F=10.000$，$P=0.000^{***} <0.001$）、"获得知识产权"（$F=3.936$，$P=0.009^{**} <0.01$）、"参与技术研发"（$F=5.874$，$P=0.001^{**} <0.01$）、"提供技术咨询与培训"（$F=10.538$，$P=0.000^{***} <0.001$）上存在极其显著差异。而后，笔者通过雪费法进行事后分析，以每一组为"参照组"分别与各组进行平均数的差异比较，结果表明，就"教育教学研究"和"教学互动与学生指导"而言，10年以上企业工作经历组群体显著高于没有企业工作经历组群体；就"应用技术研究"而言，在10年以上、6~10年、5年及以下、无企业工作经历组群体中，前者依次大于后者；就"获得知识产权""参与技术研发""提供技术咨询与培训"而言，在10年以上、5年及以下、无企业工作经历组群体中，前者依次大于后者。

表4-17 不同时长企业工作经历教师"科研行动选择"差异分析

水平层次	企业工作经历时长	M	SD	F	P	事后比较
JYJX	无	3.41	0.61	2.793	0.040^*	10年以上>无
	5年及以下	3.54	0.64			
	6~10年	3.46	0.55			
	10年以上	3.76	0.80			
MTGJ	无	3.30	0.83	0.760	0.517	n.s.
	5年及以下	3.39	0.83			
	6~10年	3.33	0.79			
	10年以上	3.53	1.03			

续表

水平层次	企业工作经历时长	M	SD	F	P	事后比较
HDZD	无	3.48	0.65	3.531	0.015*	10年以上>无
	5年及以下	3.63	0.70			
	6~10年	3.54	0.59			
	10年以上	3.91	0.80			
YYJS	无	2.72	0.72	10.000	0.000***	10年以上>6~10年>5年及以下>无
	5年及以下	2.88	0.70			
	6~10年	2.97	0.74			
	10年以上	3.53	0.74			
ZSCQ	无	2.77	0.92	3.936	0.009**	10年以上>5年及以下>无
	5年及以下	2.84	0.95			
	6~10年	2.91	0.82			
	10年以上	3.44	1.05			
JSYF	无	2.54	0.88	5.874	0.001**	10年以上>5年及以下>无
	5年及以下	2.59	0.86			
	6~10年	2.70	1.01			
	10年以上	3.31	1.06			
ZXPX	无	2.85	0.80	10.538	0.000***	10年以上>5年及以下>无
	5年及以下	3.14	0.86			
	6~10年	3.23	0.80			
	10年以上	3.76	0.74			

注：*$P<0.05$，**$P<0.01$，***$P<0.001$。JYJX 为教育教学研究，MTGJ 为开发教学媒体与工具，HDZD 为教学互动与学生指导，YYJS 为应用技术研究，ZSCQ 为获得知识产权，JSYF 为参与技术研发，ZXPX 为提供技术咨询与培训。

从图4-7可以看出，就均值大小而言，"教育教学研究"水平要总体高于"应用技术研究"水平。随着企业工作经历时长的增加，教师在"科研行动选择"各个维度的均值水平呈现上升趋势。尤其需要注意的是，10年以上企业工作经历组群体在均值水平上明显高于其他组群体。

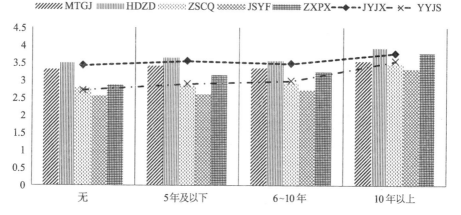

图 4-7 "科研行动选择"在企业工作经历层面的均值差异

(三) 不同岗位类型教师"科研行动选择"差异分析

根据岗位类型的不同,可以将调研对象分为教学型、教学—科研型、科研—社会服务型、其他等 4 组群体。以"教育教学研究""开发教学媒体与工具""教学互动与学生指导""应用技术研究""获得知识产权""参与技术研发""提供技术咨询与培训"为因变量进行单因素方差分析,考察高职院校不同岗位类型专业教师在这些方面的具体特点。如表 4-18 所示,从 F 值结果来看,不同岗位类型教师在"应用技术研究"($F=5.280$,$P=0.001^{**}<0.01$)、"提供技术咨询与培训"($F=4.762$,$P=0.003^{**}<0.01$)上存在极其显著差异;在"获得知识产权"($F=3.828$,$P=0.010^{*}<0.05$)、"参与技术研发"($F=2.698$,$P=0.046^{*}<0.05$)上存在显著差异。而后,笔者通过雪费法进行事后分析,以每一组为参照组分别与各组进行平均数的差异比较,结果表明,就"应用技术研究""获得知识产权""参与技术研发""提供技术咨询与培训"而言,均存在教学—科研型组群体显著高于教学型组群体的情况。

表 4-18　不同岗位类型教师"科研行动选择"差异分析

水平层次	岗位类型	M	SD	F	P	事后比较
JYJX	教学型	3.46	0.65	1.503	0.213	n.s.
	教学—科研型	3.53	0.62			
	科研—社会服务型	3.87	0.79			
	其他	3.54	0.62			
MTGJ	教学型	3.32	0.85	1.014	0.386	n.s.
	教学—科研型	3.39	0.80			
	科研—社会服务型	3.76	0.88			
	其他	3.43	0.95			
HDZD	教学型	3.55	0.69	1.210	0.306	n.s.
	教学—科研型	3.63	0.67			
	科研—社会服务型	3.94	0.77			
	其他	3.60	0.73			
YYJS	教学型	2.76	0.73	5.280	0.001**	教学—科研型>教学型
	教学—科研型	3.04	0.70			
	科研—社会服务型	3.27	0.96			
	其他	2.82	0.74			
ZSCQ	教学型	2.76	0.93	3.828	0.010*	教学—科研型>教学型
	教学—科研型	3.07	0.91			
	科研—社会服务型	3.10	1.19			
	其他	2.64	1.07			
JSYF	教学型	2.53	0.88	2.698	0.046*	教学—科研型>教学型
	教学—科研型	2.78	0.92			
	科研—社会服务型	3.00	1.00			
	其他	2.57	0.98			

续表

水平层次	岗位类型	M	SD	F	P	事后比较
ZXPX	教学型	2.96	0.85	4.762	0.003**	教学—科研型>教学型
	教学—科研型	3.26	0.83			
	科研—社会服务型	3.58	1.10			
	其他	3.11	0.82			

注：*$P<0.05$，**$P<0.01$。JYJX 为教育教学研究，MTGJ 为开发教学媒体与工具，HDZD 为教学互动与学生指导，YYJS 为应用技术研究，ZSCQ 为获得知识产权，JSYF 为参与技术研发，ZXPX 为提供技术咨询与培训。

从图 4-8 可以看出，就均值大小而言，"教育教学研究"水平要总体高于"应用技术研究"水平。尤其需要注意的是，科研—社会服务型岗位组群体在均值水平上明显高于其他组群体。

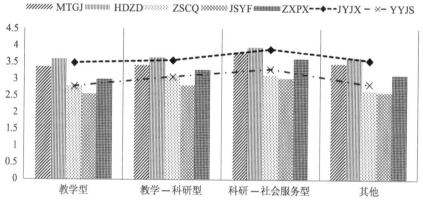

图 4-8 "科研行动选择"在岗位类型层面的均值差异

（四）不同任教专业大类教师"科研行动选择"差异分析

根据任教专业大类的不同，本研究将调研对象分为农林牧渔大类、资源环境与安全大类、能源动力与材料大类、土木建筑大类、水利大类、装备制造大类、生物与化工大类、食品药品与粮食大类、交通运输大类、电子信息大类等 10 组群体。以"教育教学研究""开发教学媒体与工具""教学互动与学生指导""应用技术研究""获得知识产权""参与技术研发""提供技术咨询与培训"为因变量进行单因素方差分析，考察高职院校不同任教专业大类教师在这些方面的具体特点。如表 4-19 所示，从 F

值结果来看，不同任教专业大类教师在获得知识产权（$F=2.579$，$P=0.007^{**}<0.01$）上存在极其显著差异，在"参与技术研发"（$F=2.174$，$P=0.023^*<0.05$）上存在显著差异。而后，笔者通过 HSD 法做进一步的事后分析，以每一组为参照组分别与各组进行平均数的差异比较。结果表明，就"获得知识产权"而言，装备制造大类组群体显著高于电子信息大类组群体；就"参与技术研发"而言，生物与化工大类组群体显著高于电子信息大类组群体。

表 4-19　不同专业大类教师"科研行动选择"差异分析

水平层次	任教专业大类	M	SD	F	P	事后比较
JYJX	农林牧渔大类	3.81	0.93	1.513	0.141	n.s.
	资源环境与安全大类	3.12	1.14			
	能源动力与材料大类	3.58	0.25			
	土木建筑大类	3.57	0.64			
	水利大类	3.10	0.65			
	装备制造大类	3.52	0.59			
	生物与化工大类	3.58	0.78			
	食品药品与粮食大类	3.22	0.62			
	交通运输大类	3.34	0.80			
	电子信息大类	3.54	0.58			
MTGJ	农林牧渔大类	3.83	0.83	1.717	0.083	n.s.
	资源环境与安全大类	2.91	1.30			
	能源动力与材料大类	3.13	1.06			
	土木建筑大类	3.47	0.87			
	水利大类	3.04	0.67			
	装备制造大类	3.29	0.79			
	生物与化工大类	3.29	1.04			
	食品药品与粮食大类	2.84	1.09			
	交通运输大类	3.33	0.89			
	电子信息大类	3.50	0.74			

续表

水平层次	任教专业大类	M	SD	F	P	事后比较
HDZD	农林牧渔大类	3.80	1.07	1.646	0.100	n.s.
	资源环境与安全大类	3.25	1.11			
	能源动力与材料大类	3.88	0.46			
	土木建筑大类	3.63	0.64			
	水利大类	3.15	0.73			
	装备制造大类	3.67	0.62			
	生物与化工大类	3.77	0.65			
	食品药品与粮食大类	3.46	0.47			
	交通运输大类	3.34	0.87			
	电子信息大类	3.57	0.70			
YYJS	农林牧渔大类	2.99	0.34	1.815	0.064	n.s.
	资源环境与安全大类	2.50	0.81			
	能源动力与材料大类	2.81	0.21			
	土木建筑大类	2.87	0.73			
	水利大类	2.72	0.57			
	装备制造大类	2.99	0.70			
	生物与化工大类	3.41	0.78			
	食品药品与粮食大类	2.70	0.75			
	交通运输大类	2.90	0.86			
	电子信息大类	2.71	0.74			
ZSCQ	农林牧渔大类	2.50	1.03			
	资源环境与安全大类	2.41	1.20			
	能源动力与材料大类	3.20	0.44			
	土木建筑大类	2.70	0.92			
	水利大类	2.70	0.89			
	装备制造大类	3.11	0.93			

续表

水平层次	任教专业大类	M	SD	F	P	事后比较
ZSCQ	生物与化工大类	2.91	1.03	2.579	0.007**	装备制造大类>电子信息大类
	食品药品与粮食大类	2.28	0.81			
	交通运输大类	2.94	1.05			
	电子信息大类	2.72	0.90			
JSYF	农林牧渔大类	2.87	0.62	2.174	0.023*	生物与化工大类>电子信息大类
	资源环境与安全大类	2.37	0.95			
	能源动力与材料大类	2.30	0.44			
	土木建筑大类	2.67	0.94			
	水利大类	2.56	0.62			
	装备制造大类	2.76	0.92			
	生物与化工大类	3.50	0.88			
	食品药品与粮食大类	2.76	0.88			
	交通运输大类	2.56	0.91			
	电子信息大类	2.40	0.87			
ZXPX	农林牧渔大类	3.29	0.49	1.029	0.416	n.s.
	资源环境与安全大类	2.64	0.92			
	能源动力与材料大类	3.10	0.65			
	土木建筑大类	3.12	0.85			
	水利大类	2.87	0.70			
	装备制造大类	3.15	0.84			
	生物与化工大类	3.52	0.76			
	食品药品与粮食大类	2.82	1.01			
	交通运输大类	3.17	1.01			
	电子信息大类	2.97	0.83			

注：*$P<0.05$，**$P<0.01$。JYJX 为教育教学研究，MTGJ 为开发教学媒体与工具，HDZD 为教学互动与学生指导，YYJS 为应用技术研究，ZSCQ 为获得知识产权，JSYF 为参与技术研发，ZXPX 为提供技术咨询与培训。

从图 4-9 可以看出，就均值大小而言，"教育教学研究"水平要总体高于"应用技术研究"水平。尤其需要注意的是，资源环境与安全大类、食品药品与粮食大类组群体在均值水平上明显低于其他组群体。

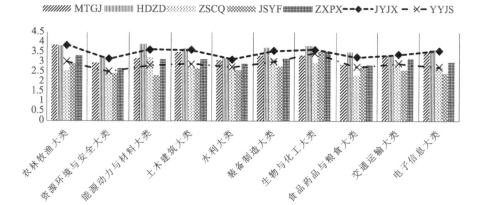

图 4-9　"科研行动选择"在任教专业大类层面的均值差异

三、教师个体层面"科研行动效益"差异分析

（一）不同职称教师"科研行动效益"差异分析

根据职称的不同，可以将调研对象分为未定级、初级、中级、副高、正高等 5 组群体。以"师生素质提升""学生生涯发展能力提升""教师专业发展能力提升""校企创新发展""学校同行竞争力提升""企业发展环境优化"为因变量进行单因素方差分析，考察不同职称高职院校专业教师在这些方面的具体特点。如表 4-20 所示，从 F 值结果来看，不同职称教师在"校企创新发展"（$F=4.299$，$P=0.002^{**}<0.01$）、"学校同行竞争力提升"（$F=4.624$，$P=0.001^{**}<0.01$）上均存在极其显著差异。而后，笔者通过雪费法进行事后分析，以每一组为"参照组"分别与各组进行平均数的差异比较。结果表明，就"校企创新发展"和"学校同行竞争力提升"而言，正高职称组群体显著高于中级职称组群体。

表 4-20　不同职称教师"科研行动效益"差异分析

水平层次	最高学历	M	SD	F	P	事后比较
SSTS	未定级	3.76	0.57	1.441	0.220	n.s.
	初级	3.58	0.60			
	中级	3.47	0.76			
	副高	3.56	0.72			
	正高	3.80	0.84			
SYFZ	未定级	3.74	0.68	1.354	0.249	n.s.
	初级	3.51	0.69			
	中级	3.38	0.84			
	副高	3.45	0.81			
	正高	3.72	0.83			
ZYFZ	未定级	3.81	0.51	1.169	0.324	n.s.
	初级	3.70	0.67			
	中级	3.61	0.80			
	副高	3.73	0.75			
	正高	3.95	0.97			
XQFZ	未定级	3.23	0.78	4.299	0.002**	正高>中级
	初级	3.17	0.68			
	中级	3.12	0.67			
	副高	3.34	0.65			
	正高	3.66	0.50			
THJZ	未定级	3.30	0.83	4.624	0.001**	正高>中级
	初级	3.29	0.78			
	中级	3.25	0.71			
	副高	3.49	0.69			
	正高	3.86	0.63			

续表

水平层次	最高学历	M	SD	F	P	事后比较
HJYH	未定级	3.10	0.96	1.865	0.116	n.s.
	初级	2.94	0.75			
	中级	2.85	0.83			
	副高	3.03	0.76			
	正高	3.25	0.53			

注：** $P<0.01$。SSTS 为师生素质提升，SYFZ 为学生生涯发展能力提升，ZYFZ 为教师专业发展能力提升，XQFZ 为校企创新发展，THJZ 为学校同行竞争力提升，HJYH 为企业发展环境优化。

从图 4-10 可以看出，就均值大小而言，"师生素质提升"水平要总体高于"校企创新发展"水平。从数据趋势来看，"师生素质提升"和"校企创新发展"表现出较为相似的特征。除了"学校同行竞争力提升"之外，在其他维度上，中级职称组群体均值相对最低。

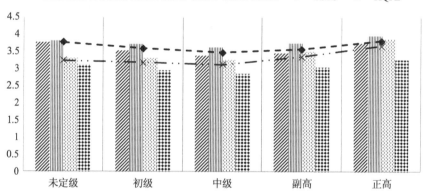

图 4-10 "科研行动效益"在职称层面的均值差异

（二）不同时长企业工作经历教师"科研行动效益"差异分析

根据企业工作经历时长的不同，可以将调研对象分为无、5 年及以下、6~10 年、10 年以上等 4 组群体。以"师生素质提升""学生生涯发展能力提升""教师专业发展能力提升""校企创新发展""学校同行竞争力提升""企业发展环境优化"为因变量进行单因素方差分析，考察高职院校不同时长企业工作经历专业教师在这些方面的具体特点。如表 4-21

所示,从 F 值结果来看,不同企业工作经历教师在"企业发展环境优化"($F=5.641$,$P=0.001^{**}<0.01$)上存在极其显著差异,在其他维度不存在显著差异。而后,笔者通过雪费法进行事后分析,以每一组为参照组分别与各组进行平均数的差异比较。结果表明,就"企业发展环境优化"而言,10年以上企业工作经历组群体显著高于无企业工作经历组群体。

表 4-21　不同时长企业工作经历教师"科研行动效益"差异分析

水平层次	企业工作经历时长	M	SD	F	P	事后比较
SSTS	无	3.45	0.66	1.483	0.219	n.s.
	5年及以下	3.56	0.78			
	6~10年	3.61	0.58			
	10年以上	3.72	0.84			
SYFZ	无	3.34	0.73	1.680	0.171	n.s.
	5年及以下	3.48	0.87			
	6~10年	3.53	0.65			
	10年以上	3.66	0.85			
ZYFZ	无	3.62	0.71	0.720	0.540	n.s.
	5年及以下	3.70	0.80			
	6~10年	3.74	0.70			
	10年以上	3.82	0.96			
XQFZ	无	3.13	0.61	2.538	0.056	n.s.
	5年及以下	3.25	0.69			
	6~10年	3.14	0.78			
	10年以上	3.49	0.64			
THJZ	无	3.30	0.68	1.369	0.252	n.s.
	5年及以下	3.38	0.73			
	6~10年	3.19	0.87			
	10年以上	3.53	0.78			

续表

水平层次	企业工作经历时长	M	SD	F	P	事后比较
HJYH	无	2.78	0.71	5.641	0.001**	10年以上>无
	5年及以下	2.97	0.84			
	6~10年	3.05	0.88			
	10年以上	3.40	0.62			

注：** $P<0.01$。SSTS 为师生素质提升，SYFZ 为学生生涯发展能力提升，ZYFZ 为教师专业发展能力提升，XQFZ 为校企创新发展，THJZ 为学校同行竞争力提升，HJYH 为企业发展环境优化。

从图 4-11 可以看出，就均值大小而言，"师生素质提升"均值水平要总体高于"校企创新发展"水平。随着企业工作经历的增加，教师在"科研行动效益"各个维度的均值水平整体呈现上升趋势。尤其需要注意的是，10 年以上企业工作经历组群体在均值水平上明显高于其他组群体。

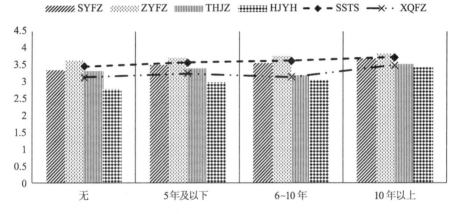

图 4-11 "科研行动效益"在企业工作经历层面的均值差异

（三）不同岗位类型教师"科研行动效益"差异分析

根据岗位类型的不同，可以将调研对象分为教学型、教学—科研型、科研—社会服务型、其他等 4 组群体。以"师生素质提升""学生生涯发展能力提升""教师专业发展能力提升""校企创新发展""学校同行竞争力提升""企业发展环境优化"为因变量进行单因素方差分析，考察高职院校不同岗位类型专业教师在这些方面的具体特点。如表 4-22 所示，从 F 值结果来看，不同岗位类型教师在"师生素质提升"（$F=4.018$，$P=0.008^{**}<0.01$）上存在极其显著的差异；在"学生生涯发展能力提升"（$F=3.631$，$P=0.013^*<0.05$）、"教师专业发展能力提升"（$F=3.101$，$P=0.027^*<0.05$）、"校企创新发展"（$F=3.112$，$P=0.026^*<0.05$）、"企业发展环境优化"（$F=3.585$，$P=0.014^*<0.05$）上存在显著差异。而后，笔者通过最小显著差异法进行事后分析，以每一组为参照组分别与各组进行平均数的差异比较。结果表明，就"师生素质提升"而言，在科研—社会服务型、教学型、其他组群体中，前者依次高于后者；就"学生生涯发展能力提升""教师生涯发展能力提升""企业发展环境优化"而言，在科研—社会服务型、教学—科研型、教学型、其他组群体中，前者依次高于后者；就"校企创新发展"而言，教学—科研型组群体要高于教学型组群体。

表 4-22 不同岗位类型教师"科研行动效益"差异分析

水平层次	岗位类型	M	SD	F	P	事后比较
SSTS	教学型	3.46	0.72	4.018	0.008^{**}	科研—社会服务型>教学型>其他
	教学—科研型	3.65	0.72			
	科研—社会服务型	4.06	0.70			
	其他	3.41	0.70			
SYFZ	教学型	3.36	0.79	3.631	0.013^*	科研—社会服务型>教学—科研型>教学型>其他
	教学—科研型	3.57	0.80			
	科研—社会服务型	3.97	0.89			
	其他	3.34	0.82			
ZYFZ	教学型	3.62	0.76	3.101	0.027^*	科研—社会服务型>教学—科研型>教学型>其他
	教学—科研型	3.78	0.80			
	科研—社会服务型	4.20	0.63			
	其他	3.53	0.67			
XQFZ	教学型	3.13	0.69	3.112	0.026^*	教学—科研型>教学型
	教学—科研型	3.33	0.62			
	科研—社会服务型	3.50	0.76			
	其他	3.28	0.67			

续表

水平层次	岗位类型	M	SD	F	P	事后比较
THJZ	教学型	3.27	0.73	2.611	0.051	n.s.
	教学—科研型	3.46	0.68			
	科研—社会服务型	3.50	0.86			
	其他	3.50	0.85			
HJYH	教学型	2.86	0.81	3.585	0.014*	科研—社会服务型>教学—科研型>教学型>其他
	教学—科研型	3.05	0.76			
	科研—社会服务型	3.51	0.67			
	其他	2.83	0.74			

注：*$P<0.05$，**$P<0.01$。SSTS 为师生素质提升，SYFZ 为学生生涯发展能力提升，ZYFZ 为教师专业发展能力提升，XQFZ 为校企创新发展，THJZ 为学校同行竞争力提升，HJYH 为企业发展环境优化。

从图 4-12 可以看出，就均值大小而言，"师生素质提升"水平总体高于"校企创新发展"水平。尤其需要注意的是，除"学校同行竞争力提升"之外，科研—社会服务型岗位组群体在均值水平上均明显高于其他组群体。

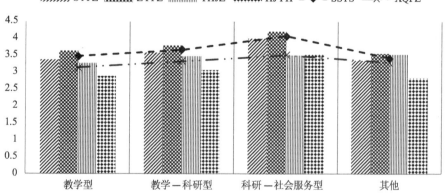

图 4-12 "科研行动效益"在岗位类型层面的均值差异

（四）不同任教专业大类教师"科研行动效益"差异分析

根据任教专业大类的不同，本研究将调研对象分为农林牧渔大类、资源环境与安全大类、能源动力与材料大类、土木建筑大类、水利大类、装备制造大类、生物与化工大类、食品药品与粮食大类、交通运输大类、电子信息大类等10组群体。以"师生素质提升""学生生涯发展能力提升""教师专业发展能力提升""校企创新发展""学校同行竞争力提升""企业发展环境优化"为因变量进行单因素方差分析,考察高职院校不同任教专业大类专业教师在这些方面的具体特点。如表4-23所示,从 F 值结果来看,不同专业大类教师在"师生素质提升"($F = 2.289$,$P = 0.016^* < 0.05$)、"学生生涯发展能力提升"($F = 2.258$,$P = 0.018^* < 0.05$)上存在显著差异,在"教师专业发展能力提升"($F = 2.524$,$P = 0.008^{**} < 0.01$)上存在极其显著的差异。而后,笔者通过分层结构设计法进行事后分析,以每一组为参照组分别与各组进行平均数的差异比较。结果表明,就"师生素质提升"和"教师专业发展能力提升"而言,土木建筑大类>装备制造大类>电子信息大类>资源环境与安全大类;就"学生发展能力提升"而言,装备制造大类组群体显著高于资源环境与安全大类组群体。

表4-23 不同任教专业大类教师"科研行动效益"差异分析

水平层次	任教专业大类	M	SD	F	P	事后比较
SSTS	农林牧渔大类	3.69	0.78	2.289	0.016*	土木建筑大类>装备制造大类>电子信息大类>资源环境与安全大类
	资源环境与安全大类	2.64	1.17			
	能源动力与材料大类	3.93	0.42			
	土木建筑大类	3.61	0.75			
	水利大类	3.31	0.94			
	装备制造大类	3.58	0.70			
	生物与化工大类	3.72	0.75			
	食品药品与粮食大类	3.15	0.62			
	交通运输大类	3.45	0.79			
	电子信息大类	3.54	0.65			
SYFZ	农林牧渔大类	3.69	0.90	2.258	0.018*	装备制造大类>资源环境与安全大类
	资源环境与安全大类	2.56	1.22			
	能源动力与材料大类	3.93	0.31			
	土木建筑大类	3.43	0.86			

续表

水平层次	任教专业大类	M	SD	F	P	事后比较
SYFZ	水利大类	3.29	0.93	2.258	0.018*	装备制造大类>资源环境与安全大类
	装备制造大类	3.52	0.76			
	生物与化工大类	3.68	0.77			
	食品药品与粮食大类	2.89	0.81			
	交通运输大类	3.45	0.81			
	电子信息大类	3.44	0.75			
ZYFZ	农林牧渔大类	3.71	0.64	2.524	0.008**	土木建筑大类>装备制造大类>电子信息大类>资源环境与安全大类
	资源环境与安全大类	2.76	1.23			
	能源动力与材料大类	3.94	0.67			
	土木建筑大类	3.88	0.74			
	水利大类	3.35	0.97			
	装备制造大类	3.67	0.76			
SSTS	生物与化工大类	3.80	0.78	2.524	0.008**	土木建筑大类>装备制造大类>电子信息大类>资源环境与安全大类
	食品药品与粮食大类	3.56	0.53			
	交通运输大类	3.46	0.89			
	电子信息大类	3.70	0.69			
XQFZ	农林牧渔大类	3.21	0.41	1.383	0.194	n.s.
	资源环境与安全大类	2.95	0.80			
	能源动力与材料大类	3.01	1.16			
	土木建筑大类	3.20	0.63			
	水利大类	3.18	0.51			
	装备制造大类	3.21	0.70			
	生物与化工大类	3.58	0.71			
	食品药品与粮食大类	2.74	0.65			
	交通运输大类	3.18	0.78			
	电子信息大类	3.30	0.59			

续表

水平层次	任教专业大类	M	SD	F	P	事后比较
THJZ	农林牧渔大类	3.30	0.47	1.324	0.222	n.s.
	资源环境与安全大类	3.17	0.85			
	能源动力与材料大类	3.36	1.47			
	土木建筑大类	3.33	0.69			
	水利大类	3.37	0.48			
	装备制造大类	3.32	0.74			
	生物与化工大类	3.67	0.68			
	食品药品与粮食大类	2.84	0.66			
	交通运输大类	3.28	0.84			
	电子信息大类	3.47	0.67			
HJYH	农林牧渔大类	3.04	0.68	1.379	0.195	n.s.
	资源环境与安全大类	2.50	0.80			
	能源动力与材料大类	2.30	0.83			
	土木建筑大类	2.94	0.77			
	水利大类	2.79	0.79			
	装备制造大类	2.97	0.86			
	生物与化工大类	3.39	0.82			
	食品药品与粮食大类	2.53	0.81			
	交通运输大类	2.99	0.83			
	电子信息大类	2.95	0.69			

注：$^{*}P<0.05$，$^{**}P<0.01$。SSTS 为师生素质提升，SYFZ 为学生生涯发展能力提升，ZYFZ 为教师专业发展能力提升，XQFZ 为校企创新发展，THJZ 为学校同行竞争力提升，HJYH 为企业发展环境优化。

从图 4-13 可以看出，就均值大小而言，"师生素质提升"均值水平总体高于"校企创新发展"水平。尤其需要注意的是，在高职院校中，资源环境与安全大类组群体、食品药品与粮食大类组群体在应用导向科研均值水平上要明显低于其他组群体。

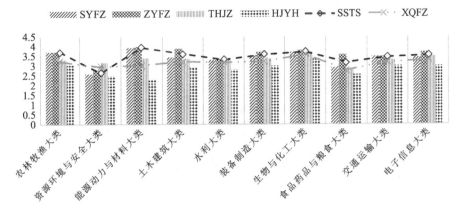

图 4-13 "科研行动效益"在不同任教专业大类层面的均值差异

第四节 基于学校组织特征的应用导向科研水平差异分析

前期调研发现，学校组织特征差异的存在有可能是影响高职院校应用导向科研水平的重要因素。接下来，本研究将结合学校组织特征，分别从总体水平、"科研行动选择""科研行动效益"等方面，进行高职院校应用导向科研水平的单因素方差分析。

一、学校组织层面总体水平差异分析

（一）不同城市学校总体水平差异分析

根据学校所在城市的不同，可以将调研对象分为直辖市/特区、省会城市、地级市、县/县级市等 4 组群体。以总体水平、"科研行动选择""科研行动效益"为因变量进行单因素方差分析，考察不同城市高职院校专业教师在这些方面的具体特点。如表 4-24 所示，从 F 值结果来看，不同城市学校教师在总体水平（$F=5.187$，$P=0.002^{**}<0.01$）、"科研行动效益"（$F=5.057$，$P=0.002^{**}<0.01$）上均存在极其显著差异，在"科研行动选择"（$F=3.732$，$P=0.011^{**}<0.05$）上存在显著差异。笔者通过事后分析，以每一组为参照组分别与各组进行平均数的差异比较。结果表明，在 HSD 法之下，就高职院校应用导向科研总体水平、"科研行动效益""科研行动选择"而言，地级市组群体均高于省会城市组群体。

表 4-24　不同城市学校总体水平差异分析

水平层次	城市	M	SD	F	P	事后比较
ZTSP	直辖市/特区	3.27	0.74	5.187	0.002**	地级市＞省会城市
	省会城市	3.13	0.53			
	地级市	3.37	0.55			
	县/县级市	3.09	0.53			
XDXZ	直辖市/特区	3.15	0.67	3.372	0.011*	地级市＞省会城市
	省会城市	3.02	0.52			
	地级市	3.23	0.61			
	县/县级市	2.92	0.58			
XDXY	直辖市/特区	3.34	0.90	5.057	0.002**	地级市＞省会城市
	省会城市	3.20	0.60			
	地级市	3.47	0.57			
	县/县级市	3.21	0.51			

注：* $P<0.05$，** $P<0.01$。ZTSP 为总体水平，XDXZ 为科研行动选择，XDXY 为科研行动效益。

从图 4-14 可以看出，就均值大小而言，在不同城市学校组群体中，无论是在总体水平上，还是在"科研行动选择""科研行动效益"上，均呈现出相似的数据排序特征。总体特征是，在地级市、直辖市/特区、省会城市、县/县级市组群体中，前者依次高于后者；其中，地级市组群体尤为突出。

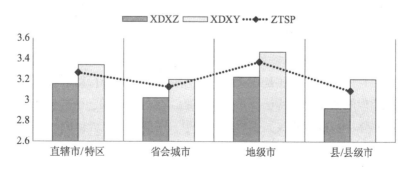

图 4-14　总体水平在学校所在城市层面的均值差异

（二）不同区域学校总体水平差异分析

根据学校所在区域的不同，可以将调研对象分为东部地区、中部地区、西部地区等3组群体。以总体水平、"科研行动选择""科研行动效益"为因变量进行单因素方差分析，考察不同区域高职院校专业教师在这些方面的具体特点。如表4-25所示，从 F 值结果来看，不同区域教师在总体水平（$F=5.577$，$P=0.004^{**}<0.01$）、"科研行动效益"（$F=7.554$，$P=0.001^{**}<0.01$）上均存在极其显著差异，而在"科研行动选择"上不存在显著差异。而后，笔者通过事后分析，以每一组为参照组分别与各组进行平均数的差异比较。结果表明，在雪费法之下，就高职院校应用导向科研总体水平、"科研行动效益"而言，东部地区组群体高于中部地区组群体。

表 4-25　不同区域学校总体水平差异分析

水平层次	区域	M	SD	F	P	事后比较
ZTSP	东部地区	3.36	0.56	5.577	0.004**	东部地区>中部地区
	中部地区	3.14	0.56			
	西部地区	3.28	0.52			
XDXZ	东部地区	3.21	0.61	3.372	0.133	n.s.
	中部地区	3.07	0.59			
	西部地区	3.11	0.55			
XDXY	东部地区	3.46	0.60	7.554	0.001**	东部地区>中部地区
	中部地区	3.19	0.63			
	西部地区	3.39	0.58			

注：**$P<0.01$。ZTSP 为总体水平，XDXZ 为科研行动选择，XDXY 为科研行动效益。

从图4-15可以看出，就均值大小而言，在不同城市学校组群体中，无论是在总体水平上，还是在"科研行动选择""科研行动效益"上，均呈现出相似的数据排序特征。总体特征是，在东部地区、西部地区、中部地区组群体中，前者依次高于后者；其中，中部地区组群体的"塌陷"现象较为明显。

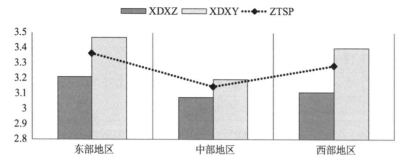

图 4-15　总体水平在学校所在区域层面的均值差异

（三）不同办学属性学校总体水平差异分析

根据办学属性的不同，可以将调研对象分为国示范/骨干、省示范/骨干、其他等 3 组群体。以总体水平、"科研行动选择""科研行动效益"为因变量进行单因素方差分析，考察不同办学属性高职院校专业教师在这些方面的具体特点。如表 4-26 所示，从 F 值结果来看，不同区域教师在总体水平（$F=3.497, P=0.031^* <0.05$）、"科研行动选择"（$F=4.215, P=0.015^* <0.05$）上均存在显著差异，而在"科研行动效益"上不存在显著差异。而后，笔者通过事后分析，以每一组为参照组分别与各组进行平均数的差异比较。结果表明，在雪费法之下，就高职院校应用导向科研总体水平而言，省示范/骨干组群体高于其他组群体；就"科研行动选择"而言，国示范/骨干组群体亦高于其他组群体，省示范/骨干组群体亦高于其他组群体。

表 4-26　不同办学属性学校总体水平差异分析

水平层次	办学属性	M	SD	F	P	事后比较
ZTSP	国示范/骨干	3.32	0.59	3.497	0.031*	省示范/骨干＞其他
	省示范/骨干	3.35	0.53			
	其他	3.16	0.54			
XDXZ	国示范/骨干	3.20	0.63	4.215	0.015*	国示范/骨干＞其他；省示范/骨十＞其他
	省示范/骨干	3.21	0.58			
	其他	3.00	0.55			

续表

水平层次	办学属性	M	SD	F	P	事后比较
XDXY	国示范/骨干	3.40	0.65	2.393	0.093	n.s.
	省示范/骨干	3.45	0.56			
	其他	3.27	0.60			

注：*$P<0.05$。ZTSP 为总体水平，XDXZ 为科研行动选择，XDXY 为科研行动效益。

从图 4-16 可以看出，就均值大小而言，在不同办学属性学校组群体中，无论是在总体水平上，还是在"科研行动选择""科研行动效益"上，均呈现出相似的数据排序特征。总体特征是，在省示范/骨干、国示范/骨干、其他组群体中，前者依次高于后者；其中，其他组群体明显最低。

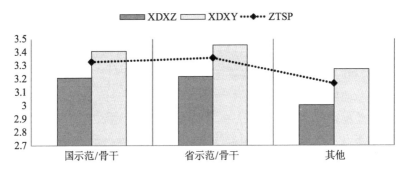

图 4-16 总体水平在学校办学属性层面的均值差异

二、学校组织层面"科研行动选择"差异分析

（一）不同城市学校"科研行动选择"差异分析

根据城市的不同，可以将调研对象分为直辖市/特区、省会城市、地级市、县/县级市等 4 组群体。以"教育教学研究""开发教学媒体与工具""教学互动与学生指导""应用技术研究""获得知识产权""参与技术研发""提供技术咨询与培训"为因变量进行单因素方差分析，考察不同城市高职院校专业教师在这些方面的具体特点。如表 4-27 所示，从 F 值结果来看，不同城市学校教师在"应用技术研究"（$F=3.165$，$P=0.024^*<0.05$）、"获得知识产权"（$F=3.587$，$P=0.014^*<0.05$）上均存

在显著差异，在"提供技术咨询与培训"（$F=3.930$，$P=0.009^{**}<0.01$）上存在极其显著差异。而后，笔者通过事后分析，以每一组为参照组分别与各组进行平均数的差异比较。在 HSD 法之下，结果表明，就"应用技术研究""提供技术咨询与培训"而言，地级市组群体均高于省会城市组群体；就"获得知识产权"而言，直辖市/特区组群体高于省会城市组群体。

表 4-27　不同城市学校"科研行动选择"差异分析

水平层次	岗位类型	M	SD	F	P	事后比较
JYJX	直辖市/特区	3.50	0.74	2.424	0.065	n.s.
	省会城市	3.40	0.64			
	地级市	3.55	0.63			
	县/县级市	3.25	0.63			
MTGJ	直辖市/特区	3.35	1.08	1.806	0.146	n.s.
	省会城市	3.23	0.89			
	地级市	3.42	0.80			
	县/县级市	3.12	0.69			
HDZD	直辖市/特区	3.59	0.64	1.814	0.144	n.s.
	省会城市	3.51	0.68			
	地级市	3.63	0.69			
	县/县级市	3.33	0.72			
YYJS	直辖市/特区	2.86	0.84	3.165	0.024^{*}	地级市>省会城市
	省会城市	2.70	0.64			
	地级市	2.94	0.75			
	县/县级市	2.64	0.67			
ZSCQ	直辖市/特区	3.30	0.97	3.587	0.014^{*}	直辖市/特区>省会城市
	省会城市	2.65	0.92			
	地级市	2.89	0.94			
	县/县级市	2.71	0.99			

续表

水平层次	岗位类型	M	SD	F	P	事后比较
JSYF	直辖市/特区	2.48	1.07	1.412	0.239	n.s.
	省会城市	2.50	0.79			
	地级市	2.69	0.94			
	县/县级市	2.50	0.77			
ZXPX	直辖市/特区	3.01	0.87	3.930	0.009**	地级市>省会城市
	省会城市	2.89	0.81			
	地级市	3.18	0.86			
	县/县级市	2.73	0.71			

注：*P<0.05，**P<0.01。JYJX 为教育教学研究，MTGJ 为开发教学媒体与工具，HDZD 为教学互动与学生指导，YYJS 为应用技术研究，ZSCQ 为获得知识产权，JSYF 为参与技术研发，ZXPX 为提供技术咨询与培训。

从图 4-17 可以看出，就均值大小而言，在不同城市学校组群体中，"教育教学研究"均值水平整体高于"应用技术研究"均值水平。除"获得知识产权"外，在各类城市组群体中，地级市组群体的均值水平尤为突出。

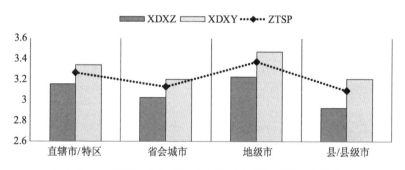

图 4-17 "科研行动选择"在不同城市学校层面的均值差异

（二）不同区域学校"科研行动选择"差异分析

根据区域的不同，可以将调研对象分为东部地区、中部地区、西部地区等 3 组群体。以"教育教学研究""开发教学媒体与工具""教学互动与学生指导""应用技术研究""获得知识产权""参与技术研发""提供技术咨询与培训"为因变量进行单因素方差分析，考察不同区域高职院校专业教师在这些方面的具体特点。如表 4-28 所示，从 F 值结果来看，不同区域教师在"开发教学媒体与工具"（$F=3.418$，$P=0.034^*<0.05$）上均存在显著差异，在"获得知识产权"（$F=5.216$，$P=0.006^{**}<0.01$）上存在极其显著差异。而后，笔者通过事后分析，以每一组为参照组分别与各组进行平均数的差异比较。在雪费法之下，结果表明，就"开发教学媒体与工具"而言，东部地区组群体高于西部地区组群体；就"获得知识产权"而言，东部地区组群体高于中部地区组群体。

表 4-28　不同区域学校"科研行动选择"差异分析

水平层次	区域	M	SD	F	P	事后比较
JYJX	东部地区	3.54	0.62	1.865	0.156	n.s.
	中部地区	3.45	0.68			
	西部地区	3.36	0.67			
MTGJ	东部地区	3.40	0.81	3.418	0.034*	东部地区>西部地区
	中部地区	3.39	0.86			
	西部地区	3.05	0.93			
HDZD	东部地区	3.63	0.68	1.603	0.203	n.s.
	中部地区	3.49	0.69			
	西部地区	3.56	0.69			
YYJS	东部地区	2.92	0.77	2.000	0.137	n.s.
	中部地区	2.74	0.70			
	西部地区	2.89	0.63			
ZSCQ	东部地区	2.94	0.95	5.216	0.006**	东部地区>中部地区
	中部地区	2.60	0.92			
	西部地区	2.96	0.87			
JSYF	东部地区	2.64	0.94	0.094	0.910	n.s.
	中部地区	2.60	0.87			
	西部地区	2.61	0.80			

续表

水平层次	区域	M	SD	F	P	事后比较
ZXPX	东部地区	3.14	0.87	2.370	0.095	n.s.
	中部地区	2.92	0.83			
	西部地区	3.09	0.83			

注：*P<0.05，**P<0.01。JYJX 为教育教学研究，MTGJ 为开发教学媒体与工具，HDZD 为教学互动与学生指导，YYJS 为应用技术研究，ZSCQ 为获得知识产权，JSYF 为参与技术研发，ZXPX 为提供技术咨询与培训。

从图 4-18 可以看出，就均值大小而言，"教育教学研究"均值水平要整体高于"应用技术研究"均值水平。在"开发教学媒体与工具"上，西部地区组群体明显低于东部地区和中部地区组群体。而在"获得知识产权"上，中部地区组群体明显低于东部地区和西部地区组群体。

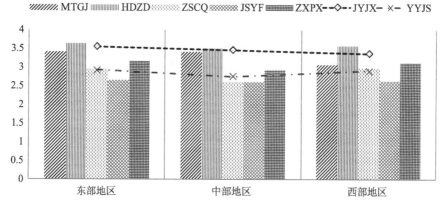

图 4-18　"科研行动选择"在学校所在区域层面的均值差异

（三）不同办学属性学校"科研行动选择"差异分析

根据办学属性的不同，可以将调研对象分为国示范/骨干、省示范/骨干、其他等 3 组群体。以"教育教学研究""开发教学媒体与工具""教学互动与学生指导""应用技术研究""获得知识产权""参与技术研发""提供技术咨询与培训"为因变量进行单因素方差分析，考察不同办学属性高职院校专业教师在这些方面的具体特点。如表 4-29 所示，从 F 值结果来看，不同办学属性学校教师在"应用技术研究"（$F=7.544$，$P=0.001^{**}<0.01$）、"获得知识产权"（$F=5.126$，$P=0.006^{**}<0.01$）、"参

与技术研发"（$F=4.995$，$P=0.007^{**}<0.01$）、"提供技术咨询与培训"（$F=5.479$，$P=0.004^{**}<0.01$）上均存在极其显著差异。而后，笔者通过事后分析，以每一组为参照组分别与各组进行平均数的差异比较。在雪费法之下，结果表明，就"应用技术研究""参与技术研发""提供技术咨询与培训"而言，在国示范/骨干、省示范/骨干、其他组群体中，前者依次大于后者；就"获得知识产权"而言，国示范/骨干组群体水平大于其他组群体。

表 4-29 不同办学属性学校"科研行动选择"差异分析

水平层次	办学属性	M	SD	F	P	事后比较
JYJX	国示范/骨干	3.49	0.66	0.449	0.638	n.s.
	省示范/骨干	3.54	0.63			
	其他	3.46	0.62			
MTGJ	国示范/骨干	3.39	0.85	0.461	0.631	n.s.
	省示范/骨干	3.37	0.83			
	其他	3.29	0.85			
HDZD	国示范/骨干	3.56	0.71	0.684	0.505	n.s.
	省示范/骨干	3.65	0.67			
	其他	3.56	0.66			
YYJS	国示范/骨干	2.95	0.76	7.544	0.001**	国示范/骨干>省示范/骨干>其他
	省示范/骨干	2.93	0.72			
	其他	2.61	0.67			
ZSCQ	国示范/骨干	2.97	0.90	5.126	0.006**	国示范/骨干>其他
	省示范/骨干	2.88	1.00			
	其他	2.59	0.93			
JSYF	国示范/骨干	2.71	0.93	4.995	0.007**	国示范/骨干>省示范/骨干>其他
	省示范/骨干	2.69	0.91			
	其他	2.36	0.82			

续表

水平层次	办学属性	M	SD	F	P	事后比较
ZXPX	国示范/骨干	3.15	0.89	5.479	0.004**	国示范/骨干>省示范/骨干>其他
	省示范/骨干	3.16	0.76			
	其他	2.82	0.87			

注：**P<0.01。JYJX 为教育教学研究，MTGJ 为开发教学媒体与工具，HDZD 为教学互动与学生指导，YYJS 为应用技术研究，ZSCQ 为获得知识产权，JSYF 为参与技术研发，ZXPX 为提供技术咨询与培训。

从图 4-19 可以看出，就均值大小而言，"教育教学研究"均值水平整体高于"应用技术研究"均值水平。尤其需要注意的是，在"应用技术研究"方面，国示范/骨干、省示范/骨干组群体均值水平要明显高于其他组群体。

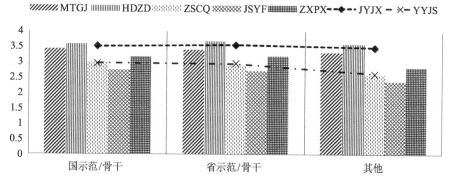

图 4-19　"科研行动选择"在不同办学属性学校层面的均值差异

三、学校组织层面"科研行动效益"差异分析

（一）不同城市学校"科研行动效益"差异分析

根据城市的不同，可以将调研对象分为直辖市/特区、省会城市、地级市、县/县级市等 4 组群体。以"师生素质提升""学生生涯发展能力提升""教师专业发展能力提升""校企创新发展""学校同行竞争力提升""企业发展环境优化"为因变量进行单因素方差分析，考察不同城市高职院校专业教师在这些方面的具体特点。如表 4-30 所示，从 F 值结果来看，不同城市学校教师在"师生素质提升"（$F = 3.762$，$P = 0.011^*$ <

0.05）上均存在显著差异，在"学生生涯发展能力提升"（$F=5.023$，$P=0.002^{**}<0.01$）、"校企创新发展"（$F=3.900$，$P=0.009^{**}<0.01$）、"企业发展环境优化"（$F=6.703$，$P=0.000^{***}<0.001$）上存在极其显著差异。而后，笔者通过事后分析，以每一组为参照组分别与各组进行平均数的差异比较。在雪费法之下，结果表明，就"师生素质提升""学生生涯发展能力提升""校企创新发展""企业发展环境优化"而言，地级市组群体均高于省会城市组群体。

表 4-30　不同城市学校"科行动效益"水平差异分析

水平层次	岗位类型	M	SD	F	P	事后比较
SSTS	直辖市/特区	3.48	0.95	3.762	0.011*	地级市>省会城市
	省会城市	3.35	0.73			
	地级市	3.61	0.71			
	县/县级市	3.31	0.53			
SYFZ	直辖市/特区	3.42	1.03	5.023	0.002**	地级市>省会城市
	省会城市	3.21	0.79			
	地级市	3.54	0.78			
	县/县级市	3.13	0.63			
ZYFZ	直辖市/特区	3.58	0.94	1.307	0.272	n.s.
	省会城市	3.56	0.81			
	地级市	3.73	0.75			
	县/县级市	3.61	0.61			
XQFZ	直辖市/特区	3.16	0.92	3.900	0.009**	地级市>省会城市
	省会城市	3.02	0.75			
	地级市	3.29	0.61			
	县/县级市	3.07	0.64			
THJZ	直辖市/特区	3.34	0.94	1.884	0.132	n.s.
	省会城市	3.21	0.87			
	地级市	3.40	0.66			
	县/县级市	3.20	0.66			

续表

水平层次	岗位类型	M	SD	F	P	事后比较
HJYH	直辖市/特区	2.80	1.10	6.703	0.000***	地级市>省会城市
	省会城市	2.64	0.72			
	地级市	3.05	0.76			
	县/县级市	2.82	0.71			

注：*$P<0.05$，**$P<0.01$，***$P<0.001$。SSTS 为师生素质提升，SYFZ 为学生生涯发展能力提升，ZYFZ 为教师专业发展能力提升，XQFZ 为校企创新发展，THJZ 为学校同行竞争力提升，HJYH 为企业发展环境优化。

从图 4-20 可以看出，就均值大小而言，在不同城市学校组群体中，"师生素质提升"均值水平整体高于"校企创新发展"均值水平。在各类城市组群体中，地级市组群体的均值水平尤为突出。

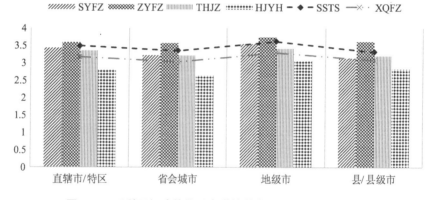

图 4-20 "科研行动效益"在学校所在城市层面的均值差异

（二）不同区域学校"科研行动效益"差异分析

根据区域的不同，可以将调研对象分为东部地区、中部地区、西部地区等 3 组群体。以"师生素质提升""学生生涯发展能力提升""教师专业发展能力提升""校企创新发展""学校同行竞争力提升""企业发展环境优化"为因变量进行单因素方差分析，考察不同区域高职院校专业教师在这些方面的具体特点。如表 4-31 所示，从 F 值结果来看，不同区域教师在"师生素质提升"（$F=3.655$，$P=0.023^*<0.05$）上均存在显著差异，在"学生生涯发展能力提升"（$F=4.763$，$P=0.009^{**}<0.01$）、"校

企创新发展"（$F=9.306$，$P=0.000^{***}<0.001$）、"学校同行竞争力提升"（$F=8.370$，$P=0.000^{***}<0.001$）、"企业发展环境优化"（$F=6.018$，$P=0.003^{**}<0.01$）上存在极其显著的差异。而后，笔者通过事后分析，以每一组为参照组分别与各组进行平均数的差异比较。结果表明，在雪费法之下，就"师生素质提升""校企创新发展""企业发展环境优化"而言，东部地区组群体高于中部地区组群体；就"学校同行竞争力提升"而言，东部地区组群体高于西部地区组群体，西部地区组群体高于中部地区组群体。

表 4-31 不同区域学校"科研行动效益"差异分析

水平层次	区域	M	SD	F	P	事后比较
SSTS	东部地区	3.60	0.73	3.655	0.023*	东部地区>中部地区
	中部地区	3.37	0.73			
	西部地区	3.51	0.70			
SYFZ	东部地区	3.52	0.80	4.763	0.009**	东部地区>中部地区
	中部地区	3.23	0.82			
	西部地区	3.46	0.76			
ZYFZ	东部地区	3.73	0.78	1.530	0.218	n.s.
	中部地区	3.59	0.75			
	西部地区	3.59	0.78			
XQFZ	东部地区	3.30	0.63	9.306	0.000***	东部地区>中部地区
	中部地区	2.97	0.72			
	西部地区	3.25	0.66			
THJZ	东部地区	3.43	0.69	8.370	0.000***	东部地区>西部地区>中部地区
	中部地区	3.10	0.79			
	西部地区	3.42	0.71			
HJYH	东部地区	3.03	0.75	6.018	0.003**	东部地区>中部地区
	中部地区	2.71	0.84			
	西部地区	2.91	0.86			

注：*$P<0.05$，**$P<0.01$，***$P<0.001$。SSTS 为师生素质提升，SYFZ 为学生生涯发展能力提升，ZYFZ 为教师专业发展能力提升，XQFZ 为校企创新发展，THJZ 为学校同行竞争力提升，HJYH 为企业发展环境优化。

从图 4-21 可以看出，就均值大小而言，"师生素质提升"均值水平整体高于"校企创新发展"均值水平。尤其需要注意的是，除了"教师专业发展能力提升"外，中部地区组群体在各个维度上明显低于东部地区和西部地区组群体。

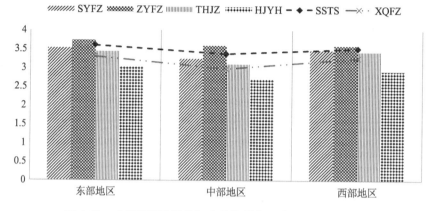

图 4-21　"科研行动效益"在学校所在区域层面的均值差异

（三）不同办学属性学校"科研行动效益"差异分析

根据办学属性的不同，可以将调研对象分为国示范/骨干、省示范/骨干、其他等 3 组群体。以"师生素质提升""学生生涯发展能力提升""教师专业发展能力提升""校企创新发展""学校同行竞争力提升""企业发展环境优化"为因变量进行单因素方差分析，考察不同办学属性高职院校专业教师在这些方面的具体特点。如表 4-32 所示，从 F 值结果来看，不同办学属性高职院校教师在"校企创新发展"（$F=3.761$，$P=0.024^* <0.05$）、"学校同行竞争力提升"（$F=3.212$，$P=0.041^* <0.05$）、"企业发展环境优化"（$F=3.108$，$P=0.046^* <0.05$）上均存在显著差异。而后，笔者通过事后分析，以每一组为"参照组"分别与各组进行平均数的差异比较。在雪费法之下，结果表明，就"校企创新发展""学校同行竞争力提升"而言，省示范/骨干组群体高于其他组群体；就"企业发展环境优化"而言，国示范/骨干组群体高于其他组群体。

表 4-32　不同办学属性学校"科研行动效益"差异分析

水平层次	办学属性	M	SD	F	P	事后比较
SSTS	国示范/骨干	3.49	0.66	0.971	0.380	n.s.
	省示范/骨干	3.54	0.63			
	其他	3.46	0.62			
SYFZ	国示范/骨干	3.39	0.85	1.033	0.357	n.s.
	省示范/骨干	3.37	0.83			
	其他	3.29	0.85			
ZYFZ	国示范/骨干	3.56	0.71	2.917	0.055	n.s.
	省示范/骨干	3.65	0.67			
	其他	3.56	0.66			
XQFZ	国示范/骨干	2.95	0.76	3.761	0.024*	省示范/骨干>其他
	省示范/骨干	2.93	0.72			
	其他	2.61	0.67			
THJZ	国示范/骨干	2.97	0.90	3.212	0.041*	省示范/骨干>其他
	省示范/骨干	2.88	1.00			
	其他	2.59	0.93			
HJYH	国示范/骨干	3.15	0.89	3.108	0.046*	国示范/骨干>其他
	省示范/骨干	3.16	0.76			
	其他	2.82	0.87			

注：* $P<0.05$。SSTS 为师生素质提升，SYFZ 为学生生涯发展能力提升，ZYFZ 为教师专业发展能力提升，XQFZ 为校企创新发展，THJZ 为学校同行竞争力提升，HJYH 为企业发展环境优化。

从图 4-22 可以看出，就均值大小而言，"师生素质提升"均值水平整体高于"校企创新发展"均值水平。尤其需要注意的是，在"校企创新发展"维度，国示范/骨干、省示范/骨干组群体均值水平要明显高于其他组群体。

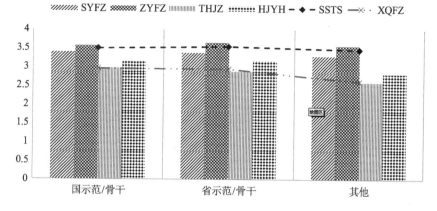

图 4-22　"科研行动效益"在学校办学属性层面的均值差异

第五节　基于个体与组织交互特征的应用导向科研水平差异分析

双因素方差分析一般包括两种类型：一种是没有交互效应的双因素方差分析，另一种是有交互效应的双因素方差分析。由于本研究在前面已经做了系统的单因素方差分析，所以本阶段将主要关注有交互效应的双因素方差分析。其基本假定是，两个因素的结合会产生一种新的效应。

一、"企业工作经历×学校所在城市"双因素方差分析

为了验证企业工作经历和学校所在城市是否会产生交互效应，本研究以企业工作经历、学校所在城市为自变量，以总体水平及各级指标层次为因变量，进行双因素方差分析。结果如表 4-33 所示，经过主体间效应检验，"企业工作经历×学校所在城市"在总体水平、"科研行动选择""科研行动效益""教育教学研究""应用技术研究""校企创新发展""开发教学媒体与工具""教学互动与学生指导""获得知识产权""参与技术研发""提供技术咨询与培训""学生生涯发展能力提升""企业发展环境优化"方面存在极其显著差异；在"师生素质提升""学校同行竞争力提升"方面存在显著差异；在"教师专业发展能力提升"方面不存在显著差异。

表 4-33 "企业工作经历×学校所在城市"主体间效应检验

因变量	Ⅲ型平方和	df	均方	F	P
ZTSP	17.530	15	1.169	4.017	0.000***
XDXZ	24.960	15	1.664	5.235	0.000***
XDXY	14.718	15	0.981	2.743	0.000***
JYJX	18.361	15	1.224	3.171	0.000***
YYJS	36.215	15	2.414	4.994	0.000***
SSTS	15.421	15	1.028	1.978	0.016*
XQFZ	17.483	15	1.166	2.701	0.001**
MTGJ	26.381	15	1.759	2.611	0.001**
HDZD	17.019	15	1.135	2.502	0.002**
ZSCQ	33.791	15	2.253	2.633	0.001**
JSYF	47.268	15	3.151	4.219	0.000***
ZXPX	43.189	15	2.879	4.371	0.000***
SYFZ	21.538	15	1.436	2.284	0.004**
ZYFZ	9.772	15	0.651	1.085	0.369
THJZ	13.824	15	0.922	1.757	0.039*
HJYH	37.205	15	2.480	4.360	0.000***

注：*$P<0.05$，**$P<0.01$，***$P<0.001$。ZTSP 为总体水平，XDXZ 为科研行动选择，XDXY 为科研行动效益，JYJX 为教育教学研究，SSTS 为师生素质提升，MTGJ 为开发教学媒体与工具，HDZD 为教学互动与学生指导，YYJS 为应用技术研究，ZSCQ 为获得知识产权，JSYF 为参与技术研发，ZXPX 为提供技术咨询与培训，SYFZ 为学生生涯发展能力提升，ZYFZ 为教师专业发展能力提升，XQFZ 为校企创新发展，THJZ 为学校同行竞争力提升，HJYH 为企业发展环境优化。

为了进一步验证其具体差异，本研究对"企业工作经历×学校所在城市"做了成对比较分析。以应用导向科研总体水平为例，如表 4-34 和图 4-23 所示，将企业工作经历作为控制变量，考察不同城市对应用导向科研水平可能带来的影响时，研究发现，"无企业工作经历×直辖市/特区"组群体和"无企业工作经历×地级市"组群体要显著高于"无企业工作经历×县/县级市"组群体；"5 年及以下企业工作经历×地级市"组群体要显著高于"5年及以下企业工作经历×直辖市/特区"组群体和"5年及以下企业工作经历×省会城市"组群体;"10年以上企业工作经历×直辖市/特区"组群体要显著高于"10年以上企业工作经历×省会城市"组群体和"10年以上企业工作经历×县/县级市"组群体。此外,在"科研行动选择""教育教学研究""应用技术研究""开发教学媒体与工具""参与技术研发""提供技术咨询与培训"等方面出现上述相同结果。

表4-34 "企业工作经历×学校所在城市"成对比较(以企业工作经历为控制变量)

企业工作经历	学校所在城市（I）	学校所在城市（J）	均值差值（I-J）	标准误差	P
无	直辖市/特区	省会城市	0.327	0.259	1.000
		地级市	0.227	0.247	1.000
		县/县级市	0.924	0.327	0.029*
	省会城市	直辖市/特区	-0.327	0.259	1.000
		地级市	-0.100	0.108	1.000
		县/县级市	0.597	0.240	0.080
	地级市	直辖市/特区	-0.227	0.247	1.000
		省会城市	0.100	0.108	1.000
		县/县级市	0.697	0.226	0.013*
	县/县级市	直辖市/特区	-0.924	0.327	0.029*
		省会城市	-0.597	0.240	0.080
		地级市	-0.697	0.226	0.013*
5年及以下	直辖市/特区	省会城市	-0.109	0.164	1.000
		地级市	-0.450	0.147	0.014*
		县/县级市	-0.407	0.204	0.283
	省会城市	直辖市/特区	0.109	0.164	1.000
		地级市	-0.341	0.098	0.003**
		县/县级市	-0.298	0.173	0.510

续表

企业工作经历	学校所在城市（I）	学校所在城市（J）	均值差值（I-J）	标准误差	P
5年及以下	地级市	直辖市/特区	0.450	0.147	0.014*
		省会城市	0.341	0.098	0.003**
		县/县级市	0.043	0.157	1.000
	县/县级市	直辖市/特区	0.407	0.204	0.283
		省会城市	0.298	0.173	0.510
		地级市	-0.043	0.157	1.000
6~10年	直辖市/特区	省会城市	0.415	0.291	0.930
		地级市	0.183	0.281	1.000
		县/县级市	0.747	0.591	1.000
	省会城市	直辖市/特区	-0.415	0.291	0.930
		地级市	-0.232	0.217	1.000
		县/县级市	0.332	0.563	1.000
	地级市	直辖市/特区	-0.183	0.281	1.000
		省会城市	0.232	0.217	1.000
		县/县级市	0.564	0.558	1.000
	县/县级市	直辖市/特区	-0.747	0.591	1.000
		省会城市	-0.332	0.563	1.000
		地级市	-0.564	0.558	1.000
10年以上	直辖市/特区	省会城市	1.705	0.583	0.022*
		地级市	1.290	0.553	0.122
		县/县级市	2.187	0.763	0.026*
	省会城市	直辖市/特区	-1.705	0.583	0.022*
		地级市	-0.415	0.253	0.607
		县/县级市	0.482	0.583	1.000

续表

企业工作经历	学校所在城市（I）	学校所在城市（J）	均值差值（I-J）	标准误差	P
10年以上	地级市	直辖市/特区	-1.290	0.553	0.122
		省会城市	0.415	0.253	0.607
		县/县级市	0.897	0.553	0.634
	县/县级市	直辖市/特区	-2.187	0.763	0.026*
		省会城市	-0.482	0.583	1.000
		地级市	-0.897	0.553	0.634

注：*P<0.05，**P<0.01。

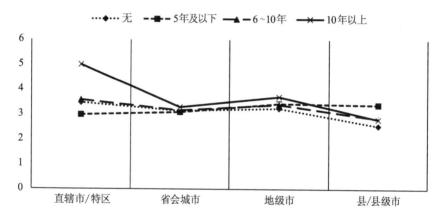

图4-23 "企业工作经历×学校所在城市"均值差异（以企业工作经历为控制变量）

在"科研行动效益""校企创新发展""提供技术咨询与培训"方面，就均值水平而言，"无企业工作经历×地级市"组群体要显著高于"无企业工作经历×县/县级市"组群体；"5年及以下企业工作经历×地级市"组群体要显著高于"5年及以下企业工作经历×省会城市"组群体。

在"教育教学研究"方面，"无企业工作经历×直辖市/特区"组群体要显著高于"无企业工作经历×县/县级市"组群体；"5年及以下企业工作经历×地级市"组群体要显著高于"5年及以下企业工作经历×直辖市/特区"组群体和"5年及以下企业工作经历×省会城市"组群体；"10年以上企业工作经历×直辖市/特区"组群体要显著高于"10年以上企业工作经历×县/县级市"组群体。

在"应用技术研究"方面,"无企业工作经历×直辖市/特区"组群体和"无企业工作经历×省会城市"组群体要显著高于"无企业工作经历×县/县级市"组群体;"5年及以下企业工作经历×地级市"组群体要显著高于"5年及以下企业工作经历×直辖市/特区"组群体;"10年以上企业工作经历×直辖市/特区"组群体要显著高于"10年以上企业工作经历×县/县级市"组群体。

在"师生素质提升"和"学生生涯发展能力提升"方面,"5年及以下企业工作经历×地级市"组群体要显著高于"5年及以下企业工作经历×省会城市"组群体。

在"开发教学媒体与工具"方面,"无企业工作经历×直辖市/特区"组群体要显著高于"无企业工作经历×县/县级市"组群体;"5年及以下企业工作经历×地级市"组群体要显著高于"5年及以下企业工作经历×省会城市"组群体。

在"教学互动与学生指导"方面,"6~10年企业工作经历×直辖市/特区"组群体要显著高于"6~10年企业工作经历×县/县级市"组群体;"10年以上企业工作经历×直辖市/特区"组群体要显著高于"10年以上企业工作经历×县/县级市"组群体。

在"获得知识产权"方面,"无企业工作经历×直辖市/特区"组群体要显著高于"无企业工作经历×省会城市"组群体、"无企业工作经历×地级市"组群体和"无企业工作经历×县/县级市"组群体。

在"参与技术研发"方面,"5年及以下企业工作经历×地级市"组群体和"5年及以下企业工作经历×县级市"组群体要显著高于"5年及以下企业工作经历×直辖市/特区"组群体;"6~10年企业工作经历×直辖市/特区"组群体和"6~10年企业工作经历×地级市"组群体要显著高于"6~10年企业工作经历×省会城市"组群体;"10年以上企业工作经历×直辖市/特区"组群体和"10年以上企业工作经历×地级市"组群体要显著高于"10年以上企业工作经历×省会城市"组群体。

在"学校同行竞争力提升"方面,"无企业工作经历×地级市"组群体要显著高于"无企业工作经历×县/县级市"组群体。

在"企业发展环境优化"方面,"无企业工作经历×地级市"组群体要显著高于"无企业工作经历×县/县级市"组群体;"5 年及以下企业工作经历×地级市"组群体要显著高于"5 年及以下企业工作经历×直辖市/特区"组群体和"5 年及以下企业工作经历×省会城市"组群体,"5 年及以下企业工作经历×县级市"组群体要显著高于"5 年及以下企业工作经历×直辖市/特区"组群体。

以应用导向科研总体水平为例,如表 4-35 和图 4-24 所示,研究发现,在将学校所在城市作为控制变量,考察不同时长企业工作经历是否会对应用导向科研水平带来影响时,"直辖市/特区×10 年以上企业工作经历"组群体会显著高于"直辖市/特区×5 年及以下企业工作经历"组群体;"地级市×5 年及以下企业工作经历"组群体和"地级市×10 年以上企业工作经历"组群体会显著高于"地级市×无企业工作经历"组群体;"县/县级市×5 年及以下企业工作经历"组群体会显著高于"县/县级市×无企业工作经历"组群体。在"提供技术咨询与培训"方面出现相同结果。

表 4-35 "企业工作经历×学校所在城市"成对比较(以学校所在城市为控制变量)

学校所在城市	企业工作经历(I)	学校所在城市(J)	均值差值($I-J$)	标准误差	P
直辖市/特区	无	5 年及以下	0.487	0.279	0.488
		6~10 年	-0.107	0.341	1.000
		10 年以上	-1.526	0.591	0.061
	5 年及以下	无	-0.487	0.279	0.488
		6~10 年	-0.593	0.279	0.203
		10 年以上	-2.012	0.557	0.002**
	6~10 年	无	0.107	0.341	1.000
		5 年及以下	0.593	0.279	0.203
		10 年以上	-1.419	0.591	0.101
	10 年以上	无	1.526	0.591	0.061
		5 年及以下	2.012	0.557	0.002**
		6~10 年	1.419	0.591	0.101

续表

学校所在城市	企业工作经历（I）	学校所在城市（J）	均值差值（I-J）	标准误差	P
省会城市	无	5年及以下	0.051	0.129	1.000
		6~10年	-0.019	0.189	1.000
		10年以上	-0.148	0.240	1.000
	5年及以下	无	-0.051	0.129	1.000
		6~10年	-0.070	0.184	1.000
		10年以上	-0.199	0.237	1.000
	6~10年	无	0.019	0.189	1.000
		5年及以下	0.070	0.184	1.000
		10年以上	-0.129	0.274	1.000
	10年以上	无	0.148	0.240	1.000
		5年及以下	0.199	0.237	1.000
		6~10年	0.129	0.274	1.000
地级市	无	5年及以下	-0.190	0.069	0.039*
		6~10年	-0.151	0.153	1.000
		10年以上	-0.462	0.134	0.004**
	5年及以下	无	0.190	0.069	0.039*
		6~10年	0.039	0.152	1.000
		10年以上	-0.273	0.132	0.239
	6~10年	无	0.151	0.153	1.000
		5年及以下	-0.039	0.152	1.000
		10年以上	-0.312	0.190	0.611
	10年以上	无	0.462	0.134	0.004**
		5年及以下	0.273	0.132	0.239
		6~10年	0.312	0.190	0.611

续表

学校所在城市	企业工作经历（I）	学校所在城市（J）	均值差值（I-J）	标准误差	P
县/县级市	无	5年及以下	-0.844	0.266	0.010*
		6~10年	-0.284	0.583	1.000
		10年以上	-0.262	0.583	1.000
	5年及以下	无	0.844	0.266	0.010*
		6~10年	0.560	0.560	1.000
		10年以上	0.582	0.560	1.000
	6~10年	无	0.284	0.583	1.000
		5年及以下	-0.560	0.560	1.000
		10年以上	0.022	0.763	1.000
	10年以上	无	0.262	0.583	1.000
		5年及以下	-0.582	0.560	1.000
		6~10年	-0.022	0.763	1.000

注：*$P<0.05$，**$P<0.01$。

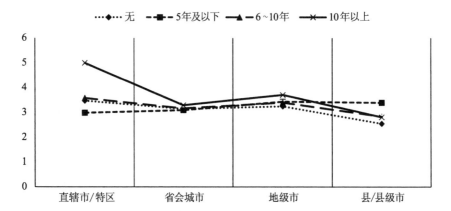

图 4-24 "企业工作经历×学校所在城市"均值差异（以学校所在城市为控制变量）

在"科研行动选择""应用技术研究"方面，"直辖市/特区×10年以上企业工作经历"组群体会显著高于"直辖市/特区×5年及以下企业工作经历"组群体；"地级市×10年以上企业工作经历"组群体显著高于"地级市×5年及以下企业工作经历"组群体和"地级市×无企业工作经历"组群体；"县/县级市×5年及以下企业工作经历"组群体会显著高于"县/县级市×无企业工作经历"组群体。

在"科研行动效益"方面，"直辖市/特区×10年以上企业工作经历"组群体会显著高于"直辖市/特区×5年及以下企业工作经历"组群体。

在"教育教学研究"方面，"直辖市/特区×10年以上企业工作经历"组群体会显著高于"直辖市/特区×5年及以下企业工作经历"组群体；"地级市×5年及以下企业工作经历"组群体和"地级市×10年以上企业工作经历"组群体会显著高于"地级市无×企业工作经历"组群体。

在"校企创新发展"方面，"直辖市/特区×10年以上企业工作经历"组群体会显著高于"直辖市/特区×5年及以下企业工作经历"组群体；"县/县级市×5年及以下企业工作经历"组群体会显著高于"县/县级市×无企业工作经历"组群体。

在"教学互动与学生指导"方面，"地级市×10年以上企业工作经历"组群体会显著高于"地级市×无企业工作经历"组群体。

在"参与技术研发"方面，"直辖市/特区×6~10年企业工作经历"组群体和"直辖市/特区×10年以上企业工作经历"组群体会显著高于"直辖市/特区×5年及以下企业工作经历"组群体；"县/县级市×5年及以下企业工作经历"组群体会显著高于"县/县级市×无企业工作经历"组群体。

在"学校同行竞争力提升"方面，"县/县级市×5年及以下企业工作经历"组群体会显著高于"县/县级市×无企业工作经历"组群体。

在"企业发展环境优化"方面，"直辖市/特区×6~10年企业工作经历"组群体和"直辖市/特区×10年以上企业工作经历"组群体会显著高于"直辖市/特区×5年及以下企业工作经历"组群体；"地级市×10年以上企业工作经历"组群体和"地级市×5年及以下企业工作经历"组群体显著高于"地级市×无企业工作经历"组群体；"县/县级市×5年及以下企业工作经历"组群体会显著高于"县/县级市×无企业工作经历"组群体。

由此可见，"企业工作经历"与"学校所在城市"这两个因素之间具有较为明显的交互效应，总体而言，学校所在城市较大且具有较长时间企业工作经历者，会表现出较高的应用导向科研水平。但同样需要关注的是，在相同企业工作经历条件下，地级市组群体表现出比较突出的优势。其可能原因是，地级市所在城市高等教育资源较为有限，因此，高职院校的生存与竞争空间相对较大。

二、"岗位类型×学校办学属性"双因素方差分析

为了验证岗位类型和学校办学属性是否会产生交互效应，本研究以岗位类型、学校所在城市为自变量，以总体水平及各级指标层次为因变量，进行双因素方差分析。结果如表 4-36 所示，经过主体间效应检验，"岗位类型×学校办学属性"在总体水平、"科研行动选择""科研行动效益""教育教学研究""应用技术研究""师生素质提升""校企创新发展""获得知识产权""参与技术研发""提供技术咨询与培训""学生生涯发展能力提升"方面存在极其显著差异；在"教学互动与学生指导""教师专业发展能力提升""学校同行竞争力提升""企业发展环境优化"方面存在显著差异；在"开发教学媒体与工具"方面不存在显著差异。

表 4-36　"岗位类型×学校办学属性"主体间效应检验

因变量	Ⅲ型平方和	df	均方	F	P
ZTSP	12.702	11	1.155	3.848	0.000***
XDXZ	15.221	11	1.384	4.081	0.000***
XDXY	11.589	11	1.054	2.911	0.001**
JYJX	10.739	11	0.976	2.434	0.006**
YYJS	24.348	11	2.213	4.355	0.000***
SSTS	14.215	11	1.292	2.497	0.005**
XQFZ	11.748	11	1.068	2.419	0.006**
MTGJ	12.520	11	1.138	1.622	0.090
HDZD	10.749	11	0.977	2.103	0.019*
ZSCQ	28.345	11	2.577	2.994	0.001**
JSYF	23.621	11	2.147	2.689	0.002**
ZXPX	26.858	11	2.442	3.524	0.000***
SYFZ	18.788	11	1.708	2.715	0.002**
ZYFZ	12.421	11	1.129	1.920	0.035*

续表

因变量	Ⅲ型平方和	df	均方	F	P
THJZ	12.267	11	1.115	2.132	0.017*
HJYH	14.895	11	1.354	2.188	0.014*

注：*$P<0.05$，**$P<0.01$，***$P<0.001$。ZTSP 为总体水平，XDXZ 为科研行动选择，XDXY 为科研行动效益，JYJX 为教育教学研究，SSTS 为师生素质提升，MTGJ 为开发教学媒体与工具，HDZD 为教学互动与学生指导，YYJS 为应用技术研究，ZSCQ 为获得知识产权，JSYF 为参与技术研发，ZXPX 为提供技术咨询与培训，SYFZ 为学生生涯发展能力提升，ZYFZ 为教师专业发展能力提升，XQFZ 为校企创新发展，THJZ 为学校同行竞争力提升，HJYH 为企业发展环境优化。

为进一步验证其具体差异，本研究对"岗位类型×学校办学属性"做了成对比较分析。以应用导向科研总体水平为例，如表 4-37 和图 4-25 所示，将岗位类型作为控制变量，考察不同学校办学属性对应用导向科研水平可能带来的影响时，研究发现，"教学型×省示范/骨干"组群体显著高于"教学型×其他"组群体；"科研—社会服务型×其他"组群体显著高于"科研—社会服务型×省示范/骨干"组群体。此外，在"科研行动选择""提供技术咨询与培训"维度同样可以发现上述结果。

表 4-37 "岗位类型×学校办学属性"成对比较（以岗位类型为控制变量）

岗位类型	学校办学属性（I）	学校办学属性（J）	均值差值（I-J）	标准误差	P
教学型	国示范/骨干	省示范/骨干	-0.100	0.081	0.645
		其他	0.179	0.091	0.152
	省示范/骨干	国示范/骨干	0.100	0.081	0.645
		其他	0.279	0.097	0.013*
	其他	国示范/骨干	-0.179	0.091	0.152
		省示范/骨干	-0.279	0.097	0.013*
教学—科研型	国示范/骨干	省示范/骨干	-0.057	0.107	1.000
		其他	0.189	0.127	0.414
	省示范/骨干	国示范/骨干	0.057	0.107	1.000
		其他	0.246	0.133	0.195

续表

岗位类型	学校办学属性（I）	学校办学属性（J）	均值差值（I-J）	标准误差	P
教学—科研型	其他	国示范/骨干	-0.189	0.127	0.414
		省示范/骨干	-0.246	0.133	0.195
科研—社会服务型	国示范/骨干	省示范/骨干	1.003	0.418	0.051
		其他	-0.241	0.447	1.000
	省示范/骨干	国示范/骨干	-1.003	0.418	0.051
		其他	-1.244	0.418	0.009**
	其他	国示范/骨干	0.241	0.447	1.000
		省示范/骨干	1.244	0.418	0.009**
其他	国示范/骨干	省示范/骨干	0.530	0.261	0.128
		其他	0.263	0.261	0.940
	省示范/骨干	国示范/骨干	-0.530	0.261	0.128
		其他	-0.267	0.293	1.000
	其他	国示范/骨干	-0.263	0.261	0.940
		省示范/骨干	0.267	0.293	1.000

注：*$P<0.05$，**$P<0.01$。

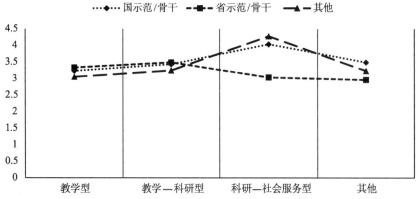

图 4-25 "岗位类型×学校办学属性"均值差异（以岗位类型为控制变量）

在"科研行动效益"方面,"教学型×省示范/骨干"组群体显著高于"教学型×其他"组群体。

在"教育教学研究""师生素质提升""教学互动与学生指导""学生生涯发展能力提升"方面,"科研—社会服务型×其他"组群体显著高于"科研—社会服务型×省示范/骨干"组群体。

在"应用技术研究"方面,"教学型×省示范/骨干"组群体显著高于"教学型×其他"组群体;"教学—科研型×国示范/骨干"组群体和"教学—科研型×省示范/骨干"组群体显著高于"教学—科研型×其他"组群体。

在"参与技术研发"方面,"教学—科研型×国示范/骨干"组群体和"教学—科研型×省示范/骨干"组群体显著高于"教学—科研型×其他"组群体。

在"教师专业发展能力提升"方面,"教学型×省示范/骨干"组群体显著高于"教学型×国示范/骨干"组群体。

以应用导向科研总体水平为例,如表 4-38 和图 4-26 所示,研究发现,在将学校办学属性作为控制变量,考察不同岗位类型对应用导向科研水平可能带来的影响时,"其他×科研—社会服务型"组群体显著高于"其他×教学—科研型"组群体、"其他×其他"组群体、"其他×教学型"组群体。此外,在"科研行动选择""提供技术咨询与培训"方面同样可以发现上述结果。

表 4-38 "岗位类型×学校办学属性"成对比较(以学校办学属性为控制变量)

学校办学属性	岗位类型（I）	岗位类型（J）	均值差值（I-J）	标准误差	P
国示范/骨干	教学型	教学—科研型	-0.201	0.088	0.135
		科研—社会服务型	-0.804	0.321	0.075
		其他	-0.258	0.166	0.732
	教学—科研型	教学型	0.201	0.088	0.135
		科研—社会服务型	-0.603	0.324	0.382
		其他	-0.057	0.173	1.000

续表

学校办学属性	岗位类型（I）	岗位类型（J）	均值差值（I-J）	标准误差	P
国示范/骨干	科研—社会服务型	教学型	0.804	0.321	0.075
		教学—科研型	0.603	0.324	0.382
		其他	0.546	0.354	0.740
	其他	教学型	0.258	0.166	0.732
		教学—科研型	0.057	0.173	1.000
		科研—社会服务型	-0.546	0.354	0.740
省示范/骨干	教学型	教学—科研型	-0.158	0.102	0.720
		科研—社会服务型	0.300	0.281	1.000
		其他	0.372	0.216	0.516
	教学—科研型	教学型	0.158	0.102	0.720
		科研—社会服务型	0.458	0.286	0.658
		其他	0.530	0.222	0.105
	科研—社会服务型	教学型	-0.300	0.281	1.000
		教学—科研型	-0.458	0.286	0.658
		其他	0.072	0.343	1.000
	其他	教学型	-0.372	0.216	0.516
		教学—科研型	-0.530	0.222	0.105
		科研—社会服务型	-0.072	0.343	1.000
其他	教学型	教学—科研型	-0.192	0.130	0.836
		科研—社会服务型	-1.224	0.325	0.001**
		其他	-0.174	0.220	1.000
	教学—科研型	教学型	0.192	0.130	0.836
		科研—社会服务型	-1.032	0.333	0.013*
		其他	0.018	0.232	1.000

续表

学校办学属性	岗位类型（I）	岗位类型（J）	均值差值（I-J）	标准误差	P
其他	科研—社会服务型	教学型	1.224	0.325	0.001**
		教学—科研型	1.032	0.333	0.013*
		其他	1.050	0.378	0.034*
	其他	教学型	0.174	0.220	1.000
		教学—科研型	-0.018	0.232	1.000
		科研—社会服务型	-1.050	0.378	0.034*

注：*P<0.05，**P<0.01。

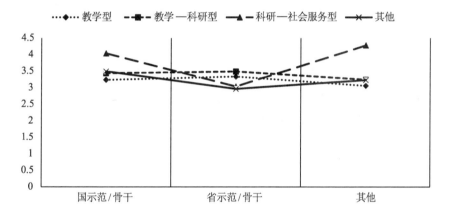

图 4-26 "岗位类型×学校办学属性"均值差异（以学校办学属性为控制变量）

在"科研行动效益"和"开发教学媒体与工具"方面，"其他×科研—社会服务型"组群体显著高于"其他×教学型"组群体。

在"教育教学研究""教学互动与学生指导""提供技术咨询与培训"方面，"其他×科研—社会服务型"组群体显著高于"其他×教学—科研型"组群体、"其他×教学型"组群体。

在"应用技术研究"方面，"国示范/骨干×教学—科研型"组群体要显著高于"国示范/骨干×教学型"组群体；"其他×科研—社会服务型"组群体显著高于"其他×教学—科研型"组群体、"其他×教学型"组群体。

在"师生素质提升""学生生涯发展能力提升"方面,"其他×科研—社会服务型"组群体显著高于"其他×其他"组群体、"其他×教学型"组群体。

由此可见,岗位类型与学校办学属性这两个因素之间具有较为明显的交互效应,总体而言,岗位类型偏向科研且学校办学属性偏向示范/骨干者,往往会表现出较高的应用导向科研水平。

三、"行政职务×学校办学属性"双因素方差分析

为了验证行政职务和学校办学属性是否会产生交互效应,本研究以行政职务、学校办学属性为自变量,以总体水平及各级维度为因变量,进行双因素方差分析。结果如表 4-39 所示,经过主体间效应检验,"行政职务×学校办学属性"在总体水平、"科研行动选择""科研行动效益""应用技术研究""校企创新发展""提供技术咨询与培训""学校同行竞争力提升"方面存在极其显著差异;在"教育教学研究""师生素质提升""获得知识产权""参与技术研发""学生生涯发展能力提升""教师专业发展能力提升""企业发展环境优化"方面存在显著差异;在"开发教学媒体与工具""教学互动与学生指导"方面不存在显著差异。

表 4-39 "行政职务×学校办学属性"主体间效应检验

因变量	Ⅲ型平方和	df	均方	F	P
ZTSP	7.505	5	1.501	4.866	0.000***
XDXZ	6.560	5	1.312	3.692	0.003**
XDXY	8.484	5	1.697	4.659	0.000***
JYJX	4.679	5	0.936	2.282	0.046*
YYJS	11.030	5	2.206	4.134	0.001**
SSTS	6.855	5	1.371	2.596	0.025*
XQFZ	11.407	5	2.281	5.235	0.000***
MTGJ	6.463	5	1.293	1.831	0.106
HDZD	4.441	5	0.888	1.876	0.097
ZSCQ	10.524	5	2.105	2.360	0.040*

续表

因变量	III型平方和	df	均方	F	P
JSYF	10.020	5	2.004	2.443	0.034*
ZXPX	20.655	5	4.131	5.919	0.000***
SYFZ	9.448	5	1.890	2.939	0.013*
ZYFZ	8.087	5	1.617	2.741	0.019*
THJZ	14.086	5	2.817	5.515	0.000***
HJYH	8.026	5	1.605	2.561	0.027*

注：*$P<0.05$，**$P<0.01$，***$P<0.001$。ZTSP 为总体水平，XDXZ 为科研行动选择，XDXY 为科研行动效益，JYJX 为教育教学研究，SSTS 为师生素质提升，MTGJ 为开发教学媒体与工具，HDZD 为教学互动与学生指导，YYJS 为应用技术研究，ZSCQ 为获得知识产权，JSYF 为参与技术研发，ZXPX 为提供技术咨询与培训，SYFZ 为学生生涯发展能力提升，ZYFZ 为教师专业发展能力提升，XQFZ 为校企创新发展，THJZ 为学校同行竞争力提升，HJYH 为企业发展环境优化。

为了进一步验证其具体差异，本研究对"行政职务×学校办学属性"做了成对比较分析。以应用导向科研总体水平为例，如表4-40和图4-27所示，研究发现，在将学校办学属性作为控制变量，考察行政职务具有与否是否会对应用导向科研水平产生影响时，"其他×有行政职务"组群体要显著高于"其他×无行政职务"组群体。在"科研行动选择""科研行动效益""教育教学研究""应用技术研究""师生素质提升""提供技术咨询与培训""学生生涯发展能力提升""教师专业发展能力提升"和"企业发展环境优化"维度出现了上述相同结果。

表4-40 "行政职务×学校办学属性"成对比较（以学校办学属性为控制变量）

学校办学属性	行政职务(I)	行政职务(J)	均值差值(I-J)	标准误差	P
国示范/骨干	是	否	0.193	0.109	0.078
	否	是	-0.193	0.109	0.078
省示范/骨干	是	否	0.007	0.107	0.945
	否	是	-0.007	0.107	0.945
其他	是	否	0.502*	0.134	0.000***
	否	是	-0.502*	0.134	0.000***

注：***$P<0.001$。

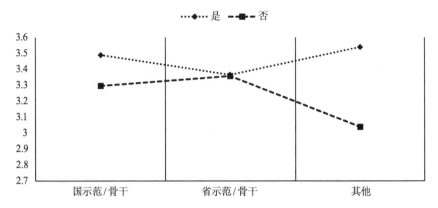

图 4-27 "行政职务×学校办学属性"均值差异（以学校办学属性为控制变量）

在"校企创新发展"和"学校同行竞争力提升"方面，"国示范/骨干×有行政职务"组群体要显著高于"国示范/骨干×无行政职务"组群体；"其他×有行政职务"组群体要显著高于"其他×无行政职务"组群体。

以应用导向科研总体水平为例，如表 4-41 和图 4-28 所示，研究发现，在将行政职务作为控制变量，考察不同学校办学属性是否会对应用导向科研水平产生影响时，"无行政职务×国示范/骨干"组群体要显著高于"无行政职务×其他"组群体；"无行政职务×省示范/骨干"组群体要显著高于"无行政职务×其他"组群体。此外，在"科研行动选择""科研行动效益""应用技术研究""校企创新发展""提供技术咨询与培训""学生生涯发展能力提升""学校同行竞争力提升""企业发展环境优化"等方面出现了上述相同结果。

表 4-41 "行政职务×学校办学属性"成对比较（以行政职务为控制变量）

行政职务	学校办学属性（I）	学校办学属性（J）	均值差值（I-J）	标准误差	P
是	国示范/骨干	省示范/骨干	0.124	0.135	1.000
		其他	−0.051	0.153	1.000
	省示范/骨干	国示范/骨干	−0.124	0.135	1.000
		其他	−0.175	0.147	0.709
	其他	国示范/骨干	0.051	0.153	1.000
		省示范/骨干	0.175	0.147	0.709

续表

行政职务	学校办学属性（I）	学校办学属性（J）	均值差值（I-J）	标准误差	P
否	国示范/骨干	省示范/骨干	-0.061	0.071	1.000
		其他	0.258	0.081	0.005**
	省示范/骨干	国示范/骨干	0.061	0.071	1.000
		其他	0.319	0.088	0.001**
	其他	国示范/骨干	-0.258	0.081	0.005**
		省示范/骨干	-0.319	0.088	0.001**

注：**$P<0.01$。

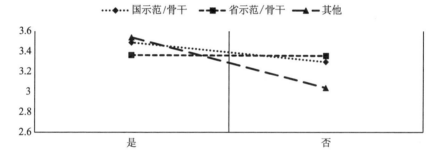

图4-28　"行政职务×学校办学属性"均值差异（以行政职务为控制变量）

在"师生素质提升""参与技术研发"方面，"无行政职务×省示范/骨干"组群体要显著高于"无行政职务×其他"组群体。

在"获得知识产权"方面，"无行政职务×国示范/骨干"组群体要显著高于"无行政职务×其他"组群体。

由此可见，行政职务与学校办学属性这两个因素之间具有较为明显的交互效应，总体而言，有行政职务且学校办学属性偏向示范/骨干者，会表现出较高的应用导向科研水平。

第六节　研究发现与讨论

结合调研数据，本研究对高职院校应用导向科研水平进行了评估，分别在教师个体层面和学校组织层面做了单因素方差分析，也对教师个体层面与学校组织层面的部分控制变量做了双因素方差分析。接下来，本研究将对本部分的主要研究发现做进一步讨论。

一、高职院校应用导向科研水平不高

基于前期开发的高职院校应用导向科研水平评价三级指标体系权重及等级评估标准，本研究分别对高职院校应用导向科研总体水平、"科研行动选择"及"科研行动效益"做出相应的等级评估。

从总体水平来看，加权后实际得分 12403.46，加权后应得总分 17953.9，真实得分率为 69.09%，达到评估结果等级的第Ⅱ级；从"科研行动选择"来看，加权后实际得分 1953.57，加权后应得总分 2918.98，真实得分率为 66.93%，达到评估结果等级的第Ⅱ级；从"科研行动效益"来看，加权后实际得分 4356.29，加权后应得总分 6209.12，真实得分率为 70.16%，达到评估结果等级的第Ⅱ级。

结合权重系数，本研究对"科研行动选择"的真实情况做了进一步评估。从"教育教学研究"来看，加权后实际得分 311.43，加权后应得总分 596.37，真实得分率为 52.22%，达到评估结果等级的第Ⅲ级；从"应用技术研究"来看，加权后实际得分 413.12，加权后应得总分 645.15，真实得分率为 64.03%，达到评估结果等级的第Ⅱ级。

结合权重系数，本研究也对"科研行动效益"的真实情况做了进一步评估。从"师生素质提升"来看，加权后实际得分 1363.58，加权后应得总分 2045.37，真实得分率为 66.67%，达到评估结果等级的第Ⅱ级；从"校企创新发展"来看，加权后实际得分 740.91，加权后应得总分 1074.74，真实得分率为 68.94%，达到评估结果等级的第Ⅱ级。

整体来看，高职院校应用导向科研水平真实得分率在 70% 左右，除"教育教学研究"外，均处于评估结果等级的第Ⅱ级，尚未达到良好水平。这同样反映出，与其应用导向的科研定位相比，高职院校科研实践的"偏离"现象比较严重。

具体而言，在"科研行动选择"方面，无论是"教育教学研究"，还是"应用技术研究"，其真实得分率都低于总体水平。这说明，对高职院校专业教师而言，"教育教学研究"与"应用技术研究"仍然是薄弱环节。在"科研行动效益"方面,虽然其真实得分率要高于"科研行动选择",但是同样未达到良好水平。可见,科研对于"学生生涯发展能力提升""教师专业发展能力提升"的促进作用仍然比较有限。

二、高职院校应用导向科研水平在教师个体层面存在差异

本研究发现,就教师个体层面而言,高职院校应用导向科研水平在职称、企业工作经历、岗位类型、专业大类、行政职务等方面具有显著差异。

(一)中级职称组群体应用导向科研水平相对较低

从单因素方差分析结果来看,就高职院校应用导向科研总体水平、"科研行动效益"而言,正高职称组群体显著高于中级职称组群体;就高职院校"科研行动选择"而言,副高职称组群体显著高于中级职称组群体。就"应用技术研究"而言,正高职称组群体显著高于中级职称组群体;就"提供技术咨询与培训"而言,正高职称组群体依次大于中级、初级职称组群体。就"校企创新发展"和"学校同行竞争力提升"而言,正高职称组群体显著高于中级职称组群体。

从均值大小来看,在不同职称组群体中,无论是在总体水平上,还是在"科研行动选择""科研行动效益"方面,均呈现出相似的数据排序特征,即位于最低处的都是中级职称组群体。而且,除了"提供技术咨询与培训""学校同行竞争力提升"之外,在其他维度上,中级职称组群体均值相对最低。

由此可见,相比其他职称组群体,中级职称组群体应用导向科研水平相对较低。为了寻找原因,本研究对不同职称组群体所负荷的教学工作量做了比较分析,并发现,中级职称组群体所承担的教学工作量负荷明显更高。而后,本研究结合职称与教学工作量做了百分比同质性检验,并发现,相对于正高职称组群体,中级职称组群体承担的低教学工作量负荷显著较少,较高的教学工作量可能是影响其应用导向科研水平的重要原因。此外,也有相关研究表明,在高职院校,与其他职称教师相比,中级职称教师的职业压力最大。[①] 就此而言,职业压力可能也是影响其应用导向科

---

① 任君庆,张菊霞.高职院校教师职业压力:模型检验与实证分析[J].中国高教研究,2017 (09):89-93,104.

研水平的原因之一。

（二）企业工作经历较长组群体应用导向科研水平相对较高

从单因素方差分析结果来看，就高职院校应用导向科研总体水平而言，10年以上企业工作经历组群体显著高于没有企业工作经历组群体。就"科研行动选择"而言，呈现出随着企业工作经历减少而水平下降的趋势，即在10年以上、6~10年、5年及以下、无企业工作经历组群体中，前者依次高于后者。就"教育教学研究"和"教学互动与学生指导"而言，10年以上企业工作经历组群体显著高于无企业工作经历组群体；就"应用技术研究"而言，在10年以上、6~10年、5年及以下、无企业工作经历组群体中，前者依次大于后者；就"获得知识产权""参与技术研发""提供技术咨询与培训"而言，在10年以上、5年及以下、无企业工作经历组群体中，前者依次大于后者。就"企业发展环境优化"而言，10年以上企业工作经历组群体显著高于无企业工作经历组群体。

从均值大小来看，在不同企业工作经历组群体中，无论是在总体水平上，还是在"科研行动选择""科研行动效益"方面，均呈现出相似的数据排序特征。总体趋势是，随着企业工作经历的递增，整体呈上升趋势。随着企业工作经历的增加，教师在"科研行动选择"各个维度的均值水平也均呈现上升趋势。尤其需要注意的是，10年以上企业工作经历组群体在均值水平上明显高于其他组群体。

由此可见，对于高职院校应用导向科研水平而言，企业工作经历是至关重要的影响因素。企业工作经历越长，高职院校专业教师应用导向科研水平就越高。这种优势在应用技术研究方面体现得尤为明显，即拥有较长企业工作经历者，更有可能获得知识产权、参与技术研发、提供技术咨询与培训。一项关于瑞士应用科技大学的调查研究也表明，参与应用导向研究的教师一般都有3年以上的企业工作经历，而且这也是应用科技大学招聘教师的要求之一。①

（三）科研—社会服务型组群体应用导向科研水平相对较高

从单因素方差分析结果来看，在高职院校应用导向科研总体水平上，

---

① LEPORI B. Research in Non-university Higher Education Institutions. The Case of the Swiss Universities of Applied Sciences [J]. *Higher Education*, 2008, 56 (01): 45-58.

科研—社会服务型组群体显著高于教学型和其他组群体；在"科研行动选择"上，可以做如下排序：科研—社会服务型＞教学—科研型＞教学型；在"科研行动效益"上，可以做如下排序：科研—社会服务型＞教学—科研型＞其他＞教学型。就"应用技术研究""获得知识产权""参与技术研发""提供技术咨询与培训"而言，均存在教学—科研型组群体显著高于教学型组群体的情况。就"师生素质提升"而言，在科研—社会服务型、教学型、其他组群体中，前者依次高于后者；就"学生生涯发展能力提升""教师生涯发展能力提升""企业发展环境优化"而言，在科研—社会服务型、教学—科研型、教学型、其他组群体中，前者依次高于后者；就"校企创新发展"而言，教学—科研型组群体要高于教学型组群体。

从均值大小来看，在不同岗位类型组群体中，无论是在总体水平上，还是在"科研行动选择""科研行动效益"方面，除"学校同行竞争力提升"之外，均呈现出相似的数据排序特征。总体特征是，在科研—社会服务型、教学—科研型、其他、教学型组群体中，前者依次高于后者；在这之中，科研—社会服务型教师组群体尤为突出。

由此可见，与其他岗位类型组群体相比，科研—社会服务型组群体的应用导向科研水平相对较高。相比之下，教学型组群体的应用导向科研水平相对较低。为了寻找原因，本研究对不同岗位类型组群体所负荷的教学工作量做了比较分析，并发现，科研—社会服务型组群体承受的教学工作量相对较低，教学型组群体所承担的教学工作量负荷明显更高。教学工作量的低负荷有可能是科研—社会服务型组群体从事科研的重要因素，但教学工作的高负荷也可能是教学型组群体无暇顾及科研的重要因素。对此，也有相关研究表明，并不是所有教师都适合做应用导向研究，应该有岗位类型的差异，而且由于工程技术学科与人文社会学科的差异，能够从事研发岗位的人员也不同，高职院校要根据情况设置教学岗与研究岗。[①]

（四）工程技术含量较高专业大类组群体应用导向科研水平也较高

从单因素方差分析结果来看，在"科研行动效益"上，可以做如下排

---

① KYVIK S, SKOVDIN OJ. Research in the Non-university Higher Education Sector—Tensions and Dilemmas [J]. *Higher Education*, 2003, 45（02）: 203-222.

序：生物与化工大类>能源动力与材料大类>电子信息大类>土木建筑大类>装备制造大类>食品药品与粮食大类>资源环境与安全大类。具体来看，就"获得知识产权"而言，装备制造大类组群体显著高于电子信息大类组群体；就"参与技术研发"而言，生物与化工大类组群体显著高于电子信息大类组群体。就"师生素质提升"和"教师专业发展能力提升"而言，可以做如下排序：土木建筑大类>装备制造大类>电子信息大类>资源环境与安全大类；就"学生发展能力提升"而言，装备制造大类组群体显著高于资源环境与安全大类组群体。

从均值大小来看，在不同任教专业大类组群体中，高职院校应用导向科研水平呈现出相似的数据排序特征。总体特征是，生物与化工大类组群体要明显高于其他群体，而资源环境与安全大类组群体、食品药品与粮食大类组群体要明显低于其他组群体。

由此可见，不同专业大类在高职院校应用导向科研水平上存在较大差异。总体而言，工程技术含量较高的专业大类，其应用导向科研水平也相对更高。具体来看，不同专业大类在科研应用性优势上也存在一定差异，这可能与专业大类本身的特征存在较大关系。比如，装备制造大类组群体在"获得知识产权"上可能更具优势，生物化工大类组群体在"参与技术研发"上可能更具优势。相比之下，资源环境与安全大类组群体、食品药品与粮食大类组群体在应用导向科研水平上的劣势比较明显。

（五）具有行政职务组群体应用导向科研水平稍高

从独立样本T检验结果来看，在总体水平和"科研行动选择"上，不同行政职务的教师不具有显著差异，但在"科研行动效益"上具有显著差异。通过进一步的检验分析，从效果值来看，Eta平方为0.022，即是否拥有行政职务变量可以解释"科研行动效益"变量总方差中2.2%的变异量，二者是一种低度关联强度。

从均值大小来看，具有行政职务的教师在总体水平、"科研行动选择""科研行动效益"上要稍高于不具有行政职务的教师。

由此可见，具有行政职务组群体在应用导向科研水平上稍高，这种优势主要体现在"科研行动效益"上。其原因可能是，具有行政职务的专业教师可能掌握更多的资源，这使其在与企业合作及科研成果推广方面更有优势。但从进一步的检验分析来看，这种优势并不明显，只能算是微弱优势。

三、高职院校应用导向科研水平在学校组织层面存在差异

本研究发现，就学校组织层面而言，高职院校应用导向科研水平在城市类型、区域类型、办学属性等方面具有显著差异。

（一）地级市组群体应用导向科研水平相对较高

从单因素方差分析结果来看，在"科研行动选择"上，地级市组群体要显著高于省会城市组群体。就"应用技术研究""提供技术咨询与培训"而言，地级市组群体均高于省会城市组群体；就"获得知识产权"而言，直辖市/特区城市组群体要高于省会城市组群体。就"师生素质提升""学生生涯发展能力提升""校企创新发展""企业发展环境优化"而言，地级市组群体均高于省会城市组群体。

从均值大小来看，在不同城市学校组群体中，无论是在总体水平上，还是在"科研行动选择"（"获得知识产权"除外）、"科研行动效益"上，均呈现出相似的数据排序特征。总体特征是，在地级市、直辖市/特区、省会城市、县/县级市组群体中，前者依次高于后者；其中，地级市组群体尤为突出。

由此可见，地级市组群体应用导向科研水平相对较为突出。有趣的是，省会城市组群体应用导向科研水平反而低于地级市组群体。其原因可能是，省会城市普通本科院校更多。与普通本科院校相比，高职院校所能获得的资源比较有限，这也会间接影响到其科研实力。而处于地级市的高职院校面临的竞争压力要更小，在不少地级市甚至只有一所高职院校。因此，处于地级市的高职院校能够获得更多的资源支持。

（二）应用导向科研水平"中部地区塌陷"现象明显

从单因素方差分析结果来看，就高职院校应用导向科研总体水平、"科研行动效益"而言，东部地区组群体均高于中部地区组群体。就"开发教学媒体与工具"而言，东部地区组群体高于西部地区组群体；就"获得知识产权"而言，东部地区组群体高于中部地区组群体。就"师生素质提升""校企创新发展""企业发展环境优化"而言，东部地区组群体高于西部地区组群体；就"学校同行竞争力提升"而言，东部地区组群体高于西部地区组群体，西部地区组群体高于中部地区组群体。

从均值大小来看，在不同城市学校组群体中，无论是在总体水平上，还是在"科研行动选择""科研行动效益"上，均呈现出相似的数据排序特征。总体特征是，在东部地区、西部地区、中部地区组群体中，前者依次高于后者。在"开发教学媒体与工具"上，西部地区组群体明显低于东部地区和中部地区组群体。而在"获得知识产权"和"参与技术研发"上，中部地区组群体明显低于东部地区和西部地区组群体。

由此可见，中部地区组群体在应用导向科研水平上相对较低。其中，东部地区组群体应用导向科研水平最高并不奇怪；但令人惊奇的是，中部地区组群体的应用导向科研水平甚至低于西部地区组群体。亦即，应用导向科研水平的"中部地区塌陷"现象较为明显。对此，也有相关研究基于对教育人力、财力和物力资源省级差异的分析，发现了"教育中部塌陷"现象——即中部四省的教育发展水平不仅远远落后于东部沿海省份，还落后于西部地区众多省份，中部四省成为我国教育发展中的"塌陷"地区；同时还发现，中部四省的社会经济发展相对滞后和财政实力弱化、国家教育政策有选择性倾斜的非均衡发展策略和中部四省教育供求关系等，共同造成了"教育中部塌陷"现象的发生。① 由此可以推断，资源支持不足有可能是影响中部地区应用导向科研水平的原因之一。

（三）示范/骨干组群体应用导向科研水平相对较高

从单因素方差分析结果来看，就高职院校应用导向科研总体水平而言，省示范/骨干组群体显著高于其他组群体；就"科研行动选择"而言，国示范/骨干组群体高于其他组群体，省示范/骨干组群体高于其他组群体。就"应用技术研究""参与技术研发""提供技术咨询与培训"而言，在国示范/骨干、省示范/骨干、其他组群体中，前者依次大于后者；就"获得知识产权"而言，国示范/骨干组群体水平大于其他组群体。就"校企创新发展""学校同行竞争力提升"而言，省示范/骨干组群体高于其他组群体；就"企业发展环境优化"而言，国示范/骨干组群体高于其他组群体。

从均值大小来看，在不同办学属性学校组群体中，无论是在总体水平

---

① 王远伟. 我国"教育中部塌陷"现象解读：基于省际教育数据的实证分析[J]. 教育发展研究，2010（03）：42-47.

上，还是在"科研行动选择""科研行动效益"上，均呈现出相似的数据排序特征。总体特征是，在省示范/骨干、国示范/骨干、其他组群体中，前者依次高于后者；其中，其他组群体明显最低。在"应用技术研究"方面，国示范/骨干、省示范/骨干组群体均值水平要明显高于其他组群体。在"校企创新发展"方面，国示范/骨干、省示范/骨干组群体均值水平要明显高于其他组群体。

由此可见，相比其他组群体，示范/骨干组群体应用导向科研水平相对较高。其原因可能是，与一般高职院校相比，示范/骨干高职院校所获得的资源支持力度更大，且这种优势可能是全方位的，而科研只是其中一方面。如有学者所言，国家示范性高职院校建设对周边院校的带动作用相当有限，示范院校并不会影响邻近普通院校的资源获得水平。[①]

四、高职院校应用导向科研水平在个体与组织层面存在交互效应

结合双因素方差分析的结果，本研究发现，高职院校应用导向科研水平在个体与组织层面存在交互效应。

（一）学校所在城市较大且有较长企业工作经历者应用导向科研水平较高

经过主体间效应检验，"企业工作经历×学校所在城市"在总体水平、"科研行动选择""科研行动效益""教育教学研究""应用技术研究""校企创新发展""开发教学媒体与工具""教学互动与学生指导""获得知识产权""参与技术研发""提供技术咨询与培训""学生生涯发展能力提升""企业发展环境优化"等方面存在极其显著差异；在"师生素质提升""学校同行竞争力提升"方面存在显著差异；在"教师专业发展能力提升"方面不存在显著差异。

为了进一步验证其具体差异，本研究对"企业工作经历×学校所在城市"做了成对比较分析。以应用导向科研总体水平为例，将企业工作经历作为控制变量，考察不同城市对应用导向科研水平可能带来的影响时，研究发现，"无企业工作经历×直辖市/特区"组群体和"无企业工作经历×

---

① 刘云波. 国家示范性高职院校带动周边高职院校发展了吗 [J]. 北京大学教育评论，2019，17（02）：57-75.

地级市"组群体要显著高于"无企业工作经历×县/县级市"组群体;"5年及以下企业工作经历×地级市"组群体要显著高于"5年及以下企业工作经历×直辖市/特区"组群体和"5年及以下企业工作经历×省会城市"组群体;"10年以上企业工作经历×直辖市/特区"组群体要显著高于"10年以上企业工作经历×省会城市"组群体和"10年以上企业工作经历×县/县级市"组群体。

以应用导向科研总体水平为例。研究发现,在将学校所在城市作为控制变量,考察不同企业工作经历是否会对应用导向科研水平带来影响时,"直辖市/特区×10年以上企业工作经历"组群体会显著高于"直辖市/特区×5年及以下企业工作经历"组群体;"地级市×5年及以下企业工作经历"组群体和"地级市×10年以上企业工作经历"组群体会显著高于"地级市×无企业工作经历"组群体;"县/县级市×5年及以下企业工作经历"组群体会显著高于"县/县级市×无企业工作经历"组群体。

由此可见,企业工作经历与学校所在城市这两个因素之间具有较为明显的交互效应。总体而言,学校所在城市较大且具有较长时间企业工作经历者,会表现出较高的应用导向科研水平。但同样需要关注的是,在不同企业工作经历条件下,地级市组群体表现出比较突出的优势。

(二)岗位类型偏科研且学校办学属性偏示范/骨干者应用导向科研水平较高

经过主体间效应检验,"岗位类型×学校办学属性"在总体水平、"科研行动选择""科研行动效益""教育教学研究""应用技术研究""师生素质提升""校企创新发展""获得知识产权""参与技术研发""提供技术咨询与培训""学生生涯发展能力提升"等方面存在极其显著差异;在"教学互动与学生指导""教师专业发展能力提升""学校同行竞争力提升""企业发展环境优化"等方面存在显著差异;在"开发教学媒体与工具"方面不存在显著差异。

为了进一步验证其具体差异,本研究对"岗位类型×学校办学属性"做了成对比较分析。以应用导向科研总体水平为例,研究发现,在将岗位类型作为控制变量,考察不同学校办学属性对应用导向科研水平可能带来的影响时,"教学型×省示范/骨干"组群体显著高于"教学型×其他"组群体;"科研—社会服务型×其他"组群体显著高于"科研—社会服务型×

省示范/骨干"组群体。

以应用导向科研总体水平为例。研究发现，在将学校办学属性作为控制变量，考察不同岗位类型对应用导向科研水平可能带来的影响时，"其他×科研—社会服务型"组群体显著高于"其他×教学—科研型"组群体、"其他×其他"组群体、"其他×教学型"组群体。

由此可见，岗位类型与学校办学属性这两个因素之间具有较为明显的交互效应。总体而言，岗位类型偏向科研且学校办学属性偏示范/骨干者，往往会表现出较高的应用导向科研水平。

（三）有行政职务且学校办学属性偏示范/骨干者应用导向科研水平较高

经过主体间效应检验，"行政职务×学校办学属性"在总体水平"科研行动选择""科研行动效益""应用技术研究""校企创新发展""提供技术咨询与培训""学校同行竞争力提升"等方面存在极其显著差异；在"教育教学研究""师生素质提升""获得知识产权""参与技术研发""学生生涯发展能力提升""教师专业发展能力提升""企业发展环境优化"等方面存在显著差异；在"开发教学媒体与工具""教学互动与学生指导"等方面不存在显著差异。

为了进一步验证其具体差异，本研究对"行政职务×学校办学属性"做了成对比较分析。以应用导向科研总体水平为例。研究发现，在将学校办学属性作为控制变量，考察是否具有行政职务是否会对应用导向科研水平产生影响时，"其他×有行政职务"组群体要显著高于"其他×无行政职务"组群体。

以应用导向科研总体水平为例。研究发现，在将行政职务作为控制变量，考察学校办学属性是否会对应用导向科研水平产生影响时，"无行政职务×国示范/骨干"组群体要显著高于"无行政职务×其他"组群体；"无行政职务×省示范/骨干"组群体要显著高于"无行政职务×其他"组群体。

由此可见，行政职务与学校办学属性这两个因素之间具有较为明显的交互效应，总体而言，有行政职务且学校办学属性偏示范/骨干者，会表现出较高的应用导向科研水平。

本章小结

结合前期开发的高职院校应用导向科研水平评价标准，通过对高职院校教师的问卷调查，本研究发现，整体来看，高职院校应用导向科研水平真实得分率在70%左右，除"教育教学研究"外，均处于评估结果等级的第Ⅱ级，尚未达到良好水平，科研应用导向特征不强。在教师个体层面，中级职称组群体应用导向科研水平相对较低，企业工作经历较长组群体应用导向科研水平相对较高，科研—社会服务型组群体应用导向科研水平相对较高，不同专业大类组群体在应用导向科研水平上差异明显，具有行政职务组群体应用导向科研水平稍高；在学校组织层面，地级市组群体应用导向科研水平相对较高，应用导向科研水平"中部地区塌陷"现象明显，示范/骨干组群体应用导向科研水平相对较高。本研究还发现，高职院校应用导向科研水平在教师个体层面和学校组织层面之间存在交互效应。学校所在城市较大且有较长企业工作经历者，会表现出较高的应用导向科研水平；岗位类型偏科研且学校办学属性偏示范/骨干者，会表现出较高的应用导向科研水平；有行政职务且学校办学属性偏示范/骨干者，会表现出较高的应用导向科研水平。

第五章　高职院校应用导向科研实践困境的案例研究

在量化研究阶段，本研究发现，高职院校应用导向科研水平不高、特征不强。与其应用导向科研定位相比，高职院校科研实践的偏离现象比较明显。然而，对于高职院校科研实践偏离其定位的原因仍然缺乏有说服力的解释。为了探究高职院校科研实践背后的深层次逻辑，本阶段研究根据量化研究结果重新进行了研究设计，从社会学制度主义视角出发，开发出分析框架，并遴选不同类型高职院校展开深入的案例研究。

第一节　研究设计与分析框架

研究设计是案例研究的行动指南，分析框架则是案例研究的灵魂所在。因此，在开展正式的案例研究之前，有必要阐明本阶段的研究设计与分析框架，从而为后续研究提供必要的基础。

一、研究设计

（一）研究问题

基于量化研究结果，本阶段研究主要回答 4 个研究问题。其中，问题 1 为本阶段的核心研究问题，问题 2、问题 3、问题 4 则更多是为佐证分析前述量化研究结果而提出的。

1. 高职院校应用导向科研水平整体不高的背后逻辑是什么？
2. 高职院校应用导向科研水平为何会在教师个体层面表现出差异？
3. 高职院校应用导向科研水平为何会在学校组织层面表现出差异？
4. 高职院校应用导向科研水平为何会在个体与组织层面存在交互效应？

（二）研究目标

基于上述研究问题，本阶段研究主要是为量化研究结果提供科学的解释。研究目标包括 4 个，其中，目标 1 是本阶段的核心研究目标，目标 2、目标 3、目标 4 则更多是完成对前述量化研究结果的解释。

1. 从全局视角出发，找到制约高职院校应用导向科研水平提高的因素，并厘清其内在的作用机制，力求提出根本性的解决方案。

2. 结合典型个案，针对高职院校应用导向科研水平在职称、企业工作经历、岗位类型、专业大类、行政职务等方面存在的显著性差异，做出相应解释。

3. 结合典型个案，针对高职院校应用导向科研水平在学校所在城市、学校所在区域、学校办学属性等方面存在的显著性差异，做出相应解释。

4. 结合典型个案，针对高职院校应用导向科研水平在"企业工作经历×学校所在城市""岗位类型×学校办学属性""行政职务×学校办学属性"等方面存在的交互效应，做出相应解释。

（三）研究方法

本阶段研究将主要采用案例研究方法。罗伯特·K. 殷认为，案例研究是一种渴求接近或深入研究真实生活环境中的现象，尤其是待研究的现象与其所处环境背景之间没有明显边界的实证研究方法。[①] 也就是说，案例研究方法是通过对特定社会背景之下复杂案例现象的描述来深刻揭示其背后的逻辑规律。案例研究主要适用于以下三种情形：主要问题为"怎么样""为什么"，研究者几乎无法控制研究对象，研究的重点是当前的现实现象。[②]

本研究之所以采用案例研究方法，主要基于以下三个方面的考虑。其一，在前文中，通过量化研究方法，本研究已经对高职院校应用导向科研"是什么"的问题做出了回答，但是未能解决"为什么"的问题，这也正是本阶段研究的重要目标。其二，本研究的主要对象是高职院校教师，作为具有主观能动性的个体，高职院校教师的行为机制并不受笔者控制。其

---

① 罗伯特·K. 殷. 案例研究：设计与方法：原书第 5 版 [M]. 周海涛, 史少杰, 译. 重庆：重庆大学出版社, 2017: 21.
② 罗伯特·K. 殷. 案例研究：设计与方法：原书第 5 版 [M]. 周海涛, 史少杰, 译. 重庆：重庆大学出版社, 2017: 12-15.

三,本研究的重点是聚焦当前阶段的高职院校科研实践困境,了解当下制约其应用导向科研水平提高的关键因素,因此,这也是本研究重点考察的现实现象。

(四) 研究抽样

在殷看来,案例研究设计包括单案例研究设计和多案例研究设计。单案例研究设计的特点是选择最具典型性的单个案例进行研究,旨在揭示单个案例背后的逻辑规律。与单案例研究设计不同,多案例研究设计在具备单案例研究设计基本特征的同时,更强调多个案例之间的相互比较,并在比较分析的过程中总结特定现象背后的行动逻辑。殷认为,在有条件(和资源)的前提下,应选择多案例研究设计,哪怕是只包含两个案例的双个案研究设计也比单个案研究设计的成功机会大得多。[①] 根据嵌入分析单位个数的不同,多案例研究设计又可以细分为两类:一类是以单个分析单位为基础进行整体性分析的多案例研究设计,另一类则是以多个分析单位为基础进行嵌入性分析的多案例研究设计。

为了寻求更大的解释空间,本研究倾向于采用嵌入性多案例研究设计这种更为深入细致的研究策略。作为质性研究方法的一种,案例研究多采用目的性抽样,"即按照研究的目的抽取能够为研究问题提供最大信息量的研究对象"[②]。而且,在抽样方面,与量化研究追求样本代表性不同的是,案例研究更追求样本的典型性。代表性是统计性样本的属性,是样本是否再现或代表总体的一种性质;典型性不是个案"再现"总体的性质(代表性),而是个案集中体现了某一类别的现象的重要特征。[③] 基于上述考量,本研究进一步明确了抽样的目的,主要包括以下两个步骤。

第一步是对高职院校的抽样。考虑到研究的必要性和精力的有限性,笔者初步确定了 4 所高职院校进行案例研究。高职院校抽样的主要依据是前文量化阶段的研究结果,但是在具体抽样过程中同样会面临次序性、便利性、重要性等问题。从双因素方差分析结果来看,高职院校在办学属性

[①] 罗伯特·K. 殷. 案例研究:设计与方法 [M]. 原书第 5 版. 周海涛,史少杰,译. 重庆:重庆大学出版社,2017:79.

[②] 陈向明. 质的研究方法与社会科学研究 [M]. 北京:教育科学出版社,2000:103.

[③] 王宁. 代表性还是典型性?:个案的属性与个案研究方法的逻辑基础 [J]. 社会学研究,2002,17 (05):123-125.

层面出现了两次交互效应，因此，办学属性也就成为本次抽样考虑的首要因素。从全国范围看，鉴于国示范/骨干、省示范/骨干高职院校的数量偏少，所以笔者决定选择两所一般高职院校。根据量化研究阶段的分析结果，虽然高职院校应用导向科研水平在学校办学性质、学校是否拥有行业办学背景等方面并没有检验出显著性差异，但笔者仍想探究学校办学性质、学校是否拥有行业背景是否会对应用导向科研水平产生影响。根据全国高职院校公办与民办数量的比例，本研究决定选择 3 所公办高职院校、1 所民办高职院校。为了进一步考察行业背景的影响，本研究决定选择 3 所无行业背景高职院校、1 所有行业背景高职院校。而后，结合量化研究阶段城市类型的差异，本研究决定选择 3 所地级市高职院校和 1 所直辖市高职院校。之所以没有选择省会城市高职院校，原因在于，在考虑前述因素的基础上，笔者并未找到合适的访谈学校，所以退而求其次，选择了 1 所具有行业背景的地级市高职院校。考虑到抽样的便利性和重要性，本研究选择的 4 所案例高职院校均位于我国东部地区。最后，本研究确定的高职院校抽样方案如表 5-1 所示。为了匿名化处理与表述方便，分别将这 4 所高职院校命名为 H、N、C、S。

表 5-1 案例研究阶段访谈学校基本信息

学校名称	办学属性	办学性质	行业背景	城市类型	区域类型
H 高职院校	国示范	公办	无	地级市	东部地区
N 高职院校	省示范	公办	无	地级市	东部地区
C 高职院校	一般	公办	有	地级市	东部地区
S 高职院校	一般	民办	无	直辖市	东部地区

第二步是对研究对象的抽样。在选定案例高职院校之后，笔者开始正式进入研究"现场"。对于具体研究对象的选择，仍然主要考虑的是典型性问题。由于研究对象遴选的复杂性，笔者很难严格按照研究设想来进行抽样。在条件允许的情况下，笔者尽量保证在每所案例高职院校能够访谈到 5~8 位专业教师，并从中遴选出最具有典型性的个案。由于理、工、农、医等不同类型研究的差异性，本研究在量化研究阶段就确定了聚焦工程技术相关专业教师研究的方案，在案例研究阶段，笔者延续了这一思

路，即主要遴选具有工程技术相关专业背景的教师进行访谈。为了进一步增强"三角互证"力度，提高研究效度，本研究还特地访谈了部分高职院校的科研管理人员。由于访谈管理人员（包括部分学校科研主管领导）的难度更高，因此，本研究未能保证访谈对象全部具有工程技术相关专业背景。根据量化研究阶段的分析结果，高职院校应用导向科研水平在教师的企业工作经历时长、岗位类型、行政职务方面具有显著性差异，而且存在交互效应，这也是随后进行个案遴选的重要依据。而后，本研究考虑到不同职称存在的显著性差异，也有意识地将职称类型作为个案遴选的依据。此外，本研究也考虑到了性别的均衡和学历的多元性等问题。尤其是近年来，高职院校新进专业教师已基本具有硕士研究生及以上学历，部分甚至具有博士研究生学历。因此，本研究也适当遴选了部分具有博士研究生学历的专业教师。最后，本研究确定的教师抽样方案如表 5-2 所示。访谈对象总共 27 名，其中，有 7 名科研管理人员[①]，20 名专业教师。为了表述方便，分别对高职院校科研管理人员（用"G"表示）和专业教师（用"J"表示）进行了编号。比如，"H-G-1"表示在 H 高职院校访谈的第一位科研管理人员，"N-J-1"表示在 N 高职院校访谈的第一位专业教师。此外，本研究还对被访谈对象的姓名做了匿名化处理。

表 5-2 案例研究阶段访谈对象的基本信息

编号	简称	性别	学历	专业大类	职称	企业工作经历	岗位类型	行政职务
H-G-1	YS	男	硕士研究生	教育与体育大类	正高	6~10 年	管理岗	有
H-G-2	MZ	女	硕士研究生	教育与体育大类	副高	无	管理岗	有
H-G-3	GX	女	硕士研究生	公共管理与服务大类	初级	无	管理岗	有
H-J-1	SY	男	本科	装备制造大类	副高	10 年以上	科研—社会服务岗	无

---

① 需要说明的是，作为公有民办院校的 S 高职院校并没有设置独立的科研处，所以未能访谈到该校的科研管理人员。

续表

编号	简称	性别	学历	专业大类	职称	企业工作经历	岗位类型	行政职务
H-J-2	HC	女	博士研究生	土木建筑大类	中级	无	教学—科研岗	无
H-J-3	JL	男	博士研究生	土木建筑大类	中级	无	教学—科研岗	无
H-J-4	JX	男	博士研究生	装备制造大类	中级	无	教学—科研岗	无
H-J-5	YZ	男	博士研究生	农林牧渔大类	副高	5年及以下	教学—科研岗	有
N-G-1	MS	女	硕士研究生	文化艺术大类	副高	无	管理岗	有
N-G-2	FX	女	本科	装备制造大类	正高	无	管理岗	有
N-J-1	ZQ	男	硕士研究生	装备制造大类	副高	10年以上	教学—科研岗	无
N-J-2	DM	女	本科	电子信息大类	正高	无	"双肩挑"岗	有
N-J-3	ED	男	博士研究生	能源动力与材料大类	副高	5年及以下	教学—科研岗	有
N-J-4	WZ	男	硕士研究生	电子信息大类	正高	6~10年	教学—科研岗	有
N-J-5	TJ	女	本科	电子信息大类	中级	无	教学岗	无
C-G-1	SC	男	硕士研究生	教育与体育大类	正高	无	管理岗	有
C-G-2	HP	男	硕士研究生	公共管理与服务大类	正高	无	管理岗	有
C-J-1	LF	男	硕士研究生	公共管理与服务大类	中级	5年及以下	教学—科研岗	无
C-J-2	ZH	女	硕士研究生	水利大类	正高	5年及以下	教学—科研岗	有

续表

编号	简称	性别	学历	专业大类	职称	企业工作经历	岗位类型	行政职务
C-J-3	JW	男	博士研究生	土木建筑大类	正高	6~10年	"双肩挑"岗	有
C-J-4	ZL	女	硕士研究生	文化艺术大类	副高	无	教学—科研岗	有
C-J-5	SZ	男	博士研究生	能源动力与材料大类	中级	无	教学—科研岗	无
S-J-1	WT	男	硕士研究生	交通运输大类	初级	无	教学岗	无
S-J-2	YZ	男	本科	交通运输大类	副高	10年以上	教学岗	无
S-J-3	WY	女	本科	装备制造大类	副高	6~10年	教学岗	无
S-J-4	LS	女	本科	交通运输大类	初级	无	教学岗	无
S-J-5	GE	男	本科	交通运输大类	初级	无	教学岗	无

注:"双肩挑"岗是指教学与管理兼顾的岗位。

(五)资料搜集

本阶段的资料搜集经历了三个阶段。第一阶段是科研文本搜集阶段。为了了解高职院校当前阶段与科研相关的各种制度文本,本研究搜集了大量的相关资料,主要涉及职称评审制度文本、绩效考核制度文本、岗位评聘制度文本等。第二阶段是预访谈阶段。此阶段的主要目的是,在为量化研究阶段问卷设计奠定基础的同时,初步探索案例研究的主题,并为拟定正式的访谈提纲提供基础。预访谈分三次集中进行:一次是对J省高职院校专业教师科研能力提升培训班的教师进行一对一访谈,一次是对Z省和S直辖市3所高职院校科研骨干教师和科研处处长进行一对一访谈,一次是对C直辖市高职院校校长培训班学员进行一对一访谈。三次预访谈总共访谈了15位工程技术相关专业教师、3位科研处处长和3位科研主管副校长。每次访谈持续时间在0.5~1小时,并在征得访谈对象同意的前提下对访谈内容进行了录音。预访谈统一编码为Y,比如"Y-J-1"表示访谈的第一位专业教师,"Y-G-1"表示访谈的第一位科研管理人员。第三阶段是正式访谈阶段。本阶段的主要目的是在拟定分析框架和访谈提纲的基础上，为正式的案例研究搜集必要资料。需要提及的是，在预访谈阶段，由于访谈对象多是以较为"官方"的形式被推荐给笔者，这使得访谈双方存在较强的距离感，部分访谈效果不佳。为了更好地进入"现场"，笔者在正式访谈阶段有意调整了访谈策略，在选定访谈目标学校的基础上，更多地通过熟人介绍与访谈对象进行接触。每次访谈持续时间在 0.5~1 小时，并在征得访谈对象同意的前提下对所有访谈内容进行了录音。

（六）资料分析

资料分析主要涉及两个方面的内容：一方面是科研相关制度文本的分析，另一方面是访谈文本资料的分析。面对繁杂的原始资料，本研究主要借助 NVivo11 Plus 软件，并遵循阅读原始资料、登录、寻找"本土概念"、建立编码、归类和深入分析的思路进行梳理分析。在资料搜集的前两个阶段，本研究对前期搜集的资料进行了初步分析，主要目的是进一步确定正式分析框架。将访谈录音转录成文本之后，预访谈文字累计约 8 万字，正式访谈文字累计约 21 万字。在正式访谈资料搜集完毕之后，本研究开始对访谈内容展开系统分析。首先，本研究将所有访谈录音转录成文本，而后进行初步的阅读，并整理出基本思路。其次，本研究在分析框架的指导基础上，在访谈资料中寻找"本土概念"，并进行选择性编码。[①] 最后，本研究在编码的基础上对研究内容做了进一步分类和深入分析。其中，在深入分析部分，本研究注重寻求实证资料与理论框架的"对话"，并追求二者的有机融合。

二、分析框架

如前文所言，寻找高职院校应用导向科研实践困境的背后逻辑，是本阶段研究的核心任务。本研究拟从社会学新制度主义的视角切入，寻求对高职院校应用导向科研实践困境更具解释力的分析框架。

（一）社会学新制度主义视角的解释力

从以往的研究来看，对制度定义的界定呈现出多样性特征。如 W. 理查德·斯科特认为，"制度"是社会思想和理论中最古老、使用频率最高

---

① 编码方式一般分为开放式编码、轴心式编码和选择式编码三种。由于理论分析框架是研究开展的指导方针，因此，本研究倾向于根据需要对访谈内容进行选择式编码。

的概念之一，并且在漫长的理论历程中不断展现出新的含义：这就像一艘船的外壳，旧的一层附着物还没有脱落，新的一层又附着其上。① 根据学科研究视角的不同，可以将制度主义理论划分为三大流派：历史制度主义、理性选择制度主义和社会学制度主义。② 根据制度主义发展阶段的不同，又可以将其分为旧制度主义阶段和新制度主义阶段。就本研究而言，选择研究视角前必须回答两个基本问题：为何是社会学制度主义，而不是历史制度主义、理性选择制度主义？为何是新制度主义，而不是旧制度主义？

1. 为何是社会学制度主义

制度主义的三大流派由于各自所依赖的学科基础不同，因此，其理论框架、关注重点等也有较大差异。历史制度主义的核心概念是"历史"和"脉络"，它关注有意义行为和结构脉络的相互作用，具有两个特征：第一个特征是以制度模式和形态为焦点解释社会现象，第二个特征是将制度视为历史的产物。③ 虽然历史制度主义视角可以为本研究提供重要的背景基础与解释空间，但很难以此为依据开发一般化理论并对个体的微观行为进行解释。而且，特定历史发展阶段的制度产物并非本研究的关注重点，所以本研究很难在整个案例研究过程中以此为逻辑主线贯穿使用。理性选择制度主义的主要研究对象为经济现象、政治现象等，在解释制度的起源、效果及稳定和变化时将焦点放在谋求效应最大化的理性经济人之上，是理性选择制度主义最重要的特征。④ 但是，理性选择制度主义同样存在缺陷，它将行为的发生机制过多地归咎于理性经济人假设，常常忽略个体行为选择中的非正式制度，也缺乏对权力关系的关注。在本研究中，通过前期预访谈，我们可以发现，个体行为机制并不仅仅受到理性的驱动，如果缺乏对微观层面非正式制度的关注，将很难厘清高职院校教师在应用导向科研实践中的行为机制。

---

① W. 理查德·斯科特. 制度与组织：思想观念与物质利益 [M]. 3 版. 姚伟，王黎芳，译. 北京：中国人民大学出版社，2010：3.
② PETEReter AH, Taylor RR. Political Science and the Three New Institutionalism [J]. Political Studies, 1996, 44 (05)：936-957.
③ 河连燮. 制度分析：理论与争议 [M]. 2 版. 李秀峰，柴宝勇，译. 北京：中国人民大学出版社，2014：21-25.
④ 河连燮. 制度分析：理论与争议 [M]. 2 版. 李秀峰，柴宝勇，译. 北京：中国人民大学出版社，2014：36.

在人的存在里，人的社会存在是关键的一维，所以社会学反复研究的根本问题是人之为人有何意义，作为具体情境里的人又有何意义。① 相应地，社会学制度主义强调要解释人与人之间的互动关系、人与社会之间的互动关系。社会学制度主义的特点可以概括为批判理性选择模型，强调认知、文化层面，关注作为自变量的制度和不适合以个体行为的简单加总进行解释的超个体分析单位。② 而且，在社会学制度主义看来，人类活动会经历从惯习化到制度化的演变过程。所有人类活动都会受到惯习化的影响，任何一种活动只要不断地重复就会形成一种模式，后者可以较为经济省力地进行再重复，并可为行动者所理解；"惯习化"的意思表明，正在谈论/当前的行动在未来正好可以按照相同的方式同样省力地去操作；无论什么时候，只要存在与各种类型行动者惯习化的行动相应的典型化（定型化）行动，就可以说制度化已经出现。③

相对历史制度主义和理性选择制度主义，社会学制度主义对于解释本研究中的问题更具有适切性。从本质上来说，高职院校教师的科研行动问题，也是一个社会行动问题。从社会学视角切入并探讨这一问题，有助于我们厘清高职院校应用导向科研实践背后的逻辑。塔尔科特·帕森斯认为，行动逻辑必然包含以下四个方面：一个当事人，即"行动者"；为了说明起见，这个行动必须有"目的"，即该行动过程所指向的未来事实；该项行动必然在一种"处境"内开始；其发展趋势在一个或几个重要方面不同于该行动所指向的事实即目的。这种处境又可分解为两类成分：第一类可以叫作行动的"条件"，第二类可以叫作行动的"手段"；当这个单位用于分析时，它的概念内在地包含着这些成分之间某种形式的关系；只要该处境允许对达到目的的手段有所选择，在那种选择中就存在行动的一种"规范性"取向。④ 由上可知，对行动者而言，其行动往往受到结构性因素的制约，内在地遵循着一定的行动逻辑，并发挥着特定的功能。就此

---

① 彼得·伯格. 与社会学同游：人文主义的视角 [M]. 何道宽，译. 北京：北京大学出版社，2008：168.
② DIMAGGIO PJ. *Interest and Agency in Institutional Theory* [M]. Cambridge：Ballinger，1988：3-21.
③ 彼得·伯格，托马斯·卢克曼. 现实的社会构建 [M]. 汪涌，译. 北京：北京大学出版社，2009：46-47.
④ 塔尔科特·帕森斯. 社会行动的结构 [M]. 张明德，夏遇南，彭刚，译. 南京：译林出版社，2012：49-50.

而言，教师无疑是高职院校科研的重要行动者，他们往往出于某种目的来开展科研行动，其应用导向"科研行动选择"与"科研行动效益"往往受到高职院校科研制度环境的制约。

2. 为何是新制度主义

回顾社会学制度主义流派的发展历程，它经历了从旧制度主义向新制度主义的演进之路。在这一演变过程中，制度主义理论的关注重点也发生了相应的变化。

社会学旧制度主义的代表人物是菲利普·塞尔兹尼克。其代表作《田纳西河谷管理局与基层结构》发表于1949年，这是一个关于田纳西水利工程大坝和管理机构的研究。该工程发起于20世纪30年代，其目的是为当地居民提供便利、制造肥料、控制水灾等。然而，塞尔兹尼克通过研究发现，这一工程表面看来是个大众参与的工程，但是在实际运作中产生了一个强大的利益集团，这一利益集团控制了整个工程，结果是很多项目的实施与当初设计的组织目标背道而驰；这一项目的初衷是帮助穷人，但是其执行的结果是富人得到了利益和服务。① 这一研究可以看作社会学旧制度主义理论的奠基，其重要意义在于，它首次指出，组织并非韦伯式的技术组织②，组织是一个开放的系统，其发展演变是与周围环境互动的结果，而非人为设计的结果。总体而言，以塞尔兹尼克为代表的旧制度主义主要具有以下四个方面的特征：其一，以个别组织为分析对象，关注个别组织的制度化过程；其二，关注组织的规范层面，组织意味着技术手段，因而实现目的之后可以被抛弃，但制度的特征是具有超越业务技术要求的某种价值，组织制度化意味着组织依靠身份认同可以存续下去，而这种维持只有在组织能够适应外部环境并完成内化的情况下才能实现；其三，在关注个别组织并解释它们的形态及变化的同时，重视组织成员的自利追求及由此派生的组织内冲突；其四，关注制度在规范层面对个体行为的影响力，并且在社会化过程中寻找二者的结合机制，即制度影响个体行为的机制。③

---

① 周雪光. 组织社会学十讲 [M]. 北京：社会科学文献出版社，2003：70.
② 技术组织的主要含义是组织只是技术的组合体，是为完成某种任务而建立的技术体系。
③ 河连燮. 制度分析：理论与争议 [M]. 2版. 李秀峰，柴宝勇，译. 北京：中国人民大学出版社，2014：16.

到了 20 世纪下半叶，社会学制度主义研究和组织研究逐渐呈现出合流趋势，并最终形成了社会学新制度主义流派。戴维·斯维尔曼是最早将制度主义理论引入组织研究的学者之一，他对当时所流行的权变理论、结构—功能理论持怀疑态度，进而提出了组织现象学的观点，他尤其关注组织在社会行动中被建构和重构的方式。皮埃尔·布迪厄"场域"概念的提出，进一步推动了社会学新制度主义理论的发展。布迪厄认为："场域是诸种客观力量被调整定型的一个体系（其方式很像磁场），是某种被赋予了特定引力的关系构型，这种引力被强加在所有进入该场域的客体和行动者身上。"① 在他看来，社会科学研究的真正对象应该是场域，而非个体，应该将场域作为研究操作的焦点。到了 20 世纪 70 年代，约翰·W. 迈耶和布雷恩·罗文将新制度主义理论推向了新的高潮，他们将制度看作一种文化性规则复合体，认为组织结构会受到制度环境变迁的影响，这是社会学新制度主义流派形成的重要标志。随后，保罗·J. 迪马吉奥、沃尔特·W. 鲍威尔、斯科特等人又进一步发展了新制度主义理论，社会学制度主义流派逐渐趋于成熟。总体而言，与社会学旧制度主义相比，社会学新制度主义的典型特征有：其一，强调应该将分析单位放到组织场域层面，关注组织场域所处环境的影响力；其二，关注组织外围的假设、象征和意义体系，尤其关注制度的认知层面；其三，重视社会现象的宏观层面和围绕个人行为的、日常的、理所当然的假设；其四，关注个体对社会的认知，以及与此相关的意义体系和象征体系的影响力。②

在量化研究阶段，本研究发现，高职院校科研的应用导向特征不明显。本研究也发现，其应用导向科研水平受到教师个体层面因素、学校组织层面因素的显著影响。而且，教师个体层面因素与学校组织层面因素会产生交互效应。如果将上述问题放到组织场域层面重新审视，将有利于提供更为全面和精细的解释。原因在于，从组织场域层面切入进行分析，不仅可以展现学校所面临的制度环境、教师所面临的制度环境，而且可以对学校组织与教师个体的互动机制进行深入探讨。基于上述考虑，本研究选

---

① 皮埃尔·布迪厄，华康德. 实践与反思：反思社会学导引 [M]. 李猛，李康，译. 北京：中央编译出版社，2004：17.
② 河连燮. 制度分析：理论与争议 [M]. 2 版. 李秀峰，柴宝勇，译. 北京：中国人民大学出版社，2014：16.

用社会学新制度主义视角来寻求对高职院校应用导向科研实践困境的新解释。

（二）基于组织场域的分析框架构建

基于组织场域这一分析层次，本研究充分发挥"社会学的想象力"，综合借鉴迈耶、罗文的分析框架和斯科特的分析框架，并试图进一步整合两种分析框架，最终构建出适合本研究需要的分析框架。

1. 对迈耶、罗文分析框架的借鉴

1977 年，迈耶、罗文共同发表了《制度化组织：作为神话和仪式的正式结构》[1] 一文，这篇论文被看作社会学新制度主义流派的奠基之作。美国是典型的联邦制国家，每个州享有教育自治权。如果以当时流行的权变理论为依据，每个州的教育体制就会因为技术环境的不同而存在较大差异。但事实上，各州的教育体制结构并不存在较大差异，甚至存在较为明显的"组织趋同性"现象，这是权变理论无法解释的。根据迈耶和罗文的观察，联邦政府尽管没有在体制上对各州进行统一管理，但是在向各州学区提供各种财政支持和资源分配时会提出各种制度化要求，要求各州学区遵守联邦政府所制定的各种规章制度。在此背景之下，为了获得更多的财政支持与资源分配，各州学区不得不设置相似的组织机构来应对联邦政府的各种要求，"组织趋同性"现象由此产生。对此，迈耶和罗文提出，必须从组织所处环境的角度去解释组织的各种行为与可能产生的现象。组织环境可以分为技术环境和制度环境。技术环境主要遵循效率机制，而制度环境主要遵循合法性机制。但是，技术环境和制度环境对组织的要求常常是相互矛盾的。在技术环境中，组织由于产品服务质量的改进和产量的提高而受到奖励。[2] 制度环境要求组织必须服从"合法性"机制，采用那些在制度环境下"广为接受"的组织形式和做法，而不管这些形式和做法对组织的内部运作是否有效率。[3] "不同类型的组织都是处于这两种不同环境的共同作用之下，也就是说，组织的环境实际上是由这两种不同的环境

---

[1] MEYER JW, ROWAN B. Institutionalized Organizations: Formal Structures as Myth and Ceremony [J]. *American Journal of Sociology*, 1977, 83 (02): 340-363.

[2] 田凯. 非协调约束与组织运作：中国慈善组织与政府关系的个案研究 [M]. 北京：商务印书馆，2004：49.

[3] 周雪光. 组织社会学十讲 [M]. 北京：社会科学文献出版社，2003：73.

共同组成的，只是在不同类型的组织中两者影响的强弱不同而已"①。

作为一个经典分析框架，迈耶、罗文所构建的社会学制度主义理论体系对后续研究产生了深远影响，不少学者所做的相关研究都是在这一分析框架基础上进行的拓展。其中，较为有名的是迪马吉奥和鲍威尔，两人在合作发表的论文《关于"铁笼"的再思考：组织场域中的制度性同形与集体理性》中进一步提出了"组织趋同性"现象形成的三个机制，包括强制性机制、模仿机制和社会期待机制。迈耶等人将"教育组织"定义为具有强制度环境、弱技术环境的组织。但是，迈耶等人过于注重组织制度环境的观点也受到了不少批评。有学者认为，这种分类过于静止和简单化，因为教育系统在一定意义上已不再是强制度环境和弱技术环境的组织②，尤其是随着市场化进程的不断推进，即便是教育组织也越来越强调效率，因此，不可忽视其所处的技术环境。

有鉴于此，本研究在充分借鉴迈耶、罗文分析框架的基础之上，同时关注制度环境和技术环境对高职院校组织所带来的影响。即对于应用导向科研实践困境，既要考察高职院校所处的制度环境，也要考察高职院校所处的技术环境。只有在权衡二者关系的基础上，才能对特定环境下高职院校科研的制度供给问题做出更为准确的判断。

2. 对斯科特分析框架的借鉴

斯科特是20世纪80年代以来社会学新制度主义理论的集大成者，其作品包括《正规组织：一种比较方法》《组织理论：理性、自然与开放系统的视角》《制度与组织：思想观念与物质利益》等。其中，斯科特最具代表性的作品当属《制度与组织：思想观念与物质利益》。与前人研究不同的是，斯科特不仅关注宏观层面的制度要素（主要是正式制度），而且关注微观层面的制度要素（主要是非正式制度）。如果说迈耶等人更多关注的是组织层面集体行动，斯科特则格外关注组织中个体与制度之间的互动关系。

斯科特认为，组织中的个体往往受到三种制度基础性要素的约束，这

---

① 庄西真. 国家的限度："制度化"学校的社会逻辑 [M]. 南京：南京师范大学出版社，2006：152.
② 吴重涵，汪玉珍. 制度主义理论的新进展及其在教育中的应用 [J]. 教育学术月刊，2008（02）：3-9.

三种要素是指规制性要素、规范性要素和文化—认知性要素。[①] 其中，规制性要素特别强调各种外在的、明确的规制过程，包括规则设定、规则监督和奖惩规定等。规制性要素可以对个体行为产生强制性约束作用，可以使权力所有者根据组织需要要求个体遵守相关的规章制度。在规制性要素的约束下，组织可以要求个体"必须"做出某种行动，否则可能会受到惩罚。与规制性要素不同，规范性要素特别强调说明性、义务性和评价性的维度，以及各种约定俗成的价值观和角色期待等。这些价值观和角色期待大多数是长期以来在社会或业界中形成的共识，并在共同体内部得到认可。在规范性要素的约束下，组织中的个体会根据价值观和角色期待等践行"应该"如此的行动。一般认为，对文化—认知性要素的关注可以说是社会学新制度主义流派最显著的特征。文化—认知性要素被看作个体应对外部刺激所做出的反应，包括一系列关于世界、内化于个体的认知图式等。强调文化—认知性要素的学者们认为，在大多数的环境中，人们都会遵守文化—认知性制度，因为人们难以想到其他的行为类型；我们之所以遵守惯例，是因为我们理所当然地认为那些惯例是"我们做这些事情"的恰当方式。[②]

基于上述分析框架，本研究分别从制度的规制性要素、规范性要素和文化—认知性要素这三个维度出发，来分析高职院校教师科研行动与组织内部制度环境之间的关系，并进一步厘清二者之间的互动机制，从而更为深入和全面地解释不同类型的高职院校在科研制度感知方面的差异。

3. 两种分析框架融合的可能性

尽管以上两种分析框架提出于社会学制度主义流派发展的不同阶段，且关注的重点和面向存在一定程度的差异，但并非没有融合的可能性。如图5-1所示，在同一组织场域下，两种分析框架分处不同的层面，可以实现有机互动。具体而言，两种分析框架可以通过组织实现中介关联，即组织本身所承受的外部制度压力会以不同形式的制度（包括正式制度和非正式制度）传递到个体身上，并对个体的科研行动产生潜移默化的影响。对

[①] W. 理查德·斯科特. 制度与组织：思想观念与物质利益 [M]. 3版. 姚伟，王黎芳，译. 北京：中国人民大学出版社，2010：58.
[②] W. 理查德·斯科特. 制度与组织：思想观念与物质利益 [M]. 3版. 姚伟，王黎芳，译. 北京：中国人民大学出版社，2010：66.

本研究而言，高职院校组织层面的集体行动也会在无形之中对教师的个体行动产生影响，并塑造出颇为不同的科研行动面相。

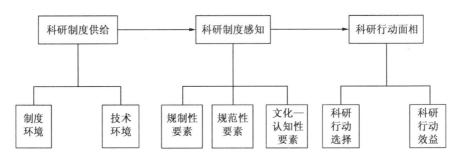

图 5-1 基于高职院校场域的应用导向科研实践分析框架

迈耶、罗文分析框架关注的重点是组织的集体行动问题，直接分析的是组织所面临的制度环境和技术环境，并以此为基础去分析组织的行动机制。具体到本研究中，就是借助迈耶、罗文的分析框架来解释高职院校科研实践中的制度供给问题，即作为组织存在的不同类型高职院校，在制度环境和技术环境方面是否会存在一定差异，这种差异又是否会影响到学校的科研制度供给。而斯科特分析框架关注的重点是组织内的个体行动问题，直接分析的是组织内个体在规制性要素、规范性要素和文化—认知性要素感知约束下所自觉实践的科研行动。具体到本研究中，就是借助斯科特的分析框架来解释高职院校教师在科研实践中的制度感知问题，即在不同类型的高职院校组织中，教师在科研规制性要素、规范性要素和文化—认知性要素等方面所感知到的差异。在叙述风格方面，有学者认为，研究发现的总体结构通常包括假设性叙述、分析性叙述和推理性叙述这三种模式。假设性叙述通常见于量化研究中，而质性研究更多采用的是分析性叙述和推理性叙述。分析性叙述以清晰的逻辑线索贯穿于整个研究发现部分，且每个段落都是整个分析性逻辑线索的一部分。① 通过文献梳理，本研究对高职院校科研的制度分析已经提炼出明确的学术概念，因此，可以采用分析性叙述的方式将研究主题清晰地呈现出来。

高职院校科研行动是一种极为复杂的社会性活动，其复杂性不仅在于

---

① 乔雪峰. 从质化数据到国际期刊论文：数据分析与学术写作 [J]. 全球教育展望，2018（06）：31-46.

会受到组织科研制度供给的影响，还在于个体对制度感知的差异。以上种种复杂性，在一定程度上塑造了高职院校的科研行动面相。基于不同类型案例高职院校的访谈资料，笔者从每个案例高职院校中选择 3 个比较有典型性的个案来进行"深描"。选择依据主要是其典型性程度，即能够通过个案的分析来实现对本研究问题的回答。与量化研究阶段不同的是，本阶段研究的目的已经不止于回答个体是否做出了应用导向"科研行动选择"，以及是否会产生"科研行动效益"，更重要的目的在于探索"科研行动选择"与"科研行动效益"背后的机理。因此，在话语风格上，与制度分析阶段那种"结构—制度"分析话语风格不同的是，对高职院校科研行动面相的描述将更多采用"过程—事件"分析的话语风格。推理性叙述首先提出一个谜题，然后通过问题和回答逐步展开论述，揭开谜底。① 通过采用推理性叙述的话语风格，本研究以"讲故事"的方式来深度描绘"鲜活的个体"，从而在这种层层推理的过程中来实现对研究问题的"间接回答"，即高职院校教师个体是否会做出与其定位相一致的"科研行动选择"，又是否会产生一定的"科研行动效益"。

第二节　向本科院校看齐：一所国示范高职院校的案例

H 高职院校建校于 20 世纪 90 年代，其前身是一所民办学校，后来由多所国家和省部级重点中等专业学校合并而成，并在 21 世纪初转为公办高职院校。建校以来，该校先后被评为国家示范性高职院校、全国优质高职院校、中国特色高水平高职院校建设单位（A 档）等，并多次入选"全国高职院校服务贡献 50 强"名单。此外，H 高职院校一直走在全国高职院校发展的前列，在 Z 省所有高职院校中可以称得上首屈一指。在各类高职院校排行榜中，H 高职院校也一直名列前茅，甚至有高职院校中的"985"之称。回顾 H 高职院校的发展历程，虽然它一直走在高职院校发展的前列，但是面对日益激烈的外部竞争环境，H 高职院校实际上也一直是负重前行，在多方压力之下艰难前进。

---

① ALASUUTARI P. *Researching Culture*: *Qualitative Method and Cultural Studies* [M]. London: Sage, 1995: 183.

一、H 高职院校科研制度供给

（一）制度环境：升本情结

长期以来，我国职业教育发展一直处于政府"热"与学生、家长、企业"冷"的夹缝之中。近年来，国家越来越关注职业教育事业的发展，并投入了大量的人力、物力与财力。然而，有研究表明，尽管职业教育在中国发展十分迅速，但是学生和家长对这种类型教育的抵制态度并未从根本上得到改观。① 也有研究指出，新时代职业教育发展要破解的一个重大问题是消解国家需求与企业需求、个体需求严重错位所带来的发展困境，即国家极为重视职业教育，然而作为产业主体的企业并不愿意参与职业教育，作为学习者的个体也不愿意接受职业教育。②

于是，不少高职院校将注意力逐渐放在升格上，试图通过办学层次的提升来改变这一窘境。尽管教育部"三令五申"严格控制高职院校升格的"苗头"，但是高职院校对升本的"执着"从未"减弱"。2017 年，教育部发布的《关于"十三五"时期高等学校设置工作的意见》明确表示："中等职业学校原则上不升格为高等职业学校，也不与高等职业学校合并；高等职业学校原则上不升格为本科学校，不与本科学校合并。"然而，数据显示，2012—2017 年，共有超过 100 所高职高专院校升本，其中，2012 年正式批准的有 12 所，2013 年有 14 所，2014 年有 26 所，2015 年有 13 所，2016 年有 13 所，2017 年正式批准的有 8 所，被列入专家考察的共有 19 所。③ 近年来，又有一批高职院校升格为本科，尽管校名中不允许去掉"职业"二字，但其办学层次的提升仍然引来一众高职院校的争相"效仿"。

在上述背景之下，H 高职院校自然不甘落后，要想保持其领先地位，"升本"似乎是必然选择。那么，高职院校为何对"升本"如此"情有独钟"呢？通过对 H 高职院校的科研主管领导和专业教师的访谈，笔者发

---

① HANSEN MH, WORONOV TE. Demanding and Resisting Vocational Education：A Comparative Study of Schools in Rural and Urban China [J]. Comparative Education，2013，49（02）：242-259.
② 徐国庆. 我国二元经济政策与职业教育发展的二元困境：经济社会学的视角 [J]. 教育研究，2019，40（01）：102-110.
③ 中国高职发展智库. 高职升本趋势调查：近五年超 100 所高职升本 [EB/OL]. http：//www.sohu.com/a/225337112_451178,2019-06-16.

现,"升本"不只是学校名称的改变,更意味着学校综合办学实力"质"的飞跃。实际上,我国高等教育资源是按照学校层次进行配置的。对此,H 高职院校某科研主管领导从招生、生均拨款、办学成本、高级职称比例①、编制等方面进行了系统总结:

> 在现有招生体制下,本科院校的招生肯定是没问题的。本科院校的生均拨款要高于高职院校,而且类似的专业,他们收费更高。相比之下,高职院校的生均拨款较低,甚至得不到落实,而且办学成本高昂。本科院校的高级职称比例、编制等也明显多于高职院校,这就为学校可持续发展赢得了更多的空间。(H-G-1)

事实也证明,不少高职院校通过"升本"摆脱了生源困境,尤其是一大批原本办学水平并不突出的民办高职院校通过"升本"获得了快速发展。②伴随而来的是"升本"后高职院校在招生、就业、校企合作等方面的整体提升,这种情况也进一步激发了包括 H 高职院校在内的一大批高职院校的"升本"热情。

> 未来我们学校准备申请高职本科,申请上高职本科以后能够申请硕士学位,鼓励本科的学生去读硕士研究生,我觉得这是未来的一个趋势。(H-J-6)

面对近乎严苛的"升本"条件,H 高职院校也一直在进行着不懈的努力。其中,科研就是必不可少的内容之一。但是,由于基础较差,H 高职院校科研与本科院校科研的差距仍然不可忽视。

> 我个人认为,高职院校与本科的科研差距是全方位的。以工科研究为例,本科院校所做的基础研究肯定强于高职院校。但

---

① 根据 Z 省 2017 年出台的规定,各地可按博士点院校(正高、副高分别不高于 19%、30%)、硕士点院校(正高、副高分别不高于 18%、30%)、一般本科院校(正高、副高分别不高于 16%、30%)、重点暨优质建设高职院校、高等专科学校(正高、副高分别不高于 14%、29%)、一般高职院校(正高、副高分别不高于 12%、29%)的专业技术高级岗位比例控制标准进行调控。
② 需要提及的是,公办高职院校在申报"示范校"建设项目时,明确保证在示范期内不会升格,这实际上也使得一大批民办高职院校在"升本"浪潮中抢占先机。

是，我们的应用研究好像也比不上人家本科院校。还有就是我们的博士比例不高，申报一些基金项目也没有优势。(H-G-2)

与本科院校科研水平存在的客观差距，实际上也让 H 高职院校感受到了巨大的压力，并将这种压力进一步转移给了专业教师。

科研考核向本科看齐的话，那学校对我们也就会提出很高的要求。就相当于一级一级地考核，这种科研考核任务最终还是落在老师身上。(H-J-2)

此外，H 高职院校还试图通过科研管理规章制度的调整来整体提升学校的科研实力，尤其是对纵向类国家级科研项目给予了前所未有的关注，而对于应用导向科研强调较多的则是横向科研经费到款额。

然后像我们，现在跟本科可能层次上不一样，但是我们的努力方向其实是一样的，像课题我们也都得报，比如说科技局前一段时间发布的课题、国家基金、省基金，接下来住建部的这种也都得报。我们还是得朝着这种大课题、国家级课题的方向去发展。(H-J-2)

（二）技术环境：做大做强

建校以来，H 高职院校为了求得更好的发展，办学规模一直在不断扩张。发展至今，H 高职院校占地已达 2 000 多亩，建筑面积接近 70 万平方米，教职工有 1 400 余人，招生专业 60 多个，涵盖普通高等学校高等职业教育（专科）专业目录大部分专业大类，全日制在校生多达 2 万人。就规模体量而言，H 高职院校在我国高职院校中明显位居前列。但 H 高职院校的发展并非一帆风顺，甚至可以说是在压力的"裹挟"下不断前行。Z 省是我国高职院校发展的"重镇"，其办学水平在全国处于领先地位，高职院校之间的竞争压力也就相对更大。

随着社会主义市场经济体制在我国的逐步确立，竞争性配置资源方式也逐渐被引入教育领域。我国采用的是典型的学校本位职业教育办学模式，政府在职业教育资源配置中居于主导地位。除了生均拨款之外，高职院校的办学经费很大一部分来源于各种形式的项目，如示范校、骨干校、优质校（优质专科高等职业院校）、特高校（中国特色高水平高职学校）

建设项目等。无论是资格遴选，还是项目中期检查、终期评估等，都是对学校综合办学实力的考察，而具体考察内容就包括招生、就业、教学、技能大赛、科研等各项指标。

> 我们学校办学其实是讲究"五位一体"的，也就是遵循基地、招生、教学、科研、就业"五位一体"的办学模式，哪一个都不敢放松。招生招不来肯定不行，就业出口不好也会影响办学，基地、教学、科研等完全可以发挥合力作用。(H-G-1)

近年来，随着各高职院校综合办学实力的不断提升，H 高职院校相对于其他高职院校的领先优势已经不再那么明显。各高职院校在招生、就业、技能大赛、教学等方面的差距并不明显，而科研基本上是所有高职院校的"短板"。为了巩固办学基础、获得竞争优势，H 高职院校对科研的重视程度逐步提高。

> 实际上，我们学校的招生不成问题。就业率大家都很高，拉不开差距；教学是常规工作，很难去评价；大赛各学校一直很重视。而科研，现在学校越来越重视。假如国家不考核的话，不能给学校带来荣誉，学校是不会做亏本生意的。因为课题来了，都有配套经费。(H-J-1)

近年来，国家的政策导向是引导高职院校着力开展应用导向科研。然而，H 高职院校并没有将重点放在应用导向科研上，反而比较重视开发课题的级别，如国家级课题、省部级课题等。

> 我们不管是自然科学还是人文社科，都是可以和本科院校比拼的，因为我们的立项率比较高。横向科研更多讲究的是自发性，我们学校层面很少去拉项目让老师来承接，这种形式是没有的，主要靠老师去主动对接。科研的重点基本还是纵向课题，这种申报基本上是可以量化的，比如国家级课题，它的含金量级别就比这种横向的高很多。(H-G-2)

这种现象也有被访谈对象特别提到，之所以更看重纵向课题，也与横向课题容易造假、水分太大有关。

> 我们考核主要是看有没有企业的章，只要企业认了就行，很

多企业的章随便盖,至于到底有没有解决企业的问题我们是不管的。(H-G-3)

二、H 高职院校科研制度感知

(一)规制性要素:不达标就出局

通过对 H 高职院校专业教师的访谈,笔者发现,"必须做""不得不做""没办法"等是被访谈对象提及较多的字眼。H 高职院校主要通过三种制度对专业教师的科研活动施加影响。

首先是目标责任制考核制度。所谓目标责任制考核,是指在现有的二级管理体制下,学校层面并不直接对教师个人进行考核,而是对二级学院进行考核,二级学院再根据要求对教师个人进行考核。

> 我们对二级学院国家项目的申报数量有要求,要的就是申报量。因为如果不考核,老师也就不申报。考核的话,那些教授可能会报报省部级课题。我们会根据高级职称教师和博士学历教师的人数,测算大概得有多少申报量。然后还考核一个到款,这个到款包括纵向和横向。我们对二级学院是这样考核的,二级学院又会转移给老师个体,进行一个划分与再次考核。(H-G-2)

如果完不成基本的科研工作量,教师在年底绩效考核中会受到不同形式的惩罚(主要是扣钱)。而如果超额完成科研工作量,教师则可能得到一定程度的金钱奖励。

其次是职称评审制度。在当下的科研管理制度下,评职称是高职院校专业教师从事科研的重要动力。如果教师想要评职称,就必须完成学校所要求的科研任务。以 H 高职院校教学科研并重型教授职称申报条件为例,申报者除了要满足近 5 年内基本教学工作量原则上不低于 270 学时/年这一基本要求外,还要具备以下条件:

1. 近五年内教学工作业绩考核都在 C 级及以上,其中,获 B 级评定的年数累计不少于两年。

2. 主持省部级及以上教学或科研项目 1 项。

3. 以第一作者发表专业论文 3 篇(专著或具有 ISBN 编号的技术报告,或主编国家规划或省重点教材 1 部相当于论文 1 篇),

其中，有 1 篇在《Z 大学国内一级学术期刊名录（2012 版）》所列期刊发表，或被 SCI、EI、SSCI 收录，另有 1 篇在《Z 大学国内核心学术期刊名录（2012 版）》所列期刊发表。

4. 获教学或科研成果奖 1 项（排名市级第一、厅局级前三、省部级前五、国家级前七）；或获厅局级论文奖一等奖以上；或授权发明专利、实用新型专利 1 件；或转化和推广科技成果 1 项且创造经济效益超 50 万元；或获得教师教学类竞赛省级三等奖及以上奖项。

5. 作为第一指导教师指导学生获得国家一类竞赛二等奖及以上奖项的可等同第二条或第四条业绩一项，同一奖项不得重复使用。①

需要说明的是，这还只是基本要求，在当前阶段高职院校高级职称比例有限的情况下，要想评上高级职称，条件自然也是"水涨船高"，这就意味着，H 高职院校教师需要在科研方面付出比以往更多的时间与精力。

再次是岗位评聘制度。如果说职称评审制度带给教师更多的是"上升"压力，那么岗位评聘制度更多带给教师的则是"下降"压力。为了建立健全岗位设置分类分级体系，优化各类队伍结构比例，充分调动学校各类人员的积极性，提高人才队伍的整体效能，使学校设岗管理工作符合国家设岗管理工作的精神，H 高职院校实行"科学设岗、按岗聘用、以岗定酬"的岗位管理模式。H 高职院校专业技术岗位分为 13 个等级，按一定比例控制每个等级的人数，这就要求教师竞争上岗，而科研则是其中重要的考核内容。每三年一个考核期，如果教师无法完成考核指标，则会面临待聘、拒聘、低聘、辞聘、解聘的处理。所以，这种岗位评聘制度在无形之中给教师增添了不少压力。

> 聘期考核关乎每个老师，三年一次，要是考核不通过，是会被低聘的。比如说副高有三级，本来你是第三级，他给你降到第二级了，而如果你从副高第一级降的话，就会被降到讲师。这个压力是很大的，这就导致了我们横向项目科研量的增加。你会发

---

① 引自《H 高职院校教师专业技术职务申报业绩要求》。

现，变化特别明显，就比如说三年一次的考核期到了，那一期科研数据就会特别好，而且论文和课题数量也不少。(H-G-2)

(二) 规范性要素：明确自身的角色定位

通过访谈，笔者发现，H 高职院校专业教师做科研不仅受到制度理性的约束，而且受到社会规范，尤其是社会角色期待的约束。

一方面，做科研是高校教师的基本职责。一般认为，科学研究是高等学校不可或缺的一项重要功能。高职院校作为我国高等教育体系的重要组成部分，也同样需要发挥其科研功能，这也是高职院校取得"合法性"地位的重要前提。实际上，这种对于高职院校定位的理解，也在一定程度上影响教师对自身角色的定位。

> 首先要弄清楚的是，高职院校属于高等教育范畴，它不是中职教育的2.0版。所以高等教育要有其特性。研究自然是高等教育的一个重要组成部分。作为一名高职教师，我们有义务履行好这一职责。(H-J-3)

另一方面，高职院校科研重点应该与普通本科院校有所区别。通过访谈，笔者也发现，H 高职院校科研管理人员和专业教师普遍认为，高职院校所做的科研应该与本科院校有所区别。而且，《国家职业教育改革实施方案》也再次明确了职业教育与普通教育是两种不同类型的教育，而非两个教育层次，二者不是矛盾对立和包含与被包含的关系，而是相互促进、并行不悖的。因此，高职院校不应该盲目模仿本科院校，应该了解自身的科研特点，明确自身的科研定位。

> 我们跟普通高校研究的区别在于，普通高校要么是高大上的，解决大问题；要么虽然是应用研究，但不一定接地气。我们呢，没那么高大上，缺少国家级、省级科技项目支持，大多数是市级的、校级的小的技术改造、工艺提升。我们设置了技能大师工作室，有很多劳模和技师，他们本身技能水平高，很多人在成长过程中都做过工人，动手能力很强。(H-G-3)

高职院校与普通本科院校的科研工作方向存在重要的区别，高职院校科研与企业生产实践具有密切联系。

> 高职院校科研工作方向应该不同于本科院校，它侧重于解决企业在运行过程中的具体实际问题，而本科院校则是针对某个问题做深入研究。我们侧重于把这些工艺串联起来，相当于集成创新。打个比方，你做这个发动机。你发动机做得好，但是它怎么跟我这个车的功能衔接起来呢？把不同的功能模块进行组合，这就需要协同创新。（H-J-3）

（三）文化—认知性要素：科研内生动力是关键

在复杂的高职院校内部科研环境中，除了存在规制性制度要素、规范性制度要素外，还存在文化—认知性制度要素。通过对 H 高职院校专业教师的访谈，笔者发现，内生动力被看作做好科研的关键决定性因素。

具体而言，H 高职院校专业教师普遍认为，兴趣是科研内生动力的不竭源泉。如果没有兴趣的支撑，教师将很难做出真正有价值的科研。

> 我从企业来到学校，很大一部分原因是兴趣。企业是比较短视的，如果不能带来经济效益，它肯定不做开发。于是我就有了一个想法：到学校是不是能更好地发挥自己的技术研究特长，做一些自己感兴趣的东西？（H-J-1）

而且，这位教师同样提到，并不是每位教师都具有科研兴趣，虽然自己并未感受到科研压力，但是对于不少专业教师而言，学校考核所来的科研压力是实实在在存在的。

> 对于完成考核，我是很轻松的，每年不知完成了要求的多少倍。当然，大部分老师不会像我这样，还有老师是完不成的，虽然比例也不多。实际上，我自己投入科研很大的原因是兴趣。（H-J-1）

与之相反的是，高职院校功利取向的科研仍旧比较普遍，尤其是单纯为了评职称、完成科研考核等所做的科研。

> 向职称看齐，科研就变成一个很"鸡肋"的东西，在高职院校就是这样。假如能够用其他的代替就好了，比如解决实际问题，这是一种实实在在的能力。当然，考核的时候不管你的兴趣，也不关心你是否真正解决了实际问题，而是用其他东西来代

替，比如说你发表了多少篇论文，申报了多少个课题，搞了多少项专利，这些是可以量化的东西。我可以通过其他的方式来解决，而不用我自己解决，也能够达到这个效果，现在专利都可以购买，写论文的难题也能解决，甚至课题都能通过其他的方式，而不用通过我自身的努力来解决。问题就出在这个地方。(H-J-1)

三、H 高职院校科研行动面相

（一）"发明大王"：为什么我的成功难以复制

SY 教师是 H 高职院校有名的"发明大王"，拥有众多发明专利。一般而言，可以将专利分为发明专利、实用新型专利和外观设计专利三种类型。其中，发明专利是难度最高，也是含金量最高的一种专利。对普通教师而言，能够获得如此多的专利绝非易事。从对其他人的访谈中也可以侧面了解到同事对 SY 教师的赞赏与认可。

大学毕业之后，SY 教师就开始在一家企业工作，时间长达 18 年，拥有丰富的企业工作经验。2008 年，SY 教师进入 H 高职院校工作，其岗位类型是科研—社会服务岗。在 SY 教师看来，与企业合作做科研是一件具有相当大难度的事情，并不是每个人都有这个能力和机会，其中，最为关键的就是企业工作经验。然而，依现实来看，企业工作经历也是当前大部分高职院校专业教师的"短板"所在。

一般老师是"从学校到学校"，想给企业解决问题很难。如果要给企业解决问题，需要具有长期的企业实践经验，我认为这个非常重要。要到车间里去，要到现场去，必须有那种基层的经验。老师一定要有这个经历，在企业里面实实在在地待过几年，并且是"认认真真"待过几年的才有用。(H-J-1)

基于 SY 教师的回答，笔者继续追问：教师下企业实践是否有助于解决这一问题呢？对此，SY 教师坦言，教师下企业实践究竟是否有效值得商榷，教师下企业实践是不是一个"伪命题"也值得思考。

他认为，从目前的效果来看，教师下企业实践效果十分有限，其中，主要包括教师本人"愿不愿意"，以及现有条件"支不支持"的问题。关于"愿不愿意"的问题，主要困难在于，教师下企业实践要经历一个艰难的"学徒期"①,即使教师拥有一大堆理论知识,在解决实践问题过程中仍然需要大量经验的积累。而且,由于没有"熟人"圈子,教师其实很难在真正意义上融入企业,遑论给企业解决实际问题。

> 老师下企业实践,要像当学徒一样,先要把这一套搞明白。老师的面子能不能放下来?这是第一个。第二个,很多老师可能会这样想:企业低端或者这么累的、重的、脏的活我不想干,我以后又不搞这个。事实上,很多教师都有这个想法。所以如果要跟企业接触的话,要从最基本的那种一线的东西开始去接触。我认为这肯定需要有个过程,但是你不能跳过这个过程,每一个阶段我认为都要经历。比如读书好的人,小学可能不要 5 年,可以缩短到 4 年,但不能跨越这个阶段。很多老师其实没有压力和动力。(H-J-1)

关于现有条件"支不支持"的问题,主要困难在于,企业和学校的实质性支持力度有限,企业其实也有自身的难处。

> 一方面,老师去企业是临时的,所以它不会把真正的问题交给老师来解决。还有一些涉及机密的东西,企业不会完全信任老师。另一方面,他知道你就是走个过场,可能过几个月就走,那么项目如果交给你做,第一个可能是时间要耽误掉,第二个可能是你只能完成一半就要走了,不具有连续性。(H-J-1)

与企业的支持相比,教师下企业实践能够从学校得到的支持也十分有限,主要是时间和精力方面的问题,教师往往"分身乏术"。

> 学校可能不会让老师纯粹地去企业,因为学校还有很多任务要他完成。老师自己可能是半脱产的,不能全身心投入企业,这个就很难。如果花半年时间在企业那里,因为学校的事情还要继续做,精力肯定不够。(H-J-1)

---

① 对此,笔者在预访谈阶段在某高职院校采访一位具有 10 年以上企业工作经历的教师时,也得到了类似的回应。这位教师也强调:到企业首先得做学徒,这个过程很痛苦;不少教师下企业实践时间不够,不一定感兴趣,必须挂职去一线,才能真正学得会。而且,很多教师到了企业插不上手,解决某个技术问题可能不难,但是如果没做过就谈不上去解决。(Y-J-5)

当笔者进一步追问原因时，SY 教师认为，虽然现在国家政策导向是做应用型科研，即鼓励教师做与企业生产实践、学校教学实践密切相关的研究，然而，仅仅是政策导向层面的宣传远远不够，尤其是高职院校的考核方式并没有做出相应的改变。①

考核还是跟着上面的指标、排行榜在走，基本上是这样的。所以，其实很多时候上面的政策是好的，关键是学校考核跟不上。考核它没有做出相应的改变，比如你鼓励大家做应用型科研，跟企业多接触，那么考核方式就必须改变。（H-J-1）

接着，SY 教师特别提到，对教师而言，做科研的最大价值其实不一定是帮企业解决实际问题，而且能够帮企业解决实际问题的人毕竟有限，科研更大的价值是它能够促进教师专业发展。

老师下企业实践可以积累工作经验，并能将工作经验反馈到教学上。你接触到最新的技术了，前沿知识也就能了解到了。你不一定真正帮它解决科研问题，但是这种参与过程对教师专业发展的作用还是很明显的。（H-J-1）

最后，SY 教师指出，高职院校培养教师一定要有长远规划，要有耐心，不能急功近利。培养一名高水平的专业教师，往往需要漫长的培育期，而过了这个阶段就会取得"收获"。

（二）博士群体："又让马儿跑，又让马儿不吃草"

在经历了示范校建设、优质校建设周期以后，H 高职院校的博士群体日益壮大，并开始在各个二级学院发挥更大的作用。对 H 高职院校专业教师而言，博士"光环"所带来的不只有荣誉，还有与之相伴的"压力"。而在深入交流之后，笔者发现，博士"光环"背后也有不为人知的"无奈"。在 H 高职院校，笔者总共访谈了 3 位具有博士研究生学历的专业教

---

① 对此，在预访谈阶段，来自某高职院校的专业教师同样提到高职院校的考核问题。如果项目是完全来自企业实践的，成果很难发表，因为影响因子比较高的 SCI 期刊都是偏向于基础理论的，涉及工程类的，影响因子不够高；如果能够在考核上有一些突破，可能会好一些；现在考核政策过于偏向高级别论文，实际上重点应该是引导大家去做，科技口也要改变它的评价体系；做科研时，前面这个阶段比较困难，比如在企业持续做一两年，开始是没有回报的，但高职院校不一定有耐心等待。（Y-J-8）

师，他们分别是 JL 教师（男）、JX 教师（男）、HC 教师（女）。三位教师均具有工科专业背景。

相对普通教师而言，H 高职院校给予新进博士教师的待遇更高，主要表现为提供安家费、过渡住房及其他方面的福利待遇等。当然，与高待遇相伴的是高考核要求。

> 其实我来之前没想到科研任务会这么重，我对比了一下，相比一般的本科院校，有过之而无不及，在这里也要申请各种基金项目、国家课题等。因为是博士，所以会单独考核，考核是比较严格的。就是它要求你几年拿多少课题、发多少论文，其实这种要求可能比一般的本科院校还要严格。(H-J-3)

总体来说，H 高职院校对博士的考核是比较严格的，但是同样存在考核时间紧凑的问题，年度考核、聘期考核等都会给博士群体带来不少压力，从对 JL 教师的访谈中可以感受到他的无奈。

> 因为做科研需要慢慢地深挖一个方向、一个领域，才会有新的发现。尤其是这种应用型的研究得有一个积累的过程，它不像写一些经验性的文章，"东打一瓢西打一瓢"的，它需要长年坚持一个方向，才会有好的成果。因此，科研需要耐心积累，但是现在考核很"变态"，迫使大家不得不做"短平快"的研究。(H-J-3)

由于各种国家级项目的申报、评比、考核等都对教师学历有较高要求，这就激发了高职院校招聘具有博士研究生学历教师的热情。但是，高职院校在引进博士研究生学历教师的同时，却对其缺乏一个清晰的定位，尤其是没能发挥出博士研究生群体在应用导向科研中的引领作用。与其他教师一样，博士研究生学历教师同样面临繁重的教学任务、行政辅助工作、技能大赛辅导工作等。

> 就我个人而言，一方面课时量非常大，一年基本上要上 500 个课时，一周平均工作量都是在 12 个课时左右。另一方面，学校里面的工作也特别多，需要辅助很多的行政事务。比如说，像我们学校现在在报"双高"的建设项目，然后还有一些国家专业

教学资源库的建设项目，再比如教务处有"五个一百"这种工程，各种项目计划比较多，工作量特别大。(H-J-2)

需要提及的是，JX 教师同时还承担了繁重的技能大赛学生辅导任务，在技能大赛准备与进行期间，他的所有精力基本在这个上面，很难再有足够的精力搞科研，更无暇下企业实践。

技能大赛很花时间，特别是赛前的一两个月，真的是全身心地投入在里边。一般晚上可能到十一二点，然后早上 8 点半就开始了。基本上大部分时间都跟学生在一起，就像运动员一样，集训压力相当大，实际上我们从暑假开始就进入集训模式了。(H-J-4)

除了科研时间无法保障外，H 高职院校的 3 位博士反映较多的是应用导向科研的条件问题。对应用技术研究来说，科研实验条件、设备条件等至关重要。

对于应用型研究而言，还是需要配备一些设备来专门用于研究的。但是，一般高职院校里面的设备都是教学用的，或者做培训用。很少像真正搞工科的人那样，专门搞一个实验平台来进行研究，性质很不一样。因为高职院校它本身经费就少，然后把这个经费花在科研设备上的可能性就更低了。(H-J-4)

对应用技术研究来说，另外一个重要的条件是科研团队。近年来，虽然 H 高职院校引进了不少博士，但多是基于教学需要引进的，各个博士由于研究方向差异较大，很难在研究中形成合力。对此，JL 教师和 JZ 教师分别做了详细解释。

因为大学按照学科划分得很细，但是职业院校它基本上是教学单位，就是按照专业去组织教学的，某个专业它可能涉及不同的学科。像我们有建筑设计专业、建筑工程技术专业，这两个专业听起来差不多，其实差别很大。(H-J-3)

拿我们这边的例子来讲，确实我们是以教学为主的。因为我们学院这些年来招聘的博士稍微多了一些，所以我们这些博士当时有一个想法就是"抱团取暖"。就是说，我们几个人都有博士研究生学历，然后组建一个团队，共同去找一些研究方向一起来做一做。目前存在的一个问题是，因为每个人的研究方向不一样，所以虽然都是博士，但是也很难以团队的形式做研究。(H-J-4)

此外，在与企业合作开展研究方面，学校并未出面搭建相应的平台，新进博士很难跟企业开展实质性的合作。

> 其实，相比纵向科研而言，学校并没有特别关注应用型科研。以前读博士的时候，都是靠导师跟外面企业对接。来到这以后，这边领导很少主动帮忙去对接。就是说看看企业有什么需求，我们这边有博士可以对接之类的，这个是没有的。我们纵向的会有一点，因为像我们学校有科技处，每年比如说申请国家自然科学基金或者省基金的时候，科技处会把已经有过这些经验的人叫过来，给大家讲讲。(H-J-4)

（三）专业带头人：一个人"扛着"专业前进

在高职院校中，专业带头人扮演着关键角色，这一群体对于学校正常的组织运行发挥着至关重要的作用。所谓专业带头人，"是指在高职院校'专业'这一基层教学组织单位中，担负着专业发展规划、专业教学资源整合、专业教学问题诊断与改革、专业教学团队建设与管理等专业建设职责，通过多种方式和途径影响专业教师并带领本专业教师团队实现专业建设目标的人"①。在本阶段研究中，笔者也有目的地访谈了 H 高职院校的一位专业带头人 YZ 教师。YZ 教师的专业背景是园艺技术，他来到 H 高职院校工作有 7 年时间，虽还是一名青年教师，但前两年已经开始承担起专业带头人的重任了。

在 YZ 教师看来，应用导向科研对高职院校专业教师来说非常重要，它对于教学的"反哺"作用尤其突出。

> 你不搞科研，不关注生产一线的发展，那就永远跟不上。如果不到下面去，甚至都不知道有的农民的技术已经远远超前于我

---

① 王亚南. 高职院校专业带头人能力模型构建及发展研究 [D]. 上海：华东师范大学，2018：55.

们课堂了。因为课堂上的授课、教材上的知识永远是滞后的。当一个技术体系整理成教材的时候,技术可能早就不知道过时多少年了,所以我认为很多老师要搞科研,只有这样,才能为学生带来更前沿的技术。(H-J-5)

除了对教学的"反哺"作用外,YZ 教师还特别强调了应用导向科研对教师专业发展的促进作用。

搞科研,就是让一个人处在一种积极探寻的状态。教师专业发展关注专业的发展、学科的发展,甚至关注整个技术的发展,老师本身的知识背景也在不断更新。你在给学生上课的时候,给学生讲一些科研前沿的东西才能更有吸引力。(H-J-5)

但是,同样面临的一个现实问题是,H 高职院校不少专业教师并没有参与科研的动力,更没有足够的动力深入参与应用导向科研。

我们很多老师缺乏自主学习能力,他们不愿意去做科研,天天就在办公室里炒股,荒废一辈子。包括很多老师在搞专业课建设,却连企业、基地都不愿意去。还有很多人瞧不起农民,实际上农民是很有实践智慧的,好多一线的东西真的非常好。我跑了很多果园,我就发现每个人手里面有一套技术,都有特色的。他们能把葡萄做到又大又黑又甜,从来不愁卖的。(H-J-5)

有研究表明,高职院校专业带头人的身份异化问题十分严重,突出表现为,专业带头人既是专业建设的领导者,又是专业建设的执行者。[①] 这种现象也同样存在于 H 高职院校。在教师积极性无法得到充分调动的情况下,YZ 教师坦言,在担任专业带头人以后,他感受到了前所未有的压力。

比如说,这个老师很能干,什么工作都压给他。像我们现在科研、教学、竞赛、专业建设都压在我肩上,那我就是全能的,包括要参加竞赛、搞教学,又要搞在线开放课程、搞科研,我还

---

① 王亚南. 高职院校专业带头人能力模型构建及发展研究 [D]. 上海: 华东师范大学, 2018: 234-252.

要发文章，还要搞专利，还要搞社会服务。一个人的精力是有限的，首先我抛开家庭不谈，就一个人每天8个小时上班时间来看，事实上，我现在不是上8个小时，而是每天24小时在上班，睁眼就上班了。你是不可能完成得了的。(H-J-5)

同前面的访谈相似，YZ教师也同样表示，学校能够提供的科研条件是相对有限的，无论是设备、团队，还是经费保障等，都与本科院校存在不小的差距。但是，YZ教师并没有就此后退，而是更加坚定了"没有基地就建基地""没有团队就建团队"的决心。

> 我觉得年轻老师应该主动去找这种团队，我就非常强调团队的作用，包括我们开的几次博士座谈会，我在会上经常听到很多博士老师讲，学校应该给他买什么设备，我觉得这不是主要的，关键应该是人，就是学校花了几千万元给你买一堆仪器，你用不来还是不行的。(H-J-5)

在YZ教师看来，现实条件是很残酷的，只能尽量往好的方向去努力。YZ教师所学专业是基因工程，但是H高职院校并没有开展纯基础研究的条件。于是，在经过短暂的调整之后，YZ教师果断地将重点放到应用导向科研上，并投入大量的精力开发与建设基地。基地建成以后，YZ教师通过基地盘活了各种资源，有效实现了产学研一体化。

> 自己弄了个园子，咱们学校的教学基地我自己独立干了两年。我这样一干完以后，就知道原来生产上有这些那些问题。我就围绕生产的问题来做我的研究。实际上是一连串的东西，我为了兴趣去做，做了以后有产出。这个产出是两方面的：一方面是经济效益上我有产出；另一方面是我有项目产出，我拿着这些项目，就可以支撑我的兴趣。教学基地也是实训基地，我的科研基地也是我的实训基地。利用果园教学，引发学生的思考，然后再结合所学知识做实验，这就相当于科研反馈教学。我还在师大带研究生，学生可以来我的基地做研究、写论文，我可以用学生论文再结题。通过科研赢得了更多的资源，但关键还是要看资源怎么去分配，说白了就是交换利益。(H-J-5)

关于科研团队建设，YZ 教师也格外重视，并积极鼓励年轻教师加入科研团队，努力帮助年轻教师成长。

> 我现在就在往前推，我们专业的几个年轻老师被我推得都觉得有点累了。有个女老师，天天就带孩子，她也不想评职称，我说你不能不评。后来我就帮她报项目，报了省基金。好了，我说你论文也要写。一开始建团队的过程是辛苦的，但慢慢出了成果，就步入正轨了。这就像"马太效应"一样，你做好了的话，你可能慢慢越做越好。我们现在做项目不是说有了项目才能报下来，不是说今天拍脑袋说那个要做一下，不是这样的。我们要报的项目可能已经做了几年了，等项目下来的时候我们基本上都做完了，做完了以后再拿新的项目的钱开始培育下一个成果，进入良性循环。（H-J-5）

四、尾声

从制度环境来看，H 高职院校科研在很大程度上受到"升本"情结的影响。在此背景之下，H 高职院校会倾向于模仿本科院校对科研的要求，并对照"升本"条件，进行相应的科研制度供给。所以，从科研定位来看，H 高职院校并没有提出明确的应用导向定位，甚至对基础性研究给予了更大的重视。

从技术环境来看，科研实际上是 H 高职院校"五位一体"发展格局的组成部分，其科研目标设定之高甚至可以与本科院校的相提并论。科研存在的价值主要是为提升 H 高职院校综合办学实力做贡献，帮助 H 高职院校赢得更多的竞争资本。在上级教育主管部门关于科研的各项考核中，应用导向科研相关指标权重并没有那么高，国家级课题的比重反而更高。上级教育主管部门关于科研的各种考核指标也在一定程度上影响 H 高职院校的科研工作重点，进而影响其科研定位与实践。

从 H 高职院校专业教师对规制性要素的感知来看，近年来高职院校对教师的科研考核指标越来越严格，教师也切实感受到了来自学校的科研考核压力。但是，从与科研相关的各种制度（包括目标责任制考核、职称评审制度、岗位评聘制度）规定来看，学校层面更关心的是教师能否完成制度所规定的科研"任务"。至于这种科研任务是否与高职院校应用导向科研定位相一致,以及教师所做的科研是否会带来实际效益,并未受到重视。即便是所谓的应用导向科研,也可能仅仅意味着"数字""指标"。

从 H 高职院校专业教师对规范性要素的感知来看,大部分专业教师都认同自身的科研角色,并将其看作大学教师应该承担的责任和义务。而且,对于高职院校应该做什么样的科研,专业教师普遍认为,应该与普通本科院校科研有所区别,亦即,高职院校应该主要做应用导向科研。由此可见,从规范性要素来看,H 高职院校专业教师对应用导向科研定位具有较强的认同感。

从 H 高职院校专业教师对文化—认知性要素的感知来看,科研内生动力被看作做好科研的重要因素,即自身要对科研有一定的兴趣。无论是学术导向科研,还是应用导向科研,兴趣都是至关重要的动力源泉。然而,从实际情况来看,仍有部分教师基于外部驱动做科研,而非出于自身兴趣,这也是科研变得形式主义、难以产生应用效益的重要原因。

在科研行动面相个案遴选方面,之所以选择 SY 教师,不仅是因为他在 H 高职院校享有"发明大王"的美誉,更在于其所具有的典型性特征,即拥有 10 年以上企业工作经历,且岗位类型为科研—社会服务岗。从科研行动来看,SY 教师能够在应用导向科研方面取得成功主要有两方面因素:一方面是自身的企业工作经历,使得他有能力从事应用技术研究,并为企业解决技术难题;另一方面是他对应用导向科研的浓厚兴趣和认真态度,给他提供了足够的科研动力。这一发现也同样佐证了量化研究阶段的相关结论,即拥有较长企业工作经历的教师,以及科研—社会服务型岗位的教师,其应用导向科研水平会更高。但 SY 教师也同样强调,他的成功在 H 高职院校很难得到复制,短期的教师下企业实践很难与深入企业的工作经历相提并论。在功利主义盛行的高职院校办学环境之下,专业教师也很难有足够的时间和精力深入企业积累经验,更别提做出能为企业带来实际效益的应用技术研究了。

在科研行动面相个案遴选方面,之所以选择 JL 教师、JX 教师、HC 教师,主要是因为他们都具有博士研究生学历这一典型性特征。在量化研究阶段,本研究发现,学历对高职院校专业教师的应用导向科研水平并不具有显著影响。已有研究文献并未找到令人信服的解释,这成为本研究希望进一步探究的问题。按照最初的设计，笔者本打算从中选取一人，但在深入分析资料后发现，其"同质性"特征不仅在于学历，更在于作为博士群体一分子在高职院校从事科研活动的相似处境。于是，通过对三人访谈内容的"合体"，笔者试图呈现高职院校博士群体更完整的科研行动面相。三位教师在博士研究生阶段接受了扎实的科研训练，这使他们具备了一定的科研能力。但是来到高职院校工作以后，一方面，学校层面在政策上并未明确应用导向的科研定位，仍旧执着于让青年博士申报基金项目；另一方面，学校层面也未能对应用导向科研的开展提供足够的条件支持，如考核上的倾向性、设备平台的支持、科研团队的搭建、时间和精力的保障、与企业的"牵线搭桥"等。由此，在开展应用导向科研方面，博士群体时常会陷入一种"心有余而力不足"的科研状态，导致其很难做出有影响力的科研成果。

在科研行动面相个案遴选方面，之所以选择YZ教师，其典型性主要在于，YZ教师的专业背景为基因工程，任教专业则属于农林牧渔大类。在具体开展研究方面，YZ教师实现了从学术导向研究向应用导向研究的转型。另外，YZ教师具有基层行政职务，行政职务也是本研究在量化阶段所发现的对应用导向科研水平尤其是科研行动效益具有显著性影响的变量。在YZ教师看来，科研不仅对教学有"反哺"作用，而且对教师的专业发展具有促进作用。给笔者留下深刻印象的是，YZ教师几乎可以称得上"全能人才"，尤其是其拥有"没有基地就建基地""没有团队就建团队"的决心。作为专业带头人，YZ教师通过应用导向科研盘活了整个专业发展空间。这也让笔者深刻认识到，科研团队领军人才对于高职院校应用导向科研发展的重要作用。然而，这种"全能"背后也折射出专业带头人群体的无奈，即一个人"扛着"专业前进，反映出高职院校在管理体制方面仍然存在诸多问题，没有调动起一线教师从事应用导向科研的积极性。

总结上文，作为一所国示范高职院校，H高职院校处于整个高职院校发展链条的"顶端"。然而，H高职院校并不满足于这种"顶端"地位，甚至想摆脱自身的"职业"身份。于是，向本科院校看齐也就成为H高职院校开展科研实践活动的重要"指挥棒"。在"指挥棒"的作用下，H高职院校科研制度供给倾向于按照普通本科院校标准来要求，并没有突出其应用导向的科研定位，而仅仅是将科研看作"升本"的重要资本。在此背景之下，虽然 H 高职院校专业教师在规范性要素层面认为应该做应用导向科研，但学校在规制性要素层面并没有提出相关要求。而且，从文化—认知性要素来看，教师本身的科研动力也比较有限。对科研行动面相的个案分析，进一步印证了 H 高职院校专业教师开展应用导向科研的艰难性。除了部分具有企业工作经历的教师外，大部分专业教师并不具备相应的能力。而且，从对博士群体、专业带头人的个案分析也可以看出，H 高职院校在开展应用导向科研方面并未提供足够的软硬件支撑。

此外，作为一所地级市的高职院校，H 高职院校并未表现出相对于省会城市高职院校的劣势。相反，H 高职院校在开展应用导向科研方面能够从地方政府获得更多资源，这也进一步佐证了本研究在量化阶段的发现。同时，对 H 高职院校的案例研究也进一步验证了企业工作经历和学校所在城市的交互效应，以及教师岗位类型和学校办学属性的交互效应。比如，从"发明大王"这一个案来看，YZ 教师不仅拥有长期的企业工作经历，而且所在学校处于地级市，作为国示范学校，H 高职院校为他提供了科研—社会服务岗，从而为他开展应用导向科研提供了充足的时间和精力保障。

第三节　努力进入第一方阵：一所省示范高职院校的案例

N 高职院校始建于 20 世纪 50 年代，其前身是一所中等专业学校，在 21 世纪初升格为高职院校。作为一所 E 省政府举办的全日制普通高职院校，N 高职院校在 2008 年被评为省示范性高职院校。近年来，N 高职院校发展速度不断加快，曾入选"育人成效 50 强"和"国际影响力 50 强"名单，被认定为 E 省第三批"大众创业、万众创新"示范基地。尽管一直处于追赶状态，但在全国 1 400 余所高职院校中，N 高职院校依然处于第二方阵。在这次"双高"计划申报中，N 高职院校并未成功入选，因此失去了一次重要的发展机遇。作为"后发型"高职院校，N 高职院校并未赶上第一波高职院校改革发展的浪潮，因此长期处于第二方阵。竞争日益激烈的外部环境，也让 N 高职院校感受到了前所未有的压力。

一、N 高职院校科研制度供给

（一）制度环境：向第一方阵迈进

N 高职院校坐落于 E 省著名的高职园区（又被称为"科教城"），园区内共有 5 所高职院校。从园区管理方面来看，主要由科教城管委会统一管理，该组织负责园区内资源的协调配置工作。从实际运行来看，5 所高职院校实际上是相互独立的，并不可避免地存在竞争关系。起初，5 所高职院校基本是由中等专业学校升格而成，而且其发展起点差距不大。经过十几年的发展，5 所高职院校之间的发展差距逐渐拉大，不幸的是，N 高职院校已经明显落入第二方阵。虽然从全国范围来看，N 高职院校作为长三角地区的一所省示范高职院校并不落后，但是在激烈的区域竞争环境下，N 高职院校仍旧感受到前所未有的压力，这同时也进一步增强了其迈向第一方阵的决心和动力。

> 与科教城其他几所高职院校不一样，我们的发展阶段不同，所以还是会向比如国示范看齐。通过对标这种好的高职院校，我们朝它的方向发展。现在通俗地说，人家在跑步的同时不会再带上你，但你要主动去迎头赶上。(N-G-1)

在发展的最初阶段，N 高职院校并不重视科研，但是面对与第一方阵逐渐扩大的差距，N 高职院校通过"对标"发现，科研是其重要"短板"。随着国家层面对高职院校科研重视程度的提高，各种项目的申报都会将科研列为重要的评价指标。

> 因为现在学校去竞争项目，上级对我们的考核有相应的科研要求，比如，横向项目立项数、科研经费到款额等。教育厅那边不会单独来考核，但是它会根据你的科研情况进行排名，而这个是能否拿到项目的关键。省里面的这种考核，它可能根据指标判断你的发展阶段。像高水平学校建设科研占的指标是蛮多的，占的比例也是蛮大的。所以，如果政策考核这个指标的话，考核多少课题、多少横向经费到账，那可能大家就会去做这个。所以我们的侧重点是主动对标找差距，所谓对标，就是对着现在一些相应的政策，跟着导向走。(N-G-1)

此外，近年来层出不穷的各种排行榜，实际上也在潜移默化之中对 N 高职院校带来不小的影响。尤其是在当前 E 省高职院校较为突出的招生困境下，不少高职院校都将进入排行榜当作一项重要任务来"攻坚"。

> 现在各种评选科研比重越来越大，它逼得我们学校如果想上一个台阶，就必须加大科研投入。出来的各种排行榜、各种考核对高职院校科研肯定是有影响的。实事求是地讲，现在高职招生生源竞争还是比较激烈的。学生报学校的时候，他会比较哪个学校的影响力大。那这些影响力从哪来？就从各种牌子、各种排名中来。在这种排名的压力下，原来高职院校不怎么重视科研的，近年来倒越来越重视科研了。（N-G-2）

（二）技术环境：寻找错位竞争优势

从发展基础来看，N 高职院校与其他高职院校明显存在一定的差距，尤其是在综合实力上无法与第一方阵高职院校相媲美。面对这一现实条件，N 高职院校更加坚定了高质量发展科研的理念。

> 高职院校没有科研，你就上不了台阶，也就做不到高效发展，这是内在的需要。但是，基本前提是要做高质量科研，靠科研上台阶，你就不能低水平地重复。（N-G-2）

在现有基础上，更为重要的问题是，如何基于 N 高职院校自身的办学条件，在科研方面找到错位竞争优势，打造出具有学校自身特色的科研品牌。对 N 高职院校而言，无论是与本科院校相比，还是与第一方阵的高职院校相比，它在开展学术导向科研方面明显处于劣势，这就意味着学校很难拿到纵向课题。

> 一些好的大学可能比较多地做基础研究，他们基本上都是申报国家级课题。但是，像我们去申报国家自然科学基金，报了十几个，一个都没有中。然后省基金报了二十几个，就中了几个，这已经是很少了。（N-G-1）

同时，N 高职院校某专业教师也提到，学校现有的科研氛围和科研条件等也不足以支撑基础研究。

> 高职院校科研不应该是基础型的，因为我们的理论知识既没

有大学那么深厚，也没有大学那么好的科研氛围。再就是科研条件受到局限，很多高精尖设备我们没有，平台肯定达不到做实验的要求。我要做实验的话，需要到外面去做。(N-J-1)

相反，N 高职院校的专业教师普遍认为，可以更加聚焦应用导向科研。与基础研究相比，应用导向科研对科研平台、设备、实验条件的要求相对较低。而且，由于与企业打交道更为频繁，高职院校的教师也相对更为接地气，更了解企业的需求。

应用型研究的话，毕竟跟企业的关系特别紧密，那我们就要面向企业的需求来做。企业有很多小的技术难点。比如说，它生产上面出现的问题也是要解决的，这种不需要太高的技术，不需要太深的基础研究做支撑，但是需要一些应用，而且需要我们经常在企业里面接触，经常与工作人员沟通，才能够发现这样的问题。同样是做应用型研究，本科院校往往跟企业谈的时候没有我们这么接地气。它谈的往往都比较大，要做一整个系统或者应用的，或者说钱要得比较多，几万元的项目本科院校是不做的，但是我们就可以做这些事情。而且我们的反应比他们要快，我们一般都服务于周边地区，有什么事情我们会经常去跑。(N-J-1)

为了做好应用导向科研，N 高职院校着手组建区域产教协同联盟，试图通过这种方式来推动 N 高职院校与企业在科研、人才培养等方面的深度合作。

从去年开始，我们真正扎实地做应用型科研。以前我们都是比较零散的。现在，我们学校牵头去做产教协同联盟，构建共享的一种联盟机制，对接我们的专业集群。所以，我们科研参与的广度和深度从去年开始就有了很显著的变化。以前，相对来说，科研比较零散，就老师自己去跑一跑，这样的成效比较小。这种科研团队以前也有，但比较零散。从这两年开始，我们意识到已经过了那种科研培育阶段，所以才会成立这个产教协同联盟。(N-G-1)

二、N 高职院校科研制度感知

（一）规制性要素："胡萝卜加大棒"

近年来，为了调动教师参与科研的积极性，N 高职院校主要采取了"胡萝卜加大棒"的科研管理方式。"胡萝卜"包括两个方面：一方面，"明码标价"，加大对高水平科研成果的奖励力度；另一方面，对科研经费使用方式"松绑"，提高科研经费使用的灵活性。

为了激发教师的科研热情，鼓励教师争取高层次的科研项目，获得更多的科研到账经费，取得高质量的科研成果，提高学校的整体科研水平和核心竞争力，N 高职院校制定了详细的科研突出成果奖励办法。

> 科研突出成果奖励范围包括以 N 高职院校名义获得市级以上政府部门颁发的科研成果奖、发表的重要学术论文、授权的发明专利、市厅级以上政府部门立项的科研项目和单向大额横向项目等对提升学院核心竞争力有重要贡献的科研成果。具体奖励标准，以单向大额横向项目为例，理工科 25 万元及以上、人文社科 10 万元及以上奖励 0.8 万元，理工科 50 万元及以上、人文社科 25 万元及以上奖励 1.5 万元。①

2018 年，为了突破制约科技创新的体制性障碍、结构性矛盾和政策性问题，充分激发科技人员的创新创业活力，E 省出台了《关于深化科技体制机制改革 推动高质量发展若干政策》（又称为"科技 30 条"）。"科技 30 条"的出台，为 N 高职院校科研经费管理改革提供了参考，在一定程度上调动了教师科研的积极性、主动性与创造性。

> 学校奖励、配套措施完善力度挺大的，去年开始我们就出台了相应的政策，因为省政府有一个"科技 30 条"促进了科研"松绑"。这个文件出来之后，我们这边就积极响应，组织老师学习，然后解读政策。当然政府出台这个政策是为了激励大家，激励广大科研人员。以前我们的奖励有教学优秀和综合考核优秀这两大块，但是从去年开始，我们增设了科研先进个人，也就是对科研考核优秀的老师进行奖励。(N-G-1)

---

① 引自《N 高职院校科研突出成果奖励办法》。

从对 N 高职院校的访谈中我们可以发现，该校教师的科研压力要比前文提及的 H 高职院校小不少，如没有 H 高职院校在岗位调整时对不达标者进行低聘的做法。但是，即便如此，N 高职院校仍有不少教师感受到了来自科研考核的压力。实际上，为了督促教师完成科研任务，N 高职院校制定了严格的科研工作量考核办法，对不同岗级、不同职称的专任教师进行考核。该校教师如果不能达到基本要求，就会受到相应的惩罚。具体如表 5-3 所示。

表 5-3　N 高职院校专任教师岗位年度科研基本工作量①

职称	教授			副教授			讲师			助教
岗级	2级	3级	4级	5级	6级	7级	8级	9级	10级	11级
教学型/分	180	130	100	70	60	50	30	20	15	10
科研型/分	300			280			240			—

此外，在 N 高职院校职称评审中，科研也是重要的一项内容。如果科研成果不好，教师将很难有足够的生涯发展空间。

> 你如果不做科研的话，生涯发展基本没戏。我们学校就是要你做科研，教学其实没有多少量化的指标。除了课时量以外，教学质量很难去量化。它不像高考，高考的话分数多 10 分，就可以用来评判成绩的好坏。但是，教学很难量化，能量化的基本上就是科研。（N-J-2）

在此背景之下，即便是教学岗的教师要评职称，科研也是必不可少的条件。但是，在现有的职称评审机制下，N 高职院校的不少教师还是感受到了切实的压力，有的教师甚至处于一种"自我放弃"的状态。

> 我工作这么多年还没评上副教授，就因为核心论文还差一篇。然后这个核心论文的话，本身就是软件方面，要做一些算法的研究，我们高职老师比较难达到那样的要求，所以会感觉到这种过高的科研压力。也就尽力去评吧，评不了职称就不评了。（N-J-3）

---

① 引自《N 高职院校科研工作量核定及量化计算方法》。

（二）规范性要素：人尽其才，才尽其用

由于每个高职院校所处的地理位置、发展阶段、办学特色等存在差异，这就意味着高职院校很难按照一种模式去发展。如果盲目追求规模式发展，将很难形成独具特色的办学模式。

> 我们曾经到全国第一的高职院校去学习，它的实力太雄厚了，我们就发现，很多经验在我们这里是没法推广的。因为它所处的区域经济十分发达，即便我们也是发达地区，也是没法跟它比较的。它那个学校建校也很早，平台比我们高很多。而且，他们老师的经济待遇很好，我去的那个时候工资就已经有 18 万块一年了，我们这才几万块一年，而且他们享受的是特区政策。（N-G-1）

对高职院校而言，办出学校特色的关键仍旧在人才，必须让人才在合适的位置上发挥出应有的作用，也就是人尽其才，才尽其用。为了实现这一目标，N 高职院校开始探索实施岗位分类制度，即将教职工分为专业技术岗和行政岗，而专业技术岗又可以分为教学岗、科研岗。

> 像有的老师，他在教学实践一线待久了以后，跟学生相处有感情，也很有成就感，就应该让合适的人干合适的事情。他不需要再通过科研来证明他的实力和能力，教书的人有的教得很好，他在教学口子上能够获得信息化教学大赛一等奖。还有很多人，适合担任班主任、辅导员的，也应该让他发挥应有的作用，而不是"一刀切"，所有老师都去做很多事情，这样老师们都很累。（N-J-4）

N 高职院校也有专业教师指出，尤其是对应用导向科研来说，并不是每个人都有能力和实力来做，现实中总会受到各种复杂因素的制约。

> 对于一个普通老师来说，如果没有那么强的社会关系，没有那么多的企业资源，那就很难去跟企业合作搞研究。就是说，人各有所长，有的人他一年能从企业里面搞个几十万元的项目，横向上百万元的，都没有什么太大问题，他的资源比较多。但是对于一个普通的老师来说，叫他到企业拉个几十万元的横向项目，基本是不太可能的。所以，做好这种应用型科研跟自己的资源调

配能力、社会关系网是完全相关的。(N-J-4)

但是，即便进行了岗位分类，在对 N 高职院校的访谈中，我们仍旧可以发现，几乎所有被访谈对象都处于十分忙碌的状态，有的教师甚至要同时应对来自多方面的任务。在实际的工作过程中，岗位所承担的责任与义务并没有明确的边界，岗位分类也就失去了其应有的意义。

> 我们老师既要教学，又要当班主任，还要做教研室分配的工作，做科研的确精力有限。一般周课时的话 16 节、20 节都有，一年至少有 400 学时的教学工作量，教学任务是比较重的。此外，还要带实训、带学生出去实习，以及辅助一些行政事务。(N-J-3)

而且，在岗位分类改革的情况下，教师考核的改革力度却没有那么大。虽然表面上对教师的考核进行了分类，但对教师的考核内容并没有减少，仍旧以全面考核为主。

> 现在是这样，你哪怕是科研型，都要有一定的课时比例。各种其他工作任务其实还有很多，还没有区分。比如，你搞科研搞得好的，学校还不允许拿科研抵课时，既然不能抵，那老师就还要去上课，这样就比较麻烦。教师分类其实没分明白。(N-J-1)

（三）文化—认知性要素：教学与科研不应是"两张皮"

关于教学与科研之间的关系，学界始终存在着三种论调："教学与科研相互促进""教学与科研相互冲突""教学与科研无关"。[1] 无论是从国家政策导向来看，还是从学界主流观点来看，"教学与科研相互促进"一直是各界人士共同追求的目标。然而，研究型大学一直存在的一个突出问题是"重研轻教"[2]。其主要表现是教师会将主要精力放在科研上，而对教学投入的精力相对有限，二者甚至时常出现冲突。

相对普通本科院校而言，高职院校几乎不存在"研究型""教学科研

---

[1] 李永刚. 难解的谜题：高校教师教学与科研关系研究的几种新视角 [J]. 教育学报，2016，12 (05)：60-67.
[2] 鲍威，杜嫱. 独立·冲突·互补：研究型大学教师教学行为与科研表现间关系的实证研究 [J]. 北京大学教育评论，2017，15 (04)：107-125，187-188.

并重型""教学为主型"这三种学校类型的划分。原因在于,基本上所有的高职院校都是"教学为主型"的,教学被看作高职院校的核心任务,科研则时常被当作"锦上添花"。因此,很长一段时间内,高职院校普遍不重视科研。近年来,随着各级教育主管部门对科研重视程度的提高,高职院校也对科研给予了更多的关注。但是,不可忽视的一个突出问题是:如何看待科研与教学的关系?从访谈内容来看,N高职院校专业教师普遍认为,应该将科研与教学相结合,积极发挥科研对教学的"反哺"作用。

> 科研与教学应该是相辅相成的,这是基本的共识。以前有很多老教师都讲过了,科研好的教学也不会太差。如果做得好的话,科研对教学也是有促进作用的。你做科研的话,肯定会接触到一些新的东西。比如新材料、新工艺、新技术,都可以融入课堂教学。而如果不做科研,这些是接触不到的。(N-J-1)

访谈对象所提到的这种现象在相关实证研究中也已经得到验证。有研究表明,教师科研产出与本科教学行为之间存在"顶端互促效应",即在科研产出的高端群体中,规制型教学行为对科研产出形成抑制效应,而创新型教学行为与科研产出之间存在协同促进的关系。[1]

> 在类型教育改革背景下,高职院校要解决的根本问题就是教育供给侧和产业需求侧不匹配的问题。也就是说,我们培养出来的学生不能够很好地满足企业、产业的需要,实际上就是不对接。为什么会出现这种情况?比如说,我们开办的专业可能和产业之间不匹配,或者我们的人才培养方案、课程体系和这个岗位的需求不匹配。我是学机械专业的,拿机械专业来讲,如果你不做科研,你就不能把企业最新的技术、工艺、产品等反馈到课堂上,也就不能教给学生。如果你教的还是很多年以前老旧的东西,学生毕业以后到工作环境中自然就对接不上。(N-G-2)

然而,在访谈中,也有教师同时谈到,教学与科研相互促进自然是理想的状态,但现实的问题是,对高职院校教师而言,教学与科研相结合难

---

[1] 鲍威,杜嫱.独立·冲突·互补:研究型大学教师教学行为与科研表现间关系的实证研究[J].北京大学教育评论,2017,15(04):107-125,187-188.

度很大，二者甚至会出现相互冲突的情况。

> 对高职教师在科研上的要求是向本科院校看齐。但是，我们的学生是技术技能型的。所以，我们高职老师要披着"两张皮"活着，这是很难做到的。我们生源质量不高，教学内容要尽量简单，让学生能够理解，尽量跟生产一线相结合。但科研又要求有较强的理论性、创新性，最好有发明专利、有纵向课题，但发明专利、纵向课题哪有这么容易申报。因为对老师的要求很高，所以高职院校老师我觉得他一直是披着"两张皮"的，他不知道自己该干什么，很难既兼顾到教学，又兼顾到科研。(N-J-2)

三、N 高职院校科研行动面相

（一）国企转行教师：告诉你一个真实的企业

ZQ 教师是 N 高职院校汽车系的一名实训教师，在来到 N 高职院校工作之前，ZQ 教师在当地一家国有企业机车车辆厂工作了十余年，其间主要负责工艺改进、技术设计等方面的工作。

在与 ZQ 教师的访谈过程中，笔者深刻感受到当前阶段企业生存的艰难性。虽然当前阶段国家出台了一系列鼓励企业创新的政策，但是真正在实践层面致力研发创新、以质量取胜的企业仍然十分少。尽管以智能制造为代表的工业 4.0 浪潮已经席卷整个长三角地区，但是并非所有的企业都能跟上转型升级的步伐。以机械行业为例，ZQ 教师认为，大部分企业仍旧处于工业 2.0 阶段，少部分处于工业 3.0 阶段，而只有极少部分处于工业 4.0 阶段。

当前阶段，企业实际上会面临来自多方面的压力，如资金难周转、环保检查难达标、行业内部利润空间小等。

> 中小企业生存压力很大。据我了解，一个方面就是资金周转难。这不像买菜，一手交钱一手交货，他们都是"三角债"，互相转来转去。我好几个朋友自己开的企业，好多都是钱都拿不回来的。再就是，政府要求环保方面要达标，环保方面不达标，就要求你交钱，这方面也要投入很高的成本。还有就是像制造业，特别是我们国家机械行业的制造业利润不是很高，所以都跑到来

钱快的房地产之类行业了，有了钱就投资金融、房地产，真正做实业的少。机械加工方面现在人工成本又上去了，加工费用很高。而且，加工费在整个圈子里都是透明的，多少钱都能算出来，所以赚不了多少钱。(N-J-1)

在如此艰难的生存条件下，企业首先想到的是如何在不增加太多成本的前提下获得更多的利润，以及通过各种渠道改善企业的生存环境。基于上述考量，不少企业在寻求与学校教师合作时，其动机可能就不是为了技术创新，而是为了从政府相关部门拿到更多的项目资助。

真正参与企业科研团队里面去帮它解决问题的，我自己感觉很少，顶多写些申报书之类的。外面的企业申报课题我是很了解的，很多申报的课题其实前几年已经做下来了，否则你来不及申报的。课题已经做好了，已经花了大量资金，这个科研任务在企业里面已经完成了。我们学校也要求跟企业合作，科研任务要跟企业联系起来，那就得想办法联系企业。企业肯定不太会写申报书，我帮他们写申报书，做实际的申报工作，不管是纵向课题还是横向课题，都是为了去拿项目，弄一些资金过来。(N-J-1)

再比如，有的企业为了成为高新技术企业，特别是中小型企业，它要拿一个大项目之类的，资源不够，科研团队资质不够，好多方面跟不上去。它就必须依托学校，有时候把学校里面很多高级职称挂在那个地方，还有学校里面的专利。对照各种指标的要求去做，上面要多少个高级职称，或者什么技术人员支撑，还有发明专利之类的，它都想办法去做，这样它就容易拿到项目，中小企业对这种项目的依赖性很高。(N-J-1)

ZQ教师提到，企业不会轻易投资进行技术改造。以加工制造行业为例，一个显著的特点是，行业内部分工已经很细致，不同工序可能是由不同厂家去完成的，实在解决不了的问题，外包生产或购买设备的可能性更大。

投入工艺改造、模块创新上的企业不多，要看是哪种类型的企业。比如说，私人企业很可能像二道贩子一样，中间可能就完成某一道工序，搞一些机床，请一些工人再加工，而不是走完整个流程。你像国有企业里面,就是走完整个流程,一个零件下来,从毛坯制作到最后进行成品包装全都有。如果解决不了,就必须买设备,他也可能把工序转到其他地方做。国内也相当于是"全球化",比如某一道工序其他人能做,我为什么要做?这都要算成本的,有可能一样东西就是好几家工厂共同在做,最后有成品连接出来。现在讲求分工,而不是一家企业把所有的工序都做出来。(N-J-1)

此外,企业一般会倾向于采用相对成熟的技术,对于投入技术研发与改造反而会有各种顾虑,如成本、风险等。

上次去高新技术开发区,我们想跟企业开展校企合作,让我们的老师给他们解决实际问题。但企业不需要你,因为它有好多技术是成熟的,它就希望我们把学生送过去,给他们的企业做技术研发。这种要求并不算高,顶多算"小打小闹",比如工艺改进之类的,它可以咨询一下。本来企业对我们就不太信任,万一耽误进度,最后搞不出来是有风险的。科研失败是正常的,好的东西失败肯定是很正常的,但是它不愿意承担这个风险。(N-J-1)

最后,ZQ老师还特别提到,很多真正帮企业解决问题的合作并不一定在"明面"上,很多时候是有能力的教师私下与企业接触,企业并不愿意将合作经费打到学校。如果教师不需要完成学校的科研任务,如果学校的科研奖励力度也不高,教师通常不会愿意将横向项目经费打到学校账户。

所以真正跟企业搞项目,比如我以前帮企业设计一个东西,企业是不希望钱进学校的,包括参与者也不希望。因为要扣税,17%的税,这样10万块钱就会扣掉将近2万元的税。好多老师宁愿少要一点钱,也愿意私下里去接项目。因为我们老师必须完成科研任务,有要求的,所以如果学校奖励把税抵了,老师会去这么做的。这个我跟你讲是普遍现象,所有地方都这样,我们在外面开会的时候跟其他老师交流,全国都是这个样子。(N-J-1)

（二）学术委员会主任：哪有什么真正的学术权力

WZ 教师是 N 高职院校学术委员会主任，主要从事工业自动化方面的研究。在来到 N 高职院校工作之前，WZ 教师曾经在一家大型国有企业工作过 9 年，后来应聘到应用型本科院校工作。

在 WZ 教师看来，高职院校所做研究与普通本科院校所做研究的区别是前者更偏向于应用研究，但它与应用型本科院校所做的研究并没有本质区别。

> 很多人好像一讲到科研，就认为它是基础研究。我们高职院校科研主要集中在应用技术研究方面，不太做基础研究。所以，我们跟研究型本科的差异是偏应用研究，但这种科研定位和应用型本科院校的科研定位非常类似，我觉得几乎没什么本质差别。
(N-J-4)

WZ 教师坦言，高职院校与应用型本科院校最大的差别可能就是专科和本科的差别。由于同时具有两种类型高校的工作经历，WZ 教师更深刻地认识到了这种层次差别背后的巨大差异。通过深入交流，笔者发现，WZ 教师反复提及的实际上是学术权力和行政权力的关系问题。

WZ 教师发现，由于没有行政职务，组建科研团队会比较难，而且在与企业合作交流的过程中会遇到很多体制性、机制性障碍。

> 我是 2016 年被学校从本科院校引进的。来到这里以后就发现，像我这样没有行政职务的老师，要建立一个科研团队很难。按道理，如果能够建立一个团队，我就可以和企业直接合作对接。学校横向项目的开发会受到很多方面的束缚，这跟事业单位的科研考核方式有关系，和我们各种各样的管理机制也有关系。比如我们的经费报销会遇到问题，其中，人员费也是比较难解决的问题，团队成员积极性调动不起来。人员费有很重要的激励作用，不然我这个团队没法办，没人愿意加入，但很多时候我们没有话语权。（N-J-4）

而且，WZ 教师认为，现在高职院校的行政权力实际上是凌驾于学术权力之上的，其突出表现是，掌握行政权力的人是规则的制定者，而且拥有考核教师的权力。在当前的体制下，由于各个行政部门都会层层往下分派任务，"上面千条线，下面一根针"，导致教师疲于应付各个部门的考核。

> 高职院校的考核有点面面俱到，但是每位老师不可能所有事情都做到。现在是一个全面的考核模式，没能让每位老师去发挥他的长处。我觉得和我们高校本身的这种机制有关系，因为在这种机制下，相关管理者不会为基层的一线老师考虑，他是对上级负责。他考虑的是如何才能出政绩、出荣誉，这和学校自主办学永远是一对矛盾，而且这个矛盾很难解决。(N-J-4)

由于 WZ 教师同时担任 N 高职院校学术委员会主任的职务，所以笔者进一步追问了学术委员会的运行情况，旨在了解学术权力在学术委员会运行中所发挥的作用。

> 我们学校的学术委员会主任不是一个行政职务，所以学术委员会肯定不是一个官僚机构，主要是做一些学术的评判工作。说穿了，学术委员会是没有实质权力的，就是说它相当于一个第三方的学术评价机构。在一些重大的事件上，它很难发挥作用，因为结论不是我们做的。比如说，高层次人才引进，我们只负责面试，对其教学能力、科研能力做出评判，只是为决策提供一个参考，但是要不要这个人肯定是学校领导决定的。这个跟本科院校就不太相同，本科院校很多事情都是由学术委员会决定的。我们学校还稍微好点，有的学校的学术委员会几乎形同虚设。(N-J-4)

（三）信息化中心主任：企业优秀人才难进

DM 教师的现任职务是 N 高职院校信息化中心主任，岗位类型是"双肩挑"。在担任信息化中心主任之前，DM 教师曾经长期在二级学院担任院长职务。在 DM 教师看来，对高职院校而言，校企合作是十分重要的。但是，当前阶段的校企合作多停留在人才培养层面，与企业在科研层面的深度合作还比较少。

> 职业教育如果脱离了校企合作，真的是没有前途的。职业教育必须跟学校周边的企业合作，而且是深层次的合作，要能够了

解企业的需求，帮它们解决一些问题。这样的话，不仅帮企业解决了问题，也更有利于进行人才的合作培养。但是，实际上，目前的合作还主要停留在人才培养层面，真正能为企业服务的合作比较少。(N-J-2)

对此，DM 教师坦言，最大的问题还是教师能力不够，大部分教师是"从学校到学校"，缺乏一定的企业工作经历，真正有能力为企业解决问题的教师少之又少。

企业对科研合作是有一定需求的，问题在于老师的服务能力不够。我估算一下，我们一个二级学院里，大概只有20%的老师可以达到企业的能力要求。我们这个信息技术行业的技术更新是很快的，假如老师不在一线做，很容易就过时了，眼界也肯定受到局限。(N-J-2)

DM 教师同时提到，教师来源的单一性也给学校科研团队建设带来了困难，尤其是缺乏具有企业工作经历的科研团队领军人才。

我觉得跟企业合作搞研究，关键还在于团队负责人的遴选，就是什么样的人能够做团队负责人。我们还是缺乏这种具有企业工作经历的领军人才。在专业层面上，年轻老师还是很期待有这样的一些人去带队的。但是，我们高职院校的老师可能很多是"从学校到学校"，虽然知道一个项目怎么去做，但是离真正帮企业解决问题还比较远。(N-J-2)

而且，DM 教师还认为，从企业直接引进优秀人才比教师下企业实践更有效果。从企业引进的优秀人才由于之前接受过企业的规范管理，更讲求效率和实用性，做出来的东西也更符合企业要求。相比之下，教师下企业实践经常流于形式，起不到真正的锻炼效果。

我们现在更愿意从企业引进人才，比如大学本科毕业或研究生毕业在企业待两年，我再引进他；反过来，我先引进来，然后再派到大企业两年，采用这两种引进方法获得的肯定是截然不同的效果。如果先前在企业两年的话，他是完全按照企业的要求，有项目的管理要求、业绩要求，都是按照企业的一套来做的。他如果在企业表现得很好，引进到我们学校，我觉得这样的人是非常好用的，而且管理起来也方便一些，他的工作动力和自主性在企业的那两年已经积累了，工作经验是非常丰富的，因为他完全是一个企业员工。如果先到我这儿来，我再送他去企业两年，他觉得自己是学校的，不是企业的，自己想干就干，不想干就不干，会有心态的一个转变。现在的教师下企业实践就像行政挂职一样，并没有深入企业。考核的时候，企业随便给个合格，教师下企业实践也就流于形式。（N-J-2）

尽管 N 高职院校很需要引进具有企业工作经历的优秀人才，但是 DM 教师提到，近年来学校的人才引进政策其实一直偏向于引进高学历人才，而对具有高技能的企业优秀人才引进力度则没有那么大。

希望学校多引进一些有企业项目经验的，不一定非要博士。如果我们能多引进一些有企业项目经验的人才，那就能够真正跟企业合作做科研，特别是为企业做一些服务型的、技术支持类的科研。但现实情况是，在人才引进方面，企业的人是不太好进学校的，主要是受限于学历。比如，如果学历不达标，就无法作为高层次人才引进，也就无法享受相应的待遇。我们原来引进老师，很多就卡在学历上面了。（N-J-2）

在工作待遇无法保障的情况下，学校能够提供的条件是无法与企业相媲美的。对于信息技术行业而言，这种现象尤为明显。

比如说，我真正想要的人，他在企业的薪水可能比较高，学校是给不到这个报酬的。特别像我们 IT 行业，我要引进一些比较优秀的人，像阿里的人才年薪都在 50 万元以上，其他很多人才的平均年薪也在 50 万元左右，他怎么会愿意来高职院校呢？（N-J-2）

四、尾声

从制度环境来看，N 高职院校近年来愈发重视科研。其主要原因在于，无论是教育行政部门主管项目的申请，还是各种类型高职院校排行榜的发布，都将科研作为重要的评价指标。对 N 高职院校来说，加强科研的主要动机是，由于自身在全国高职院校中处于第二方阵，为了向第一方阵迈进，需要主动对标国示范高职院校，努力提升自身的科研实力。因此，就制度环境而言，N 高职院校主要面临的是向上竞争的压力，并将这种压力转移到学校内部的科研制度供给上。单纯从制度环境来看，与 H 高职院校相似，N 高职院校并未提出明确的应用导向科研定位。

从技术环境来看，N 高职院校身处第二方阵，与 H 高职院校在综合办学实力方面存在不小的差距。但这种差距也让 N 高职院校进一步认清了现实，即学校无法在学术导向科研方面做出成果，自然也无法通过科研取得竞争优势。为此，N 高职院校确定了"寻找错位竞争优势"的科研发展战略，即着力发展应用导向科研，进而通过组建区域产教协同联盟，引导科研团队进企业，以加强学校与企业在科研和人才培养方面的紧密合作。

从 N 高职院校专业教师对规制性要素的感知来看，学校主要采取了"胡萝卜加大棒"的科研激励措施。所谓胡萝卜，是指加大对高水平科研成果的奖励力度，对科研经费使用方式"松绑"，提高科研经费使用的灵活性。所谓大棒，是指加强对科研的考核力度，制定严格的科研工作量考核办法，对不同岗级、不同职称的专任教师进行考核。如果不能达到基本要求，就会面临相应的惩罚。在职称评审中，N 高职院校也同样加强了对科研相关指标的考核。与 H 高职院校相比，N 高职院校在规制性制度的要求上并没有太大区别，同样呈现出"层层加码"的趋势。不同的是，N 高职院校加强了对科研的奖励力度，尤其是对大额横向项目的奖励力度。

从 N 高职院校专业教师对规范性要素的感知来看，大部分专业教师对自身的科研角色是有一定认同感的。但是，专业教师也同样强调，应该"人尽其才，才尽其用"，让合适的人做合适的事。比如，让适合教学的人做好教学，让适合做科研的人做好科研，并不是每个人都适合做应用导向科研。为此，必须深化推进高职院校的岗位分类制度改革。但岗位分类制度得以落实的关键还在于，考核制度也要根据岗位分类进行实质性改革。如果考核制度不改变，岗位分类也就容易陷入形式主义。由此可见，与规范性要素相比，规制性要素对高职院校专业教师的科研行动影响显然更大。

从 N 高职院校专业教师对文化—认知性要素的感知来看，应该正确处理科研与教学的关系，科研与教学不应该是"两张皮"。与普通本科院校不同，几乎所有高职院校都是"教学为主型"的，也就是说，教学在高职院校的整个发展布局中占有举足轻重的地位。因此，N 高职院校专业教师普遍认为，即便是开展科研，也应该将其与教学相结合，发挥科研对教学的"反哺"作用。但现实问题是，对高职院校专业教师而言，教学与科研相结合的难度很大，二者甚至时常会出现相互冲突的情况。究其根源，与学校对教师科研定位的不明确有很大关系，学校并未从根本上明确应用导向的科研定位，导致其所做的科研与普通本科院校的科研没有多少实质性区别。

在科研行动面相个案遴选方面，之所以选择 ZQ 教师，主要在于其具有 10 年以上企业工作经历、专业任教大类为装备制造大类这两个典型性特征。与 H 高职院校的"发明大王"相比，ZQ 教师向笔者更为详细地讲述了企业，尤其是中小企业的生存状况。在 ZQ 教师看来，与企业合作开展应用导向科研更像是一个"美好理想"，现实状况往往比这要残酷得多。无论是企业一方，还是学校教师一方，在开展应用导向科研合作方面都存在"动机不纯"的情况。在艰难的生存条件下，企业首先想到的是如何在不增加太多成本的前提下获得更多的利润，以及通过各种渠道改善企业的生存环境。不少企业在寻求与学校教师合作时，其动机可能就不是为了技术创新，而是从政府相关部门拿到更多的项目资助。企业一般会倾向于采用相对成熟的技术，对于投入技术研发与改造反而会有各种顾虑，如顾虑成本、风险等。对于学校教师而言，与企业合作科研更多的是为了完成科研任务，所以会与企业合作开展一些表面具有应用性特征、实质上颇为形式主义的科研。至于真正与企业开展的高水平科研合作，双方反而不愿意以"官方"的形式进行，而更愿意"私下交易"。由此可见，表面上对应用导向科研的行动选择有时并不具有实质性意义，因为这种科研极有可能"披着应用性的外衣"，甚至有可能是企业、学校、教师之间的"共谋行为"，至于其"科研行动效益"也极有可能仅仅停留在"数字"层面。

在科研行动面相个案遴选方面，之所以选择 WZ 教师，主要在于其典型性特征——WZ 教师拥有丰富的工作经历，不仅拥有 9 年的企业工作经历，而且在应用型本科院校工作过。更重要的是，WZ 教师还是该校的学术委员会主任。从 WZ 教师的视角切入开展研究，有助于深入地观察与审视 N 高职院校的科研生态。由于同时拥有在高职院校和应用性本科院校工作的经历，WZ 教师能够更加深刻地感受到两类学校科研环境和氛围的差异。WZ 教师认为，行政权力在高职院校科研中更为重要。如果教师没有行政职务，就很难组建科研团队，在与企业合作交流的过程中也会遇到体制、机制性障碍，进而间接影响高职院校应用导向科研水平。这一发现也进一步佐证了本研究在量化研究阶段的部分结论，即拥有行政职务的专业教师在"科研行动效益"方面会稍高。作为学术委员会主任，WZ 教师也同时谈到，现在有的高职院校的行政权力实际上凌驾于学术权力之上。所谓的学术委员会主任只拥有表面上的行政职务，其实并不拥有决策性的行政权力，如不具有高层次人才引进权力，这与本科院校学术委员会主任的权力存在重大区别。

在科研行动面相个案遴选方面，之所以选择 DM 教师，主要在于其具有以下典型性特征：既有行政职务，又从事教学工作，是典型的"双肩挑"，而且其任教专业为电子信息大类。DM 教师充分肯定了与企业合作开展应用导向科研的重要意义，但同时也谈到，当前阶段高职院校应用导向科研做不好的主要原因是教师的能力不足，即只有很少一部分专业教师的科研能力可以达到企业要求。需要注意的是，这可能也与信息科技产业独特的创新方式有关。比如，王星在研究制造产业和信息科技产业工匠精神的区别时指出，工匠精神是依托于产业行业而形成的，存在着类型差异，不同的生产制度安排会催生不同的工匠精神，可以将工匠精神细分为累积型工匠精神和急进型工匠精神两种类型；所谓累积型工匠精神，是指需要依托于生产操作经验基础而形成的行为习惯；而所谓急进型工匠精神，则是指依托于系统性理论知识学习和研究反思而形成的行为习惯；在适用的产业类型或者工艺工序上，累积型工匠精神更适用于装备制造业及硬件的制造工艺工序，而急进型工匠精神则更适用于信息科技等新兴产业及软件的开发。① 由此可见，与制造产业相比，信息科技产业对经验的要求相对较低，而对研发能力的要求相对更高，而这正是高职院校信息技术专业教师的短板。信息科技产业方面的科研领军人才很难通过教师下企业实践方式培养出来，这一观点与前文"发明大王"的观点不谋而合，即教

---

① 王星. 我们需要怎样的工匠精神 [N]. 光明日报，2018-06-09.

师下企业实践很容易流于形式，而从企业引进领军人才则可以较好地解决这一问题。遗憾的是，在当前的人事政策下，高职院校更看重的是博士学历人才，企业中的"能工巧匠"很难作为高层次人才被引进高职院校，这也在一定程度上折射出高职院校人事政策存在的问题。

总结上文，作为一所省示范高职院校，N 高职院校在全国众多高职院校中明显处于第二方阵。对 N 高职院校来说，即便是处于第二方阵，其地位也并不牢固，同样会面临来自"后发型"高职院校的追赶压力。因此，N 高职院校主动对标国示范高职院校，试图迎头赶上。就制度环境而言，这种"追赶"战略与 H 高职院校并无本质区别，二者均将科研看作提升学校综合办学实力的重要抓手。所不同的是，N 高职院校面临的技术环境更为残酷，因此该校确立了错位发展的科研战略，即在战略上给予应用导向科研更多重视，以期在科研排行榜中获得竞争优势。然而，从本质上看，N 高职院校对应用导向科研的重视仍然具有浓厚的功利主义色彩。N 高职院校专业教师对规制性要素的感知与 H 高职院校并无多少差异。从规范性要素和文化—认知性要素来看，虽然 N 高职院校专业教师普遍认识到"人尽其才，才尽其用"和教学与科研不应是"两张皮"的重要性，但限于规制性要素并未出台应用导向科研的相关规定，因此，该校的应用导向科研很难付诸实践。在对科研行动面相的个案进行分析后我们可以发现，教师缺乏企业工作经历、学术权力，以及企业优秀人才难进高职院校等，是制约高职院校应用导向科研发展的重要因素。

此外，对 N 高职院校的案例研究也进一步验证了行政职务和学校办学属性的交互效应。通过对 WZ 教师和 DM 教师的访谈，笔者发现，在省示范高职院校，行政职务同样发挥关键作用。更本质的问题是，行政职务背后的行政权力在发挥实质性作用，它可以为应用导向科研的开展提供一定便利。但同时也应该警惕行政权力过大的负面效应，尤其是其对学术权力的"挤压"，可能导致教师群体无法享有足够的话语权，从而影响高职院校健康科研生态的形成。

第四节　合法的边缘性参与：一所新升格高职院校的案例

C 高职院校始建于 20 世纪 80 年代中期，其前身是一所中等专业学校。2013 年，C 高职院校与当地一所职工大学合并，开始筹建高职院校。2015 年，C 高职院校顺利"摘筹"，经所在省人民政府正式批准，成为省属专科（高职）层次普通高等学校。作为一所拥有行业办学背景的学校，C 高职院校受所在省住房与城乡建设厅的直接管理，学校下设建筑艺术系、土木工程系、管理工程系、公用事业系、设备工程系等，具有鲜明的行业办学特色。

一、C 高职院校科研制度供给

（一）制度环境：仅保持"合法性"

对 C 高职院校而言，从中职到高职的层次上移，不只是学校名称的变更，更意味着其高等教育身份的获得。在中职时代，学校对科研的重视很少，但是升格为高职以后，C 高职院校不得不重新审视科研在整个学校战略规划中的角色定位。

> 从中职到高职，如果说要有什么变化的话，那就是教师一定要在科研上相比以前有更多的投入。整体上，现在的高职院校，我觉得是大学的一个类型，所以肯定要搞科研。(C-J-2)

而且，国家在高等教育资源配置方面仍然延续了传统的重点发展战略，科研是其中的一项重要指标，各大高职院校分别出台了相应的科研制度，以鼓励科研产出，这也让 C 高职院校感受到了切实的压力。如果 C 高职院校仍然保持原先的办学策略，将很难在激烈的生存竞争中获得优势，而且会显得十分另类。在这种情况下，跟风出台相应的科研制度就是最安全的做法。如果科研可以做好，能够起到锦上添花的作用；即便做不好，也不会被追责。

> 况且周围一些学校都在搞科研，学校向好的高职院校看齐，所以也要重视科研。从学校层面来说，这可能是最主要的一个原因。因为你也要对标别的高职院校，而这个前提肯定是别的高职院校也都在做。学校升格以后，就变成高等教育层次了，不能再像原来那样一直在后面跑，肯定要对标看齐的。(C-J-1)

但是，C 高职院校也清晰地认识到，在现有的高职院校办学格局之下，该校是典型的"后发型"高职院校，处于一种全面落后的局面。

> 国示范当时有一百零几所，国骨干好像也有100多所。在全国1400多所高职院校中，国示范、国骨干肯定是处于领先的第一方阵。而省示范、省骨干处于第二方阵，像我们省大概有十几所吧。再就是像我们这批新升格的高职院校，各方面实力都比较薄弱，肯定是在公办高职院校中处于第三方阵。(C-G-1)

由于"马太效应"的存在，C高职院校其实与第一方阵和第二方阵存在不小的差距，而且这种差距在短期之内很难缩小。

> 其实有点像"马太效应"，前面积累得越好的学校，后面就越可能赢得更多的资源。像原来搞国家示范校、骨干校建设，以及如今国家搞特高校建设，都是这个道理。政策上"扶强不扶弱"，我们很难赶得上。(C-G-1)

基于上述对学校发展阶段的认知和定位，C高职院校在科研方面的投入仅仅是为了保持其高等教育身份的"合法性"地位，而没有投入如前述H高职院校、N高职院校那样的热情与精力。尤其是，C高职院校并没有将各种排行榜看得很重，也没有为了排行榜中的指标而去"过分努力"。

> 我们目前没有过分看重那些排行榜，学校好像没有为了排行榜这样去做，可能因为我们要求没那么高。毕竟这些的话，我看那些国示范、省骨干会做，可能就是上面有评价、评估，然后有排名，它们要保持在前列。(C-J-1)

> 有的学校是这样操作的，比如说，跟企业合作搞的研究所挂在他们学校，所谓研究所的到账全部算在学校科研经费上，相当于按照企业方式去运营，企业科研只是挂在学校，然后到账算给学校。我们是这样，根据学校编制算，只算属于我们学校老师的到账经费，到账经费不属于我们学校教师编制的都要剔除。有些好的学校呢，不管老师的编制是不是学校的，甚至不是学校控股的，比如跟学校合作或者参股的，"一股脑"所有的全算进来，这水分就很大了。要是我们学校把那个算进来，不得了，我们设计院一年营业额就有3 000万元，还有工程咨询公司也有，所有加起

来，在高职院校里面我们学校绝对能进入十强，但我们没有那样操作。（C-G-2）

（二）技术环境：挥之不去的招生压力

C 高职院校所处的技术环境也与 H 高职院校、N 高职院校存在较大的差异。由于是新升格高职院校，C 高职院校仍然处于规模扩张阶段，现实环境要求它必须在短时间内在激烈的高职院校竞争中"立足"。在办学条件有限的情况下，学校将工作重点放在应对招生压力上。

> 学校升格以后，面临很大的生存压力，这种情况下，肯定是规模越大越好，几乎所有高职院校都是这么走过来的。就是说，高职院校能招多少就招多少。包括招生就业办、校长都投入很大精力，拼命拉学生进来，不流失一个学生，先招进来再说，真的是这样。现实情况是，招进来一批学生就要一个班，就要有老师上课，就要配班主任。实际上生师比很成问题，老师们工作压力很大。一些好的高职院校，比如国示范、省骨干，他们对科研的要求和定位肯定更高，他们不再追求这种规模效应了。像我们这种新升格的高职院校，还处于初级阶段，所以还会追求规模效应。（C-J-4）

之所以如此重视招生，是因为招生对学校的发展至关重要，办学经费很大程度上来源于生均拨款，而且这部分经费也是绩效工资"盘子"的重要来源。

> 我们是拨款单位，招学生进来，有配套经费的，是省财政拨款。在生均拨款制度下，招生规模越大，学校的财力就越强。也就是说，拨款是按招生数量算的，因为你招一个学生，省财政给你一年 1 万多块钱，你少招 1 个学生一年就少 1 万多块钱的办学经费。然后，我们绩效的"盘子"也是从办学经费里出，这也涉及每个老师的利益，所以我觉得领导可能对招生更重视，科研这块是"锦上添花"，能有最好。（C-J-4）

而且，C 高职院校所处的 E 省存在明显的招生"倒挂"现象，即高职院校招生指标要远大于省内应届高中毕业生的数量，这也给该省的高职院校带来了更大的招生压力。加之 C 高职院校地处偏僻，在地理位置上存在一定的劣势，给其招生带来了一定的困难。而且，更为困难的局面是，C 高职院校与前文所提及的 N 高职院校共处一个城市，科教城 5 所高职院校在办学基础上都明显更好，无疑进一步加大了 C 高职院校的招生压力。这就意味着，C 高职院校如果想获得更多生源，就需要投入更大的精力。相比之下，就业压力则没有那么大。

  现在我们学校比较重视的还是招生，也就是生源问题，尤其是我们省的高职院校都要跑下去招生。因为省内招生是"倒挂"的，也就是说，高职院校的招生指标要远远大于省内高中毕业生的数量，所以你就要去外地招生。现在我们人人都分招生指标，都要去下面跑。高职院校基本上就业很好的，没有什么问题。但是招生确实成问题，就业问题没有招生问题严峻。至少我们学校的就业我是了解的，各方面还不错。我们学校是行业办学，所有专业都围绕着行业需求开展，围绕产业链打造专业群，我们没有乱开（专业）。但是现在大家的就业率都很高，都是百分之九十几，拉不开差距。(C-G-2)

在如此巨大的招生压力下，处于规模发展阶段的 C 高职院校势必会将力量集中到招生上面。相比之下，对于科研的关注十分有限，甚至仅仅将它当作"锦上添花"的事情来做。

二、C 高职院校科研制度感知

（一）规制性要素：温和的激励

作为一所以中职校为主体升格的高职院校，考虑到学校的发展需要，C 高职院校在升格之初并没有出台严格的科研制度。经过几年的反复调整之后，C 高职院校开始通过绩效考核的方式来激励教师做科研。

  原来绩效考核科研这块基本没有，现在是从无到有，再慢慢地加。我们学校是从去年开始在绩效考核中纳入科研考核的。就是它里面专门有一个科研工作量的考核，每个老师都必须完成。不管是 10 分也好、20 分也好，总归是要有的。实际上，与原来一年发一篇论文的要求相比，这是一个稍微高的要求。(C-J-1)

即便是 C 高职院校开始通过绩效考核的方式来督促教师做科研，它的力度与前面两所高职院校相比还是比较小的。科研考核的压力，更多来自升格以后的"阵痛"。

> 从绩效考核来看，其实相对其他学校而言，我们学校的科研工作量要求并不高。有些老师确实是会有科研考核的压力，因为我们是从中职校升到高职校上来的。以前，这一块基本上没有太多的要求。其实没有压力也就没有动力。有的时候我们可能对自己要求不是太高，那么现在来讲是逐步会有一些压力的。很可能由于个别老师他长期不从事科研，现在考核科研的话，应该会有一些吃力。(C-J-2)

实际上，之所以没有对教师提出过高的科研要求，与学校的师资队伍条件有很大关系。作为一所刚升格几年的高职院校，C 高职院校教师队伍的主体仍旧是中职时期的教师，研究生以上学历教师占比不到该校教师总人数的一半。在此背景下，教师的科研能力仍然是一个短板，因此，C 高职院校也很难给教师施加过高的科研压力。

> 我们学校起源于中职，大部分老师都是从中职校转过来的。中职校的老师大部分是本科学历，我们国家的本科生基本上是不具有研究能力的，硕士研究生具有初步的研究能力，博士研究生具有独立的研究能力。学校新进的硕士研究生学历的老师不是很多，占到百分之三四十，主要还是老教师。老教师基本都是本科学历，而且以前从来也不要求做科研，所以到了高职以后他也不会做科研。大部分老师都不搞科研，新进来的硕士研究生几年以后也不会做科研，就是被"同化"了。而且，我们这行，好的企业太多了，企业待遇比学校高，优秀的硕士研究生都去企业了。肯到学校来的硕士研究生，一般来说，能力相对是一般的，就是专业能力也肯定算不上特别优秀。到企业是因为能够挣大钱，到学校主要是求安稳。(C-J-3)

而且，就科研经费配套条件来看，C 高职院校的配套力度也没有 H 高职院校、N 高职院校大。虽然会有一定的奖励，但在现有的科研基础下，很少有教师能拿到奖励。为了调动教师的科研积极性，C 高职院校从去年开始推行科研骨干培育制度，但从效果来看，仍然比较有限。总体来看，C 高职院校的科研水平与其他优秀高职院校的科研水平差距较大。

  学校确实有这种科研骨干培育制度。第一批总共就 6 个人，包括我。学校每年会投入 6 万块钱，在每个老师身上投 1 万元，那也是不错的。但是想一想，全校有多少老师？有 400 多个老师，那这个比例就很小了。而且有科研积极性的也就那么几个人，只是小部分老师。(C-J-3)

（二）规范性要素：一切向职称看齐

从对 C 高职院校专业教师的访谈中我们可以明显发现，评职称仍然是目前高职院校教师做科研的主要动力。相比之下，其科研责任驱动意识没有前面两所案例高职院校明显。如果职称评审不对教师科研成果有所要求，真正有动力继续做科研的教师将越来越少。

  在高职院校做科研基本上是为了评职称，也就是说，做科研对评职称是有用的。如果以后评职称不看科研的话，高职院校的科研基本上不会有。现在评职称主要看的还是论文、课题，因为评职称它有个问题：教学这一块的评价非常模糊，它没有一个指标性的东西，谁讲课好、谁讲课不好很难用一个非常客观的东西来评价。但是你的科研能力、你发了多少篇核心期刊、你做了多少项课题，这是能够看得到的，也是能够量化的。(C-J-3)

在这种职称导向之下，C 高职院校专业教师做科研基本是为了评职称。也就是说，评职称是 C 高职院校专业教师做科研的主要动力。在这种功利主义的科研环境之下，不少教师评上职称之后，不会再对科研投入很大的精力。也有不少认为评职称困难的教师，甚至会放弃做科研。

  老师做科研的积极性基本等同于评职称的积极性。比如，他评上副高以后，很可能就不做科研了。也有很多老师是讲师，他觉得自己上上课就好了，评不评职称无所谓，日子也过得很好，这样的老师不少。而且，现在讲师升副高的名额有限。如果是我的话，也要掂量一下。前些年学校转了一大批副高，基本是老教师，很多人觉着评到副高就到顶了。而这些老教师占据了名额，又升不上教授,所以讲师升副高的名额也是很紧张的。进来几年的年轻人如果评不上职称的话,做科研的积极性也就没有了。(C-J-1)

此外,在这种职称导向的科研氛围之下,科研活动本身其实已经"变质",尤其是形式主义、任务主义科研现象层出不穷,而真正聚焦于知识贡献或者问题解决的应用导向科研项目则少之又少。

现在做科研,形式主义、任务主义现象还比较严重,课题拿下来了就应付。这个是我调研中遇到的最大问题,有的课题表面看起来应用性很强,但是实际上提交的成果可能就是几篇论文,没有一点新的研究发现。学校把钱投进去了,课题也做了,但是它可能就是个形式。比如市社科联的课题拿下来以后,只要写个研究报告,可能东抄抄、西拼拼20天就搞完了,研究报告送上去就可以了,对研究水平没有要求。今年这个话题写了一个研究报告给你,明年改一下题目又是一个研究报告,这个东西它就是形式主义了,但是你还左右不了,这种现象在高职院校是比较普遍的。(C-G-1)

(三)文化—认知性要素:教学才是根本

尽管C高职院校升格已经有几年,但是教师观念的转变是一个漫长的过程。从现实情况来看,C高职院校远未形成良好的科研氛围。无论是专业教师,还是学校领导,实际上都认同教学相对于科研的根本性地位。

因为本身高职院校的定位就和其他本科院校有些不一样,我觉得如果太重视科研就本末倒置了。高职院校本身就是为行业培养人才的,在这样的一个环境之下,抓好教学才是关键。教学是根本和常规。我在教学管理岗位上工作了很长一段时间,就我们学校来说,目前来看,搞好教学更现实,对科研不可能设定太高的目标。(C-J-2)

也有访谈对象提到,对大部分专业教师来说,能搞好教学就不错了,至于科研,只有少部分教师能做得好,并且能够从中获利。

有一个问题应该弄明白,搞科研相对来说比搞教学要难得多。

> 因为科研要创新，你必须有新的想法；而搞教学是按部就班，我上一门课，比如10年、20年可能都是一样的，不需要太多的创新，只是把别人的知识给转换一下，传授给学生就行。这个相对来说是比较轻松的，特别是专业老师，他多少年都上这一门课，那他是很轻松的，他闭着眼睛都可以讲。但是搞科研一定是要创新的，一定要学习，而且对能力的要求也很高。(C-J-3)

此外，对 C 高职院校而言，作为一所新升格的高职院校，大部分中层以上领导来自中职时期。这部分领导无论是在自身认识上，还是在参与决策上，其实都没有对科研给予真正的重视。

> 现在可能有的学校领导他本身就是中职校上来的，在思维上跟本科院校的领导还是不同的。大学城那边有个高职院校的领导是从本科院校过来的，这个领导本身就是搞科研的，所以对这个科研可能就比较重视。但是，像我们这种新升格的高职院校，领导都还是以前的，他不会重视科研，在政策导向上就有问题，就是说在导向上他就对科研这一块不是很重视，觉着老师们搞好教学就行。(C-J-3)

在这种教学本位图式的影响之下，学校的考核实际上也是围绕着教学来展开的。教学是对教师进行考核的主要内容，尤其是要求教师完成大量的教学任务，而科研任务相比教学任务在考核内容中的占比并不高。

> 我们学校的考核基本还是以教学为主的，所以大家的精力主要还是投入在教学上。从各项工作时间的分配来看，教学占比其实很多。一般老师承担的课时任务很重，跟本科院校比起来，老师们的课时量可能还是比较多的。以我为例，就是一周十几节课，但除此之外我还带实习，这些折合成工作量其实也蛮多的。主要是带顶岗实习比较多，我一个学期带20来个学生。你想想一学期不只有这一件事情，所以教学方面牵扯的精力还是蛮多的。(C-J-1)

三、C 高职院校科研行动面相

（一）科研主管副校长：依托行业办学优势做科研

SC 是 C 高职院校主管科研的副校长，在学校升格以后由当地科教城的一所高职院校调入该校。在与 SC 副校长的访谈中，我们可以明显感受到行业办学背景对学校科研带来的影响。与前文 H 高职院校、N 高职院校不同的是，C 高职院校具有典型的行业办学背景。行业办学背景不仅给 C 高职院校校企合作带来一定优势，也在一定程度上为学校开展科研带来了一定的便利。

> 我们学校是行业办学，是建设厅主管的学校，然后我就到厅里去跑。我说现在我们学校老师的科研能力、水平还比较差，教授非常少。学校现在升到了高职院校，要跟大学城的其他高职院校竞争，我们竞争不过人家。我们的老师无论是提高自身的水平，还是评职称，都需要有课题。厅里面就"网开一面"，我将我们老师的申报书拿到厅里面，厅里面就单独为我们学校立项目，其他像教育厅的学校就没法报，他们那边不像我们这边是"亲儿子"。（C-G-1）

实际上，学校的这种行业办学背景也为它与地方政府部门的合作打下了基础，甚至可以在科研项目竞争中击败本科院校。

> 比如，我们去年给物价局做的项目"物业服务项目收费立法后评估"。当时我们是跟一所本科院校竞争的，一开始我们团队还挺紧张的，因为他们学校都是博士，还有博士后、教授。当时我们和那所本科院校一起做方案汇报，最后评审结果还是让我们去做。原因在于这是应用性的研究，而我们有专业背景，对相关法律也了解，我们跟行业联系很密切，不管是做行业、企业的调研，还是做客户访谈，我们的优势都很明显。然后我们对这个行业又特别熟悉。竞争对手是纯粹学法学的，对这个行业的背景不熟悉，跟行业、物业服务、行业主管部门等都不熟悉。事实是，我们最后做下来，对方给出的评价相当高，说做得相当好，他们认为做得比较接地气、比较实在，为政府部门的决策提供了依据。（C-G-1）

行业办学背景的存在也让 C 高职院校更加关注产业的发展动态，而不是像教育厅主管的学校那样更加关注教育动态。由于主管部门的不同，C 高职院校虽然在申请教育厅主管的一些项目时存在一定的困难，但是在与行业、企业合作开展研究方面有独特的优势，尤其是能够利用行业办学优势充分调动各种合作资源。

在与行业、企业合作做项目方面，我们学校会更有优势一些。比如说去年我们做的一个项目，优势就体现得很明显。厅里面"一声召唤"，整个省内 34 家相关企业，那次来了 17 家企业，让我很惊讶。我以为现在都市场经济了，企业对厅里面的项目可能不会太上心。而这些企业基本是民营企业，不是国有企业，民营企业中也有部分是原来的国有企业改制的。那天，除了一个企业来的是副总外，其他企业来的不是董事长就是总经理。可以看出来，厅里面还是很重视这件事的。后来查明，这些企业之所以这么积极，是因为有些企业要申报一级企业，也有些企业要申报科研型企业，"生杀大权"实际上在厅里面，所以厅里面"一声召唤"，他们马上就来了。包括厅里面的一些协会，也都很有号召力。相比之下，教育厅所管的学校是不具备这种优势的。(C-G-1)

（二）博士型院长：真正的科研必然扎根于企业一线

JW 是 C 高职院校某二级学院院长，同时也是学校为数不多具有博士研究生学历的教师。此外，JW 研究生毕业之后在企业工作了 9 年时间，并曾多次到日本、德国等地访学，在科研方面积累了丰富的理论与实践经验。

在与 JW 院长的访谈中，他反复提及，现在高职院校科研"闭门造车"的现象仍旧比较突出，究其根源，是与企业的联系太少，没有与企业建立紧密的科研合作关系。

高职院校科研的问题，其实主要还是和企业的联系太少，不知道企业的需求，尤其是我们好多老师跟企业的联系太少了。我之前在企业待了 9 年，一直搞开发，尤其是搞产品开发。高职院校的科研和本科院校的科研不一样，本科院校主要搞基础研究，我也搞过。高职院校实际上是解决问题，就是给企业解决实际问题。因为对大多数企业来说，它所做的开发也好，产品也好，并不是什么很高科技的东西，其实也就是把一些很成熟的理论、成熟的技术进行应用的问题。(C-J-3)

由于与企业接触较少，高职院校教师往往不能准确理解企业的思维方式。实际上，与学校不同的是，企业做任何一项投资都会计算成本收益，这是企业与学校在思维方式上的本质不同。

> 我们国家的话，企业的思维和大学的思维是不一样的。企业的思维实际上是把复杂问题简单化，以最小的成本把事情做好，能够赚到钱，才是企业最大的目标，企业一般都会计算成本收益。学校主要是把研究搞得很复杂，这对基础性研究或者前瞻性研究或者高科技研究是有益的。但是企业是不会冒这个险的，除非是一些非常有实力的企业，像华为，它可以投入资金搞研发。一般一个公司投10个项目，其中有9个是失败的，如果能有1个成功，那就算是非常成功的了。(C-J-3)

也就是说，在当前残酷的市场竞争环境之下，企业的风险规避意识是很强的。一般而言，企业不会轻易投入大量资金搞研发，顶多是一些小型的技术改造项目，尽可能投入最少的成本，获得最多的收益。

> 那么企业要想成功怎么办？它就不做那种有风险性的研究。比如，在大学里我做一个项目，失败也好，成功也好，反正科研项目是有的。失败了我有教训，成功了我有经验。但是对企业而言，失败了那个钱就亏进去了，只有成功才行得通，所以说企业一般不愿意做研发，而是做改造。比方对手机做一些改进或者将界面做得很漂亮，或者功能很丰富，这个不是你一家做，好多人都在做，理论上是成熟的，大家也知道它的成熟。你能做别人也能做，但是对企业来说，如果它做到这个，那它就盈利了。(C-J-3)

此外，JW院长同样提到，其实帮企业解决问题是一件很难的事情，需要丰富的企业实践经验，这也与本研究前文的发现有相似之处。JW院长认为，日本的产学研合作模式很值得我们借鉴。

> 在日本，我发现他们的应用型科研是企业搞的，以企业为主

导做科研，但是会吸收一些高校老师参与。所以在日本教授的地位很高，教授的收入也很高，好多企业都会请他去。比如说企业搞科研，它需要理论支撑，那么理论指导就靠高校老师。由于它是企业为主导的研发，所以它的科研转化率是很高的。我们国家呢，很多科研创新是学校主导的，高校做科研有一个问题：转化率很差，研究结束以后把它一扔就拉倒了，它没能转化成产品。所以，如果想要发挥实际效益，还是要在现场，在企业一线。只有在企业一线，做产品才会真正了解用户需求，这个很重要。在了解了用户的需求以后，根据需求来做产品设计、开发产品功能，然后再经过实验就可以了，产品就做出来了。在高校有一个问题是，现在学校不跟用户接触，你不知道用户需要什么，你开发的东西对用户来说也没用。像我们高职老师如果不去企业一线，不融入企业，就很难去做真正的科研。（C-J-3）

（三）青年教师：在教学与行政的"夹缝"中做科研

SZ 教师是 C 高职院校的一名普通青年教师，拥有博士研究生学历，目前是中级职称。在与 SZ 教师的访谈中，笔者可以明显感受到繁重的工作任务给其带来的压力。作为 C 高职院校的科研培育骨干，SZ 教师具有一定的科研热情，而且对高职院校专业教师做科研的必要性十分认同。

说简单一点，就是高职老师所处的行业对从业人员的要求也在逐步提高。高职院校老师原本的素质和科研水平并不算太高，因为他们长期以来处于被忽视的角落。现在行业对从业人员的素质要求这么高，对老师也是一个挑战。老师自身没有两把刷子，教出来的学生也很难有竞争力。（C-J-5）

另外，SZ 教师坚信，高职院校教师一定要立足自身专业做科研，而不只是做教研，做专业相关的科研有利于促进教师专业发展。

教研它是一个普适性的、面向大众的研究。我觉得不需要那么多人去搞，但是专业科研是每个人都要搞。毕竟教研的话，培养的是学生的基本素质。专业科研是教研的基础，尤其是我们做应用性的研究，学生立马就能用。教研我觉得是一个长期性的工作，短时间之内可能体现不出来。科研可能是一个短期性的工作，短时间内就能提高学生的技术技能水平，应用性更强，企业也更需要。（C-J-5）

但是，在当前的背景下，C 高职院校领导对科研的重视程度并不高。而且，以原来中职校领导为主体的领导班子掌握绝对的话语权，学术委员会也没有发挥出应有的作用。

高职院校做不做科研，看领导就行，看校长自己做不做就可以判断了。我们学术委员会里面绝大多数人是不做科研的。学术委员会要求成员必须具有副教授职称，而我们学校里的副教授基本上都是中职校上来的，当时评副教授太简单了，在省级期刊发表一篇论文即可搞定，所以就是一些可能不太懂科研的人在影响着学校的科研制度和决策。（C-J-5）

受传统中职校管理思维的影响，C 高职院校领导并未将科研放在一个重要的位置，尤其是没有发挥科研在校企合作中的促进作用。

关于校企合作企业，学校的意思是多吸纳一些老总进来，这个方向就错了。我认为，应该要找一线的，比如班组长、经理什么的，有技术、有能力的。他们的考虑是跟企业老总的关系搞好了之后，企业能接纳学生，但那个是浮于表面的，实际上去做事情的话，包括培养人、做科研，应该跟一线的人对接。学生技术技能水平高了，自然有企业来，也不用去跟老总打好关系。高职院校不是靠这个东西，是靠人才培养名声。那些老总如果跟你关系好就要你的学生，跟你关系不好就不要你的学生，那说明他要的可能只是熟练工，也就是以前中职这个层次的学生，对工人的素质水平要求是不高的，那这种企业也是没前途的。比如说这个企业，我跟他开展合作研究，搞前瞻性的开发，也可以，不能说光是为了把我的学生安排出去，学校导向上可能要转换一下。其实这种有发展后劲的企业，跟他们合作搞科研的话，可能还会带来更多的好处。比如，在学校里面建工作站，然后学校科研投入自然而然就有了，老师有水平，人家当然愿意投入了，让它产生对你的一个依赖，这样的话可能你再去谈校企合作，自然而然就

很容易了。(C-J-5)

而且，在传统中职校管理思维下，不少高职院校领导并没有教师专业发展意识，突出表现为青年教师承担了过重的工作压力，其教学任务量之重超乎常人想象。除此之外，还有大量的行政事务需要辅助完成。尤其是在当前 C 高职院校规模不断扩张的背景下，生师比严重超标，教师"苦不堪言"。

> 有时候陷入一种恶性循环：招生的规模不断扩大，而教师的规模并没有相应扩张，造成教师工作量很大，师资紧张。比如我们专业，一学期教五六门课，每个老师都是这样做，怎么可能教得好？五六门课的话，一个学年 1000 多课时，每周 28 节课，基本上每天都在上课状态。这样的话，科研基本上只能占用业余时间，包括休息时间、假期。其实这一批年轻教师中有很多人的研究功底还是可以的，但是进来之后两三年，如果没有科研空间的话，就很容易荒废掉。刚进来的新教师，直接上来就是超大工作量，有的高职院校领导根本没有培育教师的理念。(C-J-5)

由于缺乏教师专业发展意识，C 高职院校能够提供给青年教师的科研条件十分有限，不仅无法跟本科院校相比，也无法跟同城的其他 5 所高职院校相比。

> 学校虽然有奖励政策，"重赏之下必有勇夫"，但是没有平台，没有路径，年轻教师不知道往哪个方向去走。比如，没有一个专门的部门去引导大家怎么做科研，怎么去跟企业合作。其实中间搭线这种工作还是很重要的，比如有意识地去培育老师，把老师放到企业里，然后跟企业长期合作，再将成果反馈到教学上来，但是现在没有这种系统的规划培训。(C-J-5)

四、尾声

从制度环境来看，与 H 高职院校、N 高职院校不同，C 高职院校升格时间较短，属于典型的"后发型"高职院校。在中职阶段，学校基本不重视科研。而到了高职阶段，在获得了高等教育身份之后，为了保持其身份的"合法性",学校开始对科研给予一定的重视,并跟风出台了相关的科研制度。但是,C高职院校也明确认识到自身与处于发展前列的高职院校存在较大差距,很难通过发展科研迎头赶上,所以对科研的投入也是相当有限的。对C高职院校而言,科研更多的还是处于"从无到有"阶段,即科研培育期。至于发展应用导向科研,学校层面亦没有释放明确的信号。

从技术环境来看,作为一所典型的新升格高职院校,C高职院校仍旧处于规模扩张阶段。作为一所有行业背景的高职院校,C高职院校在就业方面的压力并不大。对C高职院校而言,当前阶段最紧迫的任务是解决自身的"生存"问题,而招生被看作高职院校办学的"生命线",因此,C高职院校将主要精力放在招生上面。相比之下,C高职院校发展科研事业的紧迫程度并不高,学校领导层面投入的实质性关注也比较少。在C高职院校,开展科研活动更像是一件"锦上添花"的事情。在整个科研制度供给不强的背景下,无论是学术导向科研,还是应用导向科研,实际上都没有得到足够重视。

从C高职院校专业教师对规制性要素的感知来看,学校在科研方面的策略只能算作一种"温和的激励"。与H高职院校、N高职院校相比,C高职院校并没有出台严格的科研考核制度,对教师的科研工作量考核要求也并不高,教师只要完成最基本的科研工作量即可。其主要原因是,C高职院校师资队伍结构整体较差,以中职时期的教师为主,具有硕士研究生及以上学历的教师甚至不到全校教师总数的一半,这也使得它难以对教师施加过高的科研压力。而且,从C高职院校的科研配套条件和奖励来看,其力度也比较一般。即便出台了科研骨干培育制度,教师的参与积极性也并不高。总体来看,C高职院校对科研的要求仍处于"从无到有"阶段,也并未专门出台鼓励开展应用导向科研的激励制度。

从C高职院校专业教师对规范性要素的感知来看,大部分专业教师并未认识到自身有科研任务,也很少有教师出于责任意识主动做科研。就当前阶段而言,以评职称为导向的功利主义、被动主义科研现象仍旧比较突出。如果职称评审制度对科研不做要求,将很少有教师主动投入科研,部分对职称评审没有兴趣的专业教师甚至会放弃做科研。在此背景之下,科研应用与否,以及是否会产生真正意义上的科研效益,并未在C高职院校专业教师群体中达成共识。

从 C 高职院校专业教师对文化—认知性要素的感知来看，教学图式仍旧发挥着明显的作用。在大部分专业教师看来，教学才是高职院校的根本，科研则相对处于可有可无的位置。而且，从 C 高职院校专业教师现有的科研水平来看，他们很难做出有影响力的成果，更别提能带来实际应用效益的科研成果了。此外，C 高职院校中层以上领导主要来自中职时期的中层以上领导，其思维方式并未发生有效转变，所以也没有对科研给予实质性的重视。突出表现为，对专业教师的绩效考核仍旧是以教学任务为主，绩效考核中的科研占比仍比较小。在此背景之下，很少会有教师发自内心地愿意开展科研活动，应用导向科研更是无从谈起。

在科研行动面相个案遴选方面，之所以选择 SC 副校长，主要是考虑到他具有以下典型性特征：拥有行政职务，更重要的是他主管 C 高职院校的科研工作，对学校科研发展现状有比较全面的了解。同时，笔者也试图通过主管科研的副校长的视角来深入了解行业背景对 C 高职院校专业教师科研行动带来的影响。根据 SC 副校长的叙述，行业背景确实给 C 高职院校开展科研带来了一定优势，这种优势不仅体现在学术导向科研方面，还体现在应用导向科研方面。比如，与教育厅主管学校相比，C 高职院校专业教师在申请住建厅纵向项目时会更有优势。学校的这种行业办学背景也为它与地方政府部门的合作打下了基础，甚至可以在横向科研项目竞争中击败本科院校。此外，与教育厅主管学校相比，C 高职院校在与行业、企业合作开展研究方面也有独特的优势，尤其是能够利用行业办学优势充分调动各种合作资源。根据量化研究阶段分析结果，具有不同行业办学背景的高职院校在应用导向科研水平方面并不具有显著差异。但是，通过进一步的案例分析，我们还是可以发现行业办学背景给应用导向科研的开展所带来的优势。

在科研行动面相个案遴选方面，之所以选择 JW 院长，主要在于其典型性：既拥有 9 年的企业工作经历，又在学校担任行政职务，任教专业为土木建筑大类。在接受访谈时，JW 院长反复提及，真正的科研一定是扎根在企业一线的，对应用导向科研来说尤其如此。如果不能跟企业保持紧密联系，高职院校应用导向科研就很有可能是"闭门造车"。由于与企业接触少，高职院校专业教师往往很难理解企业的思维方式，即便投资研发，企业也会计算成本收益，而且顶多投资一些小的技术改造项目。就这一点而言，JW院长与前文中同样拥有企业工作经历的国企转行教师具有相似之处。需要注意的是，JW院长特别提及了科研成果转化率低的症结所在。JW院长认为，科研成果转化率低的主要原因是，学校教师长期远离企业一线，缺乏用户思维、产品思维，科研成果转化能力较低。而日本产学研的成功经验可以给我们提供启示，对应用导向科研而言，也许以企业为主体开展科研更有可行性和现实意义。这同时提醒我们，高职院校应用导向科研发展目标应该从实际情况出发，切不可定得过高。

在科研行动面相个案遴选方面，之所以选择SZ教师，也主要在于其典型性：具有中级职称，且具有博士研究生学历，仍然属于该校的青年教师。作为一名新进校几年的青年博士，SZ教师十分认可教师开展应用导向科研的必要性。SZ教师尤其强调，教研不能替代科研，科研不仅对于教师专业发展作用巨大，而且对于提高学生的专业技能水平至关重要，在短时间之内就有可能反馈到人才培养上来。但事与愿违，SZ教师同时也指出，以原中职校领导班子成员为主体的领导班子掌握绝对的话语权，学术委员会也没有发挥出应有的作用，行政权力几乎压倒一切，但领导层面对科研并不重视。更重要的是，领导层面缺乏教师专业发展意识，让青年教师承担了过多的教学任务和行政辅助事务。此外，学校缺乏教师开展科研的平台条件，即便是有研究潜力的青年博士，也很有可能在入校几年之内就把科研基础荒废掉，进而难以产出有影响力的科研成果。对SZ教师的个案研究，也进一步佐证了量化研究阶段的相关发现，即中级职称教师组群体的应用导向科研水平相对较低。高职院校领导层面落后的管理思维，极有可能是制约高职院校专业教师应用导向科研水平的重要因素。

总结上文，作为一所新升格高职院校，C高职院校是典型的"后发型"高职院校，在全国众多高职院校中大约处于第三方阵。无论是制度环境，还是技术环境，C高职院校都与前面两所高职院校存在较大差别，其科研发展整体处于"从无到有"的阶段。在办学实力有限的情况下，在制度层面保持"合法性"就成为其优先选择，其科研制度供给更多的具有象征意义。而且，由于C高职院校的当务之急是扩大招生规模，解决招生问题，因此，无论是学术导向科研还是应用导向科研，都被摆在相对次要的位置。就制度感知而言，以温和激励为特征的规制性要素对教师科研的激励作用相当有限，相反规范性要素层面职称导向的功利主义科研占据上风，且文化—认知性要素层面教学图式的存在影响到专业教师对科研的群体认同。通过对科研主管副校长和二级学院院长的个案分析，我们发现，行业背景、企业工作经历等都是影响高职院校应用导向科研水平的重要因素。通过对青年教师的个案分析，我们发现了行政权力过大的负面效应，这与 N 高职院校关于学术委员会主任的个案分析颇有相似之处。

第五节　作为符号般的存在：一所公有民办高职院校的案例

S 高职院校始建于 20 世纪 90 年代初期，是一所由统战系统 6 个社会团体及民主党派共同举办的公有民办高职院校。S 高职院校虽然地处经济发达的 A 直辖市，但是无论是在地方层面，还是在国家层面，它并不具有竞争优势。A 直辖市虽然职业教育发展水平整体较高，但与该市的中职相比，高职一直是其"短板"所在。而且，在 A 直辖市所有高职院校中，S 高职院校并不具有绝对的优势。虽然 S 高职院校归 A 直辖市教委管理，但由于它的办学属性是公有民办，因此在办学过程中仍然会受到不少限制。

一、S 高职院校科研制度供给

（一）制度环境：另一个世界

如果用一句话来描述 S 高职院校与其他几所高职院校的不同，那就是"另一个世界"。与前述 3 所高职院校不同的是，S 高职院校是一所公有民办高职院校，由于公有民办身份的存在，S 高职院校被排除在各种计划、项目之外。在进入 S 高职院校访谈之前，笔者也像联系前面几所高职院校一样，试图联系该校的科研部门。但是，通过多方查询发现，该校并没有专门的科研处。① 于是，笔者转变"'田野'进入策略"，通过熟人介绍的方式进入"现场"，并由此访谈到了几位具有工程技术相关专业背景的教师。

如果说 C 高职院校的科研尚且处于"合法的边缘性参与"，那么 S 高

---

① 从全国范围来看，不少民办高职院校都没有专门的科研处。多数情况下，学校相关科研事务挂靠在教务处，并由教务处直接组织管理。

职院校的科研则更多可以用"作为符号般的存在"来形容。当下，不少公办高职院校已经日益重视科研工作，但是在民办高职院校竟是另外一番"景象"。

> 据我所知，大部分公办高职院校都采取了相应的措施来系统推进学校的科研工作。但是，多数民办高职院校对科研工作重视程度不够，包括我们学校，科研工作还处于起步阶段。于民办高职院校而言，关键就是把学生招进来，然后能送学生出去就行了，它不会去关注什么科研不科研的。(S-J-1)

在现有的高等教育资源配置格局下，资源分配已经趋于固化。在激烈的资源竞争过程中，与公办高职院校相比，S高职院校注定不占优势。无论是项目申请还是各种奖项的评选，公办高职院校都占有绝对的优势。相比之下，S高职院校对科研的重视程度并不高，也不会热衷于追求各种类型的排名，而是更加注重投入和收益的产出比。

> 民办高职院校相对于公办高职院校，办学条件更差。它不太会考虑科研职能，也不会在乎各种排行榜。实际上，很多高职院校做科研还不是为了拿项目。但是，我们学校是没有这个条件的，也争取不到，没法跟那些好的公办高职院校比。(S-J-2)

而且，这位专业教师还提到，做科研关键在人。但是，从S高职院校现有的师资队伍构成来看，该校缺乏优秀的师资，能应付基本的教学已属不易，能做好科研的人可以说是"凤毛麟角"。

> 与普通公办高职院校相比，民办高职院校的师资要差很多，甚至可以说是"杂牌军"。很多都是公办高职院校退休过来的，或者是一些刚刚毕业的"新兵"。由于老师流动性强，学校每年会引进一些新老师，还有很多是兼职的老师。在这种情况下，学校不会有条件支持老师做科研，主要任务还是把教学做好。(S-J-2)

（二）技术环境：招生与就业的双重压力

与前面3所公办高职院校相比，S高职院校的生存环境更为严峻。其突出表现是，S高职院校要同时面对招生与就业的双重压力。在办学基础本来就较为薄弱、各高职院校竞争日益激烈的情况下，S高职院校近年来的招生与就业压力越来越大。

S 高职院校之所以如此重视招生，在很大程度上是因为办学经费的紧张。该校是一所典型的公有民办非营利性高职院校，并没有太多的"创收"。除了教委划拨的生均拨款外，学校的基本运行经费主要来源于学生交纳的学费。

> 我们学校是公益性质的，也就是非营利的，所有的收入都用在师资方面，还有设备、校园建设等，但是它毕竟得靠招学生进来才能做得更大和更好。学校主要的经费来源是学生交纳的学费，只要招生多了，学校肯定是有机会壮大的，像实训大楼都是靠学生的学费来建的，其实我们学校没有多少创收和营利的压力。有些企业老板办的高职院校可能更看重利益。如果学校完全是公办的，它可能不会太考虑招生问题，哪怕我一年招得很少，但国家有拨款我就能正常生存下去。但我们不完全是这样，学校领导是教委派过来的，然后是一些社会团体代表。教委会给我们划拨一些钱，但不是很多。相对于庞大的开支来说，学校压力还是很大的，我们教师的工资水平也很一般，所以对通过招生收学费的依赖性很强。(S-J-3)

面对招生压力，学校也会想尽办法来扩大招生来源渠道。其中，较为典型的一个做法就是"中高贯通"。

> 我们老师虽然不用去外省招生，但是系主任一直在做这件事，生源压力也是很大的。最近一些年，我们就想办法扩大招生来源。我们有些专业在民办高职院校里开办得比较早，也比较有特色，所以会寻求一些"中高贯通"项目，主要是跟中职合作做一些"3+2"的衔接项目，这样的话就会有一批稳定的生源。(S-J-1)

对 S 高职院校而言，除了招生压力之外，就业压力也不可小觑。如果招进来的学生找不到好的工作，同样会影响到学校的声誉，这也会反过来进一步增加学校的招生压力。与公办高职院校相比，S 高职院校来自就业的压力显然更高。

> 对我们民办高职院校来说，只有好的就业，学校的牌子才能闯出去。如果学校毕业的学生都能找到好的工作，生源自然而然就多了。有了更多的生源，学校才能办得更好，这是学校立足的一个根本。否则，这么大一个学校在这里，如果哪天因为就业不好，招不来学生，那学校很可能就会倒闭。相对来说，很多公办高职院校可能不太担心这个问题，它们的就业压力没那么大。(S-J-1)

二、S 高职院校科研制度感知

（一）规制性要素：成为"鸡肋"的科研

作为一所民办高职院校，与前面 3 所高职院校相比，S 高职院校在组织架构上存在明显不同。比如科研方面，由于重视程度并不高，学校并没有设置专门的科研处，而是由教务处代管相关科研事务。

对于 S 高职院校来说，其科研工作整体处于起步阶段，甚至沦为"鸡肋"般的存在。一方面，学校对教师工作量的考核重点在教学，而不在于科研，科研基本上处于一种无要求的状态。

> 我知道有些学校对教师岗位进行了分类，让一部分教师去做科研。我们学校还真没听说通过分类让教师专门做科研的。我们学校的岗位类型基本划分为教学岗和行政岗，学校的核心任务是教学，科研好像不在考核的范围，至少不是重点，不做的话，一般也不要紧。(S-J-3)

另一方面，在教师评职称方面，科研所占的比重并不高，主要考核的仍旧是教师的教学业绩。只有在教学业绩同等的情况下，科研的优势才能稍微有所体现。

> 我们职称评定对科研是没有硬性要求的，就看你的教学业绩，不怎么看科研，主要是教学。职称评定的话，必须有高校的教师资格证，学历得达到要求。比如说讲师，这边要求是硕士研究生学历，然后发表论文的话普通期刊就行。如果要评副高的话，科研要求也不高，有核心期刊论文和课题就行。但是能不能评上副高，关键还是看你教学能不能做好。其实教学考核这个东

西也很主观。因为教学不像科研，比如大家可以数一下你发了几篇什么级别的论文，而教学的话，很难去量化考核。在高职院校考核教学尤其难，它不像初中教学那样有升学率这个客观量化数据。这里评职称竞争不激烈，但是符合条件的教师也是屈指可数。两个人在同等的情况下，如果你有科研的这种经历，或者有科研的成果，你肯定是优先的。但是如果说人家这边教学比你强，也可能科研就不一定作为最主要的因素了。(S-J-4)

而且，S高职院校并没有出台相应的奖励措施鼓励大家做科研。在无利可图的情况下，很少会有教师将精力投入科研中。

做科研实际上也需要学校层面的激励，但是目前我们学校对科研基本是没有激励的，专注于科研的老师自然也就不多，至少我没太感受到。我也没怎么去做过科研，身边的人好像做科研的也不多。如果你是提前立项的，在经费方面，学校会有相关的配套，能把一定的经费报销掉。(S-J-1)

此外，与公办高职院校相比，S高职院校在科研条件上也存在明显的不足，突出表现在缺乏科研平台、科研团队和科研经费支撑等。

我们都没有像样的科研平台，做研究可能会受到一些平台的限制。高职院校的科研平台和本科院校是没法比的，做研究会涉及软硬件的一些问题。我觉得跟企业真正合作搞科研，它不是一时半会就能够完成的，也需要一个团队去攻关。我们单个人下企业跟它对接肯定是不行的，解决问题肯定要一起来。一是跟他们融合，二是我们自己也能组成一个团队跟他们共同协商。我们现在的团队基本上是以教学为核心组建的，而不是以科研为核心。我们也不会一起跟企业对接，这种科研项目基本上没有钱。我们跟企业接触最多的就是人才培养这块，企业经常讨论的就是我们培养什么样的学生能够适合企业的岗位。(S-J-3)

(二)规范性要素："当一天和尚撞一天钟"

通过对S高职院校专业教师的访谈，本研究发现，与公办高职院校相比，S高职院校教师的归属感、安全感和幸福感相对较低。在这种情况在日常的学校运行过程中，教学督导也发挥了一定的作用。在很多公办高职院校，教学督导是由行政人员担任的，相比之下，S高职院校教学督导的专业性得到了大家的一致认可。

> 我们每学期都有教学督导听课，教学督导会听每个老师的课。他们很有教学经验，比如我们系的教学督导，在听课的时候他会把你的缺点说出来。之前我在公办学校的时候，领导基本上说话都是模棱两可的。但我们这个教学督导不一样，他会把你找来，你哪个地方错了必须改，跟你说得很直接。我之前单位有些领导可能都是非专业的，他就是看你台风，还有普通话。我们现在的教学督导是有专业背景的，他能听出来你哪个地方有问题，比如说专业点错了，你就必须改，下次一定要注意。然后比如说你在上交授课计划的时候哪些地方有问题，他也会及时提出来。(S-J-5)

实际上，S高职院校教学督导制度的存在也让教师感受到了切实的压力，这种来自教学考核的压力要远远大于来自科研考核的压力。

> 相比科研，教学才是真正的压力，教学的工作任务其实是比较重的，学校对教学事故的处罚很重。而且，我们学校教学督导很厉害，他随时有可能来听课，看看你授课的方式，包括对于课堂的把控，包括学生在课堂上的一个状态，这些都会给老师们带来压力。我觉得教学督导的设置是有必要的，但是可能还是要给老师多留一点空间。因为每个老师其实最需要的就是尊重，大学老师可能跟高中老师不太一样，我们也是有强烈的感受的。如果教学督导对教师没有基本的尊重，老师们也很难受。(S-J-1)

三、S高职院校科研行动面相

（一）企业背景工程师：深入企业方能"反哺"教学

WY教师是S高职院校的一名中年教师，同时也是一名高级工程师。在来到S高职院校工作之前，WY教师有过在国企和私企工作的经历。WY教师在国企工作了大概5年时间，遇上20世纪90年代末的下岗潮，后来转到一家私企工作。WY教师在企业工作期间所从事的岗位与研发有着密切的关系，分别是钢铁企业设计院的相关岗位和工程技术型企业设计部门的相关岗位。

在 WY 教师看来，对于工程技术相关专业的教师而言，做应用导向科研非常有必要，这是促进教师专业发展的有力抓手。

> 对高职院校来说，如果要做研究，重点还是应用型研究。说白了，就是要把研究成果进行转化，或转化到教学中，或转化为生产力，带来社会效益，这是很重要的。而且，做应用型科研还比较有利于教师的专业发展。实际上，我们老师也存在实践能力不足的问题，让他过来拆个轮胎，他有可能都拆不了，装也装不上。我们高职院校的老师可能存在理论跟实践脱轨的问题，其实高职院校很多老师在学生时期跟企业打交道比较少，所以，跟企业合作做科研，可以提高老师们的专业性。（S-J-3）

WY 教师同样谈到，高职院校科研与本科院校科研应该具有截然不同的定位。尤其是高职院校可能在知识创新方面有诸多困难，其主要目的是通过与企业合作科研来"反哺"教学，提高教学效果。

> 其实，我感觉跟企业合作搞研究，最重要的目的还是"反哺"教学。举个最简单的例子。像现在汽车行业发展最快的就是新能源汽车，我们最主要的任务就是跟周边的这种企业打交道。比如，工业园区里面企业面临的一些疑难问题，当然不是技术含量特别高的这种疑难问题，如果我们能把它合力解决的话，就会有一个很好的互动和沟通，有助于我们的教学，甚至有助于我们学生的就业。我觉得第一步能解决这个问题就已经很不容易了。（S-J-3）

当然，与企业的实际合作，仍然面临着相当多的障碍与困难。WY 教师提到，首先就是企业层面科研合作意识不足。

> 我们目前跟企业之间的合作主要在人才培养方面，实际上就是学生最后下企业这方面的合作，关于科研方面的合作还不多。最主要的原因是，企业没有合作意愿，没有太多技术升级的压迫感。而且，它觉得职业教育的科研是滞后于企业科研的，你只要

把人培养好就行,这才是他们关心的。(S-J-3)

WY 教师还提到,第二个重要的原因就是教师自身能力不足,尤其对这种应用导向科研而言,需要教师投入一定的时间。有些问题也不是很快就能解决的,需要教师具有一定的企业工作经历和一线工作经验,而不仅仅是高学历。

> 无论是解决企业的问题,还是解决我们现实中的问题,它都不是短时间内就能完成的,而是需要一个延续性的过程。要解决企业的某个问题,也不是马上就能完成的,它需要一个周期。帮企业解决问题其实很难,可能需要在车间里、在现场,你有经验才能解决。高职院校老师基本上都是"从学校到学校",这方面就比较吃力一点。教师下企业实践距离给企业解决问题还很远,无法进入企业的核心部门,其实很多是"走过场"。大学毕业那两年,连我这个做设计的都要下到一线去,那种经历和过程我都能感觉到,因为企业里面解决问题绝不是一天就能实现的,比如说我们做一个设计可能长达 3 个月,甚至半年、8 个月。只有你给企业解决了问题,企业慢慢才会相信你。其实就是感觉有个学徒期在这里面,你得先去了解,然后深入地去跟人家沟通交流,慢慢地才能做起来。(S-J-3)

而对于如何进一步改善当前的境况,WY 教师认为,这种与企业之间的科研合作是需要有意识地培育的,它是一个长期的过程,切不可急功近利。

> 其实,我感觉如果真要做这种科研的话,就需要学校层面通过政策制度激励老师,就是要鼓励老师真正跟企业合作,融入企业。如果学校能认可这种合作,老师自然也就会有这方面的动力了。如果能合作解决疑难问题,企业自然会有一个很好的反馈,老师也就会有干劲。如果能跟企业对接,能简单地先帮企业解决一些力所能及的问题,从这一步开始做起,那就要经历一个培育期,然后慢慢地做起来。你要指望一下就进到企业,马上就给企业解决问题,这是不可能的。(S-J-3)

（二）汽车系实训教师：做力所能及的研究

WS 教师是 S 高职院校汽车系的一名青年教师，主要负责新能源汽车专业学生的实训教学。WS 教师毕业于本地一所交通大学，学历是硕士研究生，专业背景是机械制造，工作时间为 3 年。

在 WS 教师看来，就基础研究而言，高职院校与本科院校有着不小的差距，因此，立足学校定位，做力所能及的以应用为导向的研究无疑是更为明智的选择，比如根据需要开发教具。

> 其实跟本科院校的科研相比，高职院校的科研更倾向于动手。从理工科来说，我们在本科院校学的一些理论只是飘在天上的东西，当我们真正把理论跟动手实操结合起来的时候，就会有很多新的思路。举个例子，我在教授汽车制动系统的相关内容时，当时做测试检验东西合不合格，企业里面的工人基本上是按照这个机器说明来检测，但是并不能满足各种检测条件，这个时候我需要设计一些夹具。如果教师既懂理论，又懂实践，很多创新就出来了。我当时在里面还有几个专利，包括实用新型专利和发明专利。虽然咱们高职院校可能比本科院校稍微差一些，可能主要差在理论，但我觉得高职院校跟本科院校只是分工不同而已。(S-J-1)

WS 教师提到，民办高职院校现有的科研条件是很薄弱的，肯定无法支撑基础研究的开展，而教师开展专业科研又会处处受限，在这种情况下，结合教学做研究可能是高职院校科研需要重点突破的方向。

> 民办高职院校做科研肯定要以教学为支点，我觉得是这样的，需要结合教学的实际情况。如果老师想做一点有意义的科研，真的自己想专心来做，那么既然在教师这个岗位上，做的科研可能就要更加贴近教学，跟它挂钩比较多一点，而不是像那种研究生做的科研，比如专业性很强的科研。工程技术类相关研究的话，肯定是要有研究设备的，实训设备是不行的。如果真的想弄出一个比较"高大上"的东西，肯定要投入。而且投入这个东西，投 100 万元进去，之后可能再来个 10 万元，还不一定成功，有不确定性。而且，从中试到市场应用，它其实是有很多环节

的。比如，通过仿真软件，这个车在软件里面我可以给它油量，控制它怎么跑，以及怎么充电。但是，如果转化的话，比如交大那边搭了一个很大的实验室，前期光搭这个台架就用了100多万元。在这种情况下，大部分高职院校，即便是一些示范性高职院校，它基本上也没这个条件。(S-J-1)

在与企业合作做研究方面，WS教师认为，在现有情况下，实际上高职院校也面临很多挑战，主要表现为，汽车行业一般都有自己的大型研发团队，可能很多环节并不需要高职院校专业教师的参与。而高职院校专业教师到企业，能够解决的问题十分有限，更多的是一种企业学习与实践。

> 像是汽车类的企业，它们一般都有研发团队。我们高职院校老师去企业的话，可以做一些简单的夹具设计，借助一些三维设计的软件，帮企业把小的问题解决掉。因为像一些大的问题，比如发动机里面的问题，不是一个人、两个人就能解决的。好比说发动机可能漏油了，需要一整个团队去一起攻关，研究哪里出了问题，搞清楚是在设计上面有问题，还是在生产过程中有问题，所以企业一般都有自己的研发团队。再一个，我们学校是落后于企业的，去企业参与科研既是一个学习的过程，也是提升自身实践能力的过程。(S-J-1)

（三）理实一体化教师：努力做好研究性教学

GE教师是S高职院校的一名新进教师，学历为本科，入职时间还不满一年。在来到S高职院校工作之前，GE教师曾在中部地区的一所公办中职学校任教。

在GE教师看来，教学是民办高职院校的核心工作，无论什么工作都应围绕教学工作展开，即使是科研也不例外，因此，民办高职院校科研更像是教学的附属品，应该着力开展研究性教学。

> 我们基本上所有的工作都是以教学为主，围绕教学这个核心展开其他工作。科研的话，在我们这种教学为主型的高职院校，至少也会放在教学后面。应该是将教学与科研结合起来，因为你在做科研的过程中会学到一些知识，我觉得应该把学到的这些知

识转化为自己教学的一种手段,也就是带着研究去教学。(S-J-5)

关于如何将研究融入教学、如何提高研究性教学的效果,GE 教师也结合理实一体化教学实际做出了相应解释。

> 我们在做理实一体化教学的过程中往往要动不少脑筋,要研究怎样才能把教学做好。一体化教学面临的最大问题是,我们把一个教学任务布置下去,学生没有办法百分之百完成,甚至 80% 都达不到,完成不了。而且,我们现在的学生自制力或者学习动力不足,做不到四节课去做一个项目,可能就做个 20 分钟,兴趣就已经到顶了。所以,这时候老师会研究如何让学生更有效地学习,如何把一体化教学做得更好,然后让学生去合理地利用上课时间。因为我一个老师去教 30 名学生,一体化教学的话最起码要分 5 个组,我最多只能看两个组,就是说两个组由我直接指导,那另外 3 个组怎么办?这个时候就要培训一个很好的组长去安排,弄清楚每个人应该去做什么。我觉得这个应该是我自己想研究的,比如说,去研究如何设计好理实一体化教学项目。(S-J-5)

GE 教师也坦言,目前在 S 高职院校开展一体化教学还存在诸多困难,而这些困难都需要系统地研究其解决方案。

> 当然,目前开展一体化教学还有很多困难,这些都是需要研究的课题。首先是设备的问题,我们学校的设备没法跟其他学校比。现在实训的一些车辆可能都是 10 年前的,更有一些是 21 世纪初或者是 20 世纪 90 年代的车,跟当下的汽车行业无法接轨。其次是现在的一些教材也有一点不配套,所以有的时候自己教得也很吃力,我们必须做一些校本教材的编写工作。再次是一体化课程的师资问题。按照教育部相关文件规定,一体化课程应该由两个导师去上,但是目前我们学校有不到一半的课程大概是两个人上,另外的课程都是一个人上。很多老师的薄弱点就是动手能力差,没有企业工作经验,到课堂上不管怎么讲都有这个能力,但是真正到把一个小组的学生带着一起去解决这个问题的时候,我感觉很多老师还是很薄弱的。(S-J-5)

此外，GE 教师认为，这种研究性教学不应仅仅局限在课内，还应该拓展到课外，帮助学生更好地规划职业生涯。

  其实，很多学生没有清晰的职业生涯规划，这也是开展研究性教学要去做的地方，不应该仅仅局限在课内，还要拓展到课外。这些学生当中有很多对未来都抱着无所谓的态度，没有那么大的动力。应该在学生时代就去培养职业生涯规划意识，帮助学生规划自己的未来。目前我了解的情况是，两个班所有的学生每个星期基本上都是满课，没有时间去课外拓展。我觉得这个可能是需要改变的地方，要给学生更多的课外时间。后期我准备向学校申请成立一个社团，主要是为学生提供生涯探索与发展的机会。（S-J-5）

四、尾声

从制度环境来看，S 高职院校与前面 3 所公办高职院校具有巨大差异，公有民办高职院校身份的特殊性让其仿佛置身于"另一个世界"，而这个世界在规则运行上也存在较大差异。由于公有民办高职院校身份的存在，S 高职院校与很多项目、奖项无缘，也不会过多关注各种排行榜。S 高职院校没有专门的科研处，科研相关事务由教务处代理，这也反映出 S 高职院校甚至不愿为保持基本的"合法性"而努力。在师资队伍实力不强的情况下，S 高职院校更多关注的是让教师做好教学工作，至于科研则可有可无。因此，S 高职院校科研基本处于零起步阶段，远未达到区分学术导向科研与应用导向科研的阶段。

从技术环境来看，作为一所公有民办高职院校，S 高职院校比公办高职院校面临的生存压力更大。而且，与一般民办高职院校较多追求利益不同的是，S 高职院校是一所公有民办高职院校，非营利性是其典型特征。但是，这也意味着学校没有太多创收途径，对学生学费的依赖性也就更大。因此，S 高职院校会将主要精力放在招生上面。同时，相比公办高职院校，S 高职院校的就业压力也很大，如果学生就业不好有可能反过来影响其招生。在此背景之下，S 高职院校很难对科研投入足够的重视，也不会有与前面 3 所高职院校类似的科研制度供给。

从 S 高职院校专业教师对规制性要素的感知来看，学校在科研方面基本上没有什么要求，科研也就沦为"鸡肋"般的存在。从绩效考核来看，S 高职院校对教师的考核重点主要在于教学，科研基本不考核。而从职称评审来看，S 高职院校职称评审的主要依据仍旧是教学，仅仅是在同等条件下，科研成果突出者才会具有一定的优势。此外，S 高职院校并没有出台相应的奖励措施鼓励大家做科研，在科研条件方面也存在明显不足。也就是说，S 高职院校的科研基本处于空白状态，在没有强制性要求的背景下，很少会有专业教师将主要精力投入科研中。

从 S 高职院校专业教师对规范性要素的感知来看，科研甚至没有被纳入专业教师的考虑范畴，不少专业教师抱有"当一天和尚撞一天钟"的心态，自然也不会认识到自身的科研角色。与公办高职院校教师相比，S 高职院校教师的归属感、安全感和幸福感相对较低。虽然国家层面鼓励企业优秀人才到高职院校任教，但是愿意到 S 高职院校工作的人才少之又少。S 高职院校虽然地处直辖市，但直辖市所带来的不只是机遇，还有高房价、高物价，该校专业教师普遍感到生活压力巨大。此外，由于没有编制，S 高职院校专业教师的流失率比较高。在没有稳定的师资队伍和科研条件有限的情况下，很少会有专业教师主动参与应用导向科研。

从 S 高职院校专业教师对文化—认知性要素的感知来看，教学才被看作学校的"主业"，而且有专门的教学督导来保证教学质量。教学督导制度是 S 高职院校教学活动开展的基本保障，也在一定程度上塑造了专业教师的行为规范。实际上，之所以设计这一制度，在很大程度上是因为教学质量的参差不齐。如果教学质量无法保障，无论是学校领导层面，还是教师层面都会面临很大压力。相比之下，S 高职院校对科研则没有下达太多的要求，更没有建立起相应的科研制度体系，科研基本处于一种教师自觉的状态。从现实情况来看，专业教师主动参与应用导向科研的积极性并不高。

在科研行动面相个案遴选方面，之所以选择 WY 教师，主要考虑到其典型性特征，即拥有一定的企业工作经历。更为重要的是，WY 教师在企业工作期间所从事的岗位与研发有着密切的关系，分别是钢铁企业设计院的相关岗位和工程技术型企业设计部门的相关岗位。与前面几所公办高职院校同样拥有企业工作经历的专业教师不同，WY 教师更强调应用导向科研对教学的"反哺"作用，即高职院校专业教师在知识或技术层面的创新可能不是主要目的，最终目的在于通过与企业合作科研提高教学效果，并提高教师专业发展水平。然而，WY 教师也提到，目前面临的主要困境是，企业在科研合作方面的意愿不强，教师缺乏给企业解决实际问题的能力。与前述类似，企业工作经历对于应用导向科研的开展至关重要。而大部分专业教师都是"从学校到学校"，缺乏对企业一线实际情况的了解，更谈不上问题的解决。对于如何改善这一状况，WY 教师也谈到，应该有应用导向科研的培育意识，切不可急功近利。

在科研行动面相个案遴选方面，之所以选择 WS 教师，主要考虑到其典型性特征，即其专业背景为交通运输大类，且主要负责实训教学工作。在 WS 教师看来，与本科院校相比，高职院校在开展学术导向科研方面并不具备条件，而应用导向科研则是更为明智的选择。但这种应用导向科研仍然主要体现在教学应用上，这一点与上文所提及的 WY 教师的观点颇为相似。比如，WS 教师会根据需要制作教学工具。相比之下，开展专业性更强的应用导向科研则困难重重。作为一所民办高职院校，S 高职院校无法提供开展应用导向科研所需要的平台、设备、团队等。而且，对汽车行业而言，其特殊性还在于，企业一般都有自身的研发团队，高职院校专业教师很难参与进去。与为企业解决问题相比，更为现实的选择是到企业实践学习。

在科研行动面相个案遴选方面，之所以选择 GE 教师，主要考虑到其典型性特征，即 GE 教师是一名理实一体化教师，典型的教学岗教师，且入职时间较短，并拥有在中职学校工作的经历。与 WY 教师和 WS 教师类似，GE 教师同样认可教学在 S 高职院校的核心地位，即无论什么工作都要围绕教学工作来展开，即使是科研也不例外，科研更像是教学的"附属品"。GE 教师也进一步提出了对高职院校应用导向科研的理解，即应该开展研究性教学，如研究如何在理实一体化教学过程中调动学生的积极性，如何提高教学效果，等等。GE 教师也坦言，目前在 S 高职院校开展理实一体化教学还存在诸多困难，如缺乏合适的教材而需要自己开发，教师自身实践教学能力不足等，而这些困难都需要系统地研究其解决方案。而且，GE 教师认为，研究性教学场所不应该局限在课内，应该拓展到课外，尤其是要发挥其对学生职业生涯规划的引导和促进作用。

总结上文，作为4个案例高职院校中唯一的民办高职院校，S高职院校所面临的制度环境和技术环境与公办高职院校差异巨大，这也使得其对科研的重视程度基本为零，科研在S高职院校更像是一个"符号般的存在"。对S高职院校而言，目前面临的最突出问题是是否要发展科研，而对于是否要发展应用导向科研，并没有予以足够关注。由于民办高职院校身份的特殊性，S高职院校很难从上级教育主管部门获得更多的项目支持，对学费的依赖性较强，因此会把更多精力用在招生和就业上。就制度感知而言，S高职院校基本没有关于科研的强制性规定，而且不少教师持有"当一天和尚撞一天钟"的心态，也不会考虑科研。此外，教学图式在S高职院校教师心目中根深蒂固，不少教师认为能把教学做好就不错了，至于科研，主要靠个人自觉。从对S高职院校个案的分析来看，比较有趣的现象是，3位专业教师对应用导向科研的理解与前文个案有较大不同，他们更加强调科研对于教学的"反哺"作用，并认为与企业合作开展科研困难重重。最后，在量化研究阶段，本研究虽然并未发现办学性质对应用导向科研水平有所影响，但通过进一步的案例分析，仍旧可以大致判断其水平高低。与公办高职院校相比，民办高职院校在开展应用导向科研方面条件更差，因此，其应用导向科研水平也相对更低。

第六节 高职院校应用导向科研实践困境的形成逻辑

关于高职院校应用导向科研实践困境的形成逻辑这一议题，本研究最初的着力点是在学术导向科研与应用导向科研的差异上。随着研究的深入，笔者发现，高职院校应用导向科研实践困境的出现，固然有"学术漂移"方面的原因，但也不可忽视更深层次的影响因素。无论是学术导向科研，还是应用导向科研，当被异化为"数字"时，都将失去其本身的价值与意义。接下来，本研究将进一步深入探析高职院校应用导向科研实践困境形成的背后逻辑。

一、不同类型高职院校科研制度供给的差异

按照制度学派的说法，组织会在不同环境条件的约束下行动。在以往宏观层面的相关研究中，多数分析沿用了迈耶和罗文的分析框架，尤为强

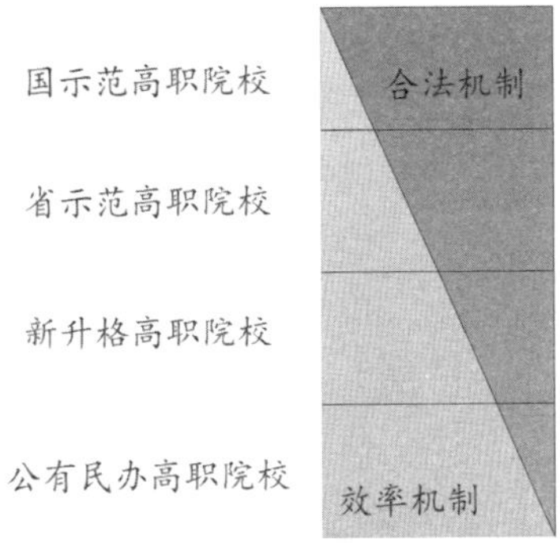

调合法机制对组织行为的约束作用。但在本研究中,笔者发现,不同类型高职院校受合法机制约束的程度存在较大差异。而且,在日益残酷的技术环境下,以新升格高职院校、民办高职院校为代表的"后发型"高职院校显然受到效率机制的更大约束。上述差异也反映了不同类型高职院校由于所处发展阶段的不同,对科研的战略定位也会有所不同,这也就导致高职院校在面临合法机制和效率机制时会有不同的科研制度供给(图5-2)。

图 5-2 不同类型高职院校科研制度供给差异

质言之,公有民办性质的 S 高职院校,其科研仍处于"零起步"阶段;新升格的 C 高职院校,其科研处于"从无到有"阶段;省示范的 N 高职院校,其科研处于"特色发展"科研阶段;国示范的 H 高职院校,其科研处于"做大做强"阶段。"后发型"高职院校与"领军型"高职院校科研场域所面临的制度环境与技术环境"组合"存在较大差异,而这种差异的存在也形塑了不同类型高职院校的科研发展战略。接下来,本研究将结合前文的分析结果,探讨不同类型高职院校科研制度供给差异形成的机制。

(一)合法机制

迈耶和罗文的分析框架表明,组织为了求得认可、降低风险,大多会采用相似的组织架构。即使会在一定程度上牺牲内部的运作效率,组织也会基于安全考虑而优先选择广为接受的形式和做法。迈耶和罗文将其称为"神话"和"仪式"。而迪马吉奥和鲍威尔以迈耶和罗文的观点为主线,进一步将其解释为"趋同化现象"。[①] 进而,迪马吉奥将导致趋同化的机制分为三种:强制性机制、模仿机制和社会期待机制。实际上,本研究也同样佐证了上述三种机制在高职院校科研制度供给中所起的作用。

在强制性机制下,组织为了获取在场域生存所必需的资源,而严格遵

---

① 河连燮. 制度分析:理论与争议 [M]. 2 版. 李秀峰,柴宝勇,译. 北京:中国人民大学出版社,2014:57.

守政府所制定的各种规章、条例、准则等。而具有权威属性的政府，则更愿意将相关资源分配给遵守规定并满足其要求的组织。虽然在我国从社会主义计划经济向市场经济体制变迁的过程中，高等教育管理制度也做了相应调整，但是政府仍旧在资源分配中占据绝对主导地位。在整个高等教育布局中，以"985""211""双一流"为代表的研究型大学处于绝对中心地位，地方省属高校、民办本科院校等处于次中心地位，而高职院校则集体处于边缘性地位。① 这也就意味着，处于高等教育中心的学校更有可能成为"游戏规则"的制定者与引导者。在此背景之下，科研恰恰是高等教育资源配置的重要依据。如果不重视科研，高职院校注定无法获得更多的资源。因此，处于发展前列的高职院校对科研的重视程度日益提高，并希望以本科院校科研为标杆提升自身的科研实力，甚至不惜通过"升本"方式摆脱自身的"职业身份"。对不少高职院校而言，科研本身应用与否已经不那么重要，重要的是能够通过科研获得更多资源。此外，在拿到项目之后，高职院校不得不跟着上级部门的评价指挥棒走，上级部门会对高职院校进行考核，要求高职院校必须满足各项指标。如果高职院校不能达标或者获得优秀，就有可能失去参与下一轮竞争的机会，甚至被淘汰出核心区域，以至于变得更加边缘化，这实际上也进一步强化了对高职院校科研生态的塑造。

在模仿机制下，组织为了增加自身成功的可能性，减少创新可能带来的不确定性，会倾向于模仿场域中的成功模式。而在整个高等教育格局差异巨大的情况下，处于外围的院校也会倾向于模仿中心院校，并通过竞争的方式逐步往中心靠拢。比如，作为国示范的H高职院校，由于"升本"情结的存在，H高职院校会倾向于对照本科院校科研而制定相关要求。如果能够升格，那就一定是建立在扎实的科研基础之上的。在此逻辑之下，无论是学术导向科研（主要表现为鼓励青年博士积极争取自然科学和人文社会科学基金项目），还是应用导向科研（主要表现为积极提高横向科研经费到款额），H高职院校都足够重视。再比如省示范N高职院校，为了

---

① 笔者私下在与高职院校老师的非正式交流中也了解到，不同层次高校的话语权差异巨大，而且具有根深蒂固的"上下之分"。这种现象是客观存在的，比如同样是高校领导去省里开会，高职院校领导的座席都是在本科高校领导座席后，这种区别对待和现在强调职业教育是与普通教育同等重要的教育类型是相悖的。

进入全国高职院校第一方阵，跻身 H 高职院校所在行列，该校自然会进行"对标"，进而出台与 H 高职院校相仿的科研制度，这也是访谈中反复提及的词汇。需要注意的是，在科研基础有限的情况下，作为省示范的 N 高职院校反而提出了更加偏向应用的科研战略目标。新升格的 C 高职院校虽然也提出了加强科研的要求，但其模仿或者努力追赶的策略更多具有"仪式性"特征，因此成为其用来推动科研制度改革的"幌子"，但这种表面的模仿策略仍然有助于提高其组织"合法性"。至于 S 高职院校，由于本质上是一所公有民办高职院校，与上述高职院校相比，受到政府的约束更少，因此该校甚至失去了维持科研制度安排"合法性"的基本动力。无论是 C 高职院校，还是 S 高职院校，由于对科研的整体重视程度并不高，因此并未给予应用导向科研格外的重视，而更多是对普通本科院校科研制度框架（如申报课题、发表论文等）的简单复制。

在社会期待机制下，组织会倾向于遵从业已达成共识的行为规范与价值理念等，而且组织成员会倾向于自动服从这些规范，并按照规范的要求调整自身行为。在我国，大部分高职院校是从中职学校升格而来。从对 C 高职院校的访谈中，笔者了解到，在中职学校阶段，学校对科研是基本不做要求的。但是到了高职院校阶段，学校对科研的要求上了一个档次。实际上，在对其他几个高职院校的访谈中，笔者也发现了类似现象。那么，到底是什么因素在同时规范着高职院校的集体行动呢？在访谈中，高等教育身份的"合法性"问题被反复提及，升格不仅意味着学校办学层次的提升，更意味着高等教育身份的获得。为了获得社会大众及同行的认可，高职院校势必要加强科研工作。至于如何开展科研，高职院校实际上受到普通本科院校传统科研范式的深刻影响。比如，在职称评审中，高职院校同样会要求教师发表论文、申报课题等。即便现在已经出现职称评审权的"下放"，但是普通本科院校科研制度体系对高职院校的影响仍旧根深蒂固。在访谈中，笔者发现，不少高职院校教师队伍的职称结构存在"中间大、两头小"的现象，即高级职称、初级职称者少，而中级职称者队伍庞大。究其原因，就在于很多高职院校的职称评审仍然是参照普通本科院校，尤其是申报高级职称对论文和课题级别有较高要求，而这一要求往往是一般教师所达不到的。虽然不少高职院校也在探索教学型教授、社会服务型教授的评审机制，但从实际运行来看，效果并不明显。

（二）效率机制

如果按照迈耶和罗文的分析框架，组织会严格按照合法机制采取相应的发展战略，那么无疑会持续出现趋同化现象。但显然，现实世界的运行更为复杂。合法机制只是提供了相关制度安排，至于制度如何运行，则是另外的问题。在实际的制度运行过程中，越来越多的教育组织开始考虑技术环境因素。突出表现为，合法机制不再是制度供给所考虑的唯一机制，效率机制开始发挥更大的作用，一些处境不利的组织尤其如此。究其原因，主要是其所感受到的来自技术环境的压力相对更大，因此，在实际的制度运行过程中会更强调效率机制，而非合法机制。至此，我们需要区分的是，即便同样是制度供给，合法机制所带来的制度安排与效率机制所主导的制度运行是两个概念。在组织实际的运作过程中，二者都会发挥一定的作用，至于哪种机制起主导作用，则跟组织所处的特定发展阶段有密切关系。

具体到本研究中，如果不同高职院校在科研制度供给过程中完全遵循合法机制，那么国示范高职院校模仿普通本科院校、省示范高职院校模仿国示范高职院校、新升格高职院校模仿省示范高职院校、民办高职院校模仿公办高职院校的现象就会同时出现。但是，本研究发现，高职院校在模仿过程中其实是有选择性的，现实中新升格高职院校与民办高职院校的模仿力度与热情并没有国示范高职院校和省示范高职院校的强烈。相反，新升格高职院校与民办高职院校更关注的是效率机制。实际上，与稍显虚无缥缈的制度环境相比，新升格高职院校与民办高职院校更关心如何在激烈的高职院校竞争中求得生存，而后才是寻求更好的发展。

在现实的制度供给过程中，组织并不一定完全按照制度安排去进行制度运行。在特定情况下，组织会评判对制度安排进行扩散的条件，甚至会根据需要对制度安排进行消解。高职院校会根据自身需要有选择地进行科研制度扩散。至于是否会进行积极的科研制度扩散，在很大程度上取决于高职院校所面临的制度环境与技术环境的匹配程度。如果高职院校制度环境与技术环境的匹配程度较高，那就更有可能进行积极的制度扩散；如果高职院校制度环境与技术环境的匹配程度一般，那就更有可能进行一般的制度扩散；如果高职院校制度环境与技术环境的匹配程度很低，那就极有可能走向制度消解。

在本研究中，4 所案例高职院校各自所面临的制度环境存在一定的相似性，即科研竞争。但是，由于所面临的技术环境不同，在实际的科研制度运行过程中，这 4 所高职院校会表现出诸多差异。作为国示范高职院校，H 高职院校所面临的技术环境是"做大做强"，科研则是其中不可或缺的一部分。无论是学术导向科研，还是应用导向科研，H 高职院校都给予了一定的重视。因此，H 高职院校所面临的技术环境和制度环境是高度匹配的，竞争性科研制度自然在 H 高职院校得到积极的扩散。作为省示范高职院校，N 高职院校面临的技术环境要略逊于 H 高职院校，在办学实力有限的情况下，其更倾向于实施能够在短期之内看到效益的科研制度。因此，N 高职院校相对来说更重视应用导向科研，从而发挥"错位竞争"优势，并为此出台了相应的奖励措施。N 高职院校对学术导向科研的投入力度相对有限。总体而言，N 高职院校同样对竞争性科研制度进行了积极的扩散，但是其扩散力度要比 H 高职院校小很多。作为新升格高职院校，C 高职院校面临的技术环境更为严峻，其中比较突出的就是招生压力。巨大的招生压力实际上也对该校的发展战略形成了掣肘，导致该校无法均衡布局发展规划。相比之下，科研问题在新升格高职院校显得可有可无，学校也只是设置了相关科研部门，只能称作"边缘性参与"，因此，C 高职院校对竞争性科研制度的扩散较为消极，充其量只能是一般扩散作用。作为 4 所案例高职院校中唯一的公有民办高职院校，即便顶着非营利的公有帽子，S 高职院校仍然没有设立科研处。也就是说，在 C 高职院校尚存的合法机制，却很难在 S 高职院校发现。究其原因，在于民办高职院校所面临的技术环境又是另外一个局面。在不少情况下，民办高职院校要同时应对来自招生与就业的压力，其关键在于能把学生"招进来"，并顺利地"送出去"。加之民办高职院校教师没有编制，职称评审相对困难，其对于科研的热情进一步大打折扣。可见，S 高职院校所面临的制度环境与技术环境存在巨大的差异，这也意味着竞争性科研制度很难在该校得到扩散，甚至这套在公办高职院校"畅通无阻"的制度在民办高职院校受到了较大幅度的消解。因此，与 H 高职院校和 N 高职院校相比，C 高职院校和 S 高职院校科研在整个学校发展布局中都处于比较边缘的位置，竞争性科研制度的影响作用相对有限。

二、不同类型高职院校科研制度感知的差异

斯科特提出，在一个组织中，制度基础性要素可以划分为规制性要素、规范性和文化—认知性要素，其中，规制性要素主要是正式的，规范性要素和文化—认知性要素主要是非正式的。不同类型高职院校由于所处的发展阶段不同，会采用不同的科研制度供给方式。加之不同高职院校的科研条件同样千差万别，这也间接造成了高职院校教师对科研制度的感知差异。

（一）严格要求与自由宽松

由于科研战略定位的差异，学校层面规制性要素传递给专业教师个体的科研压力存在较大差异。其总体趋势是，按照公有民办高职院校、新升格高职院校、省示范高职院校、国示范高职院校的顺序，其校内专业教师感知到的科研压力不断增强。也就是说，国示范高职院校对专业教师科研的要求最为严格，而公有民办高职院校对专业教师科研的要求则相对自由宽松。具体如图 5-3 所示。

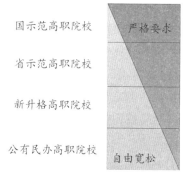

图 5-3 不同类型高职院校科研规制性要素感知的差异

对于 H 高职院校而言，由于在全国高职院校中长期处于第一方阵，该校专业教师所面临的来自科研方面的压力是其他高职院校的教师所不能比的，因此，H 高职院校所奉行的科研制度理念是"不达标就出局"。为了提高学校的科研业绩，H 高职院校对专业教师科研提出了相当严格的要求，其主要手段包括目标责任制考核制度、职称评审制度和岗位评聘制度。目标责任制考核实际上是一种将学校层面科研压力转移到二级学院，二级学院再将科研压力转移给专业教师的"层层下压"模式。如果专业教师无法完成相应的科研工作量，很有可能会面临各种形式的"惩罚"（主要是扣钱）。在职称评审权"下放"到学校之后，学校层面掌握了更多话语权，对教师科研要求的"层层加码"，也间接调动了教师做科研的积极性。而且，通过对 H 高职院校的访谈可以发现，自从职称评审权下放之后，学校对专业教师的科研要求不断提高，专业教师也感到评职称的难度

越来越高。即使职称评审制度无法促使专业教师注重科研,岗位评聘制度也会使专业教师对科研难以轻言放弃。如果专业教师在考核周期内无法完成相应要求,则有可能被低聘,甚至解聘,这一制度让不少教师切实感受到了科研压力的存在。

对于 N 高职院校而言,由于在全国高职院校中身处第二方阵,该校专业教师所面临的科研压力显然不如 H 高职院校的专业教师,但是要明显高于其他两所案例高职院校的专业教师。N 高职院校奉行的科研制度理念是"胡萝卜加大棒"。之所以没有完全采用 H 高职院校的科研高压政策,其主要原因在于,N 高职院校的科研基础条件相对较差,如果采用科研高压政策,有可能适得其反。因此,在 N 高职院校并不存在所谓的岗位低聘或解聘风险,教师的主要压力来自科研工作量的考核和职称评审。在科研工作量考核方面,学校对不同职称等级教师的科研工作量都有明确要求,至少要完成最低科研工作量。而在职称评审方面,不同职称等级也会有相应要求。但在普遍"水涨船高"的情况下,专业教师要想评上职称往往需要付出比以往更多的努力。而且,N 高职院校还出台了各种科研奖励政策,以调动专业教师做科研的积极性。此外,为了响应省内科研经费"松绑"的号召,N 高职院校为优化科研经费使用出台了相应的配套措施,这也在一定程度上调动了专业教师的科研积极性。

相对而言,C 高职院校实际上处于一个"不上不下"的位置,该校专业教师所感受到的科研压力相对 H 高职院校和 N 高职院校要小很多,但也明显高于 S 高职院校。因此,C 高职院校奉行的科研制度理念是"温和的激励"。与 H 高职院校相比,C 高职院校并没有目标责任制考核制度,也没有岗位评聘制度。其对教师科研的主要要求体现在科研工作量考核和职称评审方面。与 H 高职院校和 N 高职院校相比,C 高职院校专业教师的科研工作量要求要小得多,只要稍微投入一些精力,大部分专业教师都能够完成科研工作量的最低要求。而在职称评审方面,C 高职院校专业教师所感受到的科研压力也要小很多。但也同样存在一个问题,不少专业教师参与职称评审的动力不足,这在一定程度上影响了学校的科研活力。此外,在科研奖励方面,C 高职院校的奖励力度比较有限,很少能起到调动专业教师做科研的作用。需要提及的是,C 高职院校主管科研的副校长曾发起过相关的科研骨干培育制度,但实际效果并不理想,有意愿参与的专业教师十分有限。

S高职院校是本研究所选的4所案例高职院校中唯一的公有民办高职院校，该校专业教师几乎感受不到来自科研方面的压力。由于对专业教师的科研基本不做要求，因此该校的科研制度实际上沦为"鸡肋"一般的存在。在招生和就业压力巨大的艰难背景下，S高职院校很难冒险去对专业教师提出科研要求。与公办高职院校相比，即便是科研工作量考核、职称评审，S高职院校对专业教师科研的要求也基本沦为形式。笔者通过采访高职院校的几位专业教师了解到，大部分专业教师平时是不做任何科研的，主要精力都放在教学上。此外，S高职院校职称评审对专业教师的科研要求也很低，最重要的是在教学考核中必须获得优秀。与教学相比，科研在民办高职院校处于"可有可无"的位置。

总结上文，从规制性要素来看，无论是严格要求，还是自由宽松，以上4所案例高职院校均未提出明确的应用导向科研定位。这种对高职院校专业教师的科研要求，与普通本科院校并没有本质区别，只是在科研强度上相对较低。

（二）责任驱动与利益驱动

对于高职院校专业教师而言，其科研行动同样会受到来自社会的期待和价值观的引导，也就是规范性要素的影响。如果高职院校专业教师的责任驱动意识较强，那就很有可能形成相对积极的科研氛围。如果高职院校专业教师的利益驱动意识更强，那就很有可能形成相对消极的科研氛围。总体来看，扮演"领头羊"角色的国示范高职院校做科研的责任驱动意识较强，扮演"追赶者"角色的省示范高职院校做科研的责任驱动意识次之；扮演"徘徊者"角色的新升格高职院校做科研的利益驱动意识更强，扮演"另类者"角色的公有民办高职院校做科研的利益驱动意识最为明显。具体如图5-4所示。

作为国示范高职院校，H高职院校长期以来对科研工作比较重视，并形成了相对积极的科研氛围。通过对H高职

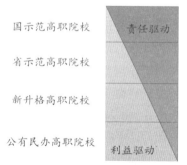

图5-4 不同类型高职院校科研规范性要素的感知差异

校专业教师强调较多的是，科研与教学不应是"两张皮"。如果纯粹为了做科研而做科研，很有可能失去科研本身的意义，也不见得能做出有价值的科研。而且，N 高职院校专业教师同样强调，无论如何都改变不了教学在整个高职院校运作中的核心地位。这也就意味着，在高职院校，科研很难有独立的"生存空间"。因此，高职院校科研要发挥应有的作用，必须与教学相结合，发挥科研对教学的"反哺"作用。否则，科研不仅无法"锦上添花"，甚至有可能成为专业教师的工作累赘。

在 C 高职院校中，当笔者询问其对科研重要性的看法时，访谈对象反映较多的是，教学才是"主业"，而科研则更多的是"副业"。他们认为，高职院校的根本在于教学，而非科研。C 高职院校作为一所新升格高职院校，其专业教师的科研意识并不强。在访谈中，笔者甚至可以感受到某些专业教师对科研的排斥心理。而且，也有访谈对象提到，由于学校领导班子沿用了中职时期的人马，所以学校核心领导层的科研意识也并不强。在这种情况下，学校所有的工作都是围绕教学展开，考核内容也是以教学为主，科研也就成为可有可无的存在。

在 S 高职院校，通过对其专业教师的访谈，笔者可以明显感受到专业教师稍显悲观的工作态度。S 高职院校是一所公有民办高职院校，其师资队伍水平要比公办高职院校低不少，很多专业教师并非科班出身。在访谈对象看来，大部分专业教师能把教学做好就不错了。实际上，为了提高教师的教学水平，S 高职院校也聘请了大量以退休人员为主体的教学督导，并在教学考核上设计了严格的标准。由于学校对科研并不做太多要求，教师自觉主动从事科研的意识也就相对差些。

总结上文，从文化—认知性要素来看，H 高职院校和 N 高职院校受科研图式的影响更强，会有主动做科研的意识，且倾向于将科研与教学看作互补关系，这种认知图式更有利于应用导向科研的主动实践。相比之下，C 高职院校和 S 高职院校受教学图式的影响更大，且倾向于将科研与教学看作冲突关系，这种认知图式不利于教师对应用导向科研投入足够的重视。

三、单位体制对高职院校科研实践的约束及其限度

"中国社会中人们习以为常的'单位组织'，对于个人来说不仅仅是

一个工作场所，对于社会来说也不仅仅是一个普通的从事职业性活动的社会组织，而是中国社会结构的一个基本组成部分"①。改革开放以来，我国经历了从社会主义计划经济体制向社会主义市场经济体制的转型。在这一过程中，"单位"作为计划经济时期的产物同样经历了艰难的体制转型。最为明显的例子就是国有企业改制。"中国社会朝向社会主义市场经济体制的改革，虽然使得各种各样的单位组织都具有了一定程度的自主权，但至少到20世纪90年代末为止，这种改革并没有从根本上改变单位组织的基本性质。单位组织仍然不是一个具有真正独立性的社会组织，国家的权力授予决定了单位自主权的大小和范围"②。高职院校之所以会形成应用导向科研的实践困境，也与我国独特的单位体制密切相关。接下来，本研究将结合前期案例学校访谈资料来分析高职院校应用导向科研实践困境形成的背后逻辑。

（一）单位组织对国家的依赖及其限度

在《经济与社会》中，韦伯曾就统治的基本形式和类型做出讨论。在韦伯看来，统治可以分为两种基本形式：一种是依照利益状况进行的统治，另一种则是依照强制性命令进行的统治。所谓依照利益状况进行的统治，最典型的代表就是市场上的垄断主义，这种统治建立在以某种方式保障的对财产的占有上，以被统治者的利益需要为基础。而依照强制性命令进行的统治则具有完全不同的理念，它是一种独立于特定利益之外，要求被统治者服从的权力，而这种统治通常出现在组织之中。如彼得·布劳所言，这种利益和服从的交换，其背后的结构性意义是资源的交换和分配，资源的不平等分配或者占有，使得资源占有者可以用这些资源强迫别人服从要求，这时服从是不可避免的，因为资源占有者依这些人的服从情况来满足他们的基本需求。③"在社会主义社会中，国家将行政权和财产权都掌握在自己手中，从而在此基础上实现对社会的统治"，这种二合一统治

---

① 李路路，李汉林. 中国的单位组织：资源、权力与交换 [M]. 修订版. 北京：生活·读书·新知三联书店，2019：序 7.
② 李路路，李汉林. 中国的单位组织：资源、权力与交换 [M]. 修订版. 北京：生活·读书·新知三联书店，2019：序 8.
③ 彼德·布劳. 社会生活中的交换与权力 [M]. 孙非，张黎勤，译. 北京：华夏出版社，1988：145、152、164.

形式所依赖的载体就是"单位"。① 长期以来，国家正是通过不同类型的"单位"来实现对社会的间接或直接的管理。

随着社会主义市场经济体制改革的推进，尽管市场化程度已经有很大提高，但是国家及典型的"单位"仍然占据着社会的绝大部分资源。"单位"要想获得生存和发展，势必要服从国家的管理，从而帮助国家实现基于利益的统治。周雪光在探讨中国的国家治理模式时曾提出，不可忽视治理规模这一重要维度。他把"规模"作为国家治理的一个关键变量提出来，其意在突出"组织"在治理过程中的重要作用；正是在治理规模这一角度下，国家组织机制及其负荷和挑战尤为凸显。② 在日常的管理事务中，下级单位所赖以生存的资源通常由上级单位分配或采取竞争的方式获得。由于疆域治理规模的庞大，为了实现有效治理，要在很大程度上依赖于"委托—代理"机制。在政府内部管理中，通常表现为上级单位以"发包"的形式将项目委托给下级单位，而作为上级单位代理人的下级单位必须对此负责，并完成不同形式的考核。

在此背景之下，作为"单位"存在的高职院校实际上是嵌入整个政治经济体制的，其存在本身可能就具有一定的政治意义。一项关于地级市（区）人民政府举办高职院校动力的实证分析表明，经济落后地区和经济发达地区均因受到满足经济发展和民生需求的激励而提供高职教育；但在经济落后地区，省内其他地属高职院校数量会对本地举办高职院校产生显著的正向影响，体现出一种"向上"的标尺竞争；当省内地级市（区）人民政府个数越少，晋升机会越大时，地级市（区）人民政府越倾向于举办高职院校；相比发达地区，经济落后地区在举办高职院校时表现出较为明显的政绩激励特征。③

高职院校校长通常也具有行政级别。省属高职院校党委书记和校长的行政级别通常为副厅级，地市属高职院校的党委书记和校长通常为处级，

---

① 李路路，李汉林. 中国的单位组织：资源、权力与交换 [M]. 修订版. 北京：生活·读书·新知 三联书店，2019：16，18.
② 周雪光. 中国国家治理的制度逻辑：一个组织学研究 [M]. 北京：生活·读书·新知 三联书店，2017：14，15.
③ 刘云波. 发展经济还是追求政绩：地级政府举办高职院校动力的实证分析 [J]. 清华大学教育研究，2016，37（06）：85-94.

县属高职院校的党委书记和校长通常为副处级。① 从管理体制来看，高职院校主要实行地方为主的管理体制，校长也通常由地方政府组织部门任命。在政策实践中，省级人民政府通常会向高职院校下达各种形式的文件②，并要求地方高职院校贯彻执行，而科研就是其中的一项重要指标。为了完成上级部门的考核，高职院校通常会迎合上级部门的绩效考核要求而强化执行其政策，这也为竞争性科研制度的形成提供了外部组织基础。

高职院校校长向上竞争获取资源的能力，也是对校长进行考核的重要内容。在分税制改革之后，随着税收由地方向中央的进一步集中，国家开始以转移支付的项目制方式将财政资源分配下去。为了完成验收，高职院校通常要完成项目所要求的各项指标任务。为了能够实现有效管理，大多采取可量化的方式进行监督考核。但是，需要注意的是，科研具有不确定性、可量化程度有限性、效果检验长期性等特征。③ 这就意味着很难采取完全量化的方式进行考核，否则极有可能导致科研成果"高数量"与"低质量"并存的现象。然而，传统简单粗暴考核方式存在的弊端，使得高职院校更愿意比拼科研成果的级别与数量，而不愿意在提高科研质量上投入足够的精力与重视。

而且，高职院校校长通常是任期制的。如果校长想要实现晋升，他就必须在任期之内做出得到认可的业绩。在访谈中，不止一位访谈对象提到，换一个校长就像换一所学校，校长对科研的重视程度对学校科研事业的发展相当重要；校长的更迭，很有可能对学校的科研定位及实践产生重要影响。本研究在访谈中还发现另外一个不可忽视的问题，虽然高职院校在整个高等教育体系中地位不高，但毕竟具有行政级别，这种行政级别的

---

① 刘云波，郭建如. 不同举办主体的高职院校资源汲取差异分析 [J]. 教育发展研究，2015，35（19）：53-58.
② 在与高职院校专业教师的非正式交流中，笔者了解到，由于行政级别的不同，不同高等学校要贯彻执行的文件数量也存在较大差异。部属高校一年要贯彻执行的文件可能有几百份，而以地方管理为主的省属高职院校的相关部门要贯彻执行的政策文件多达上千份，这也进一步加重了高职院校的管理负担。此外，由于不同文件的发布部门不同，部门之间如果缺乏有效沟通，很有可能出现冲突的情况。比如，在教学时间相对固定的情况下，学校既要保证开足相关课程，又要保证校企合作的有效时间，很难平衡好各项工作之间的关系。
③ 刘海洋，郭路，孔祥贞. 学术锦标赛机制下的激励与扭曲：是什么导致了中国学术界的高质量与低质量？[J]. 南开经济研究，2012（01）：3-18.

存在甚至在一定程度上影响了校长的任命方式，进而对高职院校发展的稳定性带来影响。比如，高职院校很有可能成为临退休人员解决副厅级别的重要安排单位。对此，在全国高职高专校长联席会议 2019 年年会上，一位身处中西部的地方高职学校领导曾感叹："当地的高职院校，院领导班子不可能如此年轻，学校一把手领导成了一些地方政府解决副厅级别的'自留地'，至于这位领导是否干事，就很难说了。"① 在此种情况下，如果高职院校校长自身缺乏足够的晋升动力，也可能会对该高职院校的科研生态带来不利影响。

此外，由于下级对上级负责并由上级考核下级这种传统高职院校治理模式的存在，高职院校领导可能更加关注上级任务的贯彻与执行，而对横向的校企合作、校行合作缺乏足够的重视，进而造成高职院校在应用导向科研方面得不到足够重视，尤其缺少领导层面的组织协调。即便是关注应用导向科研，对高职院校领导而言，可能数字的意义也远大于实际应用效果和意义。

需要说明的是，公有民办高职院校并不是事业单位，它与公办高职院校在内外部管理体制上存在较大差异。在本研究中，尽管 S 高职院校是公有民办高职院校，但其校长主要由董事会考核和选举产生，所以，可以说，公有民办高职院校并没有严格意义上的上级部门。与公办高职院校相比，竞争性科研制度对民办高职院校的影响微乎其微。

（二）个体对单位组织的依赖及其限度

"单位"这一组织的垄断地位或优势地位，主要表现为"对社会资源和社会机会占有的优势。国家统治的实现，其重要的机制即通过单位组织进行社会资源和社会机会的分配"；实际上，"国家将众多社会资源直接控制在自己手中，从而也控制了获得这些资源的机会"。② 对个体而言，要想获取所需要的资源、机会，往往需要遵守单位组织运行的内部规则，而且要自觉接受单位组织的管理，完成单位组织的考核。否则，个体将很难在单位组织中获得足够的生存和发展空间。

---

① 梁国胜. 高职迈入"双高"时代 [N]. 中国青年报, 2019-12-02.
② 李路路, 李汉林. 中国的单位组织：资源、权力与交换 [M]. 修订版. 北京：生活·读书·新知 三联书店, 2019：38.

恰如辛允星所言，尽管个体性的发展事务以个体为决策单位，集体性的发展事业以政府规划为依据，但是因为资源分配权都掌握在后者手中，因此，作为个体的公民或家庭，只有"捆绑"在集体性的发展工程上，才能分享发展带来的收益，否则只能是被边缘化，这种模式可以称为"捆绑式发展模式"。① 在这种发展模式下，实际上已经没有独立意义上的个体存在。个体要么服从组织的安排，从而得到组织的认可与赏识；要么逃避组织的安排，进而有可能受到组织的疏离甚至抛弃。

在高职院校，这种"捆绑式发展模式"同样表现得十分明显。从案例研究中我们可以发现，有参与科研竞争意愿的高职院校会将科研考核任务下放到二级学院，再由二级学院对教师个体进行考核。如果教师无法完成高职院校所规定的科研基本工作量，学校就可以以此为依据对教师做出相应的惩罚。比如，作为国示范的 H 高职院校，甚至出台了与科研相挂钩的岗位评聘制度。如果相应岗位的教师无法完成学校规定的科研任务，就有被低聘或者解聘的风险。对于拥有编制的教师而言，这种由岗位评聘制度所带来的科研压力甚至更大。原因在于，在高职院校，编制意味着工作的稳定性、福利待遇的保障。一项关于中国职业教育教师职业选择影响因素的实证研究表明，大部分职业教育教师选择这一职业的出发点并非内在兴趣，而是教师职业的稳定性和相对较长的假期。② 如果教师职业的稳定性被打破，教师职业不再像过去那样被称作"铁饭碗"，很有可能会进一步增加教师完成科研任务的紧迫感。

而且，与本科院校相比，高职院校行政权力体现得更为明显，学术权力则处于相对弱势的地位。如省示范 N 高职院校学术委员会主任所言，学术委员会行使的只是建议权，实质上的人事权仍然由学校领导班子说了算。近年来，高职院校教师职称评审权的"下放"，实际上也让学校领导班子层面掌握了更多可以使用的资源和权力。如果教师想要评上职称，就需要根据评审要求完成甚至超额完成相应的科研任务。在高职院校，职称

---

① 辛允星. "捆绑式发展"与"隐喻型政治"：对汶川地震灾区平坝羌寨的案例研究 [J]. 社会，2013（03）：159-183.
② LI J. What Does It Mean to Be Vocational Teachers in China-Results from a Survey among Chinese Vocational Teachers[M] // PILZ M(eds). *Vocational Education and Training in Times of Economic Crisis: Lessons from Around the World*. Berlin: Springer, 2017: 255-268.

评审的具体规则一般由学术委员会讨论，但是最终决定权仍然掌握在学校领导手中。在行政权力缺乏有效监督的情况下，教师的职称评审甚至会出现"潜规则"。比如，笔者在某高职院校的预访谈中发现，该校教师评职称的标准已经连续三年发生变动，部分条款的修改甚至是为职能部门相关领导"量身打造"的，这在一定程度上破坏了职称评审本身的严肃性与公正性。在这种情况下，不少教师甚至失去了做科研的动力。如果教师放弃评职称，这种竞争性科研制度的约束力就会小很多。而对于青年教师而言，要想评上职称，往往要付出比中老年教师更多的时间与精力。

当然，上述分析主要适用于作为事业单位的公办高职院校。在本研究中，公有民办性质的 S 高职院校会由于其非营利性而具有一定的"单位"组织色彩。但在实际的运作中，该校更多的还是遵循了民办高职院校的特有组织逻辑。由于民办高职院校没有编制，且收入待遇、福利保障等各方面条件比公办高职院校差一个档次，因此其专业教师对学校资源的依赖性要小很多，学校缺乏竞争性科研制度赖以生存的组织基础，自然也就难以对教师施加太多的科研压力。

本章小结

结合量化研究阶段结果，本阶段研究遴选了 4 所不同类型的高职院校，进行了多案例比较的研究设计，并结合社会学新制度主义视角，开发出了"科研制度供给—科研制度感知—科研行动面相"的分析框架。研究发现，国示范高职院校科研实践表征为"向本科院校看齐"，省示范高职院校科研实践表征为"努力进入第一方阵"，新升格高职院校科研实践表征为"合法的边缘性参与"，公有民办高职院校科研实践表征为"符号般的存在"。不同类型的高职院校在科研制度供给和科研制度感知方面存在较大差异。按照国示范高职院校、省示范高职院校、新升格高职院校、公有民办高职院校的顺序，在科研制度供给方面，合法机制的影响呈递减趋势，效率机制的影响则呈递增趋势。由于"升本"情结的存在，国示范高职院校更愿意向本科院校看齐，应用导向科研实践动力要低于寻找"错位竞争"优势的省示范高职院校。而由于科研软硬件建制基础的薄弱，以及招生、就业方面的压力，新升格高职院校和公有民办高职院校同样没有足够的应用导向科研实践动力。按照国示范高职院校、省示范高职院校、新升格高职院校、公有民办高职院校的顺序，在科研制度感知方面：规制性要素中的严格要求影响呈递减趋势，自由宽松影响呈递增趋势；规范性要素中的责任驱动影响呈递减趋势，利益驱动影响呈递增趋势；文化—认知性要素中的科研图式影响呈递减趋势，教学图式影响呈递增趋势。与规范性要素、文化—认知性要素相比，高职院校教师的科研行动受规制性要素影响更大。不同类型的高职院校在规制性要素供给方面普遍未强化应用导向，导致教师很难自觉做出应用导向科研行动。深入分析高职院校应用导向科研实践困境的形成逻辑后可以发现，其受到国家单位体制的影响。但也需要注意，单位体制对不同类型高职院校、不同类型教师的束缚存在一定限度。从本质上讲，正是这种限度的存在，带来了不同类型的高职院校及教师应用导向科研实践的差异性。

第六章 结论、建议与反思

如果将高等学校科研体系比作一座花园，研究型大学有可能开的是牡丹花，并拥有"艳压群芳"的资本。此时，高职院校如果盲目模仿研究型大学，也努力开牡丹花，无论是花朵还是颜色都很有可能无法与之媲美，高等学校科研花园也会因此变得单调乏味。相反，更适合高职院校土壤生长的可能是月季花，如果能施以必要的养料、投以精心的培育，研究之花同样可以绽放在高职院校，高等学校科研花园也有可能出现一幅百花齐放、姹紫嫣红的美好画面。

第一节 主要结论

在国家创新体系中，高职院校仍旧是被忽视的角色。在国家层面缺乏系统规划与支持的情况下，高职院校至今未能有效融入区域创新。随着高职院校发展逐渐迈入"双高"建设时代，一系列发展瓶颈亟待突破，尤其需要发挥研究在深化高职院校内涵建设中的抓手作用。面对时代的诉求，高职院校显然并未做好充分准备，甚至饱受学术导向科研之痛。基于上述背景，本研究主要探讨了三个核心研究问题：高职院校科研的应然定位是什么？高职院校科研的实然现状与应然定位之间有多大差距？高职院校科研实践背后的逻辑是什么？针对上述问题，本研究通过思辨研究、量化研究、案例研究等，得出了以下结论。

一、高职院校科研的应然定位是应用导向，并具备独特的知识生产功能

对科学研究进行分类是实现科研定位的基本前提，前人关于科学研究分类方法的探索，可以为本研究提供借鉴与参考。从科学哲学视角出发，

通过对科学研究分类方法的历史脉络梳理可以发现，科学研究分类主要经历了线性分类方法的萌芽、实验开发研究对线性分类方法的挑战、二维象限分类方法的勃兴等三个发展阶段。从科学社会学视角出发，本研究进一步探讨了关于知识生产模式转型的三种理论假说，这三种理论假说包括从小科学到大科学、从学院科学到后学院科学、从知识生产模式Ⅰ到知识生产模式Ⅱ。基于上述分析，本研究对作为知识生产组织存在的高职院校科研定位做了系统剖析。首先，本研究提出，对于高职院校科研水平较弱的评价，遵循的是传统的学院科学研究范式，强调普遍主义、公有主义、祛私利性、有组织的怀疑主义等原则。就此而言，高职院校的科研水平显然低于研究型大学的科研水平。其次，本研究提出，高职院校从事科研活动并不一定带来"学术漂移"，其关键在于明确高职院校应该从事哪种类型的研究活动。如果从事学术导向的科研活动，高职院校科研由于基础较差，很有可能变成研究型大学科研的"压缩饼干"。相反，从事以应用为导向的科研活动，则有利于它们发挥自身的科研特色，也更有利于它们明确自身的科研定位。亦即，应该将应用导向作为高职院校科研的应然定位。最后，本研究对应用导向下高职院校的知识生产使命做了深度剖析，其知识生产服务对象包括企业、教师、学生和学校，知识生产的主要类型是技术知识和教师实践性知识。高职院校应用导向科研的知识生产主要遵循实践范式。技术知识生产方式区别于科学知识生产方式，教师实践性知识生产方式区别于教育学专家知识生产方式。

二、高职院校应用导向科研水平不高，在个体、组织层面存在差异

通过对高职院校工程技术相关专业教师的调研，本研究发现，当前阶段，我国高职院校应用导向科研总体水平为Ⅱ级。从各指标层次水平来看，高职院校应用导向科研水平加权后的实际得分与应得总分之间的比值在 0.7 左右。由此可见，高职院校应用导向科研水平不高。此外，本研究通过独立样本 T 检验、单因素方差分析、双因素方差分析等，对高职院校应用导向科研水平的具体影响机制进行了全面探索。研究发现，教师个体层面的职称、企业工作经历、岗位类型是影响高职院校应用导向科研水平的重要因素，学校组织层面的城市类型、区域类型、办学属性也是影响高

职院校应用导向科研水平的重要因素。具体差异如表 6-1、表 6-2 所示。

表 6-1 基于教师个体特征的应用导向科研水平差异性分析结果汇总

水平层次	职称	企业工作经历	岗位类型	任教专业大类	行政职务
总体水平	极其显著	极其显著	极其显著	不显著	不显著
科研行动选择	极其显著	极其显著	极其显著	不显著	不显著
科研行动效益	显著	不显著	极其显著	显著	显著
教育教学研究	不显著	显著	不显著	不显著	不显著
应用技术研究	极其显著	极其显著	极其显著	不显著	不显著
师生素质提升	不显著	不显著	极其显著	不显著	不显著
校企创新发展	极其显著	不显著	显著	不显著	不显著
开发教学媒体与工具	不显著	不显著	不显著	不显著	不显著
教学互动与学生指导	不显著	显著	不显著	不显著	不显著
获得知识产权	不显著	极其显著	显著	极其显著	不显著
参与技术研发	不显著	极其显著	显著	显著	不显著
提供技术咨询与培训	极其显著	极其显著	极其显著	不显著	不显著
学生生涯发展能力提升	不显著	不显著	显著	不显著	不显著
教师专业发展能力提升	不显著	不显著	显著	不显著	不显著
学校同行竞争力提升	极其显著	不显著	不显著	不显著	不显著
企业发展环境优化	不显著	极其显著	显著	不显著	不显著

表 6-2 基于学校组织特征的应用导向科研水平差异性分析结果汇总

水平层次	城市类型	区域类型	办学属性
总体水平	极其显著	极其显著	显著
科研行动选择	显著	不显著	显著
科研行动效益	极其显著	极其显著	不显著
教育教学研究	不显著	不显著	不显著
应用技术研究	显著	不显著	极其显著
师生素质提升	显著	显著	不显著
校企创新发展	极其显著	极其显著	显著
开发教学媒体与工具	不显著	显著	不显著
教学互动与学生指导	不显著	不显著	不显著
获得知识产权	显著	极其显著	极其显著
参与技术研发	不显著	不显著	极其显著
提供技术咨询与培训	极其显著	不显著	极其显著
学生生涯发展能力提升	极其显著	极其显著	不显著
教师专业发展能力提升	不显著	不显著	不显著
学校同行竞争力提升	不显著	极其显著	显著
企业发展环境优化	极其显著	极其显著	显著

在教师个体层面，中级职称组群体应用导向科研水平相对较低，企业工作经历较长组群体应用导向科研水平相对较高，科研—社会服务型组群体应用导向科研水平相对较高，工程技术含量较高专业大类组群体应用导向科研水平也较高，具有行政职务组群体应用导向科研水平稍高。在学校组织层面，地级市组群体应用导向科研水平相对较高，应用导向科研水平"中部地区塌陷"现象明显，示范/骨干组群体应用导向科研水平相对较高。此外，本研究还发现，在高职院校应用导向科研水平方面，教师个体层面因素和学校组织层面因素之间存在明显的交互效应。学校所在城市较大且有较长时间企业工作经历者，会表现出较高的应用导向科研水平；岗位类型偏科研且学校办学属性偏示范/骨干者，会表现出较高的应用导向科研水平；有行政职务且学校办学属性偏示范/骨干者，会表现出较高的应用导向科研水平。

三、高职院校科研实践受到单位体制的束缚，但存在一定的限度

通过量化研究，本研究发现，高职院校科研实然现状与应然定位之间存在一定差距，但背后的科研实践逻辑仍未可知。因此，本研究结合前期量化研究结果，遴选了4所不同类型的高职院校，进而通过案例研究来揭示其实践逻辑。鉴于以往研究在解释高职院校应用导向科研实践困境方面存在的诸多不足，本研究开发出"科研制度供给—科研制度感知—科研行动面相"的分析框架，并做了多案例比较研究设计。

研究发现，由于学校所处发展阶段的不同，其科研实践表现出不同特征。总体而言，国示范高职院校科研实践表征为"向本科院校看齐"，省示范高职院校科研实践表征为"努力进入第一方阵"，新升格高职院校科研实践表征为"合法的边缘性参与"，公有民办高职院校科研实践表征为"符号般的存在"。如表6-3所示，不同类型高职院校在科研制度供给、科研制度感知方面表现出不同特征，并展现出不同科研行动面相。

表6-3　不同类型高职院校的科研制度供给和科研制度感知表征

结构约束	类别	国示范	省示范	新升格	公有民办
科研制度供给	制度环境	"升本"情结	向第一方阵迈进	仅保持"合法性"	"另一个世界"
	技术环境	做大做强	寻找"错位竞争"优势	挥之不去的招生压力	招生与就业的双重压力
科研制度感知	规制性要素	不达标就出局	"胡萝卜加大棒"	温和的激励	成为"鸡肋"的科研
	规范性要素	明确自身角色定位	人尽其才，才尽其用	一切向职称看齐	"当一天和尚撞一天钟"
	文化—认知性要素	科研内生动力是关键	教学与科研不应是"两张皮"	教学才是根本	"教学能做好就不错了"

不同类型的高职院校在科研制度供给和科研制度感知方面存在较大差异。按照国示范高职院校、省示范高职院校、新升格高职院校、公有民办高职院校的顺序，在科研制度供给方面，合法机制的影响呈递减趋势，效率机制的影响则呈递增趋势。由于"升本"情结的存在，国示范高职院校更愿意向本科院校看齐，应用导向科研实践动力要低于寻找"错位竞争"优势的省示范高职院校。而由于科研软硬件建制基础方面的薄弱，以及招生、就业方面的压力，新升格高职院校和公有民办高职院校同样没有表现出足够的应用导向科研实践动力。

按照国示范高职院校、省示范高职院校、新升格高职院校、公有民办高职院校的顺序，在科研制度感知方面：规制性要素中的严格要求影响呈递减趋势，自由宽松影响呈递增趋势；规范性要素中的责任驱动影响呈递减趋势，利益驱动影响呈递增趋势；文化—认知性要素中的科研图式影响呈递减趋势，教学图式影响呈递增趋势。相比规范性要素、文化—认知性要素，高职院校教师的科研行动受规制性要素影响更大。然而，不同类型的高职院校在规制性要素供给方面普遍并未强化应用导向，导致教师很难自觉做出应用导向科研行动。

深入分析高职院校应用导向科研实践困境的形成逻辑，可以发现其受到国家单位体制的影响。但由于不同类型高职院校对上级的依赖程度不同，不同类型高职院校教师对学校的依赖程度不同，其所表现出来的单位属性也有较大差异。也就是说，单位体制对不同类型高职院校、不同类型教师的束缚是有限度的。从本质上讲，正是这种限度的存在，带来了不同类型高职院校及教师应用导向科研实践的差异性。

第二节　对策建议

基于前期对高职院校应用导向科研水平的实然现状调查，以及应用导向科研实践困境的案例研究，本研究已经对当前阶段高职院校应用导向科研存在的症结与突出问题进行了系统剖析。尽管解释本身已经在一定程度上完成了研究使命，但从实用主义角度出发，本研究还是希望能够提出有利于促进高职院校应用导向科研改革的对策建议。

一、以提质增效为目标，优化学校科研评价标准

如今，高职院校科研在一定程度上沦为一场"数字竞赛"。受功利主义价值取向的影响，即便是应用导向科研也很容易被异化为数字，其本质意义却被忽视。这就导致，高职院校科研整体业绩指标数量虽然有所上升，却很少产生有足够影响力的科研成果，尤其是没有发挥出科研的辐射应用效果，高职院校的科研事业因此陷入了表面繁荣的泥潭。无论是职称评审，还是科研工作量考核，主要考核依据仍旧是科研成果的数量，而对于科研成果的质量及由此产生的效果关注不高。高职院校科研"重形式、轻内容"的现象也比较严重。主要表现为，科研选题过于追逐热点，缺少对于实践问题的关注；科研项目将主要精力放在申报环节，而在过程与结题环节敷衍了事。

然而，高职院校科研评价本身并没有错误。评价是促进大学反思与改进的重要手段，科学、合理的评价可成为引导实践的正向的指挥棒。① 需要警惕的是，如果取消评价，不仅有可能使科研在高职院校丧失"合法性"基础，而且有可能使高职院校丧失重要的发展机遇。实际上，这跟过于僵化的评价标准不无关系，也反映出高职院校科研评价者对于评价具体标准设置的喜好和偏向，由此可能将高职院校科研变成一场"包装游戏"，这是推动高职院校科研制度改革必须扭转的一个不良风向。

当务之急是以提质增效为目标，优化高职院校科研评价的标准。一方面，教育行政部门在对高职院校科研进行评价时要改变传统"只看数量，不看质量与效果"的单一化思维，增加科研质量与效果在科研评价体系中的权重，为了减小科研"马太效应"的影响，要更多采用发展性评价方式，为更多高职院校提供平等竞争的机会，尤其是要将科研所产生的增值效果作为评价的重点。另一方面，高职院校相关部门在对教师科研进行评价时，要逐步推广代表性成果制度，完善同行评议机制，更多依据科研成果的质量与效果评价教师的科研水平，而非仅仅依据科研成果的数量、等级进行评价。要在深刻理解应用导向科研内涵的基础上，根据应用导向科研特点，开发专门的应用导向科研评价指标体系，并尝试将科研对教学效果的反馈、对企业生产经营效益的提升作为核心评价标准。

---

① 吴康宁．人才培养：强化大学的根本职能［J］．江苏高教，2017（12）：1-4.

二、以分岗分类为前提，改革学校科研评价制度

与招生、就业、教学、技能大赛等相比，高职院校对科研的投入力度仍然相对有限。调研发现，科研—社会服务岗教师的应用导向科研水平明显高于其他岗位教师。但是调研也发现，科研—社会服务岗教师样本仅占到总体的 2.4%。相比之下，教学岗占比高达 59%，教学—科研岗占到 32.3%，其他岗占到 6.3%。这说明，科研—社会服务岗在高职院校并未得到广泛设置，这也是制约高职院校应用导向科研功能发挥的重要因素。通过案例研究笔者还发现，即便有学校开展了岗位分类的探索，但是由于对岗位职责划分不明，教师工作超负荷的现象较为常见，教师需要完成较高的教学工作量（普遍在每年 400 学时以上），且需要辅助大量的行政事务[①]。加之岗位分类并未严格落实在考核环节，导致教师需要投入更大的精力来兼顾教学与科研，因为任何一个短板都可能使其在竞争中落于下风。从科研考核的内容来看，其并未突出明显的应用导向特征，应用导向科研在相关制度文本中所占权重仍较小。

本研究还发现，仅仅根据岗位类型改革高职院校科研评价制度仍然不够。在对岗位进行分类的基础上，还需要处理好个人考核与团队考核的关系、短期考核与长期考核的关系。由于缺乏团队考核机制，在科研成果认定方面基本只认定第一作者，作者排序越往后获得的加分可能性就越小，这对专业教师的科研工作量考核、职称评审等相当不利。由此带来的问题是，教师普遍争当第一负责人，团队很难形成合力，即便象征性地招入团队成员，也很少开展实质性合作。评价考核周期所针对的问题是，现有科研评价制度考核周期太短，容易带来"短平快"的研究，这也是科研陷入"GDP 主义"、科研成果转化率低的重要原因。

鉴于此，需要从校企协同创新的角度出发，围绕企业生产实践、教育教学实践需要，配备相当数量的科研—社会服务岗，发挥该岗位类型的教师对高职院校应用导向科研的引领作用。根据岗位类型的划分要求，需要

---

① 亦有相关研究表明，对愿意从事科研但有困难及不愿意从事科研的教师群体而言，教学工作量、行政工作量等过大都是制约他们从事科研的重要因素，老师们没有足够的时间来保证科研工作的顺利开展。科研工作投入有限，在一定程度上影响了科研工作的成效。[参见：刘燕. 高职院校教师科研现状及影响因素的调查分析[J]. 中国职业技术教育, 2019 (15): 54-59.]

进一步明确专业技术岗与行政岗的职责边界，以及专业技术岗中教学岗、教学—科研岗、科研—社会服务岗的职责差异。还需要根据特定岗位类型开展科研工作的需要，改革传统的高职院校科研评价制度。在职称评审、科研工作量考核、岗位评聘等相关制度规定中，融入分岗分类理念，减少"交叉模糊地带"，使教师能够各司其职、各就其位。此外，既要做到个人考核与团队考核相统一，为教师以团队形式合作开展科研提供制度基础；也要做到短期考核与长期考核相统一，鼓励开展"长线研究"，根据具体科研工作开展的需要，适当延长考核周期。

三、以纵向课题为抓手，加强应用技术学科建设

长期以来存在的一个认识误区是，将纵向课题与基础研究相匹配，将横向课题与应用研究相匹配。这种简单化的处理方式，不仅加重了对基础研究与应用研究"非此即彼"关系的误解，而且大大局限了应用研究的内涵边界，忽视了应用研究理论性的一面。在前文中，本研究所讨论的巴斯德象限正是代表应用所引起的基础研究。

纵向课题的主要作用是，服务于全国性的重大理论问题、实践问题。[①] 就此而言，当前高职院校发展仍然面临一系列亟待突破的关键问题。随着高职院校发展步入"双高计划"时代，建设中国特色高水平的高职院校成为新目标。但也同时面临极为巨大的挑战，不少高职院校感到无从下手，以往改革中从办学基本要素规范化进行切入的方式已经很难适应时代要求，亟待寻找新的突破口。对此，有学者提出，要以应用技术学科建设为依托，回答高职教育的知识论基础问题，之所以将之定位于应用技术学科，主要有如下理由：其一，应用技术是一种技术，它可以成为具有独立性的知识实体；其二，应用技术是衔接基础技术、工程规划与一线操作的重要环节，这是在把它与基础技术相区分的前提下做出的定位；其三，随着科学技术研究的深入，技术的内容结构越来越复杂，有必要将应用技术发展成一门独立的学科。[②]

---

① 宾恩林. 加强应用性研究："双高计划"背景下高职院校专业建设之路［J］. 华东师范大学学报（教育科学版），2020，38（01）：33-42.
② 徐国庆."双高计划"高职院校建设应主要面向高职教育发展的重难点［J］. 职教发展研究，2020（01）：1-7.

对于高职院校应用技术学科建设这种符合战略导向的重大理论问题，需要在国家层面以纵向课题的方式进行系统规划与支持，从而为应用导向科研的开展提供社会建制基础。然而，遗憾的是，高职院校在纵向课题申报方面的"积弱"形象由来已久。与普通本科院校相比，高职院校很少能够获得高级别课题的支持。以全国教育科学规划职业教育立项课题高职院校的占比情况为例，笔者整理了2015—2019年的数据（表6-4）。从2019年职业教育课题的立项情况看，551个立项课题中仅有31个由高职院校承担，占比不到6%，而绝大多数课题都由普通本科院校承担。如果这一局面无法改变，将很难改变高职院校应用导向科研的尴尬处境。建议相关课题主管部门根据应用导向科研的特点，围绕高职院校应用技术学科建设的需要，有针对性地设置相关课题，从而为应用导向科研的开展提供课题来源与必要的资金支持。

表6-4 2015—2019年全国教育科学规划职业教育立项课题高职院校的占比情况

年份	高职院校/个	其他机构/个	高职院校占比
2015年	21	390	5.11%
2016年	29	427	6.36%
2017年	17	437	3.74%
2018年	23	488	4.50%
2019年	31	520	5.63%

数据来源：根据历年全国教育科学规划立项课题名单整理而成。

四、以放权赋能为主题，改变学术权力弱势地位

高职院校科研场域存在制度施动者和制度受动者的关系链条。研究发现，在这一链条中，国家处于链条顶端，扮演着委托人的角色；高职院校处于链条中端，扮演着代理人的角色；教师则处于链条底端，扮演着受管理者的角色。其中，国家是明显的高职院校科研制度施动者，高职院校既是施动者又是受动者，教师则是明显的受动者。这种等级森严、由上而下的科层关系链条，支撑起了高职院校科研场域的结构框架。

但科层关系链条运行的"奥秘"远不止于此。由权力和利益共同形塑的"捆绑"机制，以隐秘的方式在高职院校科研场域中发挥着实际主导作

用。目标责任制考核制度、职称评审制度、岗位评聘制度等关于科研评价的相关规定,实际上都是高职院校科研场域的产物。高职院校将上级所施加的科研压力有组织地转嫁与传导到教师群体身上,亦即,将组织科研目标与个体科研目标强行"捆绑"在一起。在这一过程中,行政权力往往占据主导地位,而学术权力则处于被边缘化的状态。对此,有访谈对象提出,普通本科院校治理主要靠教授,而高职院校治理主要靠领导。① 在没有实质性学术权力的情况下,同行评议也很容易沦为形式。以职称评审权"下放"为例。在高职院校职称评审权"下放"之后,学校领导层面由此掌握了更多的话语权。② 此外,高职院校领导在课题中的乱挂名现象也值得警惕,参与研究的教师甚至无法获得署名③,这也在一定程度上挫伤了教师的科研积极性。

为了改变学术权力弱势地位,首先要对由权力和利益构成的高职院校科研"捆绑"机制进行"松绑",将权力和利益分而治之,这是改变科研场域上下依附关系的基本前提,唯有此,才能为高职院校教师做科研提供相对宽松的科研环境。其次,在高职院校外部评价中要建立起完善的社会评价机制,加大行业、企业、家长等在高职院校评价之中的权重;在高职院校内部评价中建立起真正的同行评议机制,发挥学术权力在高职院校科

---

① 从这次"双高计划"学校的评选结果来看,也能感受到领导层面对于高职院校发展的"重要性"。目前的高职院校的发展还处在拼领导团队阶段,领导班子团结且在前冲,学校就红火;有的学校靠"吃老本",勉强还是入围了;有的学校"老本"已吃完,即使是以前的国示范/骨干校也没能入围。(参见:梁国胜. 高职迈入"双高"时代 [N]. 中国青年报,2019-12-02.) 尽管这一说法有"戏谑"成分,但是通过深入访谈,笔者深深感受到了其中的辛酸。行政权力过大可能带来的另外一个问题是,有可能催生"形象工程",即使是专业建设方向,很多时候也是领导说了算。而对高职院校领导而言,"要面子不要里子"的思维方式依旧根深蒂固。

② 有访谈对象坦言,职称评审权的"下放"进一步强化了学校的行政权力,职称评审的难度与以往相比不降反增。在以往,评审职称尚且可以在省级层面竞争,而现在评职称受学校内部"潜规则"的影响日益扩大,甚至出现了职称评审规则"朝令夕改"的情况,其背后则是行政权力的实质性主导。(Y-J-10) 对此,也有专家指出,一个不为外人道的"奥秘"就在于,通过这种形式化的量化评价,科研评价的权力就轻而易举地从同行学者手中被转移到行政管理者手中,于是,外行就代替内行堂而皇之地成为科研"成果"和"水平"的"裁判"。[参见:周川. 怎样的科研才能有益于教学 [J]. 江苏高教,2017(03):1-4,9.]

③ 也有研究指出,在一所没有建立起学术权力的高校,如果没有保护与支持教师自主发展权的有力制度,普通教师在其中的地位将变得极低,低到其研究成果可以被随意剥夺。[参见:徐国庆. 高职教育高等性的内涵及其文化分析 [J]. 中国高教研究,2011(10):68-70.]

研场域中的实质性作用，而不再是行政权力的"附属品"。再次，要大力倡导敬畏科研、尊重知识的大学精神，加强对教师科研成果知识产权的保护，建立起规范的高职院校科研制度运行体系。

五、以项目合作为载体，创新教师企业实践机制

对高职院校教师而言，应用导向科研能力的提高是一个漫长的过程，且很难通过传统的专家式讲座实现，因此，应更多地通过下企业实践的方式提高。然而，研究发现，高职院校教师个体很难去跟企业单独对接，也很难取得企业的信任。即便是教师有机会下企业实践，也很容易流于形式。从政策导向上看，上级教育行政部门鼓励专业对口的相关专业教师下企业实践，但是实际执行情况并不理想。在高职院校生师比普遍较高的情况下，很难严格根据专业需求、教师需求遴选相关下企业实践对象。未经过严格选拔的教师来到企业，很可能只是为了完成学校安排的下企业实践任务，并非发自内心地想到企业实践锻炼，这其中甚至有专业不对口的现象。

高职院校专业教师下企业实践的意义在于，通过企业实践的方式积累工作经验，并在实际参与过程中逐步对经验进行吸收和内化，进而掌握从事实践教学工作所需要的隐性知识。没有这种企业实践，仅仅依靠理论学习，将很难获得真正意义上的工作经验。然而，从现实情况来看，教师下企业"走马观花"的现象仍旧比较普遍，教师很难从中积累相应的经验与获得隐性知识。究其原因，主要在于目前的教师下企业实践方式缺乏项目支持，没有项目载体作依托很难保证实践效果。

鉴于此，高职院校要建立教师下企业实践的常态化机制，处理好教师日常教学工作与下企业实践之间的关系，帮助教师减少校企之间的角色冲突，并给予下企业实践教师更多的政策优惠，减少教师的后顾之忧。同时，进一步创新教师下企业实践的具体方式，坚持以项目为载体，发挥项目在高职院校应用导向科研能力提高中的积极作用。以项目为载体深入企业实践，有利于高职院校教师获得关于企业的隐性知识，并在这一过程中提高自身的专业实践能力和研究能力。在最初的项目合作阶段，将以企业的真实项目为主，高职院校教师可能扮演相对次要的角色，企业人员则扮演更为重要的角色，其主要目的是融入企业的科研团队。而在时机成熟及教师科研能力得到有效提高之后，高职院校教师将在科研合作过程中发挥更大作用，并可与企业人员共同探索新的科研方向。

六、以团队打造为核心，组建异质性科研共同体

高职院校与企业合作开展的技术研发或改造项目，往往需要以团队形式攻关。而且，与企业合作解决问题往往有一定的时间要求，需要分工协作，这也是"单兵作战"很难完成的。然而，研究发现，高职院校科研实际上以"单打独斗"为主，并没有形成有效的科研团队。高职院校科研基础本来就相对较差，科研水平本来就比较有限，在缺乏团队力量支撑的情况下，高职院校教师很难凭借个人力量帮助企业解决实际问题，也很难做出有价值的科研成果。

在迟迟无法取得科研成效的情况下，高职院校教师很容易产生挫败感、无力感和失落感，仅存的科研兴趣也可能因此丧失殆尽，从而陷入一种恶性循环。由于缺乏团队依附，很多青年教师甚至在进入高职院校以后仍旧跟着以前的导师团队做研究；由于缺乏团队依附，高职院校专业教师习惯于打"游击战"，无法形成合力；由于缺乏团队依附，在职称导向之下，不少专业教师做科研仅仅是为了评职称，评完职称之后便不再从事科研活动。即便高职院校有科研团队，大多也是"有其名而无其实"，很难发挥实质性作用。此外，高职院校科研团队通常比较松散，缺乏稳定性，多是教学团队的"变形"，甚至是同一班人马。

为此，高职院校必须提高科研培育意识，强化应用导向科研团队建设，努力打造异质性科研共同体。这种科研团队的培育需要耐心和长时间的支持与投入，一定要杜绝"运动式"思维方式。要进一步加强科研团队领军人才的引进与培养，并在领军人才的带领下根据研究需要组建团队。科研团队成员应该不仅限于高职院校内部人员，还应该积极吸引企业人员、高校职业教育科研工作者等。高校科研院所研究者的优势是理论功底较为深厚，能够开展针对宏观、中观问题的系统探讨；劣势是缺乏对实践问题的真切感知，很难做出理论与实践相结合的"接地气"的研究。职业院校实践一线研究者的优势是对实践问题感触较深，能够在实践过程中发现微观问题；劣势是理论提炼的水平相对不高，很难将实践中零碎的问题提升到系统理论的高度。为了发挥两类群体各自的优势，有必要打造学术

研究共同体，拉近职业教育研究理论与实践的距离。① 亦即，高职院校科研团队应该具有一定的异质性，否则，很难在实践中发挥出优势与效果。

七、以市场需求为导向，畅通科研成果转化渠道

目前来看，高职院校科研在选题方面存在的误区还比较大，片面追求"高大上"的现象比较严重，没有找到合适的应用导向科研选题，这也导致其科研成果很难转化。如有学者认为，高职院校科研选题不切实际，忽视需求，实践基础薄弱，目标贪大、贪多，缺乏针对性，容易形成"从理论到理论"的空架子，科研成果往往流于形式，既不能有效发现并解决职业教育领域的现实问题，也造成了人力、物力和资源的浪费。②

与纯科学研究不同，科研成果转化是一个极为复杂的过程。尤其对于工程技术相关研究成果而言，其转化的过程相对复杂，往往需要涉及多个环节，更需要高职院校层面设置专门的部门来管理，并建立起有效的科研成果转化机制。否则，仅凭专业教师个人力量很难实现成果转化。然而，研究发现，大部分民办高职院校，甚至一些公办高职院校，都没有专门的科研管理部门，科研事务多由教务处代理。另外，大部分高职院校也没有设立专门的科研成果转化部门，这是高职院校科研成果转化率低的重要原因之一。另外一个关键障碍是"国有资产"的界定问题。作为单位组织中的个体，其所取得的科研成果也属于国有资产。而且，必然涉及利益分配问题。在现有的体制约束下，由于产权界定的不清晰，科研成果在转化过程中存在"国有资产"流失的风险，这就导致校企双方很难有足够的动力参与科研成果转化。对于高职院校领导而言，由于办学自主权相对有限，这种政治风险显然是其所不能承受的。

鉴于此，需要紧密结合市场需求，建立起有效的科研成果转化渠道。首先，在科研选题环节，高职院校要系统规划应用导向科研关键领域，加强与企业的联系，解决企业在生产实践一线所面临的技术难题、工艺难题等，并将此作为自身研究课题的来源。其次，要完善高职院校科研部门组

---

① 郝天聪，石伟平. 全面深化改革语境下的职业教育研究：近年中国职业教育研究热点问题分析 [J]. 教育研究，2018，39（04）：80-89.
② 仪淑丽. 高职院校教师科研非典型问题及对策探析 [J]. 内蒙古师范大学学报（教育科学版），2018，31（09）：68-71.

织架构，尤其是设置专门的科研成果转化部门，发挥其在科研成果转化中的组织协调作用，调动教师参与科研成果转化的积极性。最后，要积极解决科研成果转化过程中可能存在的"国有资产"流失问题，探索以混合所有制、股份制等形式优化科研成果转化机制，完善科研成果转化中的校企利益分配机制。

八、以平台搭建为依托，完善科研基础设施设备

在经过几轮改革之后，高职院校的师资水平整体上已经得到很大的改善。尤其是近年来，新引进教师基本拥有硕士研究生及以上学历，甚至有不少教师拥有博士学位；同时，高职院校也从企业引进了部分"能工巧匠"。应该说，现有的高职院校专业教师群体是具有一定研究潜力的，甚至是能发挥出重要作用的。但是，就现实而言，高职院校高水平的科研成果仍然少见，尤其是缺乏能对教育教学、企业生产实践产生重要影响力的成果。

其中一个重要原因就是，高职院校普遍缺乏研究所需要的科研平台与基础设施设备。除了人文社会科学研究对硬件平台要求不高外，大部分的工程技术相关研究都需要平台与设施设备的支撑。正如有的学者所言，科学层面的研究需要硬件平台的支撑，技术和产品层面的研究同样需要硬件平台的支撑。① 对此，笔者在访谈过程中也了解到，目前高职院校真正用于研究的硬件平台不多，仅有极少数高职院校配备了技术与产品研发中心或实验室等。即使有的高职院校建设了科研平台，但平台的运转及使用存在局限性、缺乏科学性，真正能够用于科学研究的平台微乎其微。②

鉴于此，应调整高职院校硬件建设方向，为应用导向科研开展搭建所需要的硬件平台。在示范校、骨干校建设时期，高职院校项目投入的重点是软件建设。如今，在进入"双高计划"时代之后，为了推动高职院校科研的实质性进步，有必要进一步完善硬件平台建设。此外，还要提供应用导向科研开展所需要的设施设备等。在购置设施设备的过程中，不能仅仅

---

① 徐国庆. 高水平高职院校的范型及其建设路径 [J]. 中国高教研究，2018（12）：93-97.
② 胡永松，杨敏，鲁志平. 高职院校实施科研强校战略的必要性与路径探究 [J]. 教育科学论坛，2019（21）：49-52.

以满足教学需要为出发点，还应该满足必要的研究需要，从而为高职院校应用导向科研工作的开展提供基本保障。否则，一些重要研究环节的实验可能仍然需要普通本科院校代做，这也会在一定程度上影响教师参与应用导向科研的积极性。

第三节　研究反思

面对高职院校科研定位及其实践逻辑这样一个稍显宏大的议题，笔者试图通过混合研究来揭开其"神秘面纱"。但由于笔者的研究视野、研究能力等多有不逮，故虽竭力为之，仍有力不从心之感，也留下了些许遗憾。鉴于此，笔者也希望通过进一步的研究反思，找到本研究存在的不足之处，以为后续研究打开"一扇新的窗户"。

一、研究不足

首先是研究方法的整合性。为了更加全面深刻地了解高职院校科研现状，本研究在设计之初选定了定量和定性相结合的混合研究方法，并遵循"解释性时序"的设计思路，即在定量研究阶段，借助德尔菲法、层次分析法、问卷调查法等，来了解高职院校应用导向科研水平的实然现状及其在个体层面和组织层面可能存在的差异；在定性研究阶段，结合定量研究的结果，本研究选择4所不同类型的高职院校展开深入的案例研究，旨在了解高职院校科研实践困境背后的逻辑。以上是本研究在设计之初所拟定的基本思路，并计划尽量沿着这一思路开展研究。然而，在实际的研究过程中，笔者愈益觉察到混合研究方法内部整合的挑战性。尤其是在具体案例高职院校、具体专业教师的选择上，尽管笔者竭力严格根据前期所发现的研究结果来做出选择，但由于两种方法逻辑背后的哲学基础存在较大差异，因此很难保持两个研究阶段的高度连贯性。为了尽可能真实地反映高职院校的科研生态，笔者在进入定性研究阶段之后适当调整了思路，以事实为先，而不囿于方法本身。

其次是研究样本的局限性。在定量研究阶段，结合研究主题，本研究选定工程技术相关专业教师作为主要研究对象。原因在于，就高职院校科研领域而言，依托不同学科所开展的科研差异极大，因此，本研究主要关注的是工科科研，而没有将以农科、医科等为基础的科研类型包含在内。因此，在依据定量研究数据做推论时，需要注意研究结论的可推广性。由于研究主题的宏大，笔者设计了较多的背景变量，但这也增加了研究抽样的复杂性。笔者由于研究精力和研究能力有限，很难严格依据大规模分层抽样的原则，有针对性地发放问卷。在定性研究阶段，虽然尽力考虑到不同层次学校的差异，但由于案例高职院校选择的有限性和访谈对象联系的复杂性，笔者只能通过熟人介绍的方式进入"现场"，这也导致部分量化研究阶段结论很难在案例研究阶段得到进一步探索，在后续的研究中会弥补这一遗憾。

最后是研究主题的聚焦性。高职院校科研是本研究的主题，本研究基本沿着"高职院校科研的应然定位是什么？—高职院校科研实然现状与应然定位之间有多大差距？—高职院校科研实践背后的逻辑是什么？"这一问题主线展开。但在实际的研究过程中，笔者发现，这样做仍旧面临很大的挑战，尤其是难以始终将研究主题仅仅聚焦在科研上。在文献综述过程中，尽管笔者力图尽量浏览所有有价值的相关文献，但是由于与这一领域主题密切相关的文献实在有限，因此，只能以研究问题为核心搜寻相关文献。如果说定量研究阶段的研究尚且在可控范围之内，那么定性研究阶段的研究则进一步增添了诸多不可控因素。沿着定量研究阶段的思路，本研究旨在探讨高职院校科研实践背后的逻辑，即高职院校专业教师做出某类科研行动选择或追求某种科研行动效益的主要发生机制。随着研究的深入，笔者发现，高职院校科研应用与否及效益如何背后真正的根源不仅限于此。但是由于访谈技巧和访谈精力的有限性，面对纷繁的访谈资料，笔者只能尽力提取其中与核心研究问题相关的信息，有时甚至超出研究主题的范畴。以上诸多问题都有待在后续研究中进一步改进。

二、研究展望

一是研究对象范围的拓展。在本研究中，囿于研究精力有限和研究对象的复杂性，笔者将主要研究对象限定为高职院校工程技术相关专业教师，并根据研究需要在定性研究阶段同时访谈了部分高职院校科研管理人员。这并非意味着其他类型研究对象不重要，而更多的是出于研究可行性的考虑。基于对上述研究对象的问卷调查和案例研究，笔者基本上完成了本研究所设定的目标。在后续的研究过程中，笔者打算进一步拓展研究对象范围。一方面，将研究对象的专业范围拓展到工程技术相关专业以外的其他专业，了解其科研开展情况及存在的突出问题等，并将研究结果与本阶段研究结果进行对比分析，寻找其异同点。另一方面，将研究对象拓展到高职院校科研场域中的其他利益相关者，包括教育主管部门人员、行业协会人员、企业相关人员等，进而从更加多元的视角重新审视高职院校科研定位与实践逻辑的问题。

二是研究领域的延伸。通过两个阶段的定量研究和定性研究，本研究基本对当前高职院校应用导向科研现状做了系统剖析，但仍有意犹未尽之感。尤其是在进入高职院校"现场"做访谈的过程中，笔者愈发感觉到高职院校科研问题的复杂性。对高职院校科研问题的关注与研究，也为笔者提供了一个深入了解高职院校的契机。尤其是深刻感受到国家目标、组织目标与个人目标的有力"捆绑"，这也在一定程度上塑造了高职院校的科研生态。在某种程度上，高职院校科研存在的问题，也是整个时代问题的缩影。高职院校科研问题的症结与职业教育的现代化发展具有重要关联。现代化同时兼具两面性，一方面，现代化意味着对传统的逐渐抛弃，在这一过程中必然面临风险；另一方面，现代化也是时代发展的必然趋势，它是社会进步的动力源泉；对于中国的现代化运动，我们没有权利做旁观者，必须以良心、智慧与热忱加以拥抱。① 由此，对中国职业教育现代化，尤其是职业教育治理体系和治理能力现代化的关注，将成为笔者后续研究的重点领域。

三是研究使命的畅想。20 世纪初，在民族存亡之际，我国职业教育先驱黄炎培先生曾发起成立中华职业教育社，并创办了《教育与职业》杂志。黄炎培先生特别指出，职业教育目的有三：为个人谋生之准备，为个人服务社会之准备，为国家、世界增进生产力之准备。放眼今天，这三大职业教育目的并不过时，甚至仍然掷地有声。实际上，黄炎培先生不仅是一个职业教育理论家，而且是一个职业教育实践家，还是一个为改变中国"积贫积弱"形象而不懈奋斗的社会活动家。于我等后辈而言，虽难言有"为往圣继绝学，为万世开太平"的鸿鹄之志，但至少应该有"为天地立

---

① 金耀基. 从传统到现代 [M]. 北京：中国人民大学出版社，1999：162.

心,为生民立命"的使命感。在后续研究中,笔者将尝试进一步拓展研究范式,深入职业教育实践,与一线教师合作开展更多的"参与式研究",在探求更多职业教育研究真理与奥秘的同时,为改善职业教育实践而尽绵薄之力,也为高职院校研究之花的真正绽放"浇水施肥"。至此,本研究虽暂时告一段落,但也是一个新的开始!

参考文献

中文文献

【学术专著】

[1] 彼得·伯格. 与社会学同游：人文主义的视角 [M]. 何道宽, 译. 北京：北京大学出版社, 2008.

[2] 彼德·布劳. 社会生活中的交换与权力 [M]. 孙非, 张黎勤, 译. 北京：华夏出版社, 1988.

[3] 伯顿·克拉克. 高等教育新论：多学科的研究 [M]. 王承绪, 徐辉, 郑继伟, 等译. 经典版. 杭州：浙江教育出版社, 2014.

[4] 布莱恩·阿瑟. 技术的本质：技术是什么，它是如何进化的 [M]. 曹东溟, 王健, 译. 杭州：浙江人民出版社, 2018.

[5] 程天君. "接班人"的诞生：学校中的政治仪式考察 [M]. 南京：南京师范大学出版社, 2008.

[6] 陈洪捷. 德国古典大学观及其对中国的影响 [M]. 3版. 北京：北京大学出版社, 2015.

[7] 陈向明, 等. 搭建实践与理论之桥：教师实践性知识研究 [M]. 北京：教育科学出版社, 2011.

[8] 陈向明. 质的研究方法与社会科学研究 [M]. 北京：教育科学出版社, 2000.

[9] D. 普赖斯. 小科学, 大科学 [M]. 宋剑耕, 戴振飞, 译. 世界科学社, 1982.

[10] D. E. 司托克斯. 基础科学与技术创新：巴斯德象限 [M]. 周春彦, 谷春立, 译. 北京：科学出版社, 1999.

［11］郭亚军. 综合评价理论、方法及应用［M］. 北京：科学出版社，2007.

［12］河连燮. 制度分析：理论与争议［M］. 2 版. 李秀峰，柴宝勇，译. 北京：中国人民大学出版社，2014.

［13］经济合作与发展组织（OECD）. 弗拉斯卡蒂手册［R］. 北京：新华出版社，1970.

［14］李路路，李汉林. 中国的单位组织：资源、权力与交换［M］. 修订版. 北京：生活·读书·新知三联书店，2019.

［15］卢泰宏. 信息分析［M］. 广州：中山大学出版社，1998.

［16］罗伯特·K. 殷. 案例研究：设计与方法［M］. 周海涛，史少杰，译. 重庆：重庆大学出版社，2017.

［17］韦伯. 学术与政治［M］. 钱永祥，等译. 桂林：广西师范大学出版社，2004.

［18］马西米安诺·布奇. 科学，谁说了算［M］. 诸葛蔚东，李锐，译. 北京：北京大学出版社，2016.

［19］迈克尔·吉本斯，卡米耶·利摩日，黑尔佳·诺沃提尼，等. 知识生产的新模式：当代社会科学与研究的动力学［M］. 陈洪捷，沈文钦，等译. 北京：北京大学出版社，2011.

［20］金耀基. 从传统到现代［M］. 北京：中国人民大学出版社，1999.

［21］皮埃尔·布迪厄. 实践感［M］. 蒋梓骅，译. 南京：译林出版社，2003.

［22］皮埃尔·布迪厄，华康德. 实践与反思：反思社会学引论［M］. 李猛，李康，译. 北京：中央编译出版社，2004.

［23］石伟平. 比较职业技术教育［M］. 上海：华东师范大学出版社，2001.

［24］石中英. 知识转型与教育改革［M］. 北京：教育科学出版社，2001.

［25］塔尔科特·帕森斯. 社会行动的结构［M］. 张明德，夏遇南，彭刚，译. 南京：译林出版社，2012.

［26］托马斯·库恩. 科学革命的结构［M］. 金吾伦，胡新和，译.

北京：北京大学出版社，2017.

［27］田凯. 非协调约束与组织运作：中国慈善组织与政府关系的个案研究［M］. 北京：商务印书馆，2004.

［28］V. 布什，等. 科学：没有止境的前沿［M］. 范岱年，解道华，等译. 北京：商务印书馆，2004.

［29］W. 理查德·斯科特. 制度与组织：思想观念与物质利益［M］. 3版. 姚伟，王黎芳，译. 北京：中国人民大学出版社，2010.

［30］吴明隆. 问卷统计分析实务：SPSS操作与应用［M］. 重庆：重庆大学出版社，2010.

［31］西塞罗. 西塞罗三论：论友谊、论老年、论责任［M］. 徐奕春，译. 北京：团结出版社，2007.

［32］徐国庆. 从分等到分类：职业教育改革发展之路［M］. 上海：华东师范大学出版社，2018.

［33］徐淑英，任兵，吕丽. 管理理论构建论文集［M］. 北京：北京大学出版社，2017.

［34］约翰·齐曼. 真科学：它是什么，它指什么［M］. 曾国屏，匡辉，张成岗，译. 上海：上海科技教育出版社，2008.

［35］约翰·W. 克雷斯维尔，薇姬·L. 查克. 混合方法研究：设计与实施：原书第2版［M］. 游宇，陈福平，译. 重庆：重庆大学出版社，2017.

［36］朱迪. 品味与物质欲望：当代中产阶层的消费模式［M］. 北京：社会科学文献出版社，2013.

［37］周雪光. 中国国家治理的制度逻辑：一个组织学研究［M］. 北京：生活·读书·新知 三联书店，2017.

［38］周雪光. 组织社会学十讲［M］. 北京：社会科学文献出版社，2003.

［39］庄西真. 国家的限度："制度化"学校的社会逻辑［M］. 南京：南京师范大学出版社，2006.

［40］佐藤学. 课程与教师［M］. 钟启泉，译. 北京：教育科学出版社，2003.

【期刊论文】

[1] 鲍威, 杜嫱. 独立·冲突·互补: 研究型大学教师教学行为与科研表现间关系的实证研究 [J]. 北京大学教育评论, 2017, 15 (04).

[2] 宾恩林. 加强应用性研究: "双高计划"背景下高职院校专业建设之路 [J]. 华东师范大学学报(教育科学版), 2020, 38 (01).

[3] 曹青. 高职应用型科研对比研究与分析 [J]. 天津职业院校联合学报, 2017, 19 (01).

[4] 茶文琼, 徐国庆. 职业教育教师教学能力的构建: 基于实践性知识的视角 [J]. 职教论坛, 2016 (21).

[5] 陈洪捷. 实践性知识与大众高等教育 [J]. 高等职业教育探索, 2018, 17 (05).

[6] 陈雅静, 王二丽, 郭素华. 推进应用科研能力建设提高高职院校办学质量 [J]. 成都中医药大学学报(教育科学版), 2015 (02).

[7] 封家福, 张知贵, 肖隆祥, 康慕云. 高职教师横向科研能力提升研究 [J]. 中国高校科技, 2015 (03).

[8] HANS-HENNIG VON GRÜNBERG. "德国转化与创新机构"之必要性研究: 以应用科学大学为例 [J]. 应用型高等教育研究, 2018, 3 (01).

[9] 郝天聪, 贺艳芳. 德国应用科学大学获独立博士学位授予权争议与反思 [J] 比较教育研究, 2018 (01).

[10] 郝天聪, 石伟平. 从示范到优质: 我国高职院校发展模式的反思与前瞻 [J]. 高校教育管理, 2017, 11 (04).

[11] 贺艳芳, 徐国庆. 德国应用科技大学的兴起、特征及其启示 [J]. 外国教育研究, 2016, 43 (02).

[12] 胡永松, 杨敏, 鲁志平. 高职院校实施科研强校战略的必要性与路径探究 [J]. 教育科学论坛, 2019 (21).

[13] 蒋平. 再论知识生产模式转型理论的三种假说 [J]. 民族高等教育研究, 2018, 6 (05).

[14] 井美莹, 杨钋. 以应用研究指导地方本科院校科研的转型: 来自欧洲应用科技大学的经验和启示 [J]. 教育学术月刊, 2016 (10).

[15] 孔金. 高职院校科研范式建构研究 [J]. 教育与职业, 2012 (11).

［16］LACKNER H. 浅谈德国应用科学大学教授的教学工作量：现状及必要的改革措施［J］. 应用型高等教育研究，2018，3（02）.

［17］雷正光. 高职院校科研必须以教研为主［J］. 职教论坛，2005（21）.

［18］李永刚. 难解的谜题：高校教师教学与科研关系研究的几种新视角［J］. 教育学报，2016，12（05）.

［19］林娜. 提升高职院校"立地式"科研服务能力的研究：以福建省为例［J］. 西安航空学院学报，2015（04）.

［20］刘海洋，郭路，孔祥贞. 学术锦标赛机制下的激励与扭曲：是什么导致了中国学术界的高质量与低质量？［J］. 南开经济研究，2012（01）.

［21］刘红，匡惠华. 2019年全国高职院校科研成果数据分析：基于中国知网的数据［J］. 中国职业技术教育，2019（36）.

［22］刘文洋. 大科学时代科学家的行为模式浅析［J］. 科学学研究，1987（03）.

［23］刘燕. 高职院校教师科研现状及影响因素的调查分析［J］. 中国职业技术教育，2019（15）.

［24］刘云波. 国家示范性高职院校带动周边院校发展了吗［J］. 北京大学教育评论，2019，17（02）.

［25］刘云波，郭建如. 不同举办主体的高职院校资源汲取差异分析［J］. 教育发展研究，2015，35（19）.

［26］刘云波. 发展经济，还是追求政绩：地级政府举办高职院校动力的实证分析［J］. 清华大学教育研究，2016，37（06）.

［27］欧阳旻，韩先满. 高职院校教师科研能力评价指标体系的构建［J］. 职业技术教育，2010（32）.

［28］潘海生，周柯，王佳昕. "双高计划"背景下高职院校战略定位与建设逻辑［J］. 高等工程教育研究，2020（01）.

［29］彭玉生. "洋八股"与社会科学规范［J］. 社会学研究，2010，25（02）.

［30］乔雪峰. 从质化数据到国际期刊论文：数据分析与学术写作［J］. 全球教育展望，2018（06）.

［31］任君庆，张菊霞. 高职院校教师职业压力：模型检验与实证分析［J］. 中国高教研究，2017（09）.

［32］孙毅颖. 对高职院校科研问题争论引发的思考［J］. 中国高教研究，2012（12）.

［33］唐林伟. 高职科研的"爱"与"恨"［J］. 职教论坛，2015（23）.

［34］王建，全晓燕. 从思想的混乱到成果的转化：高职院校教师科研问题研究［J］. 辽宁高职学报，2018，20（02）.

［35］王克君. 从科学史看无形学院对科学发展的作用［J］. 东北大学学报（社会科学版），2001（02）.

［36］王宁. 代表性还是典型性？：个案的属性与个案研究方法的逻辑基础［J］. 社会学研究，2002，17（05）.

［37］王向红. 立地式研发：高职院校产教深度融合的新途径［J］. 中国高教研究，2018（12）.

［38］王晓红，严颖. 关于高职院校科研定位的几点思考［J］. 职教论坛，2016（23）.

［39］王小梅，周详，刘植萌，李璐. 2018年全国高校高职教育科研论文统计分析：基于20家教育类中文核心期刊的发文统计［J］. 中国高教研究，2019（12）.

［40］王远伟. 我国"教育中部塌陷"现象解读：基于省际教育数据的实证分析［J］. 教育发展研究，2010（03）.

［41］吴重涵，汪玉珍. 制度主义理论的新进展及其在教育中的应用［J］. 教育学术月刊，2008（02）.

［42］吴康宁. 何种教育理论？如何联系教育实践？："教育理论联系教育实践"问题再审思［J］. 南京师大学报（社会科学版），2019（01）.

［43］吴康宁. 人才培养：强化大学的根本职能［J］. 江苏高教，2017（12）.

［44］辛允星. "捆绑式发展"与"隐喻型政治"：对汶川地震灾区平坝羌寨的案例研究［J］. 社会，2013（03）.

［45］邢运凯，陶永诚. 高职院校科研导向的误区及对策［J］. 中国高教研究，2010（12）.

［46］许艾珍. 高职院校科研定位的理性思考［J］. 中国成人教育，2012（07）.

［47］徐国庆. 高水平高职院校的范型及其建设路径［J］. 中国高教研究，2018（12）.

［48］徐国庆. 高职高等性体现的关键路径是管理模式改革［J］. 江苏高教，2015（04）.

［49］徐国庆. 高职教育高等性的内涵及其文化分析［J］. 中国高教研究，2011（10）.

［50］徐国庆. 技术应用类本科教育的内涵［J］. 江苏高教，2014（06）.

［51］徐国庆. 基于知识关系的高职学校专业群建设策略探究［J］. 现代教育管理，2019（07）.

［52］徐国庆. 我国二元经济政策与职业教育发展的二元困境：经济社会学的视角［J］. 教育研究，2019，40（01）.

［53］徐国庆. "双高计划"高职院校建设应主要面向高职教育发展的重难点［J］. 职教发展研究，2020（01）.

［54］徐丽. 高职院校科研成果转化困境及对策［J］. 中国高校科技，2017（10）.

［55］阎光才. 大学教学成为学问的可能及其现实局限［J］. 北京大学教育评论，2017，15（04）.

［56］闫宁. 高等职业院校教师科研工作的实证研究：以宁夏某高职院校为例［J］. 中国职业技术教育，2016（08）.

［57］杨金土. 教育部原职教司杨金土司长关于加强高职院校科研及学报工作的意见［J］. 徐州建筑职业技术学院学报，2003（01）.

［58］杨林生，牟惠康. 以行动研究提升高职院校的教育科研品质［J］. 教育与职业，2008（09）.

［59］杨月琴. 浅议高职院校应用型科研人才的培养［J］. 教育教学论坛，2016（49）.

［60］仪淑丽. 高职院校教师科研非典型问题及对策探析［J］. 内蒙古师范大学学报（教育科学版），2018，31（09）.

［61］张小军. 高职院校科研工作的方向与途径［J］. 江苏社会科学，

2012（S1）.

［62］赵沁平. 发挥大学第四功能作用 引领社会创新文化发展［J］. 中国高等教育，2006（Z3）.

［63］周川. 怎样的科研才能有益于教学［J］. 江苏高教，2017（03）.

［64］周瑛仪. 应用研究驱动的高水平高职学校建设［J］. 高等工程教育研究，2020（01）.

［65］朱小峰. 高职院校科研成果教学转化机制与评价体系研究［J］. 职业技术教育，2013（23）.

【学位论文】

［1］陈敬全. 科研评价方法与实证研究［D］. 武汉：武汉大学，2004.

［2］王亚南. 高职院校专业带头人能力模型构建及发展研究［D］. 上海：华东师范大学，2018.

［3］武天欣. 对大科学的认知与伦理的思考［D］. 南京：南京大学，2017.

［4］王莹. 应用技术大学定位研究［D］. 上海：华东师范大学，2016.

［5］熊小刚. 国家科技奖励制度运行绩效评价研究［D］. 武汉：华中科技大学，2011.

［6］徐国庆. 实践导向职业教育课程研究［D］. 上海：华东师范大学，2004.

［7］张春梅. 欧洲应用科技大学科研发展研究：基于国家高等教育政策的分析［D］. 武汉：华中科技大学，2015.

［8］张茂林. 创新背景下的高校科研团队建设研究［D］. 武汉：华中师范大学，2011.

【报纸文章】

［1］梁国胜. 高职迈入"双高"时代［N］. 中国青年报，2019-12-02.

［2］林洁，杨晓燕. 谁说高职院校不能搞科研：依托行业企业，高职

院校科研一样能做出特色［N］.中国青年报，2009-11-16.

［3］任君庆.科研是高职院校可持续发展的"动力源"［N］.中国青年报，2010-01-02.

［4］王寿斌.勿让科研成高职院校"短板"［N］.中国青年报，2009-11-23.

［5］熊丙奇.高职的真正"短板"不是科研是教研［N］.中国青年报，2009-12-14.

［6］王星.我们需要怎样的工匠精神［N］.光明日报，2018-06-09.

［7］王旭明.高职还是少提科研为好［N］.中国青年报，2019-12-14.

［8］解水青.科研既要有"阳春白雪"也欢迎"下里巴人"［N］.中国青年报，2010-02-01.

［9］徐国庆."研究型"是建设高水平高职的突破口［N］.中国青年报，2019-01-14.

［10］徐士萍.不要把高职科研神秘化［N］.中国青年报，2009-12-21.

［11］翟帆.高职院校，科研短板补起来！［N］.中国教育报，2017-11-28.

英文文献

［1］ALASUUTARI P.*Researching Culture*：*Qualitative Method and Cultural Studies*［M］.London：Sage，2000.

［2］BOYER EL. *Scholarship Reconsidered*：*Priorities of the Professoriate*［M］.New York：The Carnegie Foundation for the Advancement of Teaching，1990.

［3］BURGESS T. *The Shape of Higher Education*［M］.London：Cornmarket Press，1972.

［4］CLARK BR. The Modern Integration of Research Activities with Teaching and Learning［J］.*Journal of Higher Education*，1998，68(03)．

［5］DIMAGGIO P. *Interest and Agency in Institutional Theory*［M］. Cambridge：Ballinger，1988.

［6］FREEMAN C. Technological Infrastructure and International Competitiveness［J］. *Industrial and Corporate Change*，2004，13(03).

［7］Hansen MH，WORONOV TE. Demanding and Resisting Vocational Education：A Comparative Study of Schools in Rural and Urban China［J］. *Comparative Education*，2013，49(02).

［8］HAZELKORN E. Motivating Individuals：Growing Research from a 'Fragile Base'［J］. *Tertiary Education and Management*，2008，14(02).

［9］HAZELKORN E. MOYNIHAN A. Ireland：The Challenges of Building Research in a Binary Higher Education Culture［M］// KYVIK S, LEPORI B (eds). *The Research Mission of Higher Education Institutions outside the University Sector*. Berlin：Springer，2010.

［10］HAZELKORN E, MOYNIHAN A. Transforming Academic Practice：Human Resource Challenges［M］// KYVIK S, LEPORI B (eds). *The Research Mission of Higher Education Institutions outside the University Sector*. Berlin：Springer，2010.

［11］HUBER MT, HUTCHINGS P. Building the Teaching Commons［J］. *Change*，2006，38(03).

［12］HUTCHINGS P, SHULMAN LS. The Scholarship of Teaching：New Elaborations, New Developments［J］. *Change*，1999，31(05).

［13］KEOGH JF. The Study of Movement Skill Development［J］. *Quest*，1977，28(01).

［14］KYVIK S, LEPORI B. Research in Higher Education Institutions outside the University Sector［M］// KYVIK S, LEPORI B (eds). *The Research Mission of Higher Education Institutions outside the University Sector*. Berlin：Springer，2010.

［15］KYVIK S, SKOVDIN O-J. Research in the Non–university Higher Education Sector—Tensions and Dilemmas［J］. *Higher Education*，2003 (45).

［16］LARÉDO P. University research activities：On-going Transformations and New Challenges［J］. *Higher Education Management and Policy*，2003，15

(01).

[17] LEPORI B. Funding for Which Mission? Changes and Ambiguities in the Funding of Universities of Applied Sciences and Their Research Activities [M]// KYVIK S, LEPORI B (eds). *The Research Mission of Higher Education Institutions outside the University Sector*. Berlin: Springer, 2010.

[18] LEPORI B. Research in Non-university Higher Education Institutions: The Case of the Swiss Universities of Applied Sciences [J]. *Higher Education*, 2008, 56(01).

[19] LI J. What Does It Mean to Be Vocational Teachers in China-Results from a Survey among Chinese Vocational Teachers [M] // PILZ M (eds). *Vocational Education and Training in Times of Economic Crisis: Lessons from Around the World*. Berlin: Springer, 2017.

[20] LI J, WIEMANN K, SHI W, et al. Vocational Education and Training in Chinese and German Companies in China: A 'Home International' Comparison[J]. *International Journal of Training and Development*, 2019, 23(02).

[21] MADGETT P, BELANGER CH, MOUNT J. Clusters, Innovation and Tertiary Education [J]. *Tertiary Education and Management*, 2005, 11(04).

[22] MEYER J, ROWAN WW. Institutionalized Organizations: Format Structures as Myth and Ceremony [J]. *American Journal of Sociology*, 1977, 83(02).

[23] MOODIE G. Vocational Education Institutions Role in National Innovation [J]. *Research in Post-compulsory Education*, 2006, 11(02).

[24] PETER AH, TAYLOR RR. Political Science and the Three New Institutionalism[J]. *Political Studies*, 1996, 44(05).

[25] PRATT J. *The Polytechnic Experiment 1965—1992*[M]. Buckingham: The Society for Research into Higher Education and Open University Press, 1997.

[26] SHULMAN LS. Taking Learning Seriously[J]. *Change*, 1999, 31(04).

[27] SILVERMAN D, MARVASTI A. *Doing Qualitative Research: A Comprehensive Guide*[M]. Thousand Oaks, CA: Sage, 2008.

[28] WHEELAHAN L. Babies and Bathwater: Revaluing the Role of the Academy in Knowledge[M] // GIBBS P, BARNETT R (eds). *Thinking about Higher Education*. Berlin: Springer, 2014.

附 录

《高职院校应用导向科研水平评价指标体系》专家咨询表（第一轮）

尊敬的专家：

　　您好！为了更科学地了解高职院校应用导向科研水平，本研究课题在前期文献梳理、预访谈的基础上，初步制订了指标体系框架，并拟采用德尔菲法，发放2~3轮问卷，每一轮问卷结果汇总之后再反馈给专家，供专家分析判断，直到意见趋于集中。悉知您在高职院校科研领域的丰富学识和经验，诚邀您参加本课题的专家咨询，真诚期待您对本研究提出宝贵建议！本研究所有资料将严格保密，仅供研究使用，请您放心作答！祝您工作顺利，生活愉快！

郝天聪、石伟平

一、专家基本信息

1. 您的性别是（　　）

A. 男　　　　B. 女

2. 您的最高学历是（　　）

A. 专科　　　B. 本科　　　C. 硕士研究生　　　D. 博士研究生

3. 您的职称是（　　）

A. 未定级　　B. 初级　　　C. 中级　　　D. 副高

E. 正高

4. 您在现单位工作年限是（　　）

A. 1~10年　　B. 11~20年　　C. 21~30年　　D. 30年以上

5. 您所在单位的类型是（　　）

A. 高职院校　　B. 本科院校　　C. 科研院所

6. 您的企业工作经历（包括下企业实践经历）是（　　）

A. 无　　　　B. 1 年以内　　C. 1~5 年　　　　D. 6~10 年

D. 10 年以上

二、指标专家评估

评分方法：文末附件为"高职院校应用导向科研水平评价三级指标体系框架（第一轮）"，建议您在评分之前先行浏览。按照合理性程度，我们将其分为 5 个等级：非常合理、比较合理、一般、比较不合理、非常不合理，分别赋值为 5、4、3、2、1，请您在评分时选择相应分值。对于评分为"比较不合理""非常不合理"的指标，请您尽量给出修改或者删除建议。另外，也请您根据需要给出指标分类建议、增加建议。请您认真完成表 1、表 2、表 3 的填写。期待您的真知灼见！

表 1　一级指标专家评估

一级指标	非常合理	比较合理	一般	比较不合理	非常不合理	评分选择	指标修改为
U1 成果形态	5	4	3	2	1		
U2 成果价值	5	4	3	2	1		
U3 成果效益	5	4	3	2	1		
一级指标分类建议							
一级指标删除建议							
一级指标增加建议							

表 2 二级指标专家评估

一级指标	二级指标	非常合理	比较合理	一般	比较不合理	非常不合理	评分选择	指标修改为
U1 成果形态	U11 教学资源	5	4	3	2	1		
	U12 知识产权	5	4	3	2	1		
	U13 技术合同	5	4	3	2	1		
	U14 成果转化	5	4	3	2	1		
U2 成果价值	U21 教学价值	5	4	3	2	1		
	U22 技术价值	5	4	3	2	1		
	U23 行业价值	5	4	3	2	1		
U3 成果效益	U31 学生受益	5	4	3	2	1		
	U32 企业受益	5	4	3	2	1		
	U33 社会受益	5	4	3	2	1		
二级指标分类建议								
二级指标删除建议								
二级指标增加建议								

表 3 三级指标专家评估

二级指标	三级指标	非常合理	比较合理	一般	比较不合理	非常不合理	评分选择	指标修改为
U11 教学资源	U111 精品课程	5	4	3	2	1		
	U112 专业教学资源库	5	4	3	2	1		
	U113 校本教材	5	4	3	2	1		
	U114 实训设备	5	4	3	2	1		

续表

二级指标	三级指标	非常合理	比较合理	一般	比较不合理	非常不合理	评分选择	指标修改为
U11 教学资源	U115 教学用具	5	4	3	2	1		
	U116 教学讲义	5	4	3	2	1		
U12 知识产权	U121 授权专利	5	4	3	2	1		
	U122 技术标准	5	4	3	2	1		
	U123 技术报告	5	4	3	2	1		
	U124 软件著作权	5	4	3	2	1		
	U125 鉴定成果	5	4	3	2	1		
U13 技术合同	U131 技术开发	5	4	3	2	1		
	U132 技术转让	5	4	3	2	1		
	U133 技术咨询	5	4	3	2	1		
	U134 技术服务	5	4	3	2	1		
U14 成果转化	U141 新产品	5	4	3	2	1		
	U142 新工艺	5	4	3	2	1		
	U143 新材料	5	4	3	2	1		
	U144 新设备	5	4	3	2	1		
	U145 新系统	5	4	3	2	1		
U21 教学价值	U211 破解教学难题	5	4	3	2	1		
	U212 提高教学效率	5	4	3	2	1		
	U213 改善教学质量	5	4	3	2	1		
	U214 创新教学方式	5	4	3	2	1		
	U215 丰富教学素材	5	4	3	2	1		

续表

二级指标	三级指标	非常合理	比较合理	一般	比较不合理	非常不合理	评分选择	指标修改为
U22 技术价值	U221 技术创新性大	5	4	3	2	1		
	U222 技术先进性强	5	4	3	2	1		
	U223 技术难度高	5	4	3	2	1		
	U224 技术成熟度高	5	4	3	2	1		
	U225 技术复杂度高	5	4	3	2	1		
	U226 技术实用性强	5	4	3	2	1		
U23 行业价值	U231 攻克行业技术难题	5	4	3	2	1		
	U232 推动行业技术进步	5	4	3	2	1		
	U233 改善行业发展前景	5	4	3	2	1		
	U234 提高行业市场竞争力	5	4	3	2	1		
U31 学生受益	U311 吸引学生参与科研项目	5	4	3	2	1		
	U312 指导学生获得专利	5	4	3	2	1		
	U313 指导学生毕业设计获奖	5	4	3	2	1		
	U314 指导学生科技类竞赛获奖	5	4	3	2	1		
	U315 指导学生科技类社团活动	5	4	3	2	1		

续表

二级指标	三级指标	非常合理	比较合理	一般	比较不合理	非常不合理	评分选择	指标修改为
U32 企业受益	U321 增加企业利润	5	4	3	2	1		
	U322 解决企业技术难题	5	4	3	2	1		
	U323 提高企业技术研发水平	5	4	3	2	1		
	U324 降低企业生产成本	5	4	3	2	1		
	U325 促进企业技术改造	5	4	3	2	1		
	U326 推动企业产品升级	5	4	3	2	1		
U33 社会受益	U331 提高生活便利程度	5	4	3	2	1		
	U332 改善生态环境	5	4	3	2	1		
	U333 降低社会失业率	5	4	3	2	1		
	U334 助力文化传承创新	5	4	3	2	1		
	U335 改善生存质量	5	4	3	2	1		
	U336 助力扶贫攻坚	5	4	3	2	1		
三级指标分类建议								
三级指标删除建议								
三级指标增加建议								

三、专家咨询表反馈

1. 您对咨询内容的熟悉程度是（   ）

A. 非常熟悉　　B. 比较熟悉　　C. 一般　　　　　D. 比较不熟悉

E. 非常不熟悉

2. 您选择指标合理性程度的判断依据是（   ）

	大	中	小
实践经验			
理论分析			
查阅文献			
直觉判断			

3. 如果您有其他建议，请在下文空白处填写。

_____
_____
_____

再次感谢您对本研究的支持与指导！

附件 高职院校应用导向科研水平评价三级指标体系框架（第一轮）

一级指标	二级指标	三级指标
U1 成果形态	U11 教学资源	U111 精品课程
		U112 专业教学资源库
		U113 校本教材
		U114 实训设备
		U115 教学用具
		U116 教学讲义
	U12 知识产权	U121 授权专利
		U122 技术标准
		U123 技术报告
		U124 软件著作权
		U125 鉴定成果
	U13 技术合同	U131 技术开发
		U132 技术转让
		U133 技术咨询
		U134 技术服务
	U14 成果转化	U141 新产品
		U142 新工艺
		U143 新材料
		U144 新设备
		U145 新系统
U2 成果价值	U21 教学价值	U211 破解教学难题
		U212 提高教学效率
		U213 改善教学质量
		U214 创新教学方式
		U215 丰富教学素材

续表

一级指标	二级指标	三级指标
U2 成果价值	U22 技术价值	U221 技术创新性大
		U222 技术先进性强
		U223 技术难度高
		U224 技术成熟度高
		U225 技术复杂度高
		U226 技术实用性强
	U23 行业价值	U231 攻克行业技术难题
		U232 推动行业技术进步
		U233 改善行业发展前景
		U234 提高行业市场竞争力
U3 成果效益	U31 学生受益	U311 吸引学生参与科研项目
		U312 指导学生获得专利
		U313 指导学生毕业设计获奖
		U314 指导学生科技类竞赛获奖
		U315 指导学生科技类社团活动
	U32 企业受益	U321 增加企业利润
		U322 解决企业技术难题
		U323 提高企业技术研发水平
		U324 降低企业生产成本
		U325 促进企业技术改造
		U326 推动企业产品升级
	U33 社会受益	U331 提高生活便利程度
		U332 改善生态环境
		U333 降低社会失业率
		U334 助力文化传承创新
		U335 改善生存质量
		U336 助力扶贫攻坚

《高职院校应用导向科研水平评价指标体系》专家咨询表（第二轮）

尊敬的专家：

您好！在您的大力支持下，第一轮专家咨询已顺利完成，一级指标基本达成共识。第一轮发放专家咨询表 26 份，回收 23 份，专家积极系数为 0.8846。在此，需要说明的是，本研究采用广泛意义上的科研概念，教研同样包含在内。由于调查对象的复杂性和差异性，本研究将主要以工程技术相关专业教师为调查对象。根据对第一轮咨询表的统计分析，综合各位专家的建议，本研究对指标体系进行了修改，形成了第二轮专家咨询表。本次咨询的主要目的是对指标体系进行再次评分和修改。请您尽量在 5 月 20 日之前反馈给我们，真诚期待继续得到您的支持与指导！

郝天聪、石伟平

填表说明：文末附件为"高职院校应用导向科研水平评价三级指标体系框架（第二轮）"，建议您在评分之前先行浏览。请您参考第一轮专家咨询意见（指标前加"*"表示新增指标，/表示新增指标没有第一轮参考依据），对本轮指标体系的合理性程度做出评分。按照合理性程度，我们将其分为 5 个等级：非常合理、比较合理、一般、比较不合理、非常不合理，分别赋值为 5、4、3、2、1，请您在评分时填写相应分值。对于评分为"比较不合理""非常不合理"的指标，请您尽量给出修改意见。

一、指标专家评估

注：均值表示专家意见的集中程度，均值越大说明指标合理性越高。标准差表示专家意见的协调程度，标准差越小说明指标协调性越高。第二轮评分请根据合理性程度（非常合理、比较合理、一般、比较不合理、非常不合理），填写相应分值 5、4、3、2、1。请您认真完成表 1、表 2、

表 3 的填写。

表 1　一级指标专家评估

一级指标	第一轮均值	第一轮标准差	第二轮评分	指标更适切的表述方式
U1 应用形态	4.39	0.58		
U2 应用领域	4.52	0.73		
U3 应用效益	4.78	0.52		

表 2　二级指标专家评估

一级指标	二级指标	第一轮均值	第一轮标准差	第二轮评分	指标更适切的表述方式
U1 应用形态	U11 丰富教学资源	4.39	0.78		
	U12 获得知识产权	4.35	0.71		
	U13 提供技术服务	4.35	0.78		
U2 应用领域	U21 教学质量改进	4.52	0.79		
	U22 科技成果转化	4.39	0.84		
	*U23 政府决策咨询	/	/		
U3 应用效益	U31 学生素质提升	4.43	0.84		
	*U32 教师生涯发展	/	/		
	*U33 学校内涵建设	/	/		
	U34 企业转型升级	4.48	0.73		
二级指标删除建议					
二级指标增加建议					

表3 三级指标专家评估

二级指标	三级指标	第一轮均值	第一轮标准差	第二轮评分	指标更适切的表述方式
U11 丰富教学资源	U111 科研成果可以转化为课程资源	4.52	0.67		
	U112 专业教学资源库使用率高	4.48	0.79		
	U113 会根据教学需要编写新教材	4.39	0.84		
	U114 会根据教学需要改造实训设备	3.91	0.90		
	U115 参与研制教学工具	3.83	0.89		
	*U116 会根据教学需要开发仿真教学软件	/	/		
U12 获得知识产权	U121 获得专利授权	4.57	0.66		
	U122 参与编制技术标准	4.87	0.34		
	U123 参与撰写技术报告	4.04	1.10		
	U124 获得软件著作权	4.52	0.59		
	*U125 参与编制行业标准	/	/		
U13 提供技术服务	U131 参与企业技术开发	4.57	0.66		
	U132 参与企业技术改造	4.52	0.59		
	U133 向企业提供技术咨询	4.48	0.67		
	*U134 向企业提供技术培训	/	/		
U21 教学质量改进	U211 破解教学难题	4.48	0.79		
	U212 提高教学效果	4.48	0.67		
	*U213 创新教学理念	/	/		
	U214 创新教学方式	4.52	0.85		
	U215 创新教学素材	4.39	0.89		

续表

二级指标	三级指标	第一轮均值	第一轮标准差	第二轮评分	指标更适切的表述方式
U22 科技成果转化	U221 可以转化为新产品	4.57	0.66		
	U222 可以转化为新工艺	4.65	0.65		
	U223 可以转化为新材料	4.30	0.88		
	U224 可以转化为新设备	4.22	1.00		
	U225 可以转化为新系统	4.17	1.07		
*U23 政府决策咨询	*U231 提高政府决策科学性	/	/		
	*U232 提高政府决策合理性	/	/		
	*U233 提高政府公共服务水平	/	/		
	*U234 优化政府公共资源配置	/	/		
U31 学生素质提升	*U311 提高学生综合职业素养	/	/		
	*U312 提高学生学习积极性	/	/		
	*U313 提高学生就业竞争力	/	/		
	*U314 提高学生技能水平	/	/		
*U32 教师生涯发展	*U321 促进自身专业成长	/	/		
	*U322 提高自身职称水平	/	/		
	*U323 获得可观经济收益	/	/		
	*U324 完成规定科研考核	/	/		

续表

二级指标	三级指标	第一轮均值	第一轮标准差	第二轮评分	指标更适切的表述方式
*U33 学校内涵建设	*U331 提高学校在同类院校中的排名	/	/		
	*U332 帮助学校完成上级评估	/	/		
	*U333 帮助学校申报财政支持项目	/	/		
	*U334 提高学校综合竞争力	/	/		
U34 企业转型升级	U341 推动企业产品升级	4.26	0.69		
	U342 解决企业技术难题	4.52	0.73		
	*U343 增加企业市场份额	/	/		
	U344 降低企业生产成本	4.26	0.62		
	*U345 改善企业社会形象	/	/		
	*U346 提高企业管理效率	/	/		
三级指标删除建议					
三级指标增加建议					

二、专家咨询表反馈

1. 您对咨询内容的熟悉程度是（　　）

A. 非常熟悉　　B. 比较熟悉　　C. 一般　　　　D. 比较不熟悉

E. 非常不熟悉

2. 您选择指标合理性程度的判断依据是（　　）

	大	中	小
实践经验			
理论分析			
查阅文献			
直觉判断			

3. 如果您有其他建议，请在下文空白处填写。

_____

_____

_____

再次感谢您对本研究的支持与指导！

附件　高职院校应用导向科研水平评价三级指标体系框架（第二轮）

一级指标	二级指标	三级指标
U1 应用形态	U11 丰富教学资源	U111 科研成果可以转化为课程资源
		U112 专业教学资源库使用率高
		U113 会根据教学需要编写新教材
		U114 会根据教学需要改造实训设备
		U115 参与研制教学工具
		*U116 会根据教学需要开发仿真教学软件
	U12 获得知识产权	U121 获得专利授权
		U122 参与编制技术标准
		U123 参与撰写技术报告
		U124 获得软件著作权
		*U125 参与编制行业标准
	U13 提供技术服务	U131 参与企业技术开发
		U132 参与企业技术改造
		U133 向企业提供技术咨询
		*U134 向企业提供技术培训
U2 应用领域	U21 教学质量改进	U211 破解教学难题
		U212 提高教学效果
		*U213 创新教学理念
		U214 创新教学方式
		U215 创新教学素材
	U22 科技成果转化	U221 可以转化为新产品
		U222 可以转化为新工艺
		U223 可以转化为新材料
		U224 可以转化为新设备
		U225 可以转化为新系统
	*U23 政府决策咨询	*U231 提高政府决策科学性
		*U232 提高政府决策合理性
		*U233 提高政府公共服务水平
		*U234 优化政府公共资源配置

续表

一级指标	二级指标	三级指标
U3 应用效益	*U31 学生素质提升	*U311 提高学生综合职业素养
		*U312 提高学生学习积极性
		*U313 提高学生就业竞争力
		*U314 提高学生技能水平
	*U32 教师生涯发展	*U321 促进自身专业成长
		*U322 提高自身职称水平
		*U323 获得可观经济收益
		*U324 完成规定科研考核
	*U33 学校内涵建设	*U331 提高学校在同类院校中的排名
		*U332 帮助学校完成上级评估
		*U333 帮助学校申报财政支持项目
		*U334 提高学校综合竞争力
	U34 企业转型升级	U341 推动企业产品升级
		U342 解决企业技术难题
		*U343 增加企业市场份额
		U344 降低企业生产成本
		*U345 改善企业社会形象
		*U346 提高企业管理效率

注：*表示新增指标。

《高职院校应用导向科研水平评价指标体系》专家咨询表（第三轮）

尊敬的专家：

您好！在您的大力支持下，第二轮专家咨询已顺利完成。第二轮发放专家咨询表 23 份，回收 19 份，专家积极系数为 0.8261。在此，需要说明，本研究采用广泛意义上的科研概念，教研同样包含在内。由于科研本身的复杂性和差异性，本研究将主要以工程技术相关专业教师为调查对象。根据对第二轮咨询表的统计分析，本研究对指标体系进行了修改，并形成第三轮专家咨询表，真诚期待继续得到您的支持与指导！请您尽量在 6 月 1 日之前反馈给我们。

郝天聪、石伟平

填表说明：文末附件为"高职院校应用导向科研水平评价三级指标体系框架（第三轮）"，建议您在评分之前先行浏览。请您参考第二轮专家咨询意见，对本轮指标体系的合理性程度评分。按照合理性程度，我们将其分为 5 个等级：非常合理、比较合理、一般、比较不合理、非常不合理，分别赋值为 5、4、3、2、1，请您在评分时填写相应分值。对于评分为"比较不合理""非常不合理"的指标，请尽量给出修改建议。另外，本研究初步形成了指标的问题陈述，问题陈述不妥之处也恳请您提出修改建议。指标前加"＊"表示新增指标，"/"表示新增指标没有第二轮参考依据。均值表示专家意见的集中程度，均值越大说明指标合理性越高。标准差表示专家意见的协调程度，标准差越小说明指标协调性越高。请您认真完成表 1、表 2、表 3 的填写。

一、指标专家评估

表 1 一级指标专家评估

一级指标	第二轮均值	第二轮标准差	第三轮评分	指标修改建议
U1 应用形态	4.58	0.51		
U2 应用领域	4.83	0.39		
U3 应用效益	4.67	0.49		

表 2 二级指标专家评估

一级指标	二级指标	第二轮均值	第二轮标准差	第三轮评分	指标修改建议
U1 应用形态	U11 教学资源	4.83	0.39		
	U12 知识产权	4.50	0.52		
U2 应用领域	*U21 创新教学行为	/	/		
	U22 提供技术服务	4.67	0.49		
U3 应用效益	U31 学生素质提升	4.93	0.25		
	U32 教师专业发展	4.58	0.51		
	U33 学校内涵提升	4.75	0.45		
	U34 企业创新发展	4.43	0.51		

表 3 三级指标专家评估

二级指标	三级指标	第二轮均值	第二轮标准差	第三轮评分	指标修改建议
U11 教学资源	U111 教学讲义	4.83	0.39		
	U112 校本教材	4.50	0.52		
	U113 教学工具	3.92	0.67		
U12 知识产权	U121 专利授权	4.58	0.51		
	U122 企业标准	4.67	0.49		
	U123 计算机软件著作权	4.50	0.52		

续表

二级指标	三级指标	第二轮均值	第二轮标准差	第三轮评分	指标修改建议
*U21 创新教学行为	U211 改进实践教学	/	/		
	U212 注重教学互动	/	/		
	U213 强化课后指导	/	/		
U22 提供技术服务	U221 参与技术研发	4.83	0.39		
	U222 参与技术改造	4.67	0.49		
	U223 提供技术咨询	4.67	0.65		
	U224 提供技术培训	4.75	0.45		
U31 学生素质提升	U311 适应职业角色	/	/		
	U312 提高工作胜任力	/	/		
	U313 奠定生涯发展基础	/	/		
U32 教师专业发展	U321 提高专业建设能力	/	/		
	U322 提高课程开发能力	/	/		
	U323 提高课堂教学能力	/	/		
	U324 提高生涯发展能力	/	/		
U33 学校内涵提升	U331 提高学校科研竞争力	4.17	0.83		
	U332 深化校企合作力度	/	/		
U34 企业创新发展	U341 促进行业技术进步	4.83	0.39		
	U342 提高企业经济效益	4.50	0.52		
	U343 获得政府政策支持	/	/		

二、专家咨询表反馈

1. 您对咨询内容的熟悉程度是（　　）

A. 非常熟悉　　B. 比较熟悉　　C. 一般　　　　D. 比较不熟悉

E. 非常不熟悉

2. 您选择指标合理性程度的判断依据是（　　）

	大	中	小
实践经验			
理论分析			
查阅文献			
直觉判断			

3. 如果您有其他建议，请在下文空白处填写。

_____
_____
_____

再次感谢您对本研究的支持与指导！

附件 高职院校应用导向科研水平评价三级指标体系框架（第三轮）

一级指标	二级指标	三级指标
U1 应用形态	U11 教学资源	U111 教学讲义
		U112 校本教材
		U113 教学工具
	U12 知识产权	U121 专利授权
		U122 企业标准
		U123 计算机软件著作权
U2 应用领域	*U21 创新教学行为	*U211 改进实践教学
		*U212 注重教学互动
		*U213 强化课后指导
	U22 提供技术服务	U221 参与技术研发
		U222 参与技术改造
		U223 提供技术咨询
		U224 提供技术培训
U3 应用效益	U31 学生素质提升	*U311 适应职业角色
		*U312 提高工作胜任力
		*U313 奠定生涯发展基础
	U32 教师专业发展	*U321 提高专业建设能力
		*U322 提高课程开发能力
		*U323 提高课堂教学能力
		*U324 提高生涯发展能力
	U33 学校内涵提升	U331 提高学校科研竞争力
		*U332 深化校企合作力度
	U34 企业创新发展	U341 促进行业技术进步
		U342 提高企业经济效益
		*U343 获得政府政策支持

注：*表示新增指标。

高职院校应用导向科研水平评价量表开发阶段访谈提纲

1. 您是否曾参与过课程开发？如果参与过，请问主要是开发哪些内容？会涉及哪些具体的开发环节？

2. 您上课的教学素材主要从哪里来？科研成果是教学素材的重要来源吗？

3. 您是否曾获得过知识产权？如果获得过，主要是哪些类型的知识产权？

4. 您是否曾开发过教学媒体与工具？如果有相关经历，能否具体介绍一下？

5. 您是否参与过技术研发？有没有跟企业合作技术研发的经历？能否举例说明？

6. 您如何开展实践教学？在开展实践教学过程中，您是如何根据教学需要进行创新的？

7. 在课堂教学中，您是如何与学生进行互动的？通常会采取哪些方式？

8. 您是如何指导学生的？有没有引导学生参与一些科研活动？

9. 您是否曾参与过企业的技术改造项目？能否结合具体实例介绍一下？

10. 您会向企事业单位提供技术咨询吗？如果有，能否介绍一下？

11. 您会向企事业单位提供技术培训吗？如果有，能否介绍一下？

12. 您认为通过引导学生参与科技类项目，是否能够帮助学生适应职业角色？

13. 您认为通过引导学生参与科技类项目，是否能够帮助学生提高工作胜任力？

14. 您认为通过引导学生参与科技类项目，是否能够帮助学生提高工作胜任力？

15. 通过做科研，您是否能提高自身的专业建设能力？能否举例说明？
16. 通过做科研，您是否能提高自身的课程开发能力？能否举例说明？
17. 通过做科研，您是否能提高自身的课堂教学能力？能否举例说明？
18. 通过做科研，您是否能提高自身的生涯发展能力？能否举例说明？
19. 您做的科研可以提高学校科研竞争力吗？能否举例说明？
20. 您做的科研可以深化校企合作力度吗？能否举例说明？
21. 您做的科研可以促进行业技术进步吗？能否举例说明？
22. 您做的科研可以提高企业经济效益吗？能否举例说明？

高职院校应用导向科研水平实然现状调查问卷咨询版

尊敬的老师：

您好！这是一份学术调查问卷，旨在了解高职院校应用导向科研现状，并为推进高职院校科研评价制度改革提供参考。本课题采用广义的科研概念，教研同样包含在内，主要调查对象是工程技术相关专业教师。您回答的真实性对本课题至关重要，恳请您根据实际情况作答，答案没有好坏、对错之分。此调查采用匿名方式，仅用于学术研究，绝对保密，请您安心作答。衷心感谢您的支持！

华东师范大学职业教育与成人教育研究所

一、基本信息

咨询说明：关于基本信息的填写，如果您有任何疑惑或建议，请在下文横线处留言。

1. 您的性别是（　　）

   A. 男　　　　　B. 女

2. 您的最高学历是（　　）

   A. 专科　　　　　B. 本科

   C. 硕士研究生　　D. 博士研究生

3. 您的职称是（　　）

   A. 未定级　　B. 初级　　C. 中级　　D. 副高

   E. 正高

4. 您的教龄是（　　）

   A. 5年及以下　　　B. 6~10年

   C. 11~20年　　　　D. 20年以上

5. 您的企业工作经历是（　　）

   A. 无　　　　　　　B. 5年及以下

   C. 6~10年　　　　　D. 10年以上

6. 您的岗位类型是（   ）

A. 教学型　　　　　　　　B. 教学—科研型

C. 科研—社会服务型　　　D. 其他

7. 您所任教的专业大类是（   ）

A. 农林牧渔大类　　　　　B. 资源环境与安全大类

C. 能源动力与材料大类　　D. 土木建筑大类

E. 水利大类　　　　　　　F. 装备制造大类

G. 生物与化工大类　　　　H. 轻工纺织大类

I. 食品药品与粮食大类　　J. 交通运输大类

K. 电子信息大类　　　　　L. 医药卫生大类

M. 财经商贸大类　　　　　N. 旅游大类

O. 文化艺术大类　　　　　P. 新闻传播大类

Q. 教育与体育大类　　　　R. 公安与司法大类

S. 公共管理与服务大类

8. 您学校所在城市是（   ）

A. 直辖市/特区　　　　　　B. 省会城市

C. 地级市　　　　　　　　D. 县/县级市

9. 您学校所在区域是（   ）

A. 东部地区　　B. 中部地区　　C. 西部地区

10. 您学校属于（   ）

A. 国示范/骨干　B. 省示范/骨干　C. 普通高职

11. 您学校举办性质是（   ）

A. 教育部门　　B. 行业　　　C. 企业　　　　D. 民办

E. 其他部门

12. 您学校是否曾入选"高职院校服务贡献 50 强"名单（   ）

A. 是　　　　　B. 否　　　　C. 不清楚

二、高职院校应用导向科研水平评价量表

咨询说明：如果您有困惑或建议，请填写在相应空格内。

维度	问题陈述	修改建议
课程开发	1. 我会参与人才需求调研报告的撰写工作	
	2. 我会参与人才培养方案的制订工作	
	3. 我会参与课程标准的开发工作	
	4. 我会参与专业教学资源库的开发工作	
	5. 我会参与校本教材的编写工作	
教学素材	6. 我会参考已发表论文更新教学素材	
	7. 我会参考已出版著作更新教学素材	
	8. 我会参考横向课题更新教学素材	
	9. 我会参考纵向课题更新教学素材	
	10. 我会参考校内课题更新教学素材	
教学媒体与工具	11. 我会根据教学需要改造实训设备	
	12. 我会根据教学需要制作教学视频	
	13. 我会根据教学需要改造教学仪器	
	14. 我会根据教学需要改造仿真教学软件	
知识产权	15. 我能通过研究获得发明专利授权	
	16. 我能通过研究获得实用新型专利授权	
	17. 我能通过研究获得外观设计专利授权	
	18. 我能通过研究获得计算机软件著作权	
技术研发	19. 我会参与新技术的研发工作	
	20. 我会参与新产品的研发工作	
	21. 我会参与新材料的研发工作	
	22. 我会参与新工艺的研发工作	
改进实践教学	23. 我会在实践教学中参考企业标准和规范	
	24. 我会在实践教学中鼓励学生综合不同知识和经验解决问题	
	25. 我会合理规划实践教学环境，保障实践教学质量	

续表

维度	问题陈述	修改建议
增强教学互动	26. 我会主动研究翻转课堂的有效教学方式	
	27. 我会在课堂教学中倡导小组合作学习方式	
	28. 我会在课堂教学中引入研究性学习活动	
强化学生指导	29. 我会指导学生参与科研项目	
	30. 我会指导学生参与科技创新类竞赛	
	31. 我会指导学生参与科技创新类社团活动	
	32. 我会指导学生毕业设计项目	
参与技术改造	33. 我会参与企业生产工作流程优化	
	34. 我会参与企业生产加工设备改进	
	35. 我会参与企业生产模块创新	
	36. 我会参与企业生产集成创新	
提供技术咨询	37. 我会向企事业单位提供科技政策咨询	
	38. 我会向企事业单位提供技术解决方案咨询	
	39. 我会向企事业单位提供管理决策咨询	
提供技术培训	40. 我会向企业员工提供技术培训	
	41. 我会向行业部门人员提供技术培训	
	42. 我会向社会再就业人员提供技术培训	
适应职业角色	43. 我能通过科技类项目帮助学生明确工作价值	
	44. 我能通过科技类项目提高学生创新创业能力	
	45. 我能通过科技类项目提高学生团队合作意识	
提高工作胜任力	46. 我能通过科技类项目提高学生科学知识应用能力	
	47. 我能通过科技类项目提高学生工作执行能力	
	48. 我能通过科技类项目提高学生资源统筹能力	
奠定生涯发展基础	49. 我能通过科技类项目提高学生生涯规划能力	
	50. 我能通过科技类项目提高学生自我管理能力	
	51. 我能通过科技类项目提高学生终身学习意识	

续表

维度	问题陈述	修改建议
提高专业建设能力	52. 我能通过做科研更好地把握产业发展态势与人力资源需求	
	53. 我能通过做科研更好地理解人才能力要求与课程内容体系	
	54. 我能通过做科研更准确地判断专业发展水平与描绘未来发展路径	
提高课程开发能力	55. 通过做科研，我的课程标准制定能力得到了提高	
	56. 通过做科研，我的教材开发能力得到了提高	
	57. 通过做科研，我的教学资源建设能力得到了提高	
提高课堂教学能力	58. 通过做科研，我能进行更有价值的学情分析	
	59. 通过做科研，我能设计更清晰的教学目标	
	60. 通过做科研，我能更好地厘清教学内容结构	
	61. 通过做科研，我能设计更清晰的学习结果评价方案	
提高生涯发展能力	62. 我做的科研能帮我实现职称晋升	
	63. 我做的科研能帮我在绩效考核中获得奖励	
	64. 我做的科研能帮我获得工资之外的收入	
提高学校科研竞争力	65. 我做的科研能提高学校横向技术服务到款额	
	66. 我做的科研能提高学校技术交易到款额	
	67. 我做的科研能提高学校非学历培训到款额	
深化校企合作力度	68. 我做的科研能帮助学校减少校企合作阻力	
	69. 我做的科研能帮助学校与企业建立互利双赢的合作关系	
	70. 我做的科研能为学生提供更多企业实践机会	
促进行业技术进步	71. 我做的科研有利于解决行业技术难题	
	72. 我做的科研有利于推动行业产品更新换代	
	73. 我做的科研有利于帮助行业储备技术技能人才	
提高企业经济效益	74. 我做的科研有利于提高企业生产利润	
	75. 我做的科研有利于降低企业生产成本	
	76. 我做的科研有利于减少企业能源消耗	

高职院校应用导向科研水平实然现状调查问卷预测版

尊敬的老师：

您好！这是一份学术调查问卷，旨在了解高职院校应用导向科研现状，并为推进高职院校科研评价制度改革提供参考。本课题采用广义的科研概念，教研同样包含在内，主要调查对象是工程技术相关专业教师。您回答的真实性对本课题至关重要，恳请您根据实际情况作答，答案没有好坏、对错之分。此调查采用匿名方式，仅用于学术研究，绝对保密，请您安心作答。衷心感谢您的支持！

华东师范大学职业教育与成人教育研究所

一、基本信息

1. 您的性别是（   ）

A. 男　　　　B. 女

2. 您的最高学历是（   ）

A. 专科　　　B. 本科　　　　C. 硕士研究生　　　D. 博士研究生

3. 您的职称是（   ）

A. 未定级　　B. 初级　　　　C. 中级　　　　　　D. 副高

E. 正高

4. 您的教龄是（   ）

A. 5 年及以下　B. 6~10 年　　C. 11~20 年　　　　D. 20 年以上

5. 您的企业工作经历是（   ）

A. 无　　　　B. 5 年及以下　C. 6~10 年　　　　D. 10 年以上

6. 您的岗位类型是（   ）

A. 教学型　　　　　　　　　　B. 教学—科研型

C. 科研—社会服务型　　　　　D. 其他

7. 您所任教的专业大类是（   ）

A. 农林牧渔大类　　　　　　　B. 资源环境与安全大类

C. 能源动力与材料大类　　　　D. 土木建筑大类

E. 水利大类　　　　　　F. 装备制造大类

G. 生物与化工大类　　　H. 轻工纺织大类

I. 食品药品与粮食大类　J. 交通运输大类

K. 电子信息大类　　　　L. 医药卫生大类

M. 财经商贸大类　　　　N. 旅游大类

O. 文化艺术大类　　　　P. 新闻传播大类

Q. 教育与体育大类　　　R. 公安与司法大类

S. 公共管理与服务大类

8. 您学校所在城市是（　　）

A. 直辖市/特区　B. 省会城市　C. 地级市　　D. 县/县级市

9. 您学校所在区域是（　　）

A. 东部地区　　B. 中部地区　C. 西部地区

10. 您学校属于（　　）

A. 国示范/骨干　B. 省示范/骨干　C. 普通高职

11. 您学校举办性质是（　　）

A. 教育部门　　B. 行业　　　C. 企业　　　D. 民办

E. 其他部门

12. 您学校是否曾入选"高职院校服务贡献50强"名单（　　）

A. 是　　　　　B. 否　　　　C. 不清楚

二、请根据您的实际情况作答，在每一行圈出对应分值。

1→5 表示非常不符合→非常符合。

编号	问题陈述	非常不符合	比较不符合	一般	比较符合	非常符合
1	我会参与人才需求调研报告的撰写工作	1	2	3	4	5
2	我会参与人才培养方案的制订工作	1	2	3	4	5
3	我会参与课程标准的开发工作	1	2	3	4	5
4	我会参与专业教学资源库的开发工作	1	2	3	4	5

续表

编号	问题陈述	非常不符合	比较不符合	一般	比较符合	非常符合
5	我会参与教材的编写工作	1	2	3	4	5
6	我会参考已发表论文更新教学素材	1	2	3	4	5
7	我会参考已出版著作更新教学素材	1	2	3	4	5
8	我会参考科研项目更新教学素材	1	2	3	4	5
9	我会根据教学需要升级实训设备	1	2	3	4	5
10	我会根据教学需要制作教学视频	1	2	3	4	5
11	我会根据教学需要改造教学仪器	1	2	3	4	5
12	我会根据教学需要升级仿真教学软件	1	2	3	4	5
13	我能通过研究获得发明专利授权	1	2	3	4	5
14	我能通过研究获得实用新型专利授权	1	2	3	4	5
15	我能通过研究获得外观设计专利授权	1	2	3	4	5
16	我能通过研究获得计算机软件著作权	1	2	3	4	5
17	我会参与新技术的研发工作	1	2	3	4	5
18	我会参与新产品的研发工作	1	2	3	4	5
19	我会参与新材料的研发工作	1	2	3	4	5
20	我会参与新工艺的研发工作	1	2	3	4	5

三、请根据您的实际情况作答，在每一行圈出对应分值。

1→5 表示非常不符合→非常符合。

编号	问题陈述	非常不符合	比较不符合	一般	比较符合	非常符合
21	我会在实践教学中参考企业标准和规范	1	2	3	4	5

续表

编号	问题陈述	非常不符合	比较不符合	一般	比较符合	非常符合
22	我会在实践教学中鼓励学生综合不同知识和经验解决问题	1	2	3	4	5
23	我会按照企业真实工作环境进行实训室设计	1	2	3	4	5
24	我会主动研究翻转课堂的有效教学方式	1	2	3	4	5
25	我会在课堂教学中倡导小组合作学习方式	1	2	3	4	5
26	我会在课堂教学中引入研究性学习活动	1	2	3	4	5
27	我会指导学生参与科研项目	1	2	3	4	5
28	我会指导学生参与科技创新类竞赛	1	2	3	4	5
29	我会指导学生参与科技创新类社团活动	1	2	3	4	5
30	我会指导学生毕业设计项目	1	2	3	4	5
31	我会参与企业生产流程优化	1	2	3	4	5
32	我会参与企业生产工艺优化	1	2	3	4	5
33	我会参与企业生产加工设备改进	1	2	3	4	5
34	我会向企事业单位提供科技政策咨询	1	2	3	4	5
35	我会向企事业单位提供技术解决方案咨询	1	2	3	4	5
36	我会向企事业单位提供管理决策咨询	1	2	3	4	5
37	我会向企业员工提供技术培训	1	2	3	4	5
38	我会向行业部门人员提供技术培训	1	2	3	4	5
39	我会向社会再就业人员提供技术培训	1	2	3	4	5

四、请根据您的实际情况作答，在每一行圈出对应分值。

1→5 表示非常不符合→非常符合。

编号	问题陈述	非常不符合	比较不符合	一般	比较符合	非常符合
40	我能通过科技类项目帮助学生明确工作价值	1	2	3	4	5
41	我能通过科技类项目提高学生创新创业能力	1	2	3	4	5
42	我能通过科技类项目提高学生团队合作意识	1	2	3	4	5
43	我能通过科技类项目提高学生科学知识应用能力	1	2	3	4	5
44	我能通过科技类项目提高学生工作执行能力	1	2	3	4	5
45	我能通过科技类项目提高学生资源统筹能力	1	2	3	4	5
46	我能通过科技类项目提高学生生涯规划能力	1	2	3	4	5
47	我能通过科技类项目提高学生自我管理能力	1	2	3	4	5
48	我能通过科技类项目提高学生终身学习意识	1	2	3	4	5
49	我能通过做科研更好地把握人力资源需求	1	2	3	4	5
50	我能通过做科研更好地理解人才能力要求	1	2	3	4	5
51	我能通过做科研更准确地判断专业发展水平	1	2	3	4	5
52	通过做科研，我的课程体系设计能力得到了提高	1	2	3	4	5
53	通过做科研，我的教材开发能力得到了提高	1	2	3	4	5

续表

编号	问题陈述	非常不符合	比较不符合	一般	比较符合	非常符合
54	通过做科研，我的教学资源建设能力得到了提高	1	2	3	4	5
55	通过做科研，我能设计更清晰的教学目标	1	2	3	4	5
56	通过做科研，我能更好地厘清教学内容结构	1	2	3	4	5
57	通过做科研，我能有效地把控教学过程	1	2	3	4	5
58	通过做科研，我能设计更清晰的学习结果评价方案	1	2	3	4	5
59	我做的科研能帮我实现职称晋升	1	2	3	4	5
60	我做的科研能帮我在绩效考核中获得奖励	1	2	3	4	5
61	我做的科研能帮我提高在同行之中的影响力	1	2	3	4	5
62	我做的科研能提高学校横向技术服务到款额	1	2	3	4	5
63	我做的科研能提高学校技术交易到款额	1	2	3	4	5
64	我做的科研能提高学校非学历培训到款额	1	2	3	4	5
65	我做的科研能增加学校在校企合作中的话语权	1	2	3	4	5
66	我做的科研能帮助学校与企业建立互利双赢的合作关系	1	2	3	4	5
67	我做的科研能为学生提供更多企业实践机会	1	2	3	4	5
68	我做的科研有利于解决行业技术难题	1	2	3	4	5

续表

编号	问题陈述	非常不符合	比较不符合	一般	比较符合	非常符合
69	我做的科研有利于推动行业产品更新换代	1	2	3	4	5
70	我做的科研有利于帮助行业储备技术技能人才	1	2	3	4	5
71	我做的科研有利于提高企业生产利润	1	2	3	4	5
72	我做的科研有利于降低企业生产成本	1	2	3	4	5
73	我做的科研有利于减少企业能源消耗	1	2	3	4	5

再次感谢您对本研究的大力支持!

高职院校应用导向科研水平实然现状调查问卷正式版

尊敬的老师：

您好！这是一份学术调查问卷，旨在了解高职院校应用导向科研现状，并为推进高职院校科研评价制度改革提供参考。本课题采用广义的科研概念，教研同样包含在内，主要调查对象是工程技术相关专业教师。您回答的真实性对本课题至关重要，恳请您根据实际情况作答，答案没有好坏、对错之分。此调查采用匿名方式，仅用于学术研究，绝对保密，请您安心作答。衷心感谢您的支持！

华东师范大学职业教育与成人教育研究所

一、基本信息

1. 您的性别是（　　）

  A. 男　　　　B. 女

2. 您的最高学历是（　　）

  A. 专科　　　B. 本科　　　C. 硕士研究生　　　D. 博士研究生

3. 您的职称是（　　）

  A. 未定级　　B. 初级　　　C. 中级　　　D. 副高

  E. 正高

4. 您的教龄是（　　）

  A. 5 年及以下　　　　　　B. 6～10 年

  C. 11～20 年　　　　　　D. 20 年以上

5. 您最近一学年承担的教学工作量是（　　）

  A. 200 学时以下　　　　　B. 200～300 学时

  C. 301～400 学时　　　　 D. 401～500 学时

  E. 500 学时以上

6. 您的企业工作经历是（　　）

  A. 无　　　　　　　　　　B. 5 年及以下

  C. 6～10 年　　　　　　　D. 10 年以上

7. 您的岗位类型是（   ）

A. 教学型　　　　　　　　B. 教学—科研型

C. 科研—社会服务型　　　D. 其他

8. 您所任教的专业大类是（   ）

A. 农林牧渔大类　　　　　B. 资源环境与安全大类

C. 能源动力与材料大类　　D. 土木建筑大类

E. 水利大类　　　　　　　F. 装备制造大类

G. 生物与化工大类　　　　H. 轻工纺织大类

I. 食品药品与粮食大类　　J. 交通运输大类

K. 电子信息大类　　　　　L. 医药卫生大类

M. 财经商贸大类　　　　　N. 旅游大类

O. 文化艺术大类　　　　　P. 新闻传播大类

Q. 教育与体育大类　　　　R. 公安与司法大类

S. 公共管理与服务大类

9. 您是否拥有行政职务（   ）

A. 是　　　B. 否

10. 您学校所在城市是（   ）

A. 直辖市/特区　B. 省会城市　　C. 地级市　　　D. 县/县级市

11. 您学校所在区域是（   ）

A. 东部地区　　B. 中部地区　　C. 西部地区

12. 您学校属于（   ）

A. 国示范/骨干　B. 省示范/骨干　C. 其他

13. 您学校举办性质是（   ）

A. 公办　　　B. 民办

14. 您学校是否拥有行业办学背景（   ）

A. 是　　　B. 否

15. 您学校是否曾入选"高职院校服务贡献50强"名单（   ）

A. 是　　　　B. 否　　　　C. 不清楚

二、请根据您的实际情况作答,在每一行圈出对应分值。

1→5 表示非常不符合→非常符合。

编号	问题陈述	非常不符合	比较不符合	一般	比较符合	非常符合
1	我会根据教学需要升级实训设备	1	2	3	4	5
2	我会根据教学需要改造教学仪器	1	2	3	4	5
3	我会根据教学需要升级仿真教学软件	1	2	3	4	5
4	我会主动研究翻转课堂的有效教学方式	1	2	3	4	5
5	我会在课堂教学中倡导小组合作学习方式	1	2	3	4	5
6	我会指导学生参与科研项目	1	2	3	4	5
7	我会指导学生参与科技创新类竞赛	1	2	3	4	5
8	我会指导学生参与科技创新类社团活动	1	2	3	4	5

三、请根据您的实际情况作答,在每一行圈出对应分值。

1→5 表示非常不符合→非常符合。

编号	问题陈述	非常不符合	比较不符合	一般	比较符合	非常符合
9	我能通过研究获得发明专利授权	1	2	3	4	5
10	我能通过研究获得实用新型专利授权	1	2	3	4	5
11	我能通过研究获得外观设计专利授权	1	2	3	4	5
12	我会参与新材料的研发工作	1	2	3	4	5
13	我会参与新工艺的研发工作	1	2	3	4	5
14	我会向企事业单位提供科技政策咨询	1	2	3	4	5

续表

编号	问题陈述	非常不符合	比较不符合	一般	比较符合	非常符合
15	我会向企事业单位提供技术解决方案咨询	1	2	3	4	5
16	我会向企事业单位提供管理决策咨询	1	2	3	4	5
17	我会向企业员工提供技术培训	1	2	3	4	5
18	我会向行业部门人员提供技术培训	1	2	3	4	5
19	我会向社会再就业人员提供技术培训	1	2	3	4	5

四、请根据您的实际情况作答，在每一行圈出对应分值。

1→5 表示非常不符合→非常符合。

编号	问题陈述	非常不符合	比较不符合	一般	比较符合	非常符合
20	我能通过科技类项目帮助学生明确工作价值	1	2	3	4	5
21	我能通过科技类项目提高学生创新创业能力	1	2	3	4	5
22	我能通过科技类项目提高学生团队合作意识	1	2	3	4	5
23	我能通过科技类项目提高学生科学知识应用能力	1	2	3	4	5
24	我能通过科技类项目提高学生工作执行能力	1	2	3	4	5
25	我能通过科技类项目提高学生资源统筹能力	1	2	3	4	5
26	我能通过科技类项目提高学生生涯规划能力	1	2	3	4	5

续表

编号	问题陈述	非常不符合	比较不符合	一般	比较符合	非常符合
27	我能通过科技类项目提高学生自我管理能力	1	2	3	4	5
28	我能通过科技类项目提高学生终身学习意识	1	2	3	4	5
29	通过做科研，我的课程体系设计能力得到了提高	1	2	3	4	5
30	通过做科研，我的教材开发能力得到了提高	1	2	3	4	5
31	通过做科研，我的教学资源建设能力得到了提高	1	2	3	4	5
32	通过做科研，我能设计更清晰的教学目标	1	2	3	4	5
33	通过做科研，我能更好地厘清教学内容结构	1	2	3	4	5
34	通过做科研，我能有效地把控教学过程	1	2	3	4	5
35	通过做科研，我能设计更清晰的学习结果评价方案	1	2	3	4	5
36	我做的科研能帮我实现职称晋升	1	2	3	4	5
37	我做的科研能帮我在绩效考核中获得奖励	1	2	3	4	5
38	我做的科研能帮我提高在同行之中的影响力	1	2	3	4	5
39	我做的科研能提高学校横向技术服务到款额	1	2	3	4	5
40	我做的科研能提高学校技术交易到款额	1	2	3	4	5
41	我做的科研有利于解决行业技术难题	1	2	3	4	5

续表

编号	问题陈述	非常不符合	比较不符合	一般	比较符合	非常符合
42	我做的科研有利于推动行业产品更新换代	1	2	3	4	5
43	我做的科研有利于帮助行业储备技术技能人才	1	2	3	4	5
44	我做的科研有利于提高企业生产利润	1	2	3	4	5
45	我做的科研有利于降低企业生产成本	1	2	3	4	5
46	我做的科研有利于减少企业能源消耗	1	2	3	4	5

再次感谢您对本研究的大力支持！

高职院校应用导向科研水平综合评价调查表

尊敬的专家：

您好！此问卷旨在了解高职院校应用导向科研水平，并为推进科研评价制度改革提供参考。请根据您的经验，按重要程度对所列指标进行评分，本项调查的结果将作为确定评价指标权重的主要依据。请各位专家针对各指标间的重要性采取9度法打分。在评分之前，建议您先行浏览图1高职院校应用导向科研水平综合评价指标体系结构模型。感谢您的支持！

华东师范大学职业教育与成人教育研究所

评分说明：

1：i 比 j 同样重要。

3：i 比 j 稍微重要。

5：i 比 j 比较重要。

7：i 比 j 非常重要。

9：i 比 j 绝对重要。

1/3：i 比 j 稍微不重要。

1/5：i 比 j 比较不重要。

1/7：i 比 j 非常不重要。

1/9：i 比 j 绝对不重要。

2，4，6，8，1/2，1/4，1/6，1/8：表示重要程度在 1~3，3~5，……

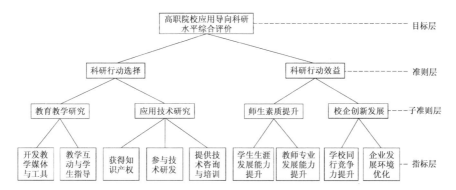

图 1　高职院校应用导向科研水平综合评价指标体系结构模型

一、关于总体水平的一阶维度比较

	科研行动选择	科研行动效益
科研行动选择	1	
科研行动效益		1

二、关于"科研行动选择"的二阶维度比较

	教育教学研究	应用技术研究
教育教学研究	1	
应用技术研究		1

三、关于"科研行动效益"的二阶维度比较

	师生素质提升	校企创新发展
师生素质提升	1	
校企创新发展		1

四、关于"教育教学研究"的三阶维度比较

	开发教学媒体与工具	教学互动与学生指导
开发教学媒体与工具	1	
教学互动与学生指导		1

五、关于"应用技术研究"的三阶维度比较

	获得知识产权	参与技术研发	提供技术咨询与培训
获得知识产权	1		
参与技术研发		1	
提供技术咨询与培训			1

六、关于"师生素质提升"的三阶维度比较

	学生生涯发展能力提升	教师专业发展能力提升
学生生涯发展能力提升	1	
教师专业发展能力提升		1

七、关于"校企创新发展"的三阶维度比较

	学校同行竞争力提升	企业发展环境优化
学校同行竞争力提升	1	
企业发展环境优化		1

高职院校应用导向科研实践困境案例研究阶段访谈提纲

1. 您的基本情况是什么？包括学历、职称、教龄、是否有行政职务、是否有企业工作经历、岗位类型、任教专业等。

2. 您认为高职院校专业教师应该做科研吗？您认为高职院校专业教师应该做什么样的科研？

3. 您认为高职院校与本科院校的科研定位应该有差异吗？您如何看待科研与教学的关系？

4. 您认为是否有必要与企业合作开展应用性科研？您如何看待基础研究（论文）与应用研究（技术）的关系？

5. 从个人角度考虑，您做科研的主要动力有哪些？评职称是您做科研的主要动力吗？绩效考核是您做科研的主要动力吗？

6. 您如何看待科研对于职业生涯发展的作用？回顾您的职业生涯，做科研的心态有没有发生一些变化？

7. 做科研有没有给您带来一些切实的好处？与企业合作开展科研会给您带来经济利益吗？

8. 您在做科研时拥有自主选择权吗？是做自己的科研，还是完成领导分派的任务？

9. 科研做得好与坏与行政职务有关系吗？是否行政级别越高，越容易做好科研？（比如社会关系）

10. 您是否了解学校的学术委员会构成情况？它由哪些成员组成？它是否能够真正行使学术权力？

11. 您如何安排自己的科研时间？会与教学、行政事务产生冲突吗？教学任务量重吗？生师比高吗？如果去企业合作，需要请假吗？

12. 您是否隶属于科研团队？团队成员的关系是怎样的？您是否参与

过课题，课题是由谁领衔的？课题是如何合作完成的？

13. 您是否拥有科研经费使用权与分配权？在科研经费管理方面，您认为有不合理的地方吗？

14. 学校科研考核压力大吗？有没有出台科研激励制度？有没有出台科研惩罚制度？制度有没有不合理之处？申请课题，学校有科研经费配套吗？

15. 学校有没有相关的科研骨干培育制度？学校是否会定期开展科研活动？

16. 学校开展应用研究的硬件环境如何？（比如平台、实验室、场地等）

17. 您认为现有的期刊发表规则合理吗？

18. 您认为现有的课题申报制度合理吗？

19. 您认为学校重视应用性科研吗？重视或不重视的原因是什么？其动力主要包括哪些方面？（比如升格、考核、入选50强名单等）

20. 您认为不同类型的高职院校，对应用性科研的定位会有差异吗？（比如国示范/骨干、省示范/骨干、行业、公有民办高职等）

21. 您认为与科研相比，学校领导更重视什么？为什么？（比如生源、教学、就业等）

22. 您认为学校所开展的应用研究能带来多少实际的效益？

后　记

　　本书是在我的博士学位论文的基础上修改而成的。作为我学术生涯真正意义上的第一部作品，本书于我而言具有特别的意义，不仅是对自己博士研究生学习阶段的一份记录，而且是对未来持续探索学术之路的一份鞭策。为清晰呈现写作所经历的心路历程，我们需要回到"历史发生的现场"，从头讲起……

　　按照常规套路，这应该是一篇关于博士学位论文写作的故事。于我个人而言，这篇后记的意义远不止于此，我更愿意将其看作个人"学术心灵史"般的存在。也许是从小养成的习惯，每到一个人生发展节点，我总要记录点什么。人过留名，雁过留声。我深信，当历史的车轮碾过，必定会留下那个时代的印记，正是那印记让每个人显得与众不同，也正是那印记让人生充满无限可能。

　　彼时，B站（哔哩哔哩）上一个视频《后浪》突然"火起来"，其中的两句话迅速成为网络流行语，一句是"心里有火、眼里有光"，另一句是"奔涌吧，后浪！我们在同一条奔涌的河流"。长江后浪推前浪，世上新人赶旧人。在这样一个"后浪"不断翻滚前进的时代，我们稍有不慎便会被"打在沙滩上"。回顾求学生涯，也许我并不一定时刻"心里有火、眼里有光"，但我一直梦想着成为一名合格的"后浪"，梦想着在同一条河流中奔涌。

　　不知您是否有过跟我类似的感受，每次写自己的籍贯所在地，总爱写到县级层面。这不仅跟自古以来形成的县制治理体制有关，更在于县级层面所承载的那份浓厚的故乡情结。我并无意以"返乡体"的口吻怀念、回忆"逝去的日子"，而更愿意将自身置于时代洪流中去体悟家乡发展的脉动。我的家乡是鲁西南一个叫作"汶上县"的地方。顾名思义，"汶上"即汶水之上，古称"中都"。即便在鲁西南，汶上也是一个很不起眼的地方，相比之下，整个济宁地级市范围内孔子故里曲阜、孟子故里邹城、出水浒英雄的梁山要有名得多。在漫漫中华史上，汶上县也许只有孔子在此做过中都宰（相当于县官）这件事值得称道。在中华史上的大部分时间里，汶上的存在感都极低。

直到 1936 年，时任燕京大学社会学系教授张鸿钧率师生前往汶上县进行农村社会调查，才将汶上重新拉回到历史视野中。当时，张鸿钧兼任汶上县县长。还是青年教师的廖泰初在汶上县教育局任职，他从人类学角度系统考察了洋学与私塾在农村教育中的冲突与博弈，并于 1936 年写就《动变中的中国农村教育——山东汶上县教育研究》。廖泰初系统回答了"为什么西洋文化背景下的洋学并不为农村百姓所欢迎"这一研究性问题。廖泰初发现，主要原因在于，作为"新教育"的洋学在当时的农村并不具备生存发展的文化土壤，由于中西文化的冲突，教育改革并未找到一个合适的"互让点"。受几千年传统文化的影响，相比"德先生"（Democracy）、"赛先生"（Science），老百姓更信奉"学而优则仕"，也更愿意让自己的孩子读"圣贤书"，做到"知书达礼"。相比洋学，私塾这一具有悠久历史的教育组织早已深深扎根于乡土社会，甚至与乡土社会融为一体，成为乡土文化体系的重要符号。廖泰初的研究带来的启示是，教育要想取得成功，必须与本地经济社会发展相适应，尤其离不开文化土壤的滋养。

当历史的车轮转到 20 世纪 80 年代，改革开放的浪潮开始席卷中华大地，"80 后"逐渐进入大众视野，而我也赶上了"80 后"的尾巴。走在改革开放前沿的城市率先接受了现代化的洗礼，随着乡村的逐渐远去，城市化的农村教育登场。在现代化浪潮的冲击下，传统意义上的农村教育为现代教育所取代，甚至被"连根拔起"，虽然那份文化冲突已不再明显，但农村教育改革留下的那份文化空白让人恐慌。在"应试教育"大旗之下，我们接受了太多标准化知识、正确答案，却离乡村越来越远。正是在此背景下，我进入村小学习。而五年后，在"合班并校"浪潮下，我成为最后一届毕业于当地村小的学生。令人唏嘘的是，如今，随着越来越多的农村人在城市置业安家，合并后的村小规模已经从鼎盛时期的几百人下降到寥寥数十人。

在时代洪流中，每个人都不可能置身事外，终将被时代裹挟着前进。

离开农村、奔向城市,似乎成为大部分年轻人的选择。成长从来不是想怎么长就怎么长,大多数时候我们都长成了世人所希望看到的样子。小时候,父母经常讲的话是:你看你文质彬彬,手无缚鸡之力,连个鸡都杀不了;身形瘦弱,肩不能扛锄,连个机子(山东农村浇地时所用柴油机)都摇不起来,一看就不是"种地的料"。有人说,上帝在为你关上一扇门的同时也会为你打开一扇窗。但事实果真如此吗?很长一段时间,我甚至一直没有找到自己的那扇窗。在现实面前,农家子弟所能做出的选择其实并不多,任何不切实际的幻想都显得一文不值,甚至会被现实打得稀烂。以我们那个村为例,农家子弟无非就是三条路——种地、打工、读书。而我既然不是"种地的料",摆在我面前的道路实际上就只有两条——打工、读书。打工是我所不想的,那么只剩下一条路——读书。但我也时常扪心自问:我是"读书的料"吗?直到考上大学的那一刻,我都对此持怀疑态度。虽然爸爸翻着字典,给我起了一个看起来很聪明的名字,但我从来不认为自己属于聪明的那一类学生,而是平凡的世界里平凡得不能再平凡的一个人,我甚至时常会为自己的不聪明而苦恼。好在皇天不负有心人,在经历了一次高考落榜之后,我顺利考上了大学。考上大学后,虽不能说一跃跳出"农门",但至少在众人眼中变成了一个"读书人",此时的我才渐渐相信自己可能是块"读书的料"。现在回想起来,也许正是成为"读书人"这一朴素想法不断推动我努力前进。从内心深处来讲,我对高考这样一种选拔制度充满了感激,甚至很长一段时间都无法理解外界对应试教育的批判,但是这种感激之中也夹杂着些许辛酸。

上大学以后,我选择的专业是教育学(师范)。填报志愿时看到的介绍是为中小学、教育局等培养教育行政管理人员,我心想着:说不定以后能当个教务主任,又或者能去教育局找个工作。等到真正开学以后,才发现当时的想法是多么天真,实际情况是教育学(师范)本科生的主要去向是小学。由于缺乏特定的学科(比如语文、数学)背景,我们很难去跟文学院、数学科学学院师范类的本科生竞争,所以很难在初中、高中获得教职。大三时我面临一场重要的人生抉择:是就业,还是考研?这个问题我问过自己无数次,直到有一天,我小心翼翼地把在校报和院刊上发表的文章及不曾有一滴汗渍的崭新的钱币拿出来,才发现,那淡淡的墨香分明是我想要的味道,那微薄的稿费竟也可以让我产生如此执念。几年大学读下来，虽然了解了一堆教育学理论，也去小学实习了半年，但我始终对自己能成为一名优秀的"教书匠"存有疑虑。毕业季来临时，这份感觉愈发强烈：也许我能成为一名合格的"教书匠"，但未必能成长为一名优秀的"教书匠"。相比按部就班的小学教学工作，我更向往自由度更高的大学教学工作，而且我隐隐约约地感受到，我想活成我们本科老师的样子。依稀记得的画面是，在山东师范大学长清湖校区明亮的阶梯教室里，我们的教育史老师捧着一份讲稿，在讲台上"指点江山、激扬文字"……而这似乎正是我所向往的。于是乎，我大三时确立了考研的目标，并顺利考入南京师范大学，进入职业技术教育学专业学习。进入专业学习之后，我又一次感受到了自己的天真。随着近年来就业门槛的提高，读完研之后我已经很难进入高校工作。我从导师那里了解到，想去高校任教，最起码要有博士学位。至此，读博就成为我硕士研究生毕业时的选择。在备考的日子里，我逐渐接触到"青椒"（高校青年教师的戏称）、"学术职业"等概念，我恍然大悟：这不正是我考上大学以来一直梦想的工作吗？

读博以后，有幸来到唯美的丽娃河畔读书，更有幸拜入石伟平教授门下学习。石老师经常给大家讲的一句话是：职业教育也许是天下最慈善的事业。起初，我并不理解这句话的深刻内涵。从安身立命的角度出发，一直以来我想拥有的不过是一份学术职业，我甚至将这份职业肤浅地理解为"工作"。随着研究的深入，我阅读到韦伯的《新教伦理与资本主义精神》《科学作为天职》，逐渐体会到职业的深刻内涵及学术职业的精神内核。学术职业不仅仅意味着一份谋生的工作，其本身蕴含着的终极价值正是"以学术为志业"。至此，我才开始逐渐明白，我所追求的与其说是"有业"——获得学术职业，毋宁说是"乐业"——以学术为志业。

毕业之际，总是感觉有太多话要说，却又说不出口，本以为自己口才还算流利，但面对石老师时竟经常语塞，因为"感谢"二字已经远远无法承载这份师生之情的厚重。石老师是我的授业恩师。丽娃河畔四年求学，在石老师的悉心指导下，无论是在学术旨趣上，还是在学术范式上，我都受到了灵魂的洗礼。犹记得当年考博缺乏自信时石老师的鼓励，犹记得石老师在家里一字一句给我修改小论文的场景，犹记得石老师在我毕业论文初稿完成后一遍一遍给我修改论文的画面……石老师也是我的人生导师。读博四年，我不仅长了肚腩，长了见识，更长了心智，变得比以前更加成熟，而这都离不开石老师的谆谆教导。每次跟石老师交流，我总能感受到石老师的大家风范、睿智幽默、博学多识，让人如沐春风、醍醐灌顶、心旷神怡。石老师经常讲的另一句话是："我最开心的事情是让别人也感到开心。"看似简单的道理，实则蕴藏着大智慧，芸芸众生又有几人能做到？石老师还是我们的"石爸爸"。有时，我总想，到底是有多幸运，才能遇到石老师这样的导师；又是有多幸运，才能获得石老师这么多关爱。石老师真是把学生当作自己的孩子来对待，在石老师门下总能感受到家一般的温暖。虽然自己偶尔任性、偶尔幼稚，却从来没有受到石老师的责备，相反，石老师更多给予的是包容、鼓励与支持。万千话语如鲠在喉，师恩情深片纸难陈。唯愿不忘初心、不断前行，不辜负恩师之期待！

感谢我的第二导师匡瑛教授，从论文预答辩的指导，到修改思路的拟定，再到正式答辩的预演练，匡老师都提出了不少真知灼见，也令我的博士学位论文增色不少。感谢徐国庆教授从论文选题到预答辩再到正式答辩提出的诸多宝贵意见，至今仍记得徐老师在我考博面试时提的问题——什么是理论？虽然现在我仍未能很好地回答这一问题，但我不会停下探索的脚步。感谢亲切热情的付雪凌老师、待人谦和的陆素菊老师、学风严谨的周瑛仪老师、英俊潇洒的徐峰老师、认真负责的叶肇芳老师，感谢你们一路以来的指导与照顾。

感谢阎光才教授、顾建军教授、顾建民教授、彭正梅教授等各位答辩委员在百忙之中参加我的博士学位论文答辩，也感谢各位答辩委员提出的宝贵意见。感谢我在德国科隆大学访学期间的合作导师 Matthias Pilz 教授、李君敏博士、陈樸君博士等给予的指导与帮助。感谢孙仲山教授在实证研究工作坊给予的点评与指导。

特别感谢我的硕士研究生导师、职业教育研究启蒙老师庄西真教授，庄老师的社会学研究视角也为我博士学位论文的开展提供了不少启发，感谢庄老师一直以来对我学习和生活的关心、照顾与帮助。

在此衷心感谢赵蒙成、潘海生、沈有禄、陈鹏、唐林伟、刘家枢、檀祝平、陈向阳、邵建东、任君庆、王琪、张振、刘亚西、何杨勇、冯旭芳、许世建、何应林、梁宁森、柳婷婷、陈寿根、彭后生、刘燕、胡彩霞、李明月、王忠昌、许佳、杨勇、张玲、祝成林、杜连森等诸位领导和老师在我博士学位论文撰写过程中给予的帮助与指导。没有你们的鼎力相助，仅靠我个人的力量断然无法完成博士学位论文这一"浩瀚工程"。也要感谢参与我访谈、调查的各位领导和老师，限于研究伦理和隐私保护，恕不一一言谢。

从我博士学位论文的选题到研究，再到最终完成，也离不开石门大家庭各位成员的倾力支持，包括臧志军、李俊、关晶、兰小云、唐智彬、涂三广、杨海华、吕莉敏、王会莉、钱维存、张扬、黄茂勇、唐杰、张继红、徐坚、齐守泉、申琦、林克松、冉云芳、任聪敏等老师、师兄和师姐。

独学而无友，则孤陋而寡闻。从理科大楼"基地"到文科大楼"713"，与小伙伴们一起学习的日子留下了太多美好回忆。多才多艺的龙哥王启龙，总能让"基地"充满欢声笑语；温婉端庄的贺姐贺艳芳，像大姐姐一样照顾关心每一个小伙伴；充满正能量的师兄王亚南，拼搏进取、勇攀高峰的奋斗精神让人印象深刻，难忘一起开会、做项目、讨论学术的时光；被称为"生活小百科"的师姐张蔚然，总是贴心地为大家准备各种水果，分享美食与生活；活泼灵动的师姐陈春霞，总是善于捕捉师门的美好瞬间，让生活充满仪式感；引领时尚潮流的师兄严世良，凛然正气与精致的生活态度让人难忘。

还有笑声爽朗的师兄吴学峰、低调谦虚的"师弟"瞿连贵、说话自带喜感的同届张宇、待人真诚的同届申怡，以及贤淑典雅的蒋梦琪、温文尔雅的孙露、善解人意的孙利、细心周到的胡微、天资聪颖的林玥茹、温柔可爱的柯婧秋、被称为"办公室小能手"的马欣悦、知性善良的李小文、才华横溢的梁珺淇、活泼开朗的过筱、文雅娴静的田静、古灵精怪的兰金林等师妹，帅气逼人的李伟、一表人才的汤杰等师弟。李鹏师兄，不仅学问做得好，而且为人正直、处事大方，一直是我学习的榜样。认识多年的李政师兄，让我学到太多，也会努力朝他看齐，愿未来的学术道路上我们继续相互督促、共同成长。

最后，特别感谢我的爱人刘素萍女士。从相知到相恋，从山东师范大学到南京师范大学，我们从校园走进了婚姻殿堂。在读博的几年里，我没能给你一个安定的生活，反而连累你跟着我四处漂泊；我没能带你游遍祖国大好河山，反而每个周末带你去泡图书馆。对此，你没有丝毫抱怨，这些我都看在眼里、记在心里。2018年年末，我们的小棉袄陶陶降临人间，陶陶刚过半岁，我即远赴德国，而你也没有任何埋怨，相反，更多的是理解，对此我始终心怀感激。陶陶一声声甜美的"爸爸"，更让我心怀愧疚，也希望未来能给予你和陶陶更多的陪伴。此外，还要感谢我的父母、岳父母、弟弟郝天明、好友王玉超，没有你们一直以来的支持，就不可能有我的今天！

回首求学路，由泉城到金陵，由金陵到上海，一路向南，历经十一载春夏秋冬。其间虽有坎坷，但更多的是幸运，幸运能遇到这么多可亲可敬的师长与学友，幸运能得到家人一如既往的理解与支持。未来已来，我满怀期待！

值此付梓之际，要特别感谢庄西真教授为本书提供了宝贵的出版机会，很荣幸该书被纳入由他主编的"中国特色职业教育理论研究丛书"。也要感谢责任编辑刘海为本书顺利出版所付出的辛勤工作。

郝天聪

2020年5月30日初稿于华东师范大学丽娃河畔

2022年2月27日定稿于南京师范大学随园西山